D1523958

THE ROMAN ANTIQUITIES

OF

DIONYSIUS OF HALICARNASSUS

III

THE ROMAN ANTIQUITIES

OF

DIONYSIUS OF HALICARNASSUS

WITH AN ENGLISH TRANSLATION BY
EARNEST CARY, Ph.D.

ON THE BASIS OF THE VERSION OF
EDWARD SPELMAN

IN SEVEN VOLUMES
III

LONDON
WILLIAM HEINEMANN LTD
CAMBRIDGE, MASSACHUSETTS
HARVARD UNIVERSITY PRESS
MCMLXXI

American ISBN 0–674–99394–2
British ISBN 0 434 99357 3

First printed 1940
Reprinted 1953, 1961, 1971

Printed in Great Britain

CONTENTS

THE ROMAN ANTIQUITIES
OF
DIONYSIUS OF HALICARNASSUS

ΔΙΟΝΥΣΙΟΥ

ΑΛΙΚΑΡΝΑΣΕΩΣ

ΡΩΜΑΙΚΗΣ ΑΡΧΑΙΟΛΟΓΙΑΣ

ΛΟΓΟΣ ΠΕΜΠΤΟΣ

I. Ἡ μὲν δὴ βασιλικὴ Ῥωμαίων πολιτεία, διαμείνασα μετὰ τὸν οἰκισμὸν τῆς Ῥώμης ἐτῶν τεττάρων καὶ τετταράκοντα καὶ διακοσίων ἀριθμόν, ἐπὶ δὲ τοῦ τελευταίου βασιλέως τυραννὶς γενομένη, διὰ ταύτας τὰς προφάσεις καὶ ὑπὸ τούτων κατελύθη τῶν ἀνδρῶν, ὀλυμπιάδος μὲν ὀγδόης καὶ ἑξηκοστῆς ἐνεστώσης, ἣν ἐνίκα στάδιον Ἰσχόμαχος Κροτωνιάτης, Ἀθήνησι δὲ 2 τὴν ἐνιαύσιον ἀρχὴν ἔχοντος Ἰσαγόρου. ἀριστοκρατίας δὲ γενομένης οἱ πρῶτοι τὴν βασιλικὴν ἀρχὴν παραλαβόντες ὕπατοι τεττάρων μηνῶν εἰς τὸν ἐνιαυτὸν ἐκεῖνον ἐπιλειπομένων Λεύκιος Ἰούνιος Βροῦτος καὶ Λεύκιος Ταρκύνιος Κολλατῖνος, οὓς καλοῦσι Ῥωμαῖοι κατὰ τὴν ἑαυτῶν διάλεκτον ὥσπερ ἔφην προβούλους, ἑτέρους παραλαβόντες πολλοὺς ἐλθόντων εἰς τὴν πόλιν τῶν ἀπὸ στρατοπέδου μετὰ τὰς σπονδὰς τὰς γενομένας αὐτοῖς πρὸς Ἀρδεάτας, ὀλίγαις ὕστερον

2

THE ROMAN ANTIQUITIES

OF

DIONYSIUS OF HALICARNASSUS

BOOK V

I. The Roman monarchy,[1] therefore, after having continued for the space of two hundred and forty-four years from the founding of Rome and having under the last king become a tyranny, was overthrown for the reasons stated and by the men named, at the beginning of the sixty-eighth Olympiad[2] (the one in which Ischomachus of Croton won the foot-race), Isagoras being the annual archon at Athens. An aristocracy being now established, while there still remained about four months to complete that year, Lucius Junius Brutus and Lucius Tarquinius Collatinus were the first consuls invested with the royal power; the Romans, as I have said,[3] call them in their own language *consules* or "counsellors." These men, associating with themselves many others, now that the soldiers from the camp had come to the city after the truce they had made with the Ardeates.

---

[1] *Cf.* Livy i. 60, 3 f.
[2] 507 B.C. For Dionysius' chronology see Vol. I., pp. xxix. ff.
[3] iv. 76, 2.

ἡμέραις τῆς ἐκβολῆς τοῦ τυράννου συγκαλέ-
σαντες τὸν δῆμον εἰς ἐκκλησίαν καὶ πολλοὺς
ὑπὲρ ὁμονοίας λόγους ποιησάμενοι ψήφισμά τε
πάλιν ἐπεκύρωσαν ἕτερον, περὶ ὧν οἱ κατὰ πόλιν
ὄντες πρότερον ἐπεψηφίσαντο[1] φυγὴν Ταρκυνίοις
3 ἐπιβαλόντες ἀίδιον· καὶ μετὰ τοῦτο καθαρ-
μοὺς τῆς πόλεως ποιησάμενοι καὶ ὅρκια τεμόντες
αὐτοί τε πρῶτοι στάντες ἐπὶ τῶν τομίων ὤμοσαν καὶ
τοὺς ἄλλους πολίτας ἔπεισαν ὀμόσαι, μὴ κατάξειν
ἀπὸ τῆς φυγῆς βασιλέα Ταρκύνιον μήτε τοὺς
παῖδας αὐτοῦ μήτε τοὺς ἐξ ἐκείνων γενησομένους,
βασιλέα τε τῆς Ῥωμαίων πόλεως μηκέτι κατα-
στήσειν μηθένα μηδὲ τοῖς καθιστάναι βουλομένοις
ἐπιτρέψειν. ταῦτα μὲν περὶ ἑαυτῶν τε καὶ
τῶν τέκνων καὶ τοῦ μεθ' ἑαυτοὺς γένους ὤμοσαν.
4 ἐπειδὴ δὲ πολλῶν καὶ μεγάλων ἀγαθῶν αἴτιοι
γεγονέναι[2] τοῖς κοινοῖς πράγμασιν ἔδοξαν οἱ
βασιλεῖς, φυλάττειν τοὔνομα τῆς ἀρχῆς ὅσον
ἂν ἡ πόλις διαμένῃ χρόνον βουλόμενοι, τοὺς
ἱεροφάντας τε καὶ οἰωνομάντεις ἐκέλευσαν ἀπο-
δεῖξαι τὸν ἐπιτηδειότατον τῶν πρεσβυτέρων,
ὃς οὐδενὸς ἤμελλεν ἕξειν ἑτέρου πλὴν τῶν περὶ
τὰ θεῖα σεβασμῶν τὴν προστασίαν, ἁπάσης λειτουρ-
γίας πολεμικῆς καὶ πολιτικῆς ἀφειμένος, ἱερῶν
καλούμενος βασιλεύς. καὶ καθίσταται πρῶτος
ἱερῶν βασιλεὺς Μάνιος Παπίριος ἐκ τῶν πατρικίων
ἀνὴρ ἡσυχίας φίλος.

II. Ὡς δὲ κατεστήσαντο ταῦτα, δείσαντες,
ὡς ἐμοὶ δοκεῖ, μὴ δόξα τοῖς πολλοῖς ἐγγένηται
περὶ τῆς καινῆς πολιτείας οὐκ ἀληθής, ὅτι δύο

---

[1] ἐπεψηφίσαντο B : ἐψηφίσαντο A
[2] γεγονέναι (or γενέσθαι) Reiske : γενόμενοι O.

called an assembly of the people a few days after the expulsion of the tyrant, and having spoken at length upon the advantages of harmony, again caused them to pass another vote confirming everything which those in the city had previously voted when condemning the Tarquinii to perpetual banishment. After this they performed rites of purification for the city and entered into a solemn covenant; and they themselves, standing over the parts of the victims, first swore, and then prevailed upon the rest of the citizens likewise to swear, that they would never restore from exile King Tarquinius or his sons or their posterity, and that they would never again make anyone king of Rome or permit others who wished it to do so; and this oath they took not only for themselves, but also for their children and their posterity. However, since it appeared that the kings had been the authors of many great advantages to the commonwealth, they desired to preserve the name of that office for as long a time as the city should endure, and accordingly they ordered the pontiffs and augurs to choose from among the older men the most suitable one for the office, who should have the superintendence of religious observances and of naught else, being exempt from all military and civil duties, and should be called the king of sacred rites.[1] The first person appointed to this office was Manius Papirius, one of the patricians, who was a lover of peace and quiet.

II. After[2] the consuls had settled these matters, fearing, as I suspect, that the masses might gain a false impression of their new form of government and

---

[1] *rex sacrorum* or *rex sacrificulus* ; *cf.* Livy ii. 2, 1 f.
[2] *Cf.* Livy ii. 1, 8.

DIONYSIUS OF HALICARNASSUS

βασιλεῖς κύριοι γεγόνασι τῆς πόλεως ἀνθ᾽ ἑνὸς
ἑκατέρου τῶν ὑπάτων τοὺς δώδεκα πελέκεις
ἔχοντος, ὥσπερ εἶχον οἱ βασιλεῖς, ἔκριναν τό
τε δέος ἀφελέσθαι τῶν πολιτῶν καὶ τῆς ἐξουσίας
μειῶσαι τὸν φθόνον, τοῦ μὲν ἑτέρου τῶν ὑπάτων
τοὺς δώδεκα κατατάξαντες προηγεῖσθαι[1] πελέ-
κεις, τοῦ δ᾽ ἑτέρου δώδεκα ὑπηρέτας ῥάβδους
ἔχοντας μόνον, ὡς δέ τινες ἱστοροῦσι, καὶ κορύνας,
γίνεσθαι δὲ τῶν πελέκεων τὴν παράληψιν ἐκ
περιτροπῆς ἕνα μῆνα κατέχοντος αὐτοὺς ἑκατέρου
2 παραλλάξ. τοῦτο δὴ τὸ πολίτευμα καταστη-
σάμενοι καὶ ἄλλα τούτοις παραπλήσια οὐκ
ὀλίγα[2] πρόθυμον ἐποίησαν εἰς τὴν διαμονὴν
τῶν πραγμάτων τὸν δημότην καὶ ταπεινὸν
ὄχλον. καὶ γὰρ τοὺς νόμους τοὺς περὶ τῶν
συμβολαίων τοὺς ὑπὸ Τυλλίου γραφέντας φιλ-
ανθρώπους καὶ δημοτικοὺς εἶναι δοκοῦντας, οὓς
ἅπαντας κατέλυσε Ταρκύνιος, ἀνενεώσαντο καὶ
τὰς θυσίας τάς τε κατὰ πόλιν καὶ τὰς ἐπὶ τῶν
ἀγρῶν, ἃς ἐποιοῦντο κοινῶς συνιόντες οἱ δημόται
τε καὶ οἱ φυλέται, πάλιν προσέταξαν ἐπιτελεῖσθαι,
ὡς ἐπὶ Τυλλίου συνετελοῦντο· ἐκκλησιάζειν[3]
τε αὐτοῖς ἀπέδοσαν ὑπὲρ τῶν μεγίστων καὶ
ψῆφον ἐπιφέρειν καὶ τἆλλα πράττειν, ὅσα κατὰ
3 τοὺς προτέρους ἐθισμοὺς ἔπραττον. τοῖς μὲν
οὖν πολλοῖς καθ᾽ ἡδονὴν τὰ γινόμενα ὑπ᾽ αὐτῶν
ἦν ἐκ πολυχρονίου δουλείας εἰς ἀνέλπιστον
ἀφιγμένοις ἐλευθερίαν, εὑρέθησαν δέ τινες ἐξ
αὐτῶν ὅμως οἷς πόθος ἦν τῶν ἐν τυραννίδι κακῶν
δι᾽ εὐήθειαν ἢ διὰ πλεονεξίαν, ἄνδρες οὐκ ἀφανεῖς,

---

[1] προηγεῖσθαι Schnelle: ἡγεῖσθαι O.

6

imagine that two kings had become masters of the
state instead of one, since each of the consuls had the
twelve axes, like the kings, they resolved to quiet the
fears of the citizens and to lessen the hatred of their
power by ordering that one of the consuls should be
preceded by the twelve axes and the other by twelve
lictors with rods only, or, as some relate, with clubs
also, and that they should receive the axes in rotation,
each consul possessing them in turn for one month.
By this and not a few other measures of like nature
they caused the plebeians and the lower class to be
eager for a continuance of the existing order.   For
they restored the laws introduced by Tullius con-
cerning contracts, which seemed to be humane and
democratic, but had all been abrogated by Tar-
quinius; they also ordered that the sacrifices both
in the city and in the country, which the members
of the *pagi* and of the tribes, assembling together,
used to offer up in common, should be performed once
more as they had been performed in the reign of
Tullius; and they restored to the people the right of
holding assemblies concerning affairs of the greatest
moment, of giving their votes, and of doing all the
other things they had been wont to do according to
former custom.   These acts of the consuls pleased
the masses, who had come out of long slavery into
unexpected liberty; nevertheless, there were found
among them some, and these no obscure persons,
who from either simplicity or greed longed for the
evils existing under a tyranny, and these formed a

---

² καὶ ἄλλα . . . οὐκ ὀλίγα placed after καταστησάμενοι by
Portus : after ὄχλον (2 lines below) in O.

³ ἐκκλησιάζειν Reiske : ἐκκλησίαν O.

οἳ συνώμοσαν ἐπὶ προδοσίᾳ τῆς πόλεως Ταρ-
κύνιόν τε καταδέξασθαι συνθέμενοι καὶ τοὺς
ὑπάτους ἀποκτεῖναι. ἡγεμόνες δ᾽ αὐτῶν οἵτινες
ἐγένοντο καὶ δι᾽ οἵας ἐξηλέγχθησαν ἀνελπίστου
συντυχίας καίτοι πάντας ἀνθρώπους λεληθέναι
δοκοῦντες, μικρὰ τῶν ἔμπροσθεν γενομένων ἀνα-
λαβὼν λέξω.

III. Ταρκύνιος ἐπειδὴ τῆς βασιλείας ἐξέπεσε,
χρόνον μέν τινα οὐ πολὺν ἐν πόλει Γαβίοις[1]
διέτριβε τούς τε συνιόντας πρὸς αὐτὸν ἐκ τῆς
πόλεως ὑποδεχόμενος, οἷς ἦν τυραννὶς ἀσπαστό-
τερον χρῆμα ἐλευθερίας, καὶ ταῖς Λατίνων
ἐλπίσιν ἐπέχων ὡς δι᾽ ἐκείνων καταχθησόμενος
ἐπὶ τὴν ἀρχήν. ὡς δ᾽ οὐ προσεῖχον αὐτῷ τὸν
νοῦν αἱ πόλεις οὐδ᾽ ἐβούλοντο πόλεμον ὑπὲρ
αὐτοῦ ἐπὶ[2] τὴν Ῥωμαίων πόλιν ἐκφέρειν, ἀπο-
γνοὺς τὰς παρὰ τούτων ἐπικουρίας, εἰς Τυρρη-
νικὴν καταφεύγει πόλιν Ταρκυνίους,[3] ἐξ ἧς
2 τὸ πρὸς μητρὸς αὐτῷ γένος ἦν. πείσας δὲ
τὰ τέλη[4] τῶν Ταρκυνιητῶν δωρεαῖς καὶ δι᾽
ἐκείνων ἐπὶ τὴν ἐκκλησίαν παραχθεὶς[5] τήν τε
συγγένειαν ἀνενεώσατο τὴν ὑπάρχουσαν αὐτῷ
πρὸς τὴν πόλιν, καὶ τὰς εὐεργεσίας διεξῆλθεν
ἃς ὁ πάππος αὐτοῦ πάσαις ἐχαρίσατο ταῖς ἐν
Τυρρηνίᾳ πόλεσι, καὶ τὰς συνθήκας ὑπεμίμνησκεν
ἃς ἦσαν πεποιημένοι πρὸς αὐτόν· ἐπὶ δὲ τούτοις
ἅπασι τὰς κατειληφυίας αὐτὸν ὠδύρετο τύχας,
ὡς ἐκ μεγάλης ἐκπεσὼν εὐδαιμονίας ἐν ἡμέρᾳ μιᾷ

[1] Jacoby : γαβίων ABb. [2] ἐπὶ Kiessling : εἰς O.
[3] Reiske : ταρκυνίου. Ba, ταρκύνιος Bb, om. R.
[4] τέλη Ba : τέν. η (or γένη?) Bb, γένει A(?).
[5] παραχθεὶς R : προαχθεὶς B.

8

conspiracy to betray the city, agreeing together, not only to restore Tarquinius, but also to kill the consuls. Who the heads of this conspiracy were and by what unexpected good fortune they were detected, though they imagined they had escaped the notice of everybody, shall now be related, after I have first gone back and mentioned a few things that happened earlier.

III. Tarquinius, after being driven from the throne, remained a short time in the city of Gabii, both to receive such as came to him from Rome, to whom tyranny was a more desirable thing than liberty, and to await the event of the hopes he placed in the Latins of being restored to the sovereignty by their aid. But when their cities paid no heed to him and were unwilling to make war upon the Roman state on his account, he despaired of any assistance from them and took refuge in Tarquinii, a Tyrrhenian city, from whence his family on his mother's side had originally come.[1] And having bribed the magistrates of the Tarquinienses with gifts and been brought by them before the assembly of the people, he renewed the ties of kinship which existed between him and their city, recounted the favours his grandfather had conferred on all the Tyrrhenian cities, and reminded them of the treaties they had made with him. After all this, he lamented the calamities which had overtaken him, showing how, after having fallen in one day from the height of felicity, he had been compelled, as a wanderer in want

[1] The reference is obviously to Tanaquil, who was a native Etruscan (iii. 46, 5). But according to Dionysius (iv. 6 f.) she was the grandmother, not the mother, of Tarquinius Superbus.

πλάνης καὶ τῶν ἀναγκαίων ἐνδεὴς σὺν υἱοῖς τρισὶν
ἐπὶ τοὺς ἐφ᾽ [1] ἑαυτῷ ποτε γενομένους ἠναγκάσθη
3 καταφυγεῖν. διεξελθὼν δὲ ὧδε ταῦτα μετὰ πολλῶν
οἴκτων τε καὶ δακρύων ἔπεισε τὸν δῆμον πρέσβεις
ἀποστεῖλαι πρῶτον εἰς Ῥώμην συμβατηρίους φέρον-
τας ὑπὲρ αὐτοῦ λόγους, ὡς δὴ συμπραττόν-
των αὐτῷ τῶν δυνατῶν ἐκεῖθεν καὶ συλληψο-
μένων τῆς καθόδου. ἀποδειχθέντων δὲ πρεσβευ-
τῶν, οὓς αὐτὸς προείλετο, διδάξας τοὺς ἄνδρας
ἃ χρὴ λέγειν τε καὶ πράττειν καὶ παρὰ τῶν σὺν
αὐτῷ φυγάδων γράμματα δοὺς δεήσεις ἔχοντα
πρὸς τοὺς οἰκείους αὐτῶν καὶ φίλους, ἀπέστειλε
φέροντάς τι καὶ χρυσίον.

IV. Οὗτοι οἱ ἄνδρες εἰς Ῥώμην ἐλθόντες
ἔλεγον ἐπὶ τῆς βουλῆς, "Ὅτι Ταρκύνιος [2] ἀξιοῖ
λαβὼν ἄδειαν ἐλθεῖν σὺν ὀλίγοις πρῶτον μὲν
ἐπὶ τὸ συνέδριον, ὥσπερ ἐστὶ δίκαιον· ἔπειτα,
ἂν λάβῃ παρὰ τῆς βουλῆς τὸ συγχώρημα, τότε
καὶ ἐπὶ τὴν ἐκκλησίαν [3] λόγον ὑφέξων ὑπὲρ
ἁπάντων ὧν ἔπραξεν ἀφ᾽ οὗ τὴν ἀρχὴν παρέλαβε,
καὶ δικασταῖς χρησόμενος, ἐάν τις αὐτοῦ κατηγο-
2 ρήσῃ, πᾶσι Ῥωμαίοις. ἀπολογηθεὶς δὲ καὶ πείσας
ἅπαντας ὡς οὐδὲν ἄξιον εἴργασται φυγῆς, ἐὰν μὲν
ἀποδῶσιν αὐτῷ τὴν βασιλείαν αὖθις, [4] ἄρξειν
ἐφ᾽ οἷς ἂν ὁρίσωσιν οἱ πολῖται δικαίοις, ἐὰν δὲ
μηκέτι βασιλεύεσθαι προαιρῶνται, καθάπερ ἔμ-
προσθεν, ἀλλ᾽ ἑτέραν τινὰ καταστήσασθαι πολιτείαν,
μένων ἐν τῇ πόλει πατρίδι οὔσῃ καὶ τὸν ἴδιον
οἶκον ἔχων πολιτεύσεσθαι [5] μετὰ πάντων ἐξ

---

[1] ἐφ᾽ AB : ὑφ᾽ R.   [2] ταρκύνιος R(?) : βασιλεὺς ταρκύνιος B.
[3] ἐκκλησίαν Kiessling : ἐκκλησίαν ἐλθεῖν O, Jacoby.
[4] αὖθις R(?) : om. B.   [5] Reiske : πολιτεύεσθαι O.

of the necessaries of life, to fly for refuge, together with his three sons, to those who had once been his subjects. Having thus recounted his misfortunes with many lamentations and tears, he prevailed upon the people, first of all to send ambassadors to Rome to propose terms of accommodation on his behalf, assuring them that the men in power there were working in his interest and would aid in his restoration. Ambassadors,[1] of his own selection, having then been appointed, he instructed them in everything they were to say and do; and giving them letters from the exiles who were with him, containing entreaties to their relations and friends, he gave them some gold also and sent them on their way.

IV. When these men arrived in Rome, they said in the senate that Tarquinius desired leave to come there under a safe-conduct, together with a small retinue, and to address himself, first to the senate, as was right and proper, and after that, if he received permission from the senate, to the assembly of the people also, and there give an account of all his actions from the time of his accession to the sovereignty, and if anyone accused him, to submit himself to the judgment of all the Romans. And after he had made his defence and convinced them all that he had done nothing worthy of banishment, he would then, if they gave him the sovereignty again, reign upon such conditions as the citizens should determine; or, if they preferred no longer to live under a monarchy, as formerly, but to establish some other form of government, he would remain in Rome, which was his native city, and enjoying his private property, would live on an equality with all the others,

---

[1] For chaps. 3, 3–6, 3 *cf.* Livy ii. 3, 5 f.; 4, 3; 4, 7–5, 1.

3 ἴσου, φυγῆς δ' ἀπηλλάχθαι καὶ πλάνης. ταῦτα διεξελθόντες ἐδέοντο τῆς βουλῆς, μάλιστα μὲν διὰ τὸ δίκαιον, ὃ πᾶσιν ἀνθρώποις καθέστηκε, μηθένα λόγου καὶ κρίσεως ἀποστερεῖν, συγχωρῆσαι τῷ ἀνδρὶ τὴν ἀπολογίαν, ἧς αὐτοὶ γενήσονται δικασταί· εἰ δ' ἐκείνῳ ταύτην οὐ βούλονται δοῦναι τὴν χάριν, τῆς δεομένης ὑπὲρ αὐτοῦ πόλεως ἕνεκα μετριάσαι, δωρεὰν αὐτῇ διδόντας ἐξ ἧς οὐδὲν αὐτοὶ βλαπτόμενοι μεγάλην δόξουσι τιμὴν κατατίθεσθαι τῇ λαμβανούσῃ, ἀνθρώπους δ' ὄντας μηδὲν ὑπὲρ τὴν φύσιν τὴν ἀνθρωπίνην φρονεῖν μηδ' ἀθανάτους ἔχειν τὰς ὀργὰς ἐν θνητοῖς σώμασιν, ἀλλὰ καὶ παρὰ γνώμην τι πράττειν ἐπιεικὲς ὑπομεῖναι τῶν δεομένων χάριν, ἐνθυμηθέντας ὅτι φρονίμων μὲν ἀνθρώπων ἔργον ἐστὶ ταῖς φιλίαις χαρίζεσθαι τὰς ἔχθρας, ἀνοήτων δὲ καὶ βαρβάρων τοῖς ἐχθροῖς συναναιρεῖν τοὺς φίλους.

V. Τοιαῦτα λεξάντων αὐτῶν ἀναστὰς ὁ Βροῦτος ἔφη· "Περὶ μὲν εἰσόδου Ταρκυνίων εἰς τήνδε τὴν πόλιν παύσασθε, ἄνδρες Τυρρηνοί, τὰ πλείω λέγοντες. ἐπῆκται γὰρ ἤδη ψῆφος ἀίδιον κατ' αὐτῶν ὁρίζουσα φυγήν, καὶ θεοὺς ὀμωμόκαμεν ἅπαντες μήτε[1] αὐτοὶ κατάξειν τοὺς τυράννους μηδὲ τοῖς κατάγουσιν ἐπιτρέψειν· εἰ δέ τινος ἄλλου δεῖσθε τῶν μετρίων, ἃ μὴ νόμοις μηδ' ὅρκοις κεκωλύμεθα δρᾶν, λέγετε." μετὰ τοῦτο 2 παρελθόντες οἱ πρέσβεις λέγουσι· "Παρὰ δόξαν

---

[1] μήτε R : μηδὲ AB.

and thus have done with exile and a life of wandering. Having stated their case, the ambassadors begged of the senate that they would preferably, on the principle of the right, recognized by all men, that no one should be deprived of the opportunity of defending himself and of being tried, grant him leave to make his defence, of which the Romans themselves would be the judges; but if they were unwilling to grant this favour to him, then they asked them to act with moderation out of regard for the city that interceded on his behalf, by granting her a favour from which they would suffer no harm themselves and yet would be looked upon as conferring great honour upon the city that received it. And they asked them, as being men, not to think thoughts too lofty for human nature or to harbour undying resentment in mortal bodies, but to consent to perform an act of clemency even contrary to their inclination, for the sake of those who entreated them, bearing in mind that it is the part of wise men to waive their enmities in the interest of their friendships and the part of stupid men and barbarians to destroy their friends together with their enemies.

V. After they had done speaking, Brutus rose up and said: " Concerning a return of the Tarquinii to this city, Tyrrhenians, say no more. For a vote has already been passed condemning them to perpetual banishment, and we have all sworn by the gods neither to restore the tyrants ourselves nor to permit others to restore them. But if you desire anything else of us that is reasonable which we are not prevented from doing by the laws or by our oaths, declare it." Thereupon the ambassadors came forward and said: " Our first efforts have not turned out as we

DIONYSIUS OF HALICARNASSUS

μὲν ἡμῖν ἀπήντηται τὰ πρῶτα· πρεσβευσάμενοι
γὰρ ὑπὲρ ἀνδρὸς ἱκέτου λόγον ὑμῖν ὑποσχεῖν
ἀξιοῦντος καὶ τὸ κοινὸν ἁπάντων δίκαιον εἰς
ἰδίαν αἰτούμενοι χάριν οὐ δεδυνήμεθα τούτου
τυχεῖν· ἐπεὶ δ' οὕτως ὑμῖν δοκεῖ, περὶ μὲν εἰσόδου
Ταρκυνίων οὐδὲν ἔτι λιπαροῦμεν, προκαλούμεθα
δ' ὑμᾶς εἰς ἕτερόν τι δίκαιον, ὑπὲρ οὗ τὰς
ἐντολὰς ἡμῖν ἔδωκεν ἡ πατρίς, καὶ οὔτε νόμος ὁ
κωλύσων αὐτὸ ποιεῖν ὑμᾶς ἐστιν οὔτε ὅρκος,
ἀποδοῦναι τῷ βασιλεῖ τὴν οὐσίαν, ἣν ὁ πάππος
αὐτοῦ πρότερον ἐκέκτητο οὐθὲν τῶν ὑμετέρων
οὔτε βίᾳ κατασχὼν οὔτε λάθρα, παρὰ δὲ τοῦ
πατρὸς διαδεξάμενος καὶ πρὸς ὑμᾶς μετενέγκας.
ἀπόχρη γὰρ αὐτῷ τὰ ἑαυτοῦ κομισαμένῳ ζῆν
ἑτέρωθί που μακαρίως μηθὲν ἐνοχλοῦντι ὑμῖν."

3   Τοιαῦτα μὲν οἱ πρέσβεις διαλεχθέντες ἐξῆλθον·
τῶν δ' ὑπάτων Βροῦτος μὲν κατέχειν τὰ χρήματα
συνεβούλευσε τιμωρίας τε χάριν ἀνθ' ὧν οἱ
τύραννοι τὸ κοινὸν ἠδίκησαν, πολλῶν ὄντων
καὶ μεγάλων, καὶ τοῦ συμφέροντος ἕνεκεν, ἵνα
μὴ γένοιτ' αὐτοῖς ἀφορμὴ πρὸς τὸν πόλεμον,
διδάσκων ὡς οὐκ ἀγαπήσουσι Ταρκύνιοι τὰς
οὐσίας ἀπολαβόντες οὐδ' ὑπομενοῦσιν ἰδιώτην
βίον ζῆν, ἀλλὰ πόλεμον ἐπάξουσι Ῥωμαίοις
ἀλλοεθνῆ καὶ πειράσονται βίᾳ κατελθεῖν ἐπὶ τὴν
4   ἀρχήν.   Κολλατῖνος δὲ τἀναντία παρῄνει, λέγων
ὡς οὐδὲν τὰ χρήματα τῶν τυράννων ἠδίκει τὴν
πόλιν, ἀλλὰ τὰ σώματα, φυλάττεσθαί τε αὐτοὺς
ἀξιῶν ἀμφότερα, μὴ δόξῃς τε πονηρᾶς παρὰ
πάντων τύχωσιν ὡς διὰ τὸν πλοῦτον ἐξεληλακότες
ἐκ τῆς ἀρχῆς Ταρκυνίους, καὶ πρόφασιν πολέμου

14

expected. For, though we have come as ambassadors on behalf of a suppliant who desires to give you an account of his actions, and though we ask as a private favour the right that is common to all men, we have not been able to obtain it. Since, then, this is your decision, we plead no longer for the return of the Tarquinii, but we do call upon you to perform an act of justice of another kind, concerning which our country has given us instructions—and there is neither law nor oath to hinder you from doing it—namely, to restore to the king the property formerly possessed by his grandfather, who never got anything of yours either by force or by fraud, but inherited his wealth from his father and brought it to you. For it is enough for him to recover what belongs to him and to live happily in some other place, without causing you any annoyance."

After the ambassadors had said this, they withdrew. Of the two consuls, Brutus advised retaining the fortunes of the tyrants, both as a penalty for the injuries they had done to the commonwealth, which were many and great, and for the advantage that would result from depriving them of these resources for war; for he showed that the Tarquinii would not be contented with the recovery of their possessions nor submit to leading a private life, but would bring a foreign war upon the Romans and attempt by force to get back into power. But Collatinus advised the contrary, saying that it was not the possessions of the tyrants, but the tyrants themselves, that had injured the commonwealth, and he asked them to guard against these two things: first, not to incur the bad opinion of the world as having driven the Tarquinii from power for the sake of their riches,

δικαίαν παράσχωσιν αὐτοῖς ὡς ἀποστερουμένοις
τῶν ἰδίων· ἄδηλον μὲν εἶναι φάσκων εἰ κομισάμενοι
τὰ χρήματα πολεμεῖν ἐπιχειρήσουσιν ἔτι πρὸς
αὐτοὺς περὶ τῆς καθόδου, πρόδηλον δὲ θάτερον
ὡς οὐκ ἀξιώσουσιν εἰρήνην ἄγειν τὰς οὐσίας
ἀφαιρεθέντες.

VI. Ταῦτα δὲ τῶν ὑπάτων λεγόντων καὶ
πολλῶν συναγορευόντων ἀμφοτέροις, ἀποροῦσα
ὅ τι χρὴ πράττειν ἡ βουλὴ καὶ ἐφ᾽ ἡμέρας συχνὰς
σκοποῦσα, ἐπεὶ συμφορώτερα μὲν ὁ Βροῦτος
ἐδόκει λέγειν, δικαιότερα δ᾽ ὁ Κολλατῖνος
παρῄνει, τελευτῶσα διέγνω τὸν δῆμον ποιῆσαι τοῦ
2 τε συμφέροντος καὶ τοῦ δικαίου κριτήν. πολλῶν
δὲ λεχθέντων ὑφ᾽ ἑκατέρου τῶν ὑπάτων ἀνα-
λαβοῦσαι ψῆφον αἱ φρᾶτραι τριάκοντα οὖσαι τὸν
ἀριθμὸν οὕτω μικρὰν ἐποιήσαντο τὴν ἐπὶ θάτερα
ῥοπὴν ὥστε μιᾷ ψήφῳ πλείους γενέσθαι τῶν
κατέχειν τὰ χρήματα βουλομένων τὰς ἀποδιδόναι
κελευούσας. λαβόντες δὲ παρὰ τῶν ὑπάτων τὰς
ἀποκρίσεις οἱ Τυρρηνοὶ καὶ πολλὰ τὴν πόλιν
ἐπαινέσαντες, ὅτι τὰ δίκαια πρὸ τῶν συμφερόντων
εἵλοντο, Ταρκυνίῳ μὲν ἐπέστειλαν τοὺς ἀποληψο-
μένους τὰ χρήματα πέμπειν, αὐτοὶ δ᾽ ἐπέμει-
ναν ἐν τῇ πόλει συναγωγήν τε τῶν ἐπίπλων καὶ
διάθεσιν τῶν μὴ δυναμένων ἄγεσθαί τε καὶ
φέρεσθαι σκηπτόμενοι· ὡς δὲ τἀληθὲς εἶχε
ταράττοντες καὶ σκευωρούμενοι τὰ κατὰ τὴν

---

[1] As there were thirty *curiae*, the vote could not have been
carried by a majority of one. What Dionysius probably

and, secondly, not to give the tyrants themselves a just cause for war as having been deprived of their private property. For it was uncertain, he said, whether, if they got back their possessions, they would any longer attempt to make war upon them in order to secure their return from exile, but it was perfectly clear, on the other hand, that they would not consent to keep the peace if they were deprived of their property.

VI. As the consuls expressed these opinions and many spoke in favour of each, the senate was at a loss what to do and spent many days in considering the matter; for while the opinion of Brutus seemed more expedient, the course urged by Collatinus was more just. At last they determined to make the people the judges between expediency and justice. After much had been said by each of the consuls, the *curiae*, which were thirty in number, upon being called to give their votes, inclined to one side by so small a margin that the *curiae* in favour of restoring the possessions outnumbered by only one those that were for retaining them.[1] The Tyrrhenians, having received their answer from the consuls and given great praise to the commonwealth for having preferred justice to expediency, wrote to Tarquinius to send some persons to receive his possessions, while they themselves remained in the city, pretending to be employed in collecting his furniture and disposing of the effects that could not be driven or carried away, whereas in reality they were stirring up trouble in the city and carrying on

had in mind was that the change of a single vote would have reversed the result. For a similar inaccuracy of expression see vii. 64, 6.

3 πόλιν, ὡς ὁ τύραννος αὐτοῖς ἐπέστειλε. τάς τε
γὰρ ἐπιστολὰς τὰς παρὰ τῶν φυγάδων τοῖς
ἐπιτηδείοις αὐτῶν ἀπεδίδοσαν [1] καὶ παρ' ἐκείνων
ἑτέρας πρὸς τοὺς φυγάδας ἐλάμβανον· συνιόντες δὲ
πολλοῖς εἰς ὁμιλίαν καὶ διάπειραν αὐτῶν τῆς
προαιρέσεως λαμβάνοντες, οὓς εὑρίσκοιεν εὐαλώ-
τους δι' ἀσθένειαν γνώμης ἢ βίου σπάνιν ἢ πόθον
τῶν ἐν τῇ τυραννίδι πλεονεξιῶν, ἐλπίδας τε
χρηστὰς ὑποτείνοντες αὐτοῖς καὶ χρήματα διδόντες
4 ἐπεχείρουν διαφθείρειν. ἔμελλον δὲ ὥσπερ εἰκὸς
ἐν πόλει μεγάλῃ καὶ πολυοχλούσῃ φανήσεσθαί
τινες οἱ τὴν χείρω πολιτείαν αἱρησόμενοι πρὸ
τῆς κρείττονος, οὐ τῶν ἀσήμων μόνον, ἀλλὰ καὶ
τῶν ἐπιφανῶν, ἐν οἷς ἦσαν Ἰούνιοί τε δύο Τίτος
καὶ Τιβέριος Βρούτου παῖδες τοῦ ὑπατεύοντος
ἀρτίως ἀρχόμενοι γενειᾶν, καὶ σὺν αὐτοῖς Οὐιτέλ-
λιοί [2] τε δύο Μάρκος καὶ Μάνιος, ἀδελφοὶ τῆς
Βρούτου γυναικός, ἱκανοὶ τὰ κοινὰ πράττειν, καὶ
Κολλατίνου θατέρου τῶν ὑπάτων ἀδελφῆς υἱοὶ δύο
Λεύκιος καὶ Μάρκος Ἀκύλλιοι τὴν αὐτὴν ἔχοντες
τοῖς Βρούτου παισὶν ἡλικίαν, παρ' οἷς αἱ σύνοδοι
τὰ πολλὰ ἐγίνοντο πατρὸς οὐκέτι περιόντος
αὐτοῖς καὶ τὰ περὶ τῆς καθόδου τῶν τυράννων
βουλεύματα συνετίθετο.[3]

VII. Ἐκ πολλῶν μὲν οὖν καὶ ἄλλων ἔδοξέ μοι
τὰ Ῥωμαίων πράγματα προνοίᾳ θεῶν εἰς τοσαύ-
την προελθεῖν εὐδαιμονίαν, οὐχ ἥκιστα δὲ καὶ [4] ἐκ
τῶν τότε γενομένων. τοσαύτη [5] γὰρ ἄνοια καὶ

---

[1] Cobet: ἀπεδίδουν O.
[2] Οὐιτέλλιοι Sigonius: ιτέλλιοι Ba, τέλλιοι Bb, γέλλιοι A.
[3] Cobet: συνετίθεντο O.   [4] καὶ B: om. R.
[5] Cobet: τοιαύτη O.

intrigues, pursuant to the instructions the tyrant had sent them. For they employed themselves in delivering letters from the exiles to their friends in the city and in receiving others from these for the exiles; and engaging in conversation with many of the citizens and sounding their sentiments, if they found any easy to be ensnared through feebleness of conviction, lack of means, or a longing for the advantages they had enjoyed under the tyranny, they endeavoured to corrupt them by holding out fair hopes and giving them money. And[1] in a large and populous city there were sure to be found, as we may suppose, some who would prefer a worse to a better form of government, and that not only among the obscure, but even among the men of distinction. Of this number were the two Junii, Titus and Tiberius, the sons of Brutus the consul, then just coming to manhood, and with them the two Vitellii, Marcus and Manius, brothers of the wife of Brutus, men capable of administering public affairs, and also the Aquilii, Lucius and Marcus, sons of the sister of Collatinus, the other consul, of the same age with the sons of Brutus. It was at the house of the Aquilii,[2] whose father was no longer living, that the conspirators generally held their meetings and laid their plans for bringing back the tyrants.

VII. Not only from many other circumstances has it seemed to me to be due to the providence of the gods that the affairs of the Romans have come to such a flourishing condition, but particularly by what happened upon this occasion. For so great a folly and

---

[1] For chap. 6, 4–13, 1 *cf.* Livy ii. 3, 1–4, 7; 5, 5–10.
[2] Livy (ii. 4, 5) says they met at the house of the Vitellii.

θεοβλάβεια τοὺς δυστήνους ἐκείνους κατέσχεν,
ὥσθ' ὑπέμειναν ἐπιστολὰς γράψαι πρὸς τὸν
τύραννον αὐτογράφους δηλοῦντες αὐτῷ τὸ πλῆθός
τε τῶν μετεχόντων τῆς συνωμοσίας καὶ χρόνον
ἐν ᾧ τὴν κατὰ τῶν ὑπάτων ἐπίθεσιν ἔμελλον
ποιήσεσθαι, πεισθέντες ὑπὸ τῶν ἀφικομένων ὡς
αὐτοὺς παρὰ τοῦ τυράννου γραμμάτων ὅτι βού-
λεται προειδέναι τίνας αὐτῷ προσήκει Ῥωμαίων
2 εὖ ποιεῖν κατασχόντι τὴν ἀρχήν. τούτων δ'
ἐγένοντο τῶν ἐπιστολῶν ἐγκρατεῖς οἱ ὕπατοι
κατὰ τοιάνδε τινὰ συντυχίαν. παρ' Ἀκυλλίοις
τοῖς ἐκ τῆς Κολλατίνου γεγονόσιν ἀδελφῆς οἱ
κορυφαιότατοι τῶν ἐν τῇ συνωμοσίᾳ κατήγοντο
παρακληθέντες ὡς ἐφ' ἱερὰ καὶ θυσίαν· μετὰ δὲ
τὴν ἑστίασιν ἐξελθεῖν ἐκ τοῦ συμποσίου κελεύσαντες
τοὺς διακόνους κἀπὸ [1] τῶν θυρῶν τοῦ ἀνδρῶνος
ἀπελθεῖν διελέγοντό [2] τε πρὸς ἀλλήλους ὑπὲρ τῆς
καταγωγῆς τῶν τυράννων καὶ τὰ δόξαντα εἰς
ἐπιστολὰς κατεχώριζον αὐτογράφους, ἃς ἔδει
τοὺς Ἀκυλλίους λαβόντας ἀποδοῦναι τοῖς ἐκ
Τυρρηνίας πρέσβεσιν, ἐκείνους δὲ Ταρκυνίῳ.
3 ἐν τούτῳ δὴ τῷ χρόνῳ τῶν θεραπόντων τις
οἰνοχόος ἐκ πόλεως Καινίνης αἰχμάλωτος ὄνομα
Οὐινδίκιος, ὑποπτεύσας τοὺς ἄνδρας βουλεύειν
πονηρὰ τῇ μεταστάσει τῶν διακόνων, ἔμεινε
μόνος ἔξω παρὰ ταῖς θύραις καὶ τούς τε λόγους παρ'
αὐτῶν ἠκροάσατο καὶ τὰς ἐπιστολὰς εἶδεν ὑπὸ
πάντων γραφομένας, ἁρμῷ τινι τῆς θύρας διαφανεῖ
4 τὴν ὄψιν προσβαλών. ἐξελθὼν δὲ πολλῆς ἔτι
νυκτὸς οὔσης ὡς ἀπεσταλμένος ὑπὸ τῶν δεσποτῶν

___

[1] κἀπὸ Post, καὶ ἀπὸ Cobet: καὶ πρὸ O, καὶ Jacoby, καί πρόσω
Reiske.

infatuation possessed those unfortunate youths that they consented to write letters to the tyrant in their own hand, informing him not only of the number of their accomplices, but also of the time when they proposed to make the attack upon the consuls. They had been persuaded to do so by the letters that came to them from the tyrant, in which he desired to know beforehand the names of the Romans whom he ought to reward after he had regained the sovereignty. The consuls got possession of these letters by the following chance. The principal conspirators used to hold night sessions at the house of the Aquilii, the sons of the sister of Collatinus, being invited there ostensibly for some religious rites and a sacrifice. After the banquet they first ordered the servants to go out of the room and to withdraw from before the door of the men's apartment, and then proceeded to discuss together the means of restoring the tyrants and to set down in the letters in their own handwriting the decisions arrived at; these letters the Aquilii were to deliver to the Tyrrhenian ambassadors, and they in turn to Tarquinius. In the mean time one of the servants, who was their cup-bearer and a captive taken at Caenina, Vindicius by name, suspecting, from their ordering the servants to withdraw, that they were plotting some mischief, remained alone outside the door, and not only heard their conversation, but, by applying his eye to a crevice of the door that afforded a glimpse inside, saw the letters they were all writing. And setting out from the house while it was still the dead of night, as if he had been sent by his

---

² διελέγοντο Cobet: διεφέροντο O, Jacoby.

ἐπὶ χρείαν τινά, πρὸς μὲν τοὺς ὑπάτους ὤκνησεν
ἐλθεῖν, δεδιὼς μὴ συγκρύψαι τὸ πρᾶγμα βουλόμενοι
διὰ τὴν εὔνοιαν τῶν συγγενῶν τὸν μηνύσαντα τὴν
συνωμοσίαν ἀφανίσωσιν, ἀφικόμενος δ᾽ ὡς Πόπλιον
Οὐαλέριον, ὃς ἐν τοῖς πρώτοις τέτταρσιν ἦν τῶν
τὴν τυραννίδα καταλυσάντων, δεξιώσει[1] καὶ
δι᾽ ὅρκων τὸ πιστὸν παρ᾽ αὐτοῦ λαβὼν ὑπὲρ
ἀσφαλείας τῆς ἑαυτοῦ, μηνυτὴς ὤν τε ἤκουσε καὶ
5 ὧν εἶδε γίνεται. ὁ δ᾽ ὡς ἔμαθεν οὐδεμίαν
ἀναβολὴν ποιησάμενος ἐπὶ τὴν οἰκίαν τῶν Ἀκυλ-
λίων σὺν χειρὶ πολλῇ πελατῶν τε καὶ φίλων
παραγίνεται περὶ τὸν ὄρθρον καὶ παρελθὼν
εἴσω τῶν θυρῶν ὡς ἐπ᾽ ἄλλην τινὰ χρείαν παρὼν
ἀκώλυτος[2] κατ᾽ οἶκον ἔτι τῶν μειρακίων ὄντων
ἐγκρατὴς γίνεται τῶν ἐπιστολῶν καὶ τοὺς νεα-
νίσκους συλλαβὼν καθίστησιν ἐπὶ τοὺς ὑπάτους.

VIII. Τὰ δὲ μετὰ ταῦτα ἔργα θατέρου τῶν
ὑπάτων Βρούτου μεγάλα καὶ θαυμαστὰ λέγειν
ἔχων, ἐφ᾽ οἷς μέγιστα φρονοῦσι Ῥωμαῖοι,
δέδοικα μὴ σκληρὰ καὶ ἄπιστα τοῖς Ἕλλησι δόξω
λέγειν, ἐπειδὴ πεφύκασιν ἅπαντες ἀπὸ τῶν
ἰδίων παθῶν τὰ περὶ τῶν ἄλλων λεγόμενα κρίνειν
καὶ τὸ πιστὸν καὶ ἄπιστον[3] ἐφ᾽ ἑαυτοὺς ποιεῖν·
2 ἐρῶ δ᾽ οὖν ὅμως. ἐπειδὴ γὰρ ἡμέρα τάχιστα
ἐγένετο, καθίσας ἐπὶ τὸ βῆμα καὶ τὰς ἐπιστολὰς τῶν
ἐν τῇ συνωμοσίᾳ διασκεπτόμενος, ὡς εὗρε τὰς
ὑπὸ τῶν υἱῶν γραφείσας, ταῖς σφραγῖσιν ἑκατέραν
γνωρίσας καὶ μετὰ τὸ λῦσαι τὰ σημεῖα τοῖς

---

[1] δεξιώσει Jacoby : δεξιω δοσει Ba, δεξιᾶς δοσει Bb, δεξιὰς
δίδωσι A.
[2] ἀκώλυτος ABa : ἀκωλύτως Bb, Jacoby.
[3] πιστὸν καὶ ἄπιστον Steph.², πιστὸν ἢ ἄπιστον Reiske :
πιστὸν ἄπιστον O, Jacoby.

masters upon some business, he hesitated to go to the consuls, lest, in their desire to keep the matter quiet out of goodwill for their kinsmen, they might do away with the one who gave information of the conspiracy, but went to Publius Valerius,[1] one of the four who had taken the lead in overthrowing the tyranny; and when this man had given him assurance of his safety by offering his hand and swearing oaths, he informed him of all that he had both heard and seen. Valerius, upon hearing his story, made no delay, but went to the house of the Aquilii about daybreak, attended by a large number of clients and friends; and getting inside the door without hindrance, as having come upon some other business, while the lads were still there, he got possession of the letters, and seizing the youths, took them before the consuls.

VIII. I am afraid that the subsequent noble and astonishing behaviour of Brutus, one of the consuls, which I am now to relate and in which the Romans take the greatest pride, may appear cruel and incredible to the Greeks, since it is natural for all men to judge by their own experiences whatever is said of others, and to determine what is credible and incredible with reference to themselves. Nevertheless, I shall relate it. As soon, then, as it was day, Brutus seated himself upon the tribunal and examined the letters of the conspirators; and when he found those written by his sons, each of which he recognized by the seals, and, after he had broken the seals, by the hand-

---

[1] Livy (ii. 4, 6) says, *rem ad consules detulit*; but according to his account (ii. 2, 11) Valerius was already consul, as successor to Collatinus.

χειρογράφοις, ἀναγνωσθῆναι πρῶτον ἐκέλευσεν
ἀμφοτέρας ὑπὸ τοῦ γραμματέως εἰς τὴν ἁπάντων
τῶν παρόντων ἀκοήν· ἔπειτα λέγειν ἐκέλευσε τοῖς
3 παισίν, εἴ τι βούλονται. ὡς δ' οὐκ ἐτόλμησεν
αὐτῶν οὐδέτερος πρὸς ἄρνησιν ἀναιδῆ τραπέσθαι,
πάλαι δὲ[1] κατεψηφικότες ἑαυτῶν ἔκλαιον ἀμφό-
τεροι, ὀλίγον[2] ἐπισχὼν χρόνον ἀνίσταται καὶ
σιωπὴν προκηρύξας, ἐκδεχομένων ἁπάντων τί
τέλος ἐξοίσει, θάνατον ἔφη καταδικάζειν τῶν
τέκνων· ἐφ' ᾧ πάντες ἀνέκραγον οὐκ ἀξιοῦντες
τοιοῦτον ἄνδρα ζημιωθῆναι τέκνων θανάτῳ καὶ
χαρίζεσθαι τὰς ψυχὰς τῶν μειρακίων ἐβούλοντο τῷ
4 πατρί. ὁ δ' οὔτε τὰς φωνὰς αὐτῶν οὔτε τὰς
οἰμωγὰς ἀνασχόμενος ἐκέλευσε τοῖς ὑπηρέταις
ἀπάγειν τοὺς νεανίσκους ὀλοφυρομένους καὶ
ἀντιβολοῦντας καὶ ταῖς φιλτάταις αὐτὸν ἀνα-
καλουμένους προσηγορίαις. θαυμαστὸν μὲν οὖν[3]
καὶ τοῦτο πᾶσιν ἐφάνη τὸ μηδὲν ἐνδοῦναι τὸν
ἄνδρα μήτε πρὸς τὰς δεήσεις τῶν πολιτῶν μήτε
πρὸς τοὺς οἴκτους τῶν τέκνων, πολλῷ δ' ἔτι
τούτου θαυμασιώτερον τὸ περὶ τὰς τιμωρίας
5 αὐτῶν ἀμείλικτον. οὔτε γὰρ ἄλλοθί που συν-
εχώρησεν ἀπαχθέντας τοὺς υἱοὺς ἔξω τῆς ἁπάντων
ὄψεως ἀποθανεῖν, οὔτε αὐτὸς ἐκ τῆς ἀγορᾶς
ὑπανεχώρησεν,[4] ἕως ἐκεῖνοι κολασθῶσι, τὴν
δεινὴν θέαν ἐκτρεπόμενος, οὔτ' ἄνευ προ-
πηλακισμοῦ ἐφῆκεν[5] αὐτοῖς τὴν ἐψηφισμένην ἐκ-
πληρῶσαι μοῖραν· ἀλλὰ πάντα τὰ περὶ τὰς[6]
τιμωρίας ἔθη καὶ νόμιμα φυλάττων, ὅσα τοῖς
κακούργοις ἀπόκειται παθεῖν, ἐν ἀγορᾷ πάντων

---

[1] πάλαι δὲ Post, πάλαι R : om. B, ἀλλὰ Jacoby.
[2] δὲ after ὀλίγον deleted by Reiske.

writing, he first ordered both letters to be read by
the secretary in the hearing of all who were present,
and then commanded his sons to speak if they had
anything to say. But when neither of them dared
resort to shameless denial, but both wept, having
long since convicted themselves, Brutus, after a short
pause, rose up and commanding silence, while
everyone was waiting to learn what sentence he
would pronounce, said he condemned his sons to
death. Whereupon they all cried out, indignant
that such a man should be punished by the death of
his sons, and they wished to spare the lives of the
youths as a favour to their father. But he, paying
no heed to either their cries or their lamentations,
ordered the lictors to lead the youths away, though
they wept and begged and called upon him in the
most tender terms. Even this seemed astonishing to
everybody, that he did not yield at all to either the
entreaties of the citizens or the laments of his sons;
but much more astonishing still was his relentlessness
with regard to their punishment. For he neither
permitted his sons to be led away to any other place
and put to death out of sight of the public, nor did
he himself, in order to avoid the dreadful spectacle,
withdraw from the Forum till after they had been
punished; nor did he allow them to undergo the
doom pronounced against them without ignominy,
but he caused every detail of the punishment estab-
lished by the laws and customs against malefactors
to be observed, and only after they had been

---

³ οὖν added by Reiske.
⁴ ὑπανεχώρησεν Bb: παρεχώρησεν ABa.
⁵ Kiessling: ἀφῆκεν O.   ⁶ τὰς Reiske: τῆς O.

25

DIONYSIUS OF HALICARNASSUS

ὁρώντων αἰκισθέντας τὰ σώματα πληγαῖς, αὐτὸς
ἅπασι τοῖς γιγνομένοις παρών, τότε συνεχώρησε
6 τοὺς αὐχένας τοῖς πελέκεσιν ἀποκοπῆναι. ὑπὲρ
ἅπαντα δὲ τὰ παράδοξα καὶ θαυμαστὰ τοῦ
ἀνδρὸς τὸ ἀτενὲς τῆς ὄψεως καὶ ἄτεγκτον ἦν·
ὅς γε τῶν ἄλλων ἁπάντων ὅσοι τῷ πάθει παρ-
εγένοντο κλαιόντων μόνος οὔτε ἀνακλαυσάμενος
ὤφθη τὸν μόρον τῶν τέκνων οὔτε ἀποιμώξας
ἑαυτὸν τῆς καθεξούσης τὸν οἶκον ἐρημίας οὔτε
ἄλλο μαλακὸν οὐθὲν ἐνδούς, ἀλλ' ἄδακρύς τε καὶ
ἀστένακτος καὶ ἀτενὴς διαμένων εὐκαρδίως ἤνεγκε
τὴν συμφοράν. οὕτως ἰσχυρὸς ἦν τὴν γνώμην
καὶ βέβαιος τὰ κριθέντα διατηρεῖν καὶ τῶν
ἐπιταραττόντων τοὺς λογισμοὺς παθῶν καρτερός.

IX. Ἀποκτείνας δὲ τοὺς υἱοὺς εὐθὺς ἐκάλει
τοὺς ἀδελφιδοῦς τοῦ συνάρχοντος Ἀκυλλίους, παρ'
οἷς αἱ σύνοδοι τῶν κατὰ τῆς πόλεως συνομοσα-
μένων ἐγίνοντο·[1] καὶ τὰς ἐπιστολὰς αὐτῶν
ἀναγνῶναι τῷ γραμματεῖ κελεύσας, ὥστε πάντας
ἀκούειν τοὺς παρόντας, ἀπολογίαν ἔφησεν αὐτοῖς
διδόναι. ὡς δὲ προήχθησαν οἱ νεανίσκοι πρὸς τὸ
βῆμα, εἴτε ὑποθεμένου τινὸς τῶν φίλων εἴτε
αὐτοὶ συμφρονήσαντες τοῖς γόνασι τοῦ θείου
προσπίπτουσιν ὡς δι' ἐκείνου σωθησόμενοι.
2 κελεύσαντος δὲ τοῦ Βρούτου τοῖς ῥαβδούχοις
ἀποσπᾶν αὐτοὺς καὶ ἀπάγειν ἐπὶ τὸν θάνατον, εἰ μὴ

scourged in the Forum in the sight of all the citizens, he himself being present when all this was done, did he then allow their heads to be cut off with the axes. But the most extraordinary and the most astonishing part of his behaviour was that he did not once avert his gaze nor shed a tear, and while all the rest who were present at this sad spectacle wept, he was the only person who was observed not to lament the fate of his sons, nor to pity himself for the desolation that was coming upon his house, nor to betray any other signs of weakness, but without a tear, without a groan, without once shifting his gaze, he bore his calamity with a stout heart. So strong of will was he, so steadfast in carrying out the sentence, and so completely the master of all the passions that disturb the reason.

IX. After he had caused his sons to be put to death, he at once summoned the nephews of his colleague, the Aquilii, at whose house the meetings of the conspirators against the state had been held; and ordering the secretary to read out their letters, that all present might hear them, he told them they might make their defence. When the youths were brought before the tribunal, either acting on the suggestion of one of their friends or having agreed upon it themselves, they threw themselves at the feet of their uncle in hopes of being saved by him.[1] And when Brutus ordered the lictors to drag them away

---

[1] Livy knows nothing of the episode here related. According to him (ii. 2, 3–10) Collatinus had already resigned his office at the request of Brutus and gone into exile.

---

[1] ἐγίνοντο O : ἐγένοντο Kiessling, Jacoby.

βούλοιντο ἀπολογήσασθαι, μικρὸν ἐπισχεῖν τοῖς
ὑπηρέταις ὁ Κολλατῖνος εἰπών, ἕως τῷ συνάρχοντι
διαλεχθῇ, λαβὼν τὸν ἄνδρα κατὰ μόνας πολλὰς
ἐξέτεινεν ὑπὲρ τῶν μειρακίων δεήσεις· τὰ μὲν
ἀπολογούμενος ὡς διὰ νεότητος ἄγνοιαν [1] καὶ
πονηρὰς φίλων ὁμιλίας εἰς ταύτην ἐμπεσόντων
τὴν φρενοβλάβειαν, τὰ δὲ παρακαλῶν ἑαυτῷ
χαρίσασθαι τὰς ψυχὰς τῶν συγγενῶν μίαν αἰτου-
μένῳ ταύτην τὴν δωρεὰν καὶ περὶ οὐδενὸς ἔτι
ἑτέρου ἐνοχλήσοντι, τὰ δὲ διδάσκων ὅτι συν-
ταραχθῆναι κίνδυνος ὅλην τὴν πόλιν, ἐὰν ἅπαντας
ἐπιχειρῶσι θανάτῳ ζημιοῦν τοὺς δόξαντάς τι
συμπράττειν τοῖς φυγάσιν ὑπὲρ τῆς καθόδου·
πολλοὺς γὰρ εἶναι καὶ οὐκ ἀσήμων οἰκιῶν ἐνίους.
3 ὡς δ' οὐκ ἔπειθε, τελευτῶν ἠξίου μὴ θάνατον,
ἀλλὰ μετρίαν κατ' αὐτῶν ὁρίσαι κόλασιν, ἄτοπον
εἶναι λέγων τοὺς μὲν τυράννους φυγαῖς ἐζημιῶσθαι,
τοὺς δὲ τῶν τυράννων φίλους θανάτῳ. ἀντι-
λέγοντος δὲ καὶ πρὸς τὴν ἐπιείκειαν τῆς κολάσεως
τοῦ ἀνδρὸς καὶ οὐδ' εἰς ἑτέρους ἀναβαλέσθαι
χρόνους τὰς κρίσεις τῶν ἐν ταῖς αἰτίαις βου-
λομένου (τελευταία γὰρ αὕτη τοῦ συνάρχοντος
δέησις ἦν), ἀλλ' αὐθημερὸν ἀποκτενεῖν ἅπαντας
ἀπειλοῦντος καὶ διομνυμένου, ἀδημονῶν ὁ Κολλα-
τῖνος ἐπὶ τῷ μηδενὸς ὧν ἠξίου τυγχάνειν, "Τοιγαρ-
οῦν," ἔφησεν, "ἐπεὶ σκαιὸς εἶ καὶ πικρός, ἐγὼ τὰ
μειράκια ἀφαιροῦμαι, τῆς αὐτῆς ἐξουσίας ἧς σὺ
κύριος ὤν." καὶ ὁ Βροῦτος ἐκπικρανθείς, " Οὐκ
ἐμοῦ γ'," ἔφη, " ζῶντος, ὦ Κολλατῖνε, τοὺς προ-
δότας τῆς πατρίδος ἰσχύσεις ἐξελέσθαι· ἀλλὰ καὶ σὺ
δώσεις δίκας ἃς [2] προσῆκεν οὐκ εἰς μακράν."

[1] ἄγνοιαν O: ἄνοιαν Smit, Jacoby.   [2] ἃς BC: ἃς σοι R.

and lead them off to death, unless they wished to make a defence, Collatinus, ordering the lictors to forbear a little while till he had talked with his colleague, took him aside and earnestly entreated him to spare the lads, now excusing them on the ground that through the ignorance of their youth and evil associations with friends they had fallen into this madness, and again begging him to grant him as a favour the lives of his kinsmen, the only favour he asked of him and the only trouble he should ever give him, and still again showing him that there was danger that the whole city would be thrown into an uproar if they attempted to punish with death all who were believed to have been working with the exiles for their return, since there were many such and some of them were of no obscure families. But being unable to persuade him, he at last asked him not to condemn them to death, but to impose a moderate punishment on them, declaring that it was absurd, after punishing the tyrants with banishment only, to punish the friends of the tyrants with death. And when Brutus opposed even the equitable punishment that he suggested and was unwilling even to put off the trials of the accused (for this was the last request his colleague made), but threatened and swore he would put them all to death that very day, Collatinus, distressed at obtaining naught that he was asking, exclaimed: "Well then, since you are boorish and harsh, I, who possess the same authority as you, set the lads free." And Brutus, exasperated, replied: "Not while I am alive, Collatinus, shall you be able to free those who are traitors to their country. Nay, but you too shall pay the fitting penalty, and that right soon."

X. Ταῦτ᾽ εἰπὼν καὶ φυλακὴν τοῖς μειρακίοις ἐπιστήσας ἐκάλει τὸν δῆμον εἰς ἐκκλησίαν. πληρωθείσης δὲ τῆς ἀγορᾶς ὄχλου (περιβόητον γὰρ ἀνὰ τὴν πόλιν ὅλην τὸ περὶ τοὺς παῖδας αὐτοῦ πάθος ἐγεγόνει), προελθών τε καὶ τοὺς ἐντιμοτάτους τῶν ἐν τῷ συνεδρίῳ παραστησάμενος 2 ἔλεξε τοιάδε· " Ἐβουλόμην μὲν ἄν,[1] ἄνδρες πολῖται,[2] Κολλατῖνον τουτονὶ τὸν συνάρχοντα περὶ πάντων μοι ταὐτὰ φρονεῖν καὶ μὴ τῷ λόγῳ μόνον, ἀλλὰ καὶ τοῖς ἔργοις μισεῖν τοὺς τυράννους καὶ πολεμεῖν· ἐπεὶ δὲ τἀναντία φρονῶν γέγονέ μοι καταφανής, καὶ ἔστιν οὐ μόνον τῇ φύσει Ταρκυνίων συγγενής, ἀλλὰ καὶ τῇ προαιρέσει, διαλλαγάς τε πράττων πρὸς αὐτοὺς καὶ ἀντὶ τῶν κοινῇ συμφερόντων τὸ ἑαυτοῦ σκοπῶν λυσιτελές, αὐτός τε κωλύειν αὐτὸν παρεσκεύασμαι πράττειν ἃ κατὰ νοῦν ἔχει πονηρὰ ὄντα, καὶ ὑμᾶς ἐπὶ τούτῳ παρεκάλεσα· φράσω δ᾽ ὑμῖν πρῶτον μὲν [3] ἐν οἷς ἐγένετο κινδύνοις τὰ πράγματα τῆς πόλεως, ἔπειτα πῶς αὐτοῖς ἑκάτερος ἡμῶν κέχρηται. 3 τῶν πολιτῶν τινες συνελθόντες εἰς τὴν Ἀκυλλίων οἰκίαν τῶν ἐκ τῆς Κολλατίνου γεγονότων ἀδελφῆς, ἐν οἷς ἦσαν οἵ τ᾽ ἐμοὶ παῖδες ἀμφότεροι καὶ οἱ τῆς γυναικὸς ἀδελφοὶ τῆς ἐμῆς καὶ ἄλλοι τινὲς ἅμα τούτοις οὐκ ἀφανεῖς, συνθήκας ἐποιήσαντο πρὸς ἀλλήλους καὶ συνώμοσαν ἀποκτείναντες ἐμὲ καταγαγεῖν Ταρκύνιον ἐπὶ τὴν ἀρχήν· ἐπιστολάς τε περὶ τούτων γράψαντες αὐτογράφους καὶ ταῖς ἑαυτῶν σφραγῖσι κατασημηνάμενοι πέμπειν πρὸς τοὺς φυγάδας ἔμελλον.

---

[1] ἂν Cobet: δὴ A (by correction), om. B.

X. Having said this and stationed a guard over the lads, he called an assembly of the people, and when the Forum was filled with a crowd (for the fate of his sons had been noised abroad through the whole city), he came forward and placing the most distinguished members of the senate near him, spoke as follows: " I could wish, citizens, that Collatinus, my colleague here, held the same sentiments as I do in everything and that he showed his hatred and enmity toward the tyrants, not by his words only, but by his actions as well. But since it has become clear to me that his sentiments are the opposite of my own and since he is related to the Tarquinii, not alone by blood, but also by inclination, both working for a reconciliation with them and considering his private advantage instead of the public good, I have not only made my own preparations to prevent him from carrying out the mischievous designs he has in mind, but I have also summoned you for this same purpose. I shall inform you, first, of the dangers to which the commonwealth has been exposed and then in what manner each of us has dealt with those dangers. Some of the citizens, assembling at the house of the Aquilii, who are sons of the sister of Collatinus, among them my two sons and the brothers of my wife, and some others with them, no obscure men, entered into an agreement and conspiracy to kill me and restore Tarquinius to the sovereignty. And having written letters concerning these matters in their own handwriting and sealed them with their own seals, they were intending to send them to the

² ἄνδρες πολῖται B: ὢ ἄνδρες πολῖται A, ὢ πολῖται Cobet, Jacoby.
³ μέν added by Kiessling.

4 ταῦθ' ἡμῖν θεῶν τινος εὐνοίᾳ καταφανῆ γέγονεν
ὑπὸ τοῦδε μηνυθέντα τοῦ ἀνδρός· ἔστι δ'
Ἀκυλλίων δοῦλος, παρ' οἷς καταγόμενοι τῇ
παρελθούσῃ νυκτὶ τὰς ἐπιστολὰς ἔγραψαν·
καὶ τῶν γραμμάτων γεγόναμεν αὐτῶν ἐγκρατεῖς.
Τίτον μὲν οὖν ἐγὼ καὶ Τιβέριον τοὺς ἐμοὺς
παῖδας τετιμώρημαι· καὶ οὐδὲν καταλέλυται
διὰ τὴν ἐμὴν ἐπιείκειαν οὔτε νόμος οὔτε ὅρκος·
Ἀκυλλίους δὲ Κολλατῖνος ἀφαιρεῖταί μου καὶ
φησιν οὐκ ἐάσειν ὅμοια τοῖς ἐμοῖς παισὶ βουλεύ-
5 σαντας τῶν ὁμοίων ἐκείνοις τυχεῖν. εἰ δ' οὗτοι
μηδεμίαν ὑφέξουσι δίκην, οὐδὲ τοὺς ἀδελφοὺς
τῆς ἐμῆς γυναικὸς οὐδὲ τοὺς ἄλλους προδότας τῆς
πατρίδος ἐξέσται μοι κολάσαι. τί γὰρ δὴ
δίκαιον πρὸς αὐτοὺς ἔξω λέγειν, ἂν τούτους ἀφῶ;
τίνος οὖν ταῦτα μηνύματα τίθεσθε ;[1] πότερα
τῆς πρὸς τὴν πόλιν εὐνοίας ἢ τῶν πρὸς τοὺς
τυράννους διαλλαγῶν, καὶ πότερα τῆς ἐμπεδώσεως
τῶν ὅρκων, οὓς ἀφ' ἡμῶν ἀρξάμενοι πάντες
ὠμόσατε, ἢ τῆς συγχύσεώς τε καὶ ἐπιορκίας;
6 καὶ εἰ μὲν ἔλαθεν ἡμᾶς, ταῖς ἀραῖς ἔνοχος ἦν ἂν καὶ
θεοῖς ὑπέσχεν, οὓς ἐπιώρκει, δίκας· ἐπειδὴ δὲ
καταφανὴς γέγονεν, ὑφ' ἡμῶν αὐτὸν προσήκει
κολασθῆναι, ὅς γε ὀλίγαις μὲν ἡμέραις πρότερον
τὰ χρήματα τοῖς τυράννοις ὑμᾶς ἔπεισεν ἀποδοῦναι,
ἵνα μὴ κατὰ τῶν ἐχθρῶν ἡ πόλις αὐτοῖς ἔχῃ
χρῆσθαι πρὸς τὸν πόλεμον, ἀλλὰ κατὰ τῆς
πόλεως οἱ ἐχθροί· νῦν δὲ τοὺς ἐπὶ καθόδῳ τῶν
τυράννων[2] συνομοσαμένους ἀφεῖσθαι τῆς τιμωρίας

---

[1] τίθεσθε (or ποιεῖσθε) Sintenis: ἡγεῖσθε A, πείθεσθε B.
[2] τῶν τυράννων Reiske: τοῖς τυράννοις O.

exiles. These things, by the favour of some god, have become known to us through information given by this man—he is a slave belonging to the Aquilii, at whose house they held a session last night and wrote the letters—and the letters themselves have come into our possession. As for Titus and Tiberius, my own sons, I have punished them, and neither the law nor our oath has in any degree been violated through clemency on my part. But Collatinus is trying to take the Aquilii out of my hands and declares that, even though they have taken part in the same counsels as my sons, he will not allow them to meet with the same punishment. But if these are not to suffer any penalty, then it will be impossible for me to punish either the brothers of my wife or the other traitors to their country. For what just charge shall I be able to bring against them if I let these off? Of what, then, do you think these actions of his are indications? Of loyalty to the commonwealth, or of a reconciliation with the tyrants? Of a confirmation of the oaths which you, following us, all took, or of a violation of those oaths, yes, of perjury? And if he had escaped discovery by us, he would have been subject to the curses we then invoked and he would have paid the penalty to the gods by whom he had sworn falsely; but since he has been found out, it is fitting that he should be punished by us—this man who but a few days ago persuaded you to restore their possessions to the tyrants, to the end that the commonwealth might not make use of them in the war against our enemies, but that our enemies might use them against the commonwealth. And now he thinks that those who have conspired to restore the tyrants

DIONYSIUS OF HALICARNASSUS

οἴεται δεῖν, ἐκείνοις αὐτοὺς δηλονότι χαριζόμενος,
ἵν’, ἐὰν ἄρα κατέλθωσιν εἶτ’ ἐκ προδοσίας εἴτε
πολέμῳ, ταύτας προφερόμενος τὰς χάριτας ἁπάν-
των ὡς φίλος ὅσων ἂν αἱρῆται[1] παρ’ αὐτῶν
7 τυγχάνῃ. ἔπειτ’ ἐγὼ τῶν ἐμῶν οὐ φεισάμενος
τέκνων σοῦ φείσομαι, Κολλατῖνε, ὃς τὸ μὲν
σῶμα παρ’ ἡμῖν ἔχεις, τὴν δὲ ψυχὴν παρὰ τοῖς
πολεμίοις, καὶ τοὺς μὲν προδότας τῆς πατρίδος
σώζεις, ἐμὲ δὲ τὸν ὑπὲρ αὐτῆς ἀγωνιζόμενον
ἀποκτείνεις;[2] πόθεν; πολλοῦ γε καὶ δεῖ· ἀλλ’
ἵνα μηδὲν ἔτι τοιοῦτον ἐξεργάσῃ, τὴν μὲν ἀρχὴν
ἀφαιροῦμαί σε καὶ πόλιν ἑτέραν κελεύω μετα-
λαβεῖν· ὑμῖν δ’, ὦ πολῖται, ψῆφον ἀναδώσω
καλέσας αὐτίκα μάλα τοὺς λόχους, ἵνα δια-
γνῶσιν εἰ χρὴ ταῦτ’ εἶναι κύρια· εὖ δ’ ἴστε[3]
δυεῖν θάτερον, ἢ Κολλατῖνον ἕξοντες ὕπατον ἢ
Βροῦτον.”

XI. Τοιαῦτα δὲ λέγοντος αὐτοῦ βοῶν καὶ δεινο-
παθῶν ὁ Κολλατῖνος ἐπίβουλόν τε καὶ προδότην
τῶν φίλων αὐτὸν παρ’ ἕκαστα ἀποκαλῶν, καὶ τὰ
μὲν ὑπὲρ τῶν καθ’ ἑαυτοῦ[4] διαβολῶν ἀπο-
λογούμενος, τὰ δ’ ὑπὲρ τῶν ἀδελφιδῶν δεόμενος,
ψῆφόν τε καθ’ ἑαυτοῦ τοῖς πολίταις[5] οὐκ ἐῶν
ἀναδοῦναι, χαλεπώτερον ἐποίει τὸν δῆμον καὶ
δεινοὺς ἤγειρεν ἐπὶ πᾶσι τοῖς λεγομένοις θορύβους.
2 ἠγριωμένων δὲ τῶν πολιτῶν πρὸς αὐτὸν καὶ οὔτ’
ἀπολογίαν ὑπομενόντων οὔτε δέησιν προσιεμένων,
ἀλλὰ τὰς ψήφους ἀναδοθῆναι σφίσι κελευσάντων,

[1] ὅσων ἂν αἱρῆται Bb: ὅσον ἂν δέηται αἱρῆται Α, ὅσωι
ἀνδρηται Βα.
[2] ἀποκτείνεις O: ἀποκτενεῖς Jacoby.
[3] ἴστε Reiske: ἴστε ὅτι O.

34

ought to be let off from punishment, with a view no
doubt of sparing their lives as a favour to the tyrants,
so that, if these should after all return as the result
of either treachery or war, he may, by reminding
them of these favours, obtain from them, as being a
friend, everything that he chooses. After this, shall
I, who have not spared my own sons, spare you,
Collatinus, who are with us indeed in person, but
with our enemies in spirit, and are trying to save those
who have betrayed their country and to kill me who
am fighting in its defence? Far from it! On the
contrary, to prevent you from doing anything of the
kind in future, I now deprive you of your magistracy
and command you to retire to some other city. And
as for you, citizens, I shall assemble you at once by
your centuries and take your votes, in order that
you may decide whether this action of mine should
be ratified. Be assured, however, that you will have
only one of us two for your consul, either Collatinus
or Brutus."

XI. While Brutus was thus speaking, Collatinus
kept crying out and loudly protesting and at every
word calling him a plotter and a betrayer of his
friends, and now by endeavouring to clear himself
of the accusations against him, and now by pleading
for his nephews, and by refusing to allow the matter
to be put to the vote of the citizens, he made the
people still angrier and caused a terrible uproar at
everything he said. The citizens being now ex-
asperated against him and refusing either to hear
his defence or to listen to his entreaties, but calling

---

⁴ καθ' ἑαυτοῦ Cobet: αὐτοῦ O.
⁵ τοῖς πολίταις Portus: τοὺς πολίτας O.

δι' εὐλαβείας τὸ πρᾶγμα ὁ κηδεστὴς αὐτοῦ
λαβὼν Σπόριος Λουκρήτιος, ἀνὴρ τῷ δήμῳ
τίμιος, μὴ μεθ' ὕβρεως τῆς ἀρχῆς καὶ τῆς
πατρίδος ἐκπέσῃ, λόγον αἰτησάμενος παρ' ἀμφο-
τέρων τῶν ὑπάτων, καὶ τυχὼν τῆς ἐξουσίας
ταύτης πρῶτος, ὥς φασιν οἱ Ῥωμαίων συγγρα-
φεῖς, οὔπω τότε Ῥωμαίοις ὄντος ἐν ἔθει δημη-
γορεῖν ἰδιώτην ἐν ἐκκλησίᾳ, κοινὴν ἐποιήσατο
δέησιν ἀμφοτέρων τῶν ὑπάτων, Κολλατίνῳ μὲν
παραινῶν μὴ θυμομαχεῖν μηδ' ἀκόντων κατέχειν
τῶν πολιτῶν τὴν ἀρχήν, ἣν παρ' ἑκόντων ἔλαβεν,
ἀλλ' εἰ δοκεῖ τοῖς δοῦσιν αὐτὴν ἀπολαβεῖν ἑκόντα
καταθέσθαι καὶ μὴ τοῖς λόγοις ἀπολύεσθαι τὰς
καθ' ἑαυτοῦ διαβολάς, ἀλλὰ τοῖς πράγμασι,
μεταθέσθαι τε τὴν οἴκησιν ἑτέρωθί πού[1] ποτε
πάντα τὰ ἑαυτοῦ λαβόντα, ἕως ἄν[2] ἐν ἀσφαλεῖ[3]
γένηται τὰ κοινά, ἐπειδὴ τοῦτο δοκεῖ τῷ δήμῳ
συμφέρειν, ἐνθυμούμενον ὅτι τοῖς μὲν ἄλλοις
ἀδικήμασι γενομένοις ὀργίζεσθαι πεφύκασιν
ἅπαντες, προδοσίᾳ δὲ καὶ ὑποπτευομένῃ, σωφρο-
νέστερον ἡγούμενοι[4] καὶ διὰ κενῆς φοβηθέντες
αὐτὴν φυλάξασθαι μᾶλλον ἢ καταφρονήσει ἐπι-
3 τρέψαντες ἀνατραπῆναι· Βροῦτον δὲ πείθων μὴ
μετ' αἰσχύνης καὶ προπηλακισμοῦ τὸν συν-
άρχοντα τῆς πατρίδος ἐκβαλεῖν, μεθ' οὗ τὰ
κράτιστα ὑπὲρ τῆς πόλεως ἐβούλευσεν· ἀλλ'
ἐὰν αὐτὸς ὑπομένῃ τὴν ἀρχὴν ἀποθέσθαι καὶ
παραχωρῇ τῆς πατρίδος ἑκών, τήν τε οὐσίαν
αὐτῷ πᾶσαν ἐπιτρέψαι κατὰ σχολὴν ἀνασκευάσα-

---

[1] ἑτέρωθί ποι Bb : ἑτέρω γέ ποι Ba, ἑτέρωθί γέ ποι R, ἑτέρωσέ
ποι Cobet, Jacoby.   [2] ἄν AD : om. BC.
[3] Cobet : ἀσφαλείᾳ O.   [4] Sintenis : ἡγοῦνται O.

for their votes to be taken, Spurius Lucretius, his father-in-law, a man esteemed by the people, feeling concern about the situation, lest Collatinus should be ignominiously driven from office and from his country, asked and obtained from both consuls leave to speak. He was the first person who ever obtained this privilege, as the Roman historians relate, since it was not yet customary at that time for a private citizen to speak in an assembly of the people. And addressing his entreaties to both consuls jointly, he advised Collatinus not to persist so obstinately in his opposition nor to retain against the will of the citizens the magistracy which he had received by their consent, but if those who had given it thought fit to take back the magistracy, to lay it down voluntarily, and to attempt to clear himself of the accusations against him, not by his words, but by his actions, and to remove with all his goods to some other region till the commonwealth should be in a state of security, since the good of the people seemed to require this. For he should bear in mind that, whereas in the case of other crimes all men are wont to show their resentment after the deed has been committed, in the case of treason they do so even when it is only suspected, regarding it as more prudent, though their fears may be vain, to guard against the treason than, by giving way to contempt, to be undone. As for Brutus, he endeavoured to persuade him not to expel from his country with shame and vituperation his colleague with whom he had concerted the best measures for the commonwealth, but if Collatinus himself was willing to resign the magistracy and leave the country voluntarily, not only to give him leave to get together all his sub-

σθαι, καὶ ἐκ τοῦ δημοσίου προσθεῖναί τινα
δωρεάν, ἵνα παραμύθιον ἔχῃ τῆς συμφορᾶς τὴν
παρὰ τοῦ δήμου χάριν.

XII. Ταῦτα τοῦ ἀνδρὸς ἀμφοτέροις παρ-
αινοῦντος καὶ τῶν πολιτῶν ἐπαινεσάντων τὸν
λόγον, ὁ μὲν Κολλατῖνος πολλὰ κατολοφυρόμενος
ἑαυτόν, εἰ διὰ συγγενῶν ἔλεον ἐκλιπεῖν ἀναγκα-
σθήσεται τὴν πατρίδα μηδὲν ἀδικῶν, ἀποτίθεται
2 τὴν ἀρχήν. ὁ δὲ Βροῦτος ἐπαινέσας αὐτὸν ὡς
τὰ κράτιστα καὶ συμφορώτατα [1] ἑαυτῷ τε καὶ
τῇ πόλει βεβουλευμένον παρεκάλει μήτε αὐτῷ
μήτε τῇ πατρίδι μνησικακεῖν· ἑτέραν δὲ μετα-
λαβόντα οἴκησιν τὴν καταλειπομένην πατρίδα
ἡγεῖσθαι, μηδενὸς μήτ' ἔργου μήτε λόγου κοι-
νωνοῦντα τοῖς ἐχθροῖς κατ' αὐτῆς· τὸ δ' ὅλον
ἀποδημίαν ὑπολαβόντα τὴν μετανάστασιν, οὐκ
ἐξορισμὸν οὐδὲ φυγήν, τὸ μὲν σῶμα παρὰ τοῖς
ὑποδεξαμένοις ἔχειν, τὴν δὲ ψυχὴν παρὰ τοῖς
προπέμπουσι. ταῦτα δ' ὑποθέμενος τῷ ἀνδρὶ
πείθει τὸν δῆμον εἴκοσι ταλάντων δοῦναι αὐτῷ δω-
ρεὰν καὶ αὐτὸς πέντε τάλαντα προστίθησιν ἐκ τῶν
3 ἰδίων. Ταρκύνιος μὲν δὴ Κολλατῖνος τοιαύτῃ
τύχῃ περιπεσὼν εἰς Λαουίνιον ᾤχετο τὴν μητρό-
πολιν τοῦ Λατίνων γένους, ἐν ᾗ γηραιὸς ἐτελεύτα·
ὁ δὲ Βροῦτος οὐκ ἀξιῶν μόνος ἄρχειν οὐδ' εἰς
ὑπόνοιαν ἐλθεῖν τοῖς πολίταις ὅτι μοναρχίας
ὑπαχθεὶς πόθῳ τὸν συνύπατον ἐξήλασεν ἐκ τῆς
πατρίδος, καλέσας τὸν δῆμον εἰς τὸ πεδίον
ἔνθα σύνηθες αὐτοῖς ἦν τούς τε βασιλεῖς καὶ

---

[1] Reiske: συμφέροντα AB.

[1] The Campus Martius.

stance at his leisure, but also to add some gift from the public treasury, to the end that this favour conferred upon him by the people might be a comfort to him in his affliction.

XII. When Lucretius thus advised both consuls and the citizens had voiced their approval, Collatinus, uttering many lamentations over his misfortune in being obliged, because of the compassion he had shown to his kinsmen, to leave his country, though he was guilty of no crime, resigned his magistracy. Brutus, praising him for having taken the best and the most advantageous resolution for both himself and the commonwealth, exhorted him not to entertain any resentment either against him or against his country, but after he had taken up his residence elsewhere, to regard as his country the home he was now leaving, and never to join with her enemies in any action or speech directed against her; in fine, to consider his change of residence as a sojourn abroad, not as an expulsion or a banishment, and while living in body with those who had received him, to dwell in spirit with those who now sent him on his way. After this exhortation to Collatinus he prevailed upon the people to make him a present of twenty talents, and he himself added five more from his own means. So Tarquinius Collatinus, having met with this fate, retired to Lavinium, the mother-city of the Latin nation, where he died at an advanced age. And Brutus, thinking that he ought not to continue alone in the magistracy or to give occasion to the citizens to suspect that it was because of a desire to rule alone that he had banished his colleague from the country, summoned the people to the field[1] where it was their custom to elect their

τὰς ἄλλας ἀρχὰς καθιστάναι, συνάρχοντα αἱρεῖται
Πόπλιον Οὐαλέριον, ἀπόγονον, ὡς καὶ πρότερον
εἶπον, τοῦ Σαβίνου Οὐαλερίου, ἄνδρα πολλῶν
μὲν καὶ ἄλλων ἐπιτηδευμάτων χάριν ἐπαινεῖσθαί
τε καὶ θαυμάζεσθαι ἄξιον, μάλιστα δὲ τῆς
αὐταρκείας τοῦ βίου. φιλοσοφία γάρ τις αὐτο-
δίδακτος ἐγένετο περὶ αὐτόν, ἣν ἐν πολλοῖς
ἀπεδείξατο πράγμασιν, ὑπὲρ ὧν ὀλίγον ὕστερον
ἐρῶ.

XIII. Μετὰ τοῦτο ἤδη [1] μιᾷ γνώμῃ περὶ
πάντων χρώμενοι τοὺς μὲν ἐπὶ τῇ καθόδῳ τῶν
φυγάδων συνομοσαμένους ἅπαντας ἀπέκτειναν
παραχρῆμα, καὶ τὸν μηνύσαντα τὴν συνωμοσίαν
δοῦλον ἐλευθερίᾳ [2] τε καὶ πολιτείας μεταδόσει καὶ
χρήμασι πολλοῖς ἐτίμησαν. ἔπειτα τρία πολι-
τεύματα κάλλιστα καὶ συμφορώτατα τῷ κοινῷ
καταστησάμενοι τούς τ' ἐν τῇ πόλει πάντας
ὁμονοεῖν παρεσκεύασαν καὶ τὰς τῶν ἐχθρῶν
2 ἑταιρίας ἐμείωσαν. ἦν δὲ τὰ πολιτεύματα τῶν
ἀνδρῶν τοιάδε· πρῶτον μὲν ἐκ τῶν δημοτικῶν
τοὺς κρατίστους ἐπιλέξαντες πατρικίους ἐποίησαν
καὶ συνεπλήρωσαν ἐξ αὐτῶν τὴν βουλὴν τοὺς
τριακοσίους· ἔπειτα τὰς οὐσίας τῶν τυράννων εἰς
τὸ κοινὸν ἅπασι τοῖς πολίταις φέροντες ἔθεσαν,
συγχωρήσαντες ὅσον [3] λάβοι τις ἐξ αὐτῶν ἔχειν·
καὶ τὴν αὐτῶν γῆν ὅσην ἐκέκτηντο τοῖς μηδένα
κλῆρον ἔχουσι διένειμαν, ἓν μόνον ἐξελόμενοι
πεδίον, ὃ κεῖται μεταξὺ τῆς τε πόλεως καὶ τοῦ
ποταμοῦ. τοῦτο δ' Ἄρεος ὑπάρχειν ἱερὸν οἱ
πρότερον ἐψηφίσαντο ἵπποις τε λειμῶνα καὶ

---

[1] τοῦτο ἤδη B: τούτου δὴ R.
[2] ἐλευθερίᾳ B: ἐλευθερίας R.

kings and other magistrates, and chose for his colleague Publius Valerius,[1] a descendant, as I have stated earlier,[2] of the Sabine Valerius, a man worthy of both praise and admiration for many other qualities, but particularly for his frugal manner of life. For there was a kind of self-taught philosophy about him, which he displayed upon many occasions, of which I shall speak a little later.[3]

XIII. After this Brutus and his colleague, acting in everything with a single mind, immediately put to death all who had conspired to restore the exiles, and also honoured the slave who had given information of the conspiracy, not only with his freedom, but also by the bestowal of citizenship and a large sum of money. Then they introduced three measures, all most excellent and advantageous to the state, by which they brought about harmony among all the citizens and weakened the factions of their enemies. Their measures were as follows: In the first place, choosing the best men from among the plebeians, they made them patricians, and thus rounded out the membership of the senate to three hundred.[4]   Next, they brought out and exposed in public the goods of the tyrants for the benefit of all the citizens, permitting everyone to have as large a portion of them as he could seize;[5] and the lands the tyrants had possessed they divided among those who had no allotments, reserving only one field, which lies between the city and the river.[6]   This field their ancestors had by a public decree consecrated to Mars as a meadow for

---

[1] Cf. Livy ii. 2, 11.   [2] iv. 67, 3.
[3] In chap. 48.   [4] Cf. Livy ii. 1, 10 f.
[5] Cf. Livy ii. 5, 1 f.   [6] Cf. Livy ii. 5, 2–4.

[3] ὅσον B: ὅσον ἂν R.

νέοις ἀσκοῦσι τὰς ἐνοπλίους μελέτας γυμνάσιον
ἐπιτηδειότατον· ὅτι ¹ δὲ καὶ πρότερον ἱερὸν ἦν
τοῦδε τοῦ θεοῦ, Ταρκύνιος δὲ σφετερισάμενος
ἔσπειρεν αὐτὸ μέγιστον ² ἡγοῦμαι τεκμήριον εἶναι
τὸ πραχθὲν ὑπὸ τῶν ὑπάτων τότε περὶ τοὺς ἐν
3 αὐτῷ καρπούς. ἅπαντα γὰρ ἐπιτρέψαντες τῷ
δήμῳ τὰ τῶν τυράννων ἄγειν τε καὶ φέρειν, τὸν
ἐν τούτῳ γενόμενον τῷ πεδίῳ σῖτον ἐπὶ ³ ταῖς
ἅλωσιν ἔτι κείμενον, τόν τ' ⁴ ἐπὶ ταῖς καλάμαις
καὶ τὸν ἤδη κατειργασμένον, οὐκ ἐπέτρεψαν οὐδενὶ
φέρειν, ἀλλ' ὡς ἐξάγιστόν τε καὶ οὐδαμῶς ⁵
ἐπιτήδειον εἰς οἰκίας εἰσενεχθῆναι, εἰς τὸν ποτα-
4 μὸν καταβαλεῖν ἐψηφίσαντο. καὶ ἔστι νῦν μνη-
μεῖον ἐμφανὲς τοῦ τότε ⁶ ἔργου νῆσος εὐμεγέθης
Ἀσκληπιοῦ ἱερά, περίκλυστος ἐκ τοῦ ποταμοῦ,
ἥν φασιν ἐκ τοῦ σωροῦ τῆς καλάμης σαπείσης
καί τι ⁷ καὶ τοῦ ποταμοῦ προσλιπαίνοντος αὐτὴν
ἰλύι ⁸ γενέσθαι. καὶ τοῖς μετὰ τοῦ τυράννου
πεφευγόσι Ῥωμαίων κάθοδον εἰς τὴν πόλιν ἐπ'
ἀδείᾳ τε καὶ ἀμνηστίᾳ παντὸς ἁμαρτήματος
ἔδωκαν χρόνον ὁρίσαντες ἡμερῶν εἴκοσιν· εἰ δὲ
μὴ κατέλθοιεν ἐν ταύτῃ τῇ προθεσμίᾳ, τιμωρίας
αὐτοῖς ὥρισαν ἀιδίους φυγὰς καὶ κτημάτων ὧν
5 ἐκέκτηντο δημεύσεις. ταῦτα τῶν ἀνδρῶν τὰ

¹ ὅτι Reiske: ἔτι O.
² δ' after μέγιστον deleted by Reiske.
³ ἐπὶ ABa: τὸν μὲν ἐπὶ Bb, Jacoby.
⁴ τ' Steph.²: δ' O; μὲν Sintenis, who read τὸν δ' ἤδη
κατειργασμένον just below. Jacoby's text reads: σῖτον τὸν
μὲν ἐπὶ ταῖς καλάμαις, τὸν δ' ἐπὶ ταῖς ἔτι (sic) ἅλωσιν κείμενον
καὶ τὸν ἤδη κατειργασμένον.
⁵ οὐδαμῶς Reiske: οὐχ ὡς O, Jacoby, οὐκ (or ὡς οὐκ)
Casaubon.

horses and the most suitable drill-ground* for the
youth to perform their exercises in arms. The
strongest proof, I think, that even before this the
field had been consecrated to this god, but that
Tarquinius had appropriated it to his own use and
sown it, was the action then taken by the consuls
in regard to the corn there. For though they had
given leave to the people to drive and carry away
everything that belonged to the tyrants, they would
not permit anyone to carry away the grain which had
grown in this field and was still lying upon the
threshing-floors whether in the straw or threshed,
but looking upon it as accursed and quite unfit to
be carried into their houses, they caused a vote to
be passed that it should be thrown into the river.
And there is even now a conspicuous monument of
what happened on that occasion, in the form of an
island of goodly size consecrated to Aesculapius and
washed on all sides by the river, an island which
was formed, they say, out of the heap of rotten straw
and was further enlarged by the silt which the river
kept adding. The consuls also granted to all the
Romans who had fled with the tyrant leave to return
to the city with impunity and under a general
amnesty, setting a time-limit of twenty days; and
if they did not return within this fixed time,
the penalties set in their case were perpetual
banishment and the confiscation of their estates.
These measures of the consuls caused those who had

---

⁶ Steph.: ποτὲ O, Jacoby.
⁷ καί τι Casaubon: καὶ ἔτι O, Jacoby.
⁸ αὐτὴν ἰλύι Cary, αὐτὴν τῇ ἰλύι Kiessling: αὐτῇ ἰλὺν AB,
Jacoby, αὐτὴν ἰλὺν C, αὐτὴν νῆσον D.

πολιτεύματα τοὺς μὲν ἀπολαύσαντας ἐκ τῆς οὐσίας
τῶν τυράννων ὅτου δή τινος ὑπὲρ τοῦ μὴ ἀφαιρε-
θῆναι πάλιν ἃς ἔσχον ὠφελείας ἅπαντα κίνδυνον
ἐποίησεν[1] ὑπομένειν· τοὺς δὲ κατὰ δέος ὧν
παρηνόμησαν ἐπὶ[2] τῆς τυραννίδος μὴ δίκην[3]
ἀναγκασθεῖεν ὑπέχειν φυγῆς[4] ἑαυτοῖς τιμησαμέ-
νους, ἀπαλλαγέντας τοῦ φόβου μηκέτι τὰ τῶν
τυράννων, ἀλλὰ τὰ τῆς πόλεως φρονεῖν.

XIV. Διαπραξάμενοι δὲ ταῦτα καὶ τὰ πρὸς τὸν
πόλεμον εὐτρεπισάμενοι τέως μὲν ὑπὸ τῇ πόλει
τὰς δυνάμεις συνεῖχον ἐν τοῖς πεδίοις ὑπὸ σημείοις
τε καὶ ἡγεμόσι τεταγμένας καὶ τὰ πρὸς τὸν
πόλεμον ἀσκούσας, πυνθανόμενοι τοὺς φυγάδας ἐξ
ἁπασῶν τῶν ἐν Τυρρηνίᾳ πόλεων ἀγείρειν ἐπὶ
σφᾶς στρατόν, καὶ δύο μὲν πόλεις ἐκ τοῦ φανεροῦ
συλλαμβάνειν αὐτοῖς τῆς καθόδου, Ταρκυνιήτας
τε καὶ Οὐιεντανούς, ἀξιοχρέοις δυνάμεσιν ἀμφοτέ-
ρας, ἐκ δὲ τῶν ἄλλων ἐθελοντάς τινας, οὓς μὲν
ὑπὸ φίλων παρασκευασθέντας, οὓς δὲ μισθο-
φόρους· ἐπεὶ δ' ἔμαθον ἐξεληλυθότας ἤδη τοὺς
πολεμίους, ἀπαντᾶν αὐτοῖς ἔγνωσαν, καὶ πρὶν
ἐκείνους διαβῆναι τὸν ποταμὸν αὐτοὶ τὰς δυνάμεις
διαβιβάσαντες ἐχώρουν πρόσω, καὶ κατεστρατο-
πεδεύσαντο[5] πλησίον Τυρρηνῶν ἐν λειμῶνι καλου-
μένῳ Ναιβίῳ[6] παρὰ δρυμὸν ἱερὸν ἥρωος Ὁρατίου.
2 ἐτύγχανον δὲ πλήθει τε ἀγχώμαλοι μάλιστα αἱ

---

[1] Kiessling: ἐποίησαν O.   [2] ἐπὶ Sylburg: ὑπὸ O.
[3] δίκην BC: om. R.
[4] φυγῆς Sintenis: τιμὴν O.
[5] κατεστρατοπεδεύσαντο (or κατεστρατοπέδευσαν) Sylburg,
κατεστρατοπέδευσαν Jacoby: καταστρατοπεδεύσαντες O.
[6] ναιβίῳ B: ναβίῳ C, οὐινίωι AD; cf. αἰσούειον Plutarch,
Popl. 9.

44

enjoyed any part whatever of the possessions belong-
ing to the tyrants to submit to any danger rather
than be deprived again of the advantages they had
obtained; and, on the other hand, by freeing from
their fear those who, through dread of having to
stand trial for the crimes they had committed under
the tyranny, had condemned themselves to banish-
ment, they caused them to favour the side of the
commonwealth rather than that of the tyrants.

XIV. After [1] they had instituted these measures
and made the necessary preparations for the war,
they for some time kept their forces assembled in the
plains under the walls of the city, disposed under
their various standards and leaders and performing
their warlike exercises. For they had learned that
the exiles were raising an army against them in all
the cities of Tyrrhenia and that two of these cities,
Tarquinii and Veii, were openly assisting them
toward their restoration, both of them with con-
siderable armies, and that from the other cities
volunteers were coming to their aid, some of them
being sent by their friends and some being mer-
cenaries. When the Romans heard that their
enemies had already taken the field, they resolved
to go out and meet them, and before the others
could cross the river they led their own forces
across, and marching forward, encamped near the
Tyrrhenians in the Naevian [2] Meadow, as it was
called, near a grove consecrated to the hero Horatius.
Both armies, as it chanced, were nearly equal in

---

[1] For chaps. 14–17 *cf.* Livy ii. 6, 1–7, 4.

[2] This name is not attested elsewhere; Plutarch (*Popl.* 9)
calls it Αἰσούειον, a form that may easily be a corruption of
ΝΑΙΟΥΙΟΝ.

δυνάμεις αὐτῶν οὖσαι καὶ προθυμίᾳ ὁμοίᾳ
χωροῦσαι πρὸς τὸν ἀγῶνα ἀμφότεραι. πρώτη
μὲν οὖν ἐγένετο τῶν ἱππέων μάχη βραχεῖά τις
εὐθὺς ἅμα τῷ συνιδεῖν ἀλλήλους πρὶν ἢ τοὺς
πεζοὺς καταστρατοπεδεύεσθαι, ἐν ᾗ διάπειραν
ἀλλήλων λαβόντες καὶ οὔτε νικήσαντες οὔτε
λειφθέντες πρὸς τοὺς ἑαυτῶν ἑκάτεροι χάρακας
ἀπηλλάγησαν· ἔπειτα οἵ τε ὁπλῖται καὶ οἱ ἱππεῖς
ἀφ' ἑκατέρων συνῄεσαν ταξάμενοι τὸν αὐτὸν
ἀλλήλοις τρόπον, μέσην μὲν τὴν φάλαγγα τῶν
πεζῶν ποιήσαντες, ἐπὶ δὲ τῶν κεράτων ἀμφοτέρων
3 τὴν ἵππον στήσαντες. ἡγεῖτο δὲ τοῦ μὲν δεξιοῦ
Ῥωμαίων κέρατος Οὐαλέριος ὁ προσαιρεθεὶς
ὕπατος ἐναντίαν στάσιν ἔχων Οὐιεντανοῖς, τοῦ δ'
εὐωνύμου Βροῦτος, καθ' ὃ μέρος ἡ Ταρκυνιητῶν
δύναμις ἦν· ἡγεμόνες δ' αὐτὴν ἐκόσμουν οἱ
Ταρκυνίου τοῦ βασιλέως παῖδες.

XV. Μελλόντων δ' αὐτῶν εἰς χεῖρας ἰέναι
προελθὼν ἐκ τῆς τάξεως τῶν Τυρρηνῶν εἷς τῶν
Ταρκυνίου παίδων, Ἄρρους [1] ὄνομα, ῥώμην τε
κράτιστος [2] καὶ ψυχὴν λαμπρότατος τῶν ἀδελφῶν,
ἐγγὺς τῶν Ῥωμαίων ἐλάσας τὸν ἵππον, ὅθεν
μορφήν τε καὶ φωνὴν ἅπαντες ἔμελλον αὐτοῦ
συνήσειν, λόγους ὑβριστὰς εἰς τὸν ἡγεμόνα τῶν
Ῥωμαίων Βροῦτον ἀπερρίπτει, θηρίον ἄγριον
ἀποκαλῶν καὶ τέκνων αἵματι μιαρόν, ἀνανδρίαν
τε αὐτῷ [3] καὶ δειλίαν ὀνειδίζων, καὶ τελευτῶν εἰς
τὸν ὑπὲρ ἁπάντων ἀγῶνα προὐκαλεῖτο μόνον
2 αὐτῷ συνοισόμενον. κἀκεῖνος οὐκ ἀξιῶν τοὺς
ὀνειδισμοὺς ὑπομένειν ἤλαυνε τὸν ἵππον ἐκ τῆς
τάξεως, ὑπεριδὼν τῶν ἀποτρεπόντων φίλων καὶ [4]

---

[1] Kiessling: ἄρρου A, ἄρρος B.   [2] Portus: κάλλιστος O.

numbers and advanced to the conflict with the same eagerness. The first engagement was a brief cavalry skirmish, as soon as they came in sight of one another, before the foot were encamped, in which they tested each other's strength and then, without either winning or losing, retired to their respective camps. Afterwards the heavy-armed troops and the horse of both armies engaged, both sides having drawn up their lines in the same manner, placing the solid ranks of foot in the centre and stationing the horse on both wings. The right wing of the Romans was commanded by Valerius, the newly-elected consul, who stood opposite to the Veientes, and the left by Brutus, in the sector where the forces of the Tarquinienses were, under the command of the sons of King Tarquinius.

XV. When [1] the armies were ready to engage, one of the sons of Tarquinius, named Arruns, the most remarkable of the brothers both for the strength of his body and the brilliance of his mind, advanced before the ranks of the Tyrrhenians, and riding up so close to the Romans that all of them would recognize both his person and his voice, hurled abusive taunts at Brutus, their commander, calling him a wild beast, one stained with the blood of his sons, and reproaching him with cowardice and cravenness, and finally challenged him to decide the general quarrel by fighting with him in single combat. Then Brutus, unable to bear these reproaches and deaf also to the remonstrances of his friends, spurred forward from

---

[1] *Cf.* Livy ii. 6, 7-9.

---

[3] τε αὐτῷ Kiessling: ταὐτῷ Ba, ἐν ταὐτῷ Bb, τε ἐν ταὐτῷ A, Jacoby.

[4] καὶ placed here by Kiessling: after ὑπεριδὼν by O, Jacoby.

DIONYSIUS OF HALICARNASSUS

ἐπὶ τὸν κατεψηφισμένον ὑπὸ τῆς μοίρας θάνατον
ἐπειγόμενος. ὁμοίῳ δ' ἀμφότεροι θυμῷ φερόμενοι
καὶ λογισμὸν οὐχ ὧν πείσονται λαβόντες, ἀλλ'
ὧν ἐβούλοντο δρᾶσαι, συναράττουσι[1] τοὺς ἵππους
ἐξ ἐναντίας ἐλαύνοντες καὶ φέρουσι ταῖς σαρίσαις
ἀφύκτους κατ' ἀλλήλων πληγὰς ἀμφότεροι δι'
ἀσπίδων τε καὶ θωράκων, ὁ μὲν εἰς τὰ πλευρὰ
βάψας τὴν αἰχμήν, ὁ δ' εἰς τὰς λαγόνας· καὶ οἱ
ἵπποι αὐτῶν ἐμπλέξαντες[2] τὰ στήθη τῇ ῥύμῃ
τῆς φορᾶς ἐπὶ τοῖς ὀπισθίοις ἀνίστανται ποσὶ
καὶ τοὺς ἐπιβάτας ἀναχαιτίσαντες ἀποσείονται.
3 οὗτοι[3] μὲν δὴ πεσόντες ἔκειντο πολὺ διὰ τῶν
τραυμάτων ἐκβάλλοντες αἷμα καὶ ψυχορραγοῦντες,
αἱ δ' ἄλλαι δυνάμεις ὡς τοὺς ἡγεμόνας εἶδον
συμπεσόντας, ὠθοῦνται σὺν ἀλαλαγμῷ καὶ πα-
τάγῳ, καὶ γίνεται μέγιστος ἁπάντων ἀγὼν πεζῶν
τε καὶ ἱππέων καὶ τύχῃ περὶ ἀμφοτέρους ὁμοία.
4 Ῥωμαίων τε γὰρ οἱ τὸ δεξιὸν κέρας ἔχοντες, ἐφ'
οὗ τεταγμένος ἦν ὁ ἕτερος τῶν ὑπάτων Οὐαλέριος,
ἐνίκων τοὺς Οὐιεντανοὺς καὶ μέχρι τοῦ στρατο-
πέδου διώξαντες ἐπλήρωσαν νεκρῶν τὸ πεδίον,
Τυρρηνῶν τε οἱ τὴν τοῦ δεξιοῦ κέρατος ἔχοντες
στάσιν, ὧν ἡγοῦντο Τίτος καὶ Σέξτος οἱ Ταρκυνίου
τοῦ βασιλέως παῖδες, ἐτρέψαντο τοὺς ἐπὶ τοῦ
λαιοῦ ὄντας Ῥωμαίων κέρατος, καὶ πλησίον τοῦ
χάρακος αὐτῶν γενόμενοι πείρας μὲν οὐκ ἀπέστη-
σαν εἰ δύναιντο ἑλεῖν τὸ ἔρυμα ἐξ ἐφόδου, πολλὰς
δὲ πληγὰς λαβόντες ὑποστάντων αὐτοὺς τῶν
ἔνδον ἀπετράποντο. ἦσαν δ' αὐτοῦ φύλακες οἱ
τριάριοι λεγόμενοι, παλαιοί τε καὶ πολλῶν ἔμπειροι

---

[1] συναράττουσι O : συρράττουσι Kiessling, Jacoby.
[2] ἐμπλέξαντες O : ἐμπλήξαντες Post, συμπλήξαντες Capps,
συμπλέξαντες Kiessling.

48

the ranks, rushing upon the death that was decreed
for him by fate. For both men, urged on by a like
fury and taking thought, not of what they might
suffer, but only of what they desired to do, rode full
tilt at each other, and clashing, delivered unerring
blows against each other with their pikes, piercing
through shield and corslet, so that the point was
buried in the flank of one and in the loins of the
other; and their horses, crashing together breast to
breast, rose upon their hind legs through the violence
of the charge, and throwing back their heads, shook
off their riders. These champions, accordingly,
having fallen, lay there in their death agony, while
streams of blood gushed from their wounds. But
the two armies, when they saw that their leaders
had fallen, pressed forward with shouts and the clash
of arms, and the most violent of all battles ensued on
the part of both foot and horse, the fortune of which
was alike to both sides. For those of the Romans
who were on the right wing, which was commanded
by Valerius, the other consul, were victorious over
the Veientes, and pursuing them to their camp,
covered the plain with dead bodies; while those of
the Tyrrhenians who were posted on the enemy's
right wing and commanded by Titus and Sextus, the
sons of King Tarquinius, put the left wing of the
Romans to flight, and advancing close to their camp,
did not fail to attempt to take it by storm; but
after receiving many wounds, since those inside
stood their ground, they desisted. These guards
were the *triarii*, as they are called; they are veteran

---

[3] Sylburg: οὕτω O, Jacoby.

πολέμων, οἷς ἐσχάτοις, ὅταν ἀπογνωσθῇ πᾶσα ἐλπίς, εἰς τοὺς περὶ τῶν μεγίστων ἀγῶνας καταχρῶνται.

XVI. Ἤδη δὲ περὶ καταφορὰν ὄντος ἡλίου πρὸς τοὺς ἑαυτῶν ἀνέστρεψαν ἑκάτεροι χάρακας, οὐ τοσοῦτον ἐπὶ τῇ νίκῃ χαίροντες ὅσον ἐπὶ τῷ πλήθει τῶν ἀπολωλότων ἀχθόμενοι καί, εἰ δεήσειεν αὐτοῖς ἑτέρας μάχης, οὐχ ἱκανοὺς ἡγούμενοι τὸν ἀγῶνα ἄρασθαι τοὺς περιλειπομένους σφῶν τραυματίας τοὺς πολλοὺς ὄντας. 2 πλείων δ᾽ ἦν περὶ τοὺς Ῥωμαίους ἀθυμία καὶ ἀπόγνωσις τῶν πραγμάτων διὰ τὸν τοῦ ἡγεμόνος θάνατον· καὶ λογισμὸς εἰσῄει πολλοῖς ὡς ἄμεινον εἴη σφίσιν ἐκλιπεῖν τὸν χάρακα πρὶν ἡμέραν γενέσθαι. τοιαῦτα δ᾽ αὐτῶν διανοουμένων καὶ διαλεγομένων πρὸς ἀλλήλους περὶ τὴν πρώτην που μάλιστα φυλακὴν ἐκ τοῦ δρυμοῦ, παρ᾽ ὃν ἐστρατοπεδεύσαντο, φωνή τις ἠκούσθη ταῖς δυνάμεσιν ἀμφοτέραις γεγωνυῖα,[1] ὥσθ᾽ ἅπαντας αὐτῆς[2] ἀκούειν, εἴτε τοῦ κατέχοντος τὸ τέμενος ἥρωος 3 εἴτε τοῦ καλουμένου Φαύνου. τούτῳ γὰρ ἀνατιθέασι τῷ δαίμονι Ῥωμαῖοι τὰ πανικά, καὶ ὅσα φάσματα μορφὰς ἄλλοτε ἀλλοίας ἴσχοντα εἰς ὄψιν ἀνθρώπων ἔρχεται δείματα φέροντα, ἢ φωναὶ δαιμόνιοι ταράττουσι τὰς ἀκοάς, τούτου φασὶν εἶναι τοῦ θεοῦ τὸ ἔργον. ἡ δὲ τοῦ δαιμονίου φωνὴ θαρρεῖν παρεκελεύετο τοῖς Ῥωμαίοις ὡς νενικηκόσιν, ἑνὶ πλείους εἶναι τοὺς τῶν πολεμίων ἀποφαίνουσα νεκρούς. ταύτῃ λέγουσι τῇ φωνῇ τὸν Οὐαλέριον ἐπαρθέντα νυκτὸς ἔτι πολλῆς ἐπὶ τὸν χάρακα τῶν Τυρρηνῶν ὤσασθαι καὶ πολλοὺς

---

[1] Naber: γεγονυῖα O, Jacoby, γεγωνοῦσα Reiske.
[2] αὐτῆς D: αὐτοὺς R, Jacoby.

troops, experienced in many wars, and are always the last employed in the most critical fighting, when every other hope is lost.

XVI. The sun being now near setting, both armies retired to their camps, not so much elated by their victory as grieved at the numbers they had lost, and believing that, if it should be necessary for them to have another battle, those of them now left would be insufficient to carry on the struggle, the major part of them being wounded. But there was greater dejection and despair of their cause on the side of the Romans because of the death of their leader; and the thought occurred to many of them that it would be better for them to quit their camp before break of day. While they were considering these things and discussing them among themselves, about the time of the first watch a voice was heard from the grove near which they were encamped, calling aloud to both armies in such a manner as to be heard by all of them; it may have been the voice of the hero to whom the precinct was consecrated, or it may have been that of Faunus,[1] as he is called. For the Romans attribute panics to this divinity; and whatever apparitions come to men's sight, now in one shape and now in another, inspiring terror, or whatever supernatural voices come to their ears to disturb them are the work, they say, of this god. The voice of the divinity exhorted the Romans to be of good courage, as having gained the victory, and declared that the enemy's dead exceeded theirs by one man. They say that Valerius, encouraged by this voice, pushed on to the Tyrrhenians' entrenchments while it was still the dead of night, and having slain many of

---

[1] Livy (ii. 7, 2) calls him Silvanus.

DIONYSIUS OF HALICARNASSUS

μὲν ἀποκτείναντα ἐξ αὐτῶν, τοὺς δὲ λοιποὺς
ἐκβαλόντα κρατῆσαι τοῦ στρατοπέδου.

XVII. Τοιοῦτο μὲν ἡ μάχη τέλος ἔλαβεν· τῇ
δ' ἑξῆς ἡμέρᾳ σκυλεύσαντες οἱ Ῥωμαῖοι τοὺς τῶν
πολεμίων νεκροὺς καὶ τοὺς ἑαυτῶν θάψαντες
ἀπῄεσαν. τὸ δὲ Βρούτου σῶμα ἀράμενοι μετὰ
πολλῶν ἐπαίνων τε καὶ δακρύων εἰς τὴν Ῥώμην
ἀπεκόμιζον οἱ κράτιστοι τῶν ἱππέων στεφάνοις
2 κεκοσμημένον ἀριστείοις. ὑπήντα δ' αὐτοῖς ἥ
τε βουλὴ θριάμβου καταγωγῇ ψηφισαμένη κοσμῆ-
σαι τὸν ἡγεμόνα, καὶ ὁ δῆμος ἅπας κρατῆρσι καὶ
τραπέζαις ὑποδεχόμενος τὴν στρατιάν. ὡς δ' εἰς
τὴν πόλιν ἀφίκοντο, πομπεύσας ὁ ὕπατος, ὡς
τοῖς βασιλεῦσιν ἔθος ἦν, ὅτε τὰς τροπαιοφόρους
πομπάς τε καὶ θυσίας ἐπιτελοῖεν, καὶ τὰ σκῦλα
τοῖς θεοῖς ἀναθείς, ἐκείνην μὲν τὴν ἡμέραν ἱερὰν
ἀνῆκε καὶ τοὺς ἐπιφανεστάτους τῶν πολιτῶν
ἑστίασει [1] ὑπεδέχετο· τῇ δ' ἑξῆς ἡμέρᾳ φαιὰν
ἐσθῆτα λαβὼν καὶ τὸ Βρούτου σῶμα προθεὶς ἐν
ἀγορᾷ κεκοσμημένον ἐπὶ στρωμνῆς ἐκπρεποῦς
συνεκάλει τὸν δῆμον εἰς ἐκκλησίαν καὶ προελθὼν
ἐπὶ τὸ βῆμα τὸν ἐπιτάφιον ἔλεξεν ἐπ' αὐτῷ λόγον.
3 εἰ μὲν οὖν Οὐαλέριος πρῶτος κατεστήσατο τὸν
νόμον τόνδε Ῥωμαίοις ἢ κείμενον ὑπὸ τῶν
βασιλέων παρέλαβεν, οὐκ ἔχω τὸ σαφὲς εἰπεῖν·
ὅτι δὲ Ῥωμαίων ἐστὶν ἀρχαῖον εὕρημα τὸ παρὰ
τὰς ταφὰς τῶν ἐπισήμων ἀνδρῶν ἐπαίνους τῆς
ἀρετῆς αὐτῶν λέγεσθαι καὶ οὐχ Ἕλληνες αὐτὸ
κατεστήσαντο πρῶτοι,[2] παρὰ τῆς κοινῆς ἱστορίας
οἶδα μαθών, ἣν ποιητῶν τε οἱ παλαιότατοι καὶ
συγγραφέων οἱ λογιώτατοι παραδεδώκασιν.

[1] προθεὶς after ἑστίασει deleted by Schnelle.

them and driven the rest out of the camp, made himself master of it.

XVII. Such was the outcome of the battle. The next day the Romans, having stripped the enemy's dead and buried their own, returned home. The bravest of the knights took up the body of Brutus and with many praises and tears bore it back to Rome, adorned with crowns in token of his superior valour. They were met by the senate, which had decreed a triumph in honour of their leader, and also by all the people, who received the army with bowls of wine and tables spread with viands. When they came into the city, the consul triumphed according to the custom followed by the kings when they conducted the trophy-bearing processions and the sacrifices, and having consecrated the spoils to the gods, he observed that day as sacred and gave a banquet to the most distinguished of the citizens. But on the next day he arrayed himself in dark clothing, and placing the body of Brutus, suitably adorned, upon a magnificent bier in the Forum, he called the people together in assembly, and advancing to the tribunal, delivered the funeral oration in his honour. Whether Valerius was the first who introduced this custom among the Romans or whether he found it already established by the kings and adopted it, I cannot say for certain; but I do know from my acquaintance with universal history, as handed down by the most ancient poets and the most celebrated historians, that it was an ancient custom instituted by the Romans to celebrate the virtues of illustrious men at their funerals and that the Greeks were not the authors of it. For

---

² Reiske: πρῶτον O.

4 ἀγῶνας μὲν γὰρ ἐπιταφίους τιθεμένους ἐπὶ τοῖς
ἐνδόξοις ἀνδράσι γυμνικούς τε καὶ ἱππικοὺς
ὑπὸ τῶν προσηκόντων ἱστορήκασιν, ὡς ὑπό τε
Ἀχιλλέως ἐπὶ Πατρόκλῳ καὶ ἔτι πρότερον ὑφ᾽
Ἡρακλέους ἐπὶ Πέλοπι· ἐπαίνους δὲ λεγομένους
ἐπ᾽ αὐτοῖς οὐ γράφουσιν ἔξω τῶν Ἀθήνησι
τραγῳδοποιῶν, οἳ κολακεύοντες τὴν πόλιν ἐπὶ
τοῖς ὑπὸ Θησέως θαπτομένοις καὶ τοῦτο ἐμύθευσαν.
ὀψὲ γάρ ποτε Ἀθηναῖοι προσέθεσαν τὸν ἐπιτάφιον
ἔπαινον τῷ νόμῳ, εἴτ᾽ ἀπὸ τῶν ἐπ᾽ Ἀρτεμισίῳ
καὶ περὶ Σαλαμῖνα καὶ ἐν Πλαταιαῖς ὑπὲρ τῆς
πατρίδος ἀποθανόντων ἀρξάμενοι, εἴτ᾽ ἀπὸ τῶν
περὶ Μαραθῶνα ἔργων. ὑστερεῖ δὲ καὶ τὰ
Μαραθώνια[1] τῆς Βρούτου ταφῆς, εἰ δὴ διὰ
τούτων πρῶτον ἤρξαντο οἱ ἔπαινοι λέγεσθαι τοῖς
5 ἀπογενομένοις, ἑκκαίδεκα ἔτεσιν. εἰ δέ τις
ἐάσας σκοπεῖν οἵτινες ἦσαν οἱ πρῶτοι τοὺς
ἐπιταφίους ἐπαίνους καταστησάμενοι, τὸν νόμον
αὐτὸν ἐφ᾽ ἑαυτοῦ βουληθείη καταμαθεῖν, παρ᾽
ὁποτέροις ἄμεινον ἔχει, τοσούτῳ φρονιμώτερον
εὑρήσει παρὰ τοῖσδε κείμενον αὐτὸν ἢ παρ᾽
ἐκείνοις, ὅσῳ γε Ἀθηναῖοι μὲν ἐπὶ τοῖς ἐκ τῶν
πολέμων θαπτομένοις καταστήσασθαι τοὺς ἐπι-
ταφίους ἀγορεύεσθαι λόγους δοκοῦσιν, ἐκ μιᾶς τῆς
περὶ τὸν θάνατον ἀρετῆς, κἂν τἆλλα φαῦλος
γένηταί τις, ἐξετάζειν οἰόμενοι δεῖν τοὺς ἀγαθούς·
6 Ῥωμαῖοι δὲ πᾶσι[2] τοῖς ἐνδόξοις ἀνδράσιν, ἐάν τε
πολέμων ἡγεμονίας[3] λαβόντες ἐάν τε πολιτικῶν

---

[1] καὶ τὰ Μαραθώνια Sylburg: τὰ μαραθώνια καὶ O.
[2] δὲ πᾶσι B: δ᾽ ἐφ᾽ ἅπασι R.
[3] Reiske: ἡγεμονίαν O.

although these writers have given accounts of
funeral games, both gymnastic and equestrian, held
in honour of famous men by their friends, as by
Achilles for Patroclus and, before that, by Herakles
for Pelops, yet none of them makes any mention of
eulogies spoken over the deceased except the tragic
poets at Athens, who, out of flattery to their city,
invented this legend also in the case of those who
were buried by Theseus.[1] For it was only at some
late period that the Athenians added to their custom
the funeral oration, having instituted it either in
honour of those who died in defence of their country
at Artemisium, Salamis and Plataea, or on account
of the deeds performed at Marathon. But even
the affair at Marathon—if, indeed, the eulogies
delivered in honour of the deceased really began with
that occasion—was later than the funeral of Brutus
by sixteen years. However, if anyone, without
stopping to investigate who were the first to introduce
these funeral orations, desires to consider the custom
in itself and to learn in which of the two nations it is
seen at its best, he will find that it is observed more
wisely among the Romans than among the Athenians.
For, whereas the Athenians seem to have ordained
that these orations should be pronounced at the
funerals of those only who have died in war, believing
that one should determine who are good men solely
on the basis of the valour they show at their death,
even though in other respects they are without
merit, the Romans, on the other hand, appointed this
honour to be paid to all their illustrious men, whether
as commanders in war or as leaders in the civil

[1] The Seven who warred against Thebes. Their burial is
the theme of Euripides' *Supplices.*

ἔργων προστασίας συνετὰ βουλεύματα καὶ πράξεις
ἀποδείξωνται καλάς, ταύτην ἔταξαν εἶναι τὴν
τιμήν, οὐ μόνον τοῖς[1] κατὰ πόλεμον ἀποθανοῦσιν,
ἀλλὰ καὶ τοῖς ὁποιᾳδήποτε χρησαμένοις τοῦ βίου
τελευτῇ, ἐξ ἁπάσης τῆς περὶ τὸν βίον ἀρετῆς
οἰόμενοι δεῖν ἐπαινεῖσθαι τοὺς ἀγαθούς, οὐκ ἐκ
μιᾶς τῆς περὶ τὸν θάνατον εὐκλείας.

XVIII. Ἰούνιος μὲν δὴ Βροῦτος ὁ τὴν βασιλείαν
ἐκβαλὼν καὶ πρῶτος ἀποδειχθεὶς ὕπατος, ὀψὲ
μὲν εἰς ἐπιφάνειαν προελθών, ἀκαρῆ δὲ χρόνον
ἀνθήσας ἐν αὐτῇ, Ῥωμαίων ἁπάντων κράτιστος
φανεὶς τοιαύτης τελευτῆς ἔτυχε, γενεὰν οὔτε
ἄρρενα καταλιπὼν οὔτε θήλειαν, ὡς οἱ τὰ Ῥωμαίων
σαφέστατα ἐξητακότες γράφουσι, τεκμήρια πολλὰ
μὲν καὶ ἄλλα τούτου φέροντες, ὑπὲρ ἅπαντα δέ,
ὃ δυσαντίλεκτόν ἐστιν, ὅτι τοῦ πατρικίων γένους
ἐκεῖνος ἦν, οἱ δ' ἀπ' ἐκείνης αὐτοὺς λέγοντες
εἶναι τῆς οἰκίας Ἰούνιοί τε καὶ Βροῦτοι πάντες
ἦσαν πλήβειοι[2] καὶ τὰς ἀρχὰς μετῄεσαν ἃς τοῖς
δημοτικοῖς μετιέναι νόμος, ἀγορανομίας τε καὶ
δημαρχίας, ὑπατείαν δ' οὐδείς, ἧς τοῖς πατρικίοις
2 μετῆν. ὀψὲ δέ ποτε καὶ ταύτης ἔτυχον τῆς
ἀρχῆς, ὅτε συνεχωρήθη καὶ τοῖς δημοτικοῖς
αὐτὴν λαβεῖν. ἀλλ' ὑπὲρ μὲν τούτων οἷς μέλει τε
καὶ διαφέρει τὸ σαφὲς εἰδέναι παρίημι σκοπεῖν.[3]

XIX. Μετὰ δὲ τὴν Βροῦτου τελευτὴν ὁ συν-
ύπατος αὐτοῦ Οὐαλέριος ὕποπτος γίνεται τοῖς

----

[1] τοῖς Reiske: ἐν τοῖς O.
[2] πλήβειοι O: δημοτικοὶ Schnelle.

administration they have given wise counsels and
performed noble deeds, and this not alone to those
who have died in war, but also to those who have
met their end in any manner whatsoever, believing
that good men deserve praise for every virtue they
have shown during their lives and not solely for the
single glory of their death.

XVIII. Such, then, was the death of Junius Brutus,
who overthrew the monarchy and was appointed the
first consul. Though he attained late to a place of
distinction and flourished in it but a brief moment,
yet he was looked upon as the greatest of all the
Romans. He left no issue, either sons or daughters,
according to the writers who have investigated the
history of the Romans most accurately; of this they
offer many proofs, and this one in particular, which
is not easily refuted, that he was of a patrician family,
whereas those who have claimed to be descended
from that family, as the Junii and Bruti, were all
plebeians and were candidates for those magistracies
only which were open by law to the plebeians,
namely, the aedileship and tribuneship, but none of
them stood for the consulship, to which the patri-
cians only were eligible. Yet at a late period they
obtained this magistracy also, when the plebeians
too were allowed to hold it. But I leave the con-
sideration of these matters to those whose business
and interest it is to discover the precise facts.

XIX. After [1] the death of Brutus his colleague
Valerius became suspected by the people of a design

[1] *Cf.* Livy ii. 7, 5–8, 4.

---

[3] τὸ σαφὲς εἰδέναι παρίημι σκοπεῖν Steph.: παρίημι σκοπεῖν
τὸ σαφὲς εἰδέναι O.

δημοτικοῖς ὡς βασιλείαν κατασκευαζόμενος·
πρῶτον μὲν ὅτι μόνος κατέσχε τὴν ἀρχὴν δέον
εὐθὺς ἑλέσθαι τὸν [1] συνύπατον, ὥσπερ ὁ Βροῦτος
ἐποίησε Κολλατῖνον ἐκβαλών· ἔπειθ᾽ ὅτι τὴν
οἰκίαν ἐν ἐπιφθόνῳ τόπῳ κατεσκευάσατο λόφον
ὑπερκείμενον τῆς ἀγορᾶς ὑψηλὸν ἐπιεικῶς καὶ
περίτομον, ὃν καλοῦσι Ῥωμαῖοι Οὐελίαν,[2] ἐκ-
2 λεξάμενος. πυθόμενος δὲ παρὰ τῶν ἐπιτηδείων
ὅτι ταῦτα λυπεῖ τὸν δῆμον, ἀρχαιρεσιῶν προθεὶς
ἡμέραν ὕπατον αἱρεῖται Σπόριον Λουκρήτιον, ὃς
οὐ πολλὰς ἡμέρας τὴν ἀρχὴν κατασχὼν ἀποθνήσκει.
εἰς δὲ τὸν ἐκείνου τόπον καθίστησι Μάρκον
Ὁράτιον, καὶ τὴν οἰκίαν ἀπὸ τοῦ λόφου μετα-
τίθεται κάτω, ἵν᾽ ἐξείη Ῥωμαίοις, ὡς αὐτὸς
ἐκκλησιάζων ἔφη, βάλλειν αὐτὸν ἄνωθεν ἀπὸ τοῦ
μετεώρου τοῖς λίθοις, ἐάν τι λάβωσιν ἀδικοῦντα.
3 βεβαίαν τε πίστιν ὑπὲρ τῆς ἐλευθερίας τοὺς
δημοτικοὺς λαβεῖν βουλόμενος ἀφεῖλεν ἀπὸ τῶν
ῥάβδων τοὺς πελέκεις, καὶ κατεστήσατο τοῖς μεθ᾽
ἑαυτὸν ὑπάτοις ἔθος, ὃ καὶ μέχρι τῆς ἐμῆς
διέμεινεν ἡλικίας, ὅταν ἔξωθεν τῆς πόλεως
γένωνται χρῆσθαι τοῖς πελέκεσιν, ἔνδον δὲ ταῖς
4 ῥάβδοις κοσμεῖσθαι μόναις· νόμους τε φιλανθρω-
ποτάτους ἔθετο βοηθείας ἔχοντας τοῖς δημοτικοῖς·
ἕνα μέν, ἐν ᾧ διαρρήδην ἀπεῖπεν ἄρχοντα μηδένα
εἶναι Ῥωμαίων ὃς ἂν μὴ παρὰ τοῦ δήμου λάβῃ
τὴν ἀρχήν, θάνατον ἐπιθεὶς ζημίαν, ἐάν τις
παρὰ ταῦτα ποιῇ, καὶ τὸν ἀποκτείναντα τούτων
τινὰ ποιῶν ἀθῷον· ἕτερον δὲ ἐν ᾧ γέγραπται,
" Ἐάν τις ἄρχων Ῥωμαίων τινὰ ἀποκτείνειν ἢ

---

[1] τὸν O: om. Reudler, Jacoby.
[2] Οὐελίαν Casaubon: ἐλίαν O.

to make himself king. The first ground of their suspicion was his continuing alone in the magistracy, when he ought immediately to have chosen a colleague as Brutus had done after he had expelled Collatinus. Another reason was that he had built his house in an invidious place, having chosen for that purpose a fairly high and steep hill, called by the Romans Velia, which commands the Forum. But the consul, being informed by his friends that these things displeased the people, appointed a day for the election and chose for his colleague Spurius Lucretius, who died after holding the office for only a few days. In his place he then chose Marcus Horatius, and removed his house from the top to the bottom of the hill, in order that the Romans, as he himself said in one of his speeches to the people, might stone him from the hill above if they found him guilty of any wrongdoing. And desiring to give the plebeians a definite pledge of their liberty, he took the axes from the rods and established it as a precedent for his successors in the consulship—a precedent which continued to be followed down to my day—that, when they were outside the city, they should use the axes, but inside the city they should be distinguished by the rods only. He also introduced most beneficent laws which gave relief to the plebeians. By one of these he expressly forbade that anyone should be a magistrate over the Romans who did not receive the office from the people; and he fixed death as the penalty for transgressing this law, and granted impunity to the one who should kill any such transgressor. In a second law it is provided: " If a magistrate shall desire to have any Roman put to death, scourged,

μαστιγοῦν ἢ ζημιοῦν εἰς χρήματα θέλῃ, ἐξεῖναι
τῷ ἰδιώτῃ προκαλεῖσθαι τὴν ἀρχὴν ἐπὶ τὴν τοῦ
δήμου κρίσιν, πάσχειν δ' ἐν τῷ μεταξὺ χρόνῳ
μηδὲν ὑπὸ τῆς ἀρχῆς, ἕως ἂν ὁ δῆμος ὑπὲρ
αὐτοῦ ψηφίσηται." ἐκ τούτων γίνεται τῶν
πολιτευμάτων τίμιος τοῖς δημοτικοῖς, καὶ τίθενται
αὐτῷ ἐπωνύμιον Ποπλικόλαν· τοῦτο κατὰ τὴν
Ἑλλήνων διάλεκτον βούλεται δηλοῦν δημοκηδῆ.
καὶ τὰ μὲν ἐν ἐκείνῳ τῷ ἐνιαυτῷ συντελεσθέντα
ὑπὸ τῶν ὑπάτων τοιάδε ἦν.

XX. Τῷ δ' ἑξῆς αὐτός τε πάλιν ἀποδείκνυται
Οὐαλέριος τὸ δεύτερον ὕπατος καὶ σὺν αὐτῷ
Λουκρήτιος,[1] ἐφ' ὧν ἄλλο μὲν οὐδὲν ἄξιον λόγου
ἐπράχθη, τιμήσεις δ' ἐγένοντο τῶν βίων καὶ
τάξεις τῶν εἰς τοὺς πολέμους εἰσφορῶν, ὡς
Τύλλιος ὁ βασιλεὺς ἐνομοθέτησε, πάντα τὸν ἐπὶ
τῆς Ταρκυνίου δυναστείας χρόνον ἀφειμέναι, τότε
δὲ πρῶτον ὑπὸ τούτων ἀνανεωθεῖσαι· ἐξ ὧν
εὑρέθησαν[2] τῶν ἐν ἥβῃ Ῥωμαίων περὶ τρισκαί-
δεκα μυριάδας. καὶ εἰς χωρίον τι Σιγνούριον[3]
καλούμενον Ῥωμαίων ἀπεστάλη στρατιά, διὰ
φυλακῆς ἕξουσα τὸ φρούριον ἐπὶ ταῖς Λατίνων
τε καὶ Ἑρνίκων πόλεσι κείμενον, ὅθεν τὸν
πόλεμον προσεδέχοντο.

[1] Before Λουκρήτιος Naber would supply Τίτος.
[2] Cobet: εὑρέθη O, Jacoby.
[3] Jacoby: συγνήριον A, συγκήριον D, σιονύριον BC; cf. σιγλιουρίαν Plutarch, Popl. 16.

[1] In subsequent chapters (22, 5; 40, 1) the praenomen of
Lucretius is given as Titus, the same as in Livy (ii. 8, 9);
and Naber wished to supply that name here. It may be,
however, that after giving merely the family name of Valerius

or fined a sum of money, the private citizen may summon the magistrate before the people for judgment, and in the mean time shall be liable to no punishment at the hands of the magistrate till the people have given their vote concerning him." These measures gained him the esteem of the plebeians, who gave him the nickname of Publicola, which means in the Greek language *dêmokêdês* or " the People's Friend." These were the achievements of the consuls that year.

XX. The next year Valerius was appointed consul for the second time, and with him Lucretius.[1] In their consulship nothing worthy of note occurred except that a census was taken and war taxes were levied according to the plan introduced by King Tullius, which had been discontinued during all the reign of Tarquinius and was then renewed for the first time by these consuls. By this census it appeared that the number of Roman citizens who had reached manhood amounted to about 130,000. After this an army of Romans was sent to a place called Signurium [2] in order to garrison that stronghold, which stood as an outpost against the cities both of the Latins and of the Hernicans, from whence they expected war.

(who is already sufficiently familiar to the reader), Dionysius preferred to deal similarly with his colleague. Nevertheless, the omission of the praenomen is awkward, since the only Lucretius thus far mentioned has been Spurius Lucretius, whose death was recorded in the preceding chapter (19, 2).

[2] The various spellings of this name given by the MSS. of Dionysius and Plutarch (see critical note) all seem to go back to a form Σιγνούριον, but no such place as Signurium is known. Nissen (*Ital. Landeskunde*, ii. 650, n. 4) holds that the reference must be to Signia, which was, in fact, the rendering adopted by Lapus, the earliest translator of Dionysius.

DIONYSIUS OF HALICARNASSUS

XXI. Ποπλίου δὲ Οὐαλερίου τοῦ προσαγο-
ρευθέντος Ποπλικόλα τὸ τρίτον ἐπὶ τὴν αὐτὴν
ἀποδειχθέντος ἀρχὴν καὶ σὺν αὐτῷ Μάρκου
Ὁρατίου Πολβίλλου τὸ δεύτερον βασιλεὺς
Κλουσίνων τῶν ἐν Τυρρηνίᾳ Λάρος ὄνομα,
Πορσίνας ἐπίκλησιν, καταφυγόντων ἐπ’ αὐτὸν
Ταρκυνίων, ὑποσχόμενος αὐτοῖς δυεῖν θάτερον
ἢ διαλλάξειν αὐτοὺς πρὸς τοὺς πολίτας ἐπὶ
καθόδῳ καὶ ἀναλήψει τῆς ἀρχῆς ἢ τὰς οὐσίας
ἀνακομισάμενος, ἃς ἀφῃρέθησαν, ἀποδώσειν, ἐπειδὴ
πρέσβεις ἀποστείλας εἰς τὴν Ῥώμην ἐν τῷ
παρελθόντι ἐνιαυτῷ μεμιγμένας ἀπειλαῖς ἐπικλή-
σεις κομίζοντας οὔτε διαλλαγὰς εὕρετο τοῖς
ἀνδράσι καὶ κάθοδον, αἰτιωμένης τῆς βουλῆς τὰς
ἀρὰς καὶ τοὺς ὅρκους τοὺς γενομένους κατ’
αὐτῶν, οὔτε τὰς οὐσίας ἀνεπράξατο αὐτοῖς, τῶν
διανειμαμένων καὶ κατακληρουχησάντων αὐτὰς
2 οὐκ ἀξιούντων ἀποδιδόναι· ὑβρίζεσθαι φήσας ὑπὸ
Ῥωμαίων καὶ δεινὰ πάσχειν, ὅτι τῶν ἀξιουμένων
οὐδετέρου παρ’ αὐτῶν ἔτυχεν, ἀνὴρ αὐθάδης καὶ
διεφθαρμένος τὴν γνώμην ὑπό τε πλούτου καὶ
χρημάτων καὶ ἀρχῆς μεγέθους,[1] ἀφορμὰς ὑπέλαβεν
ἔχειν καλὰς καταλῦσαι τὴν Ῥωμαίων ἀρχήν,
παλαίτερον ἔτι τοῦτο βουλόμενος, καὶ προεῖπεν
3 αὐτοῖς τὸν πόλεμον. συνήρετο δ’ αὐτῷ τοῦ
πολέμου πᾶσαν προθυμίαν ἀποδείξασθαι[2] βου-
λόμενος ὁ Ταρκυνίου γαμβρὸς Ὀκταούιος Μαμί-

---

[1] μεγέθους B: μεγίστης R.
[2] Garrer: ἀποδεῖξαι O, Jacoby.

---

[1] For chaps. 21, 1–23, 1 cf. Livy ii. 9. Livy (ii. 8, 5, 9)
regarded Horatius Pulvillus as merely a *consul suffectus* of

62

XXI. After [1] Publius Valerius, surnamed Publicola, had been appointed to the same magistracy for the third time, and with him Marcus Horatius Pulvillus for the second time, the king of the Clusians in Tyrrhenia, named Lars and surnamed Porsena, declared war against the Romans. He had promised the Tarquinii, who had fled to him, that he would either effect a reconciliation between them and the Romans upon the terms that they should return home and receive back the sovereignty, or that he would recover and restore to them the possessions of which they had been deprived; but upon sending ambassadors the year before to Rome with appeals mingled with threats, he had not only failed to obtain a reconciliation and return for the exiles, the senate basing its refusal on the curses and oaths by which they had bound themselves not to receive them, but he had also failed to recover their possessions, the persons to whom they had been distributed and allotted refusing to restore them. And declaring that he was insulted by the Romans and treated outrageously in that he could obtain neither one of his demands, this arrogant man, whose mind was corrupted by both his wealth and possessions and the greatness of his power, thought he now had excellent grounds for overthrowing the power of the Romans, a thing which he had long since been desiring to do, and he accordingly declared war against them. He was assisted in this war by Octavius Mamilius, the son-in-law of Tarquinius, who was eager to display

the first year, and hence ignores the third consulship mentioned by Dionysius. The events of this third consulship are assigned by him to the second consulship, those of the fourth to the third, and so on.

λιος, ἐκ πόλεως ὁρμώμενος Τύσκλου, Καμερίνους μὲν καὶ Ἀντεμνάτας, οἳ τοῦ Λατίνων μετεῖχον γένους, ἅπαντας ἐπαγόμενος ἀφεστηκότας ἤδη Ῥωμαίων ἐκ τοῦ φανεροῦ· παρὰ δὲ τῶν ἄλλων ὁμοεθνῶν, οἷς οὐκ ἦν βουλομένοις πολεμεῖν ἀναφανδὸν ἐνσπόνδῳ τε καὶ μεγάλην ἰσχὺν ἐχούσῃ πόλει διὰ προφάσεις οὐκ ἀναγκαίας, ἐθελοντὰς συχνοὺς ἰδίᾳ πεπεικὼς [1] χάριτι.

XXII. Ταῦτα μαθόντες οἱ τῶν Ῥωμαίων ὕπατοι πρῶτον μὲν τὰ ἐκ τῶν ἀγρῶν χρήματά τε καὶ βοσκήματα καὶ ἀνδράποδα μετάγειν τοῖς γεωργοῖς ἐκέλευσαν εἰς τὰ πλησίον ὄρη φρούρια κατασκευάσαντες ἐπὶ τοῖς ἐρυμνοῖς ἱκανὰ σῴζειν τοὺς εἰς αὐτὰ καταφυγόντας· ἔπειτα τὸν καλούμενον Ἰανίκολον ὄχθον (ἔστι δὲ τοῦτο ὄρος ὑψηλὸν ἀγχοῦ τῆς Ῥώμης πέραν τοῦ Τεβέριος ποταμοῦ κείμενον) ὀχυρωτέραις ἐκρατύναντο κατασκευαῖς τε καὶ φυλακαῖς, περὶ παντὸς ποιούμενοι μὴ γενέσθαι τοῖς πολεμίοις ἐπίκαιρον χωρίον [2] ἐπιτείχισμα [3] κατὰ τῆς πόλεως, καὶ τὰς εἰς τὸν πόλεμον παρασκευὰς ἐνταῦθα ἀπέθεντο. τά τε ἐντὸς τείχους ἐπὶ τὸ δημοτικώτερον καθίσταντο πολλὰ πολιτευόμενοι φιλάνθρωπα πρὸς τοὺς πένητας, ἵνα μὴ μεταβάλοιντο πρὸς τοὺς τυράννους ἐπὶ τοῖς ἰδίοις κέρδεσι πεισθέντες προδοῦναι τὸ 2 κοινόν· καὶ γὰρ ἀτελεῖς αὐτοὺς ἁπάντων ἐψηφίσαντο εἶναι τῶν κοινῶν τελῶν ὅσα βασιλευομένης τῆς πόλεως ἐτέλουν, καὶ ἀνεισφόρους τῶν εἰς τὰ στρατιωτικὰ καὶ τοὺς πολέμους ἀναλισκομένων ἐποίησαν, μέγα κέρδος ἡγούμενοι τοῖς κοινοῖς

---

[1] ἰδίᾳ πεπεικὼς Reiske: διαπεπεικὼς O.

all possible zeal and marched out of Tusculum at the head of all the Camerini and Antemnates, who were of the Latin nation and had already openly revolted from the Romans; and from among the other Latin peoples that were not willing to make open war upon an allied and powerful state, unless for compelling reasons, he attracted numerous volunteers by his personal influence.

XXII. The Roman consuls, being informed of these things, in the first place ordered all the husbandmen to remove their effects, cattle, and slaves from the fields to the neighbouring mountains, in the fastnesses of which they constructed forts sufficiently strong to protect those who fled thither. After that they strengthened with more effectual fortifications and guards the hill called Janiculum, which is a high mount near Rome lying on the other side of the river Tiber, taking care above all things that such an advantageous position should not serve the enemy as an outpost against the city; and they stored their supplies for the war there. Affairs inside the city they conducted in a more democratic manner, introducing many beneficent measures in behalf of the poor, lest these, induced by private advantage to betray the public interest, should go over to the tyrants. Thus they had a vote passed that they should be exempt from all the public taxes which they had paid while the city was under the kings, and also from all contributions for military purposes and wars, looking upon it as a great advantage to the

---

[2] ἐπίκαιρον χωρίον O: ἐπίκαιρον Reiske, ἐπίκαιρον τὸ χωρίον Grasberger, τὸ ἐπίκαιρον χωρίον Jacoby; Kayser wished to delete both words.

[3] ἐπιτειχίσαι Bücheler.

εἰ τὰ σώματα μόνον αὐτῶν ἕξουσι προκινδυνεύοντα
τῆς πατρίδος· τήν τε δύναμιν ἠσκημένην ἐκ
πολλοῦ καὶ παρεσκευασμένην ἔχοντες ἐν τῷ
προκειμένῳ τῆς πόλεως ἐστρατοπεδεύοντο πεδίῳ.

3 Βασιλεὺς δὲ Πορσίνας ἄγων τὴν στρατιὰν τὸ
μὲν Ἰανίκολον ἐξ ἐφόδου καταλαμβάνεται κατα-
πληξάμενος τοὺς φυλάττοντας αὐτὸ καὶ φρουρὰν
Τυρρηνῶν ἐν αὐτῷ καθίστησιν· ἐπὶ δὲ τὴν πόλιν
ἐλαύνων ὡς καὶ ταύτην δίχα πόνου παραστησό-
μενος, ἐπειδὴ πλησίον τῆς γεφύρας ἐγένετο καὶ
τοὺς Ῥωμαίους ἐθεάσατο προκαθημένους τοῦ
ποταμοῦ, παρεσκευάζετό τε πρὸς μάχην ὡς
ἀναρπασόμενος αὐτοὺς πλήθει καὶ ἐπῆγε σὺν
4 πολλῇ καταφρονήσει τὴν δύναμιν. εἶχον δὲ τὴν
ἡγεμονίαν τοῦ μὲν ἀριστεροῦ κέρως οἱ Ταρκυνίου
παῖδες, Σέξτος καὶ Τίτος, Ῥωμαίων τε αὐτῶν
τοὺς φυγάδας ἄγοντες καὶ ἐκ τῆς Γαβίων πόλεως
τὸ ἀκμαιότατον ξένων τε καὶ μισθοφόρων χεῖρα
οὐκ ὀλίγην· τοῦ δὲ δεξιοῦ Μαμίλιος ὁ Ταρκυνίου
κηδεστής, ἐφ' οὗ[1] Λατίνων οἱ ἀποστάντες
Ῥωμαίων ἐτάξαντο· βασιλεὺς δὲ Πορσίνας κατὰ
5 μέσην τὴν φάλαγγα ἐτέτακτο. Ῥωμαίων δὲ τὸ
μὲν δεξιὸν κέρας Σπόριος Λάρκιος καὶ Τίτος
Ἑρμίνιος κατεῖχον ἐναντίοι Ταρκυνίοις· τὸ δ'
ἀριστερὸν Μάρκος Οὐαλέριος ἀδελφὸς θατέρου
τῶν ὑπάτων Ποπλικόλα καὶ Τίτος Λουκρήτιος ὁ
τῷ πρόσθεν ὑπατεύσας ἔτει Μαμιλίῳ καὶ Λατίνοις
συνοισόμενοι· τὰ δὲ μέσα τῶν κεράτων οἱ
ὕπατοι κατεῖχον ἀμφότεροι.

XXIII. Ὡς δὲ συνῆλθον εἰς χεῖρας, ἐμάχοντο
γενναίως καὶ πολὺν ἀντεῖχον ἀμφότεροι χρόνον,
ἐμπειρίᾳ μὲν καὶ καρτερίᾳ κρείττους ὄντες οἱ

state merely to make use of their persons in defending the country. And with their army long since disciplined and ready for action, they were encamped in the field that lies before the city.

But King Porsena, advancing with his forces, took the Janiculum by storm, having terrified those who were guarding it, and placed there a garrison of Tyrrhenians. After this he proceeded against the city in expectation of reducing that also without any trouble; but when he came near the bridge and saw the Romans drawn up before the river, he prepared for battle, thinking to overwhelm them with his numbers, and led on his army with great contempt of the enemy. His left wing was commanded by the sons of Tarquinius, Sextus and Titus, who had with them the Roman exiles together with the choicest troops from the city of Gabii and no small force of foreigners and mercenaries; the right was led by Mamilius, the son-in-law of Tarquinius, and here were arrayed the Latins who had revolted from the Romans; King Porsena had taken his place in the centre of the battle-line. On the side of the Romans the right wing was commanded by Spurius Larcius and Titus Herminius, who stood opposite to the Tarquinii; the left by Marcus Valerius, brother to Publicola, one of the consuls, and Titus Lucretius, the consul of the previous year, who were to engage Mamilius and the Latins; the centre of the line between the wings was commanded by the two consuls.

XXIII. When the armies engaged, they both fought bravely and sustained the shock for a considerable time, the Romans having the advantage of

---

¹ ἐφ᾿ οὗ Steph.: ἀφ᾿ οὗ A, ἐξ. οὗ B, ὑφ᾿ ᾧ Sylburg.

DIONYSIUS OF HALICARNASSUS

Ῥωμαῖοι τῶν ἐναντίων, πλήθει δὲ κρατοῦντες τῶν Ῥωμαίων οἱ Τυρρηνοί τε καὶ Λατῖνοι μακρῷ. πολλῶν δὲ πεσόντων ἀφ' ἑκατέρων δέος εἰσέρχεται Ῥωμαίους, πρῶτον μὲν τοὺς κατέχοντας τὸ ἀριστερὸν κέρας, ἐπειδὴ τοὺς ἡγεμόνας ἐθεάσαντο Οὐαλέριόν τε καὶ Λουκρήτιον [1] τραυματίας ἀποκομισθέντας ἐκ τῆς μάχης· ἔπειτα καὶ τοὺς ἐπὶ τοῦ δεξιοῦ κέρατος τεταγμένους νικῶντας ἤδη τὴν σὺν Ταρκυνίοις δύναμιν τὸ αὐτὸ καταλαμβάνει
2 πάθος, ὁρῶντας τὴν τροπὴν τῶν ἑτέρων. φευγόντων δ' εἰς τὴν πόλιν ἁπάντων καὶ διὰ μιᾶς γεφύρας βιαζομένων ἀθρόων ὁρμὴ γίνεται τῶν πολεμίων ἐπ' αὐτοὺς μεγάλη· ὀλίγου τε πάνυ [2] ἡ πόλις ἐδέησεν ἁλῶναι κατὰ κράτος, ἀτείχιστος οὖσα ἐκ τῶν παρὰ τὸν ποταμὸν μερῶν, εἰ συνεισέπεσον εἰς αὐτὴν ἅμα τοῖς φεύγουσιν οἱ διώκοντες. οἱ δὲ τὴν ὁρμὴν τῶν πολεμίων ἐπισχόντες καὶ διασώσαντες ὅλην τὴν στρατιὰν τρεῖς ἄνδρες ἐγένοντο, Σπόριος μὲν Λάρκιος καὶ Τίτος Ἑρμίνιος οἱ τὸ δεξιὸν ἔχοντες κέρας ἐκ τῶν πρεσβυτέρων, Πόπλιος δὲ Ὁράτιος ὁ καλούμενος Κόκλης [3] ἐκ τοῦ κατὰ τὴν ὄψιν ἐλαττώματος, ἐκκοπεὶς ἐν μάχῃ τὸν ἕτερον ὀφθαλμόν, ἐκ τῶν νεωτέρων, μορφήν [4] τε κάλλιστος ἀνθρώπων καὶ ψυχὴν
3 ἄριστος. οὗτος ἀδελφιδοῦς μὲν ἦν Ὁρατίου Μάρκου θατέρου τῶν ὑπάτων, τὸ δὲ γένος [5] κατῆγεν ἀφ' ἑνὸς τῶν τριδύμων Ὁρατίου Μάρκου τοῦ νικήσαντος τοὺς Ἀλβανοὺς τριδύμους, ὅτε περὶ τῆς ἡγεμονίας αἱ πόλεις εἰς πόλεμον καταστᾶσαι

---

[1] λουκρήτιον D: ὁράτιον R.   [2] πάνυ Sylburg: πάλιν AB.
[3] Κόκλης Lapus: ὅκλης A, ὀκλῆς B.
[4] Jacoby: μορφῇ O.

68

their enemies in both experience and endurance, and
the Tyrrhenians and Latins being much superior in
numbers. But when many had fallen on both sides,
fear fell upon the Romans, and first upon those
who occupied the left wing, when they saw their
two commanders, Valerius and Lucretius, carried
off the field wounded; and then those also who were
stationed on the right wing, though they were already
victorious over the forces commanded by the Tar-
quinii, were seized by the same terror upon seeing
the flight of the others. While they were all fleeing
to the city and endeavouring to force their way in a
body over a single bridge,[1] the enemy made a strong
attack upon them; and the city came very near
being taken by storm, since it had no walls on the
sides next the river, and would surely have fallen if
the pursuers had entered it at the same time with
those who fled. Those who checked the enemy's
attack and saved the whole army were three in
number, two of them older men, Spurius Larcius and
Titus Herminius, who commanded the right wing, and
one a younger man, Publius Horatius, who was
called Cocles [2] from an injury to his sight, one of his
eyes having been struck out in a battle, and was the
fairest of men in physical appearance and the bravest
in spirit. This man was nephew to Marcus Horatius,
one of the consuls, and traced his descent from
Marcus Horatius, one of the triplets who conquered
the Alban triplets when the two cities, having become
involved in war over the leadership, agreed not to

[1] For chaps. 23, 2–25, 3 cf. Livy ii. 10.
[2] The word Cocles is perhaps related to κύκλωψ (literally
"round-eyed," but used generally in the sense of "one-eyed").

[5] τὸ δὲ γένος Reiske: τὸ δ' εὐγενὲς O.

συνέβησαν μὴ πάσαις ἀποκινδυνεῦσαι ταῖς δυνάμε-
σιν, ἀλλὰ τρισὶν ἀνδράσιν ἀφ' ἑκατέρας, ὡς ἐν
4 τοῖς προτέροις δεδήλωκα λόγοις. οὗτοι δὴ μόνοι
κατὰ νώτου λαβόντες τὴν γέφυραν εἷργον τῆς
διαβάσεως τοὺς πολεμίους μέχρι πολλοῦ καὶ
διέμενον ἐπὶ τῆς αὐτῆς στάσεως [1] βαλλόμενοί τε
ὑπὸ πολλῶν παντοδαποῖς βέλεσι καὶ ἐκ χειρὸς
παιόμενοι τοῖς ξίφεσιν, ἕως ἅπασα ἡ στρατιὰ
διῆλθε τὸν ποταμόν.

XXIV. Ὡς δ' ἐν ἀσφαλεῖ τοὺς σφετέρους
ἔδοξαν γεγονέναι, δύο μὲν ἐξ αὐτῶν Ἑρμίνιός τε
καὶ Λάρκιος διεφθαρμένων αὐτοῖς ἤδη τῶν
σκεπαστηρίων διὰ τὰς συνεχεῖς πληγὰς ἀνεχώ-
ρουν [2] ἐπὶ πόδα. Ὁράτιος δὲ μόνος, ἀνακαλου-
μένων αὐτὸν ἀπὸ τῆς πόλεως τῶν τε ὑπάτων
καὶ τῶν ἄλλων πολιτῶν καὶ περὶ παντὸς ποι-
ουμένων σωθῆναι τοιοῦτον ἄνδρα τῇ πατρίδι καὶ
τοῖς γειναμένοις,[3] οὐκ ἐπείσθη, ἀλλ' ἔμενεν
ἔνθα τὸ πρῶτον ἔστη, κελεύσας τοῖς περὶ τὸν
Ἑρμίνιον λέγειν πρὸς τοὺς ὑπάτους, ὡς αὐτοῦ
φράσαντος, ἀποκόπτειν τὴν γέφυραν ἀπὸ τῆς
πόλεως ἐν τάχει (ἦν δὲ μία κατ' ἐκείνους τοὺς
χρόνους ξυλόφρακτος ἄνευ σιδήρου δεδεμένη ταῖς
σανίσιν αὐταῖς, ἣν καὶ μέχρις ἐμοῦ τοιαύτην
φυλάττουσι Ῥωμαῖοι), ἐπιστεῖλαι δὲ τοῖς ἀν-
δράσιν, ὅταν τὰ πλείω τῆς γεφύρας λυθῇ καὶ
βραχὺ τὸ λειπόμενον ᾖ μέρος, φράσαι πρὸς αὐτὸν
σημείοις τισὶν ἢ φωνῇ γεγωνοτέρᾳ· τὰ λοιπὰ
2 λέγων ἑαυτῷ μελήσειν. ταῦτ' ἐπικελευσάμενος

---

[1] στάσεως Sintenis : βάσεως O.
[2] ἀνεχώρουν Cobet : ἐχώρουν O.
[3] Naber would read τῇ γειναμένῃ for καὶ τοῖς γειναμένοις.

risk a decision with all their forces, but with three men on each side, as I have related in one of the earlier books.[1] These three men, then, all alone, with their backs to the bridge, barred the passage of the enemy for a considerable time and stood their ground, though pelted by many foes with all sorts of missiles and struck with swords in hand-to-hand conflict, till the whole army had crossed the river.

XXIV. When they judged their own men to be safe, two of them, Herminius and Larcius, their defensive arms being now rendered useless by the continual blows they had received, began to retreat gradually. But Horatius alone, though not only the consuls but the rest of the citizens as well, solicitous above all things that such a man should be saved to his country and his parents,[2] called to him from the city to retire, could not be prevailed upon, but remained where he had first taken his stand, and directed Herminius and Larcius to tell the consuls, as from him, to cut away the bridge in all haste at the end next the city (there was but one bridge[3] in those days, which was built of wood and fastened together with the timbers alone, without iron, which the Romans preserve even to my day in the same condition), and to bid them, when the greater part of the bridge had been broken down and little of it remained, to give him notice of it by some signals or by shouting in a louder voice than usual; the rest, he said, would be his concern. Having given these

---

[1] In iii. 12 f.
[2] By a very slight change in the Greek (see critical note) Naber would make the sentence read, "to his country that gave him birth," a phrase frequently used by Dionysius.
[3] The *pons sublicius;* see iii. 45.

τοῖς δυσὶν ἐπ' αὐτῆς ἵσταται τῆς γεφύρας καὶ τῶν
ὁμόσε χωρούντων οὓς μὲν τῷ ξίφει παίων, οὓς δὲ
τῷ θυρεῷ περιτρέπων πάντας ἀνέστειλε τοὺς
ὁρμήσαντας ἐπὶ τὴν γέφυραν· οὐκέτι γὰρ εἰς
χεῖρας αὐτῷ χωρεῖν ἐτόλμων οἱ διώκοντες ὡς
μεμηνότι καὶ θανατῶντι· καὶ ἅμα οὐδὲ [1] ῥᾴδιον
αὐτῷ προσελθεῖν ὑπάρχον ἐξ εὐωνύμων μὲν καὶ
δεξιῶν ἔχοντι πρόβλημα τὸν ποταμόν, ἐκ δὲ τοῦ
κατὰ πρόσωπον ὅπλων τε καὶ νεκρῶν σωρόν·
ἀλλ' ἄπωθεν ἑστῶτες ἀθρόοι λόγχαις τε καὶ
σαυνίοις καὶ λίθοις χειροπληθέσιν ἔβαλλον, οἷς δὲ
μὴ παρείη [2] ταῦτα τοῖς ξίφεσι καὶ ταῖς ἀσπίσι
3 τῶν νεκρῶν. ὁ δ' ἠμύνετο τοῖς ἐκείνων χρώμενος
ὅπλοις κατ' αὐτῶν καὶ ἔμελλεν ὥσπερ εἰκὸς εἰς
ἀθρόους βάλλων ἀεί τινος τεύξεσθαι σκοποῦ.
ἤδη δὲ καταβελὴς ὢν καὶ τραυμάτων πλῆθος ἐν
πολλοῖς μέρεσι τοῦ σώματος ἔχων, μίαν δὲ
πληγὴν λόγχης, ἣ διὰ θατέρου τῶν γλουτῶν
ὑπὲρ τῆς κεφαλῆς τοῦ μηροῦ ἀντία ἐνεχθεῖσα
ἐκάκωσεν αὐτὸν ὀδύναις καὶ τὴν βάσιν ἔβλαπτεν,
ἐπειδὴ [3] τῶν κατόπιν ἤκουσεν ἐμβοησάντων λελύ-
σθαι τῆς γεφύρας τὸ πλέον μέρος, καθάλλεται [4]
σὺν τοῖς ὅπλοις εἰς τὸν ποταμὸν καὶ διανηξάμενος
τὸ ῥεῦμα χαλεπῶς πάνυ (περὶ γὰρ τοῖς ὑπ-
ερείσμασι τῶν σανίδων σχιζόμενος ὁ ῥοῦς ὀξὺς
ἦν καὶ δίνας ἐποίει μεγάλας) ἐξεκολύμβησεν
εἰς τὴν γῆν οὐδὲν τῶν ὅπλων ἐν τῷ νεῖν ἀποβαλών.
XXV. Τοῦτο τὸ ἔργον ἀθάνατον αὐτῷ δόξαν
εἰργάσατο. παραχρῆμά τε γὰρ οἱ Ῥωμαῖοι

---

[1] οὐδὲ Reiske: οὔτε O.
[2] παρείη R, παρ..η Ba: παρῆν Bb, Jacoby.
[3] Portus: ἐπεὶ δὲ AB.

instructions to the two men, he stood upon the bridge
itself, and when the enemy advanced upon him, he
struck some of them with his sword and beat down
others with his shield, repulsing all who attempted
to rush upon the bridge. For the pursuers, looking
upon him as a madman who was courting death,
dared no longer come to grips with him. At the
same time it was not easy for them even to come
near him, since he had the river as a defence on the
right and left, and in front of him a heap of arms and
dead bodies. But standing massed at a distance,
they hurled spears, javelins, and large stones at him,
and those who were not supplied with these threw
the swords and bucklers of the slain. But he fought
on, making use of their own weapons against them,
and hurling these into the crowd, he was bound, as
may well be supposed, to find some mark every time.
Finally, when he was overwhelmed with missiles and
had a great number of wounds in many parts of his
body, and one in particular inflicted by a spear
which, passing straight through one of his buttocks
above the hip-joint, weakened him with the pain and
impeded his steps, he heard those behind him
shouting out that the greater part of the bridge was
broken down. Thereupon he leaped with his arms
into the river and swimming across the stream with
great difficulty (for the current, being divided by the
piles, ran swift and formed large eddies), he emerged
upon the shore without having lost any of his arms
in swimming.

XXV. This deed gained him immortal glory. For
the Romans immediately crowned him and conducted

---

⁴ καθάλλεται B: καθέλκεται R.

DIONYSIUS OF HALICARNASSUS

στεφανώσαντες αὐτὸν ἀπέφερον εἰς τὴν πόλιν
ὑμνοῦντες ὡς τῶν ἡρώων ἕνα, καὶ πᾶς ὁ κατοικί-
διος ὄχλος ἐξεχεῖτο ποθῶν αὐτόν, ἕως ἔτι περιῆν,
θεάσασθαι τὴν τελευταίαν πρόσοψιν· ἐδόκει γὰρ
ὑπὸ τῶν τραυμάτων οὐκ εἰς μακρὰν διαφθαρή-
2 σεσθαι· καὶ ἐπειδὴ διέφυγε τὸν θάνατον, εἰκόνα
χαλκῆν ἔνοπλον ὁ δῆμος ἔστησεν αὐτοῦ τῆς
ἀγορᾶς ἐν τῷ κρατίστῳ καὶ χώραν ἐκ τῆς δημοσίας
ἔδωκεν, ὅσην αὐτὸς ἐν ἡμέρᾳ μιᾷ ζεύγει βοῶν
περιαρόσει· χωρὶς δὲ τῶν δημοσίᾳ δοθέντων
κατὰ κεφαλὴν ἕκαστος ἀνδρῶν τε καὶ γυναικῶν,
ὅτε μάλιστα δεινὴ σπάνις τῶν ἀναγκαίων [1]
ἅπαντας κατεῖχε, μιᾶς ἡμέρας τροφὴν ἐχαρίσαντο,
μυριάδες ἀνθρώπων αἱ σύμπασαι πλείους ἢ
3 τριάκοντα. Ὁράτιος μὲν δὴ τοιαύτην ἀποδειξά-
μενος ἀρετὴν ἐν τῷ τότε χρόνῳ ζηλωτὸς μὲν
εἰ καί τις ἄλλος Ῥωμαίων ἐγένετο, ἄχρηστος δ'
εἰς τὰ λοιπὰ πράγματα τῆς πόλεως διὰ τὴν
πήρωσιν τῆς βάσεως· [2] καὶ διὰ τὴν συμφορὰν
ταύτην οὔτε ὑπατείας οὔτε ἄλλης ἡγεμονίας
4 στρατιωτικῆς οὐδεμιᾶς ἔτυχεν. οὗτός τε δὴ
θαυμαστὸν ἔργον ἀποδειξάμενος ἐν τῷ τότε
ἀγῶνι Ῥωμαίοις ἄξιος εἴπερ τις καὶ ἄλλος τῶν
ἐπ' ἀνδρείᾳ διονομασθέντων ἐπαινεῖσθαι, καὶ ἔτι
πρὸς τούτῳ Γάιος Μούκιος, ᾧ Κόρδος [3] ἐπ-
ωνύμιον [4] ἦν, ἀνὴρ ἐξ [5] ἐπιφανῶν πατέρων καὶ
αὐτὸς ἐγχειρήματι ἐπιβαλόμενος μεγάλῳ, περὶ
οὗ μικρὸν ὕστερον ἐρῶ διηγησάμενος πρῶτον ἐν
οἵαις ἡ πόλις ἦν τότε συμφοραῖς.[6]

---

[1] ἐπιτηδείων after ἀναγκαίων deleted by Kiessling.
[2] βάσεως R: βλέψεως B.
[3] Κόρδος Lapus: κόδρος ABb, κ. δρος Ba.

him into the city with songs, as one of the heroes;
and all the inhabitants poured out of their houses,
desiring to catch the last sight of him while he was
yet alive, since they supposed he would soon succumb
to his wounds.   And when he escaped death, the
people erected a bronze statue of him fully armed
in the principal part of the Forum and gave him as
much of the public land as he himself could plough
round in one day with a yoke of oxen.   Besides
these things bestowed upon him by the public, every
person, both man and woman, at a time when they
were all most sorely oppressed by a dreadful scarcity
of provisions, gave him a day's ration of food; and
the number of people amounted to more than three
hundred thousand in all.   Thus Horatius, who had
shown so great valour upon that occasion, occupied
as enviable a position as any Roman who ever lived,
but he was rendered useless by his lameness for
further services to the state;   and because of this
misfortune he obtained neither the consulship nor
any military command either.   This was one man,
therefore, who for the wonderful deed he performed
for the Romans in that engagement deserves as great
praise as any of those who have ever won renown for
valour.   And besides him there was also Gaius
Mucius, surnamed Cordus, a man of distinguished
ancestry, who also undertook to perform a great
deed; but of him I shall speak a little later, after
first relating in what dire circumstances the state
found itself at that time.

---

⁴ Kiessling: ἐπώνυμον O.
⁵ ἐξ B: ἐν A, om. R.
⁶ ἐν οἷαις ἡ πόλις ἦν τότε συμφοραῖς B: ἐν οἷς ἦν ἡ πόλις τότε
δεινοῖς R.

XXVI. Μετὰ γὰρ τὴν μάχην ἐκείνην ὁ μὲν
Τυρρηνῶν βασιλεὺς ἐν τῷ πλησίον ὄρει κατα-
στρατοπεδευσάμενος, ὅθεν τὴν Ῥωμαίων φρουρὰν
ἐξέβαλε, τῆς ἐπέκεινα τοῦ Τεβέριος ποταμοῦ
χώρας ἁπάσης ἐκράτει. οἱ δὲ Ταρκυνίου παῖδες
καὶ ὁ κηδεστὴς αὐτοῦ Μαμίλιος σχεδίαις τε καὶ
σκάφαις διαβιβάσαντες τὰς ἑαυτῶν δυνάμεις ἐπὶ
θάτερα μέρη τοῦ ποταμοῦ τὰ πρὸς τὴν Ῥώμην
φέροντα ἐν ἐχυρῷ τίθενται χωρίῳ τὸν χάρακα·
ὅθεν ὁρμώμενοι τῶν τε Ῥωμαίων ἐδῄουν τὴν γῆν
καὶ τὰς [1] αὐλὰς κατέσκαπτον καὶ τοῖς ἐπὶ νομὰς
ἐξιοῦσιν ἐκ τῶν ἐρυμάτων βοσκήμασιν ἐπετίθεντο.
2 κρατουμένης δὲ τῆς ὑπαίθρου [2] πάσης ὑπὸ τῶν
πολεμίων, καὶ οὔτ' ἐκ γῆς εἰσκομιζομένων εἰς
τὴν πόλιν τῶν ἀγορῶν οὔτε μὴν διὰ τοῦ ποταμοῦ
καταγομένων ὅτι μὴ σπανίων, ταχεῖα τῶν ἀναγ-
καίων σπάνις ἐγένετο μυριάσι πολλαῖς τὰ παρα-
3 σκευασθέντα οὐ πολλὰ ὄντα δαπανώσαις. καὶ
μετὰ τοῦθ' οἱ θεράποντες πολλοὶ καταλιπόντες
τοὺς δεσπότας ηὐτομόλουν ὁσημέραι, καὶ ἐκ τοῦ
δημοτικοῦ πλήθους οἱ πονηρότατοι πρὸς τοὺς Τυρ-
ρηνοὺς ἀφίσταντο· ταῦθ' ὁρῶσι τοῖς ὑπάτοις
ἔδοξε Λατίνων μὲν δεῖσθαι τῶν ἔτι αἰδουμένων
τὸ συγγενὲς καὶ μένειν δοκούντων ἐν τῇ φιλίᾳ
συμμαχίας σφίσι πέμψαι διὰ ταχέων, εἰς δὲ τὴν
Καμπανίδα Κύμην καὶ τὰς ἐν τῷ Πωμεντίνῳ
πεδίῳ πόλεις ἀποστεῖλαι πρέσβεις ἀξιώσοντας
4 αὐτὰς σίτου σφίσιν ἐξαγωγὴν ἐπιτρέψαι. Λατῖνοι
μὲν οὖν διεκρούσαντο τὴν ἐπικουρίαν, ὡς οὐχ
ὅσιον αὐτοῖς ὂν οὔτε Ταρκυνίοις πολεμεῖν οὔτε
Ῥωμαίοις, ἐπειδὴ κοινῇ συνέθεντο πρὸς ἀμφοτέ-

---

[1] τὰς added by Reiske.   [2] Kiessling: ὑπαιθρίου O.

XXVI. After[1] the battle that has been described the king of the Tyrrhenians, encamping on the neighbouring hill, from whence he had driven the garrison of the Romans, was master of all the country on that side of the river Tiber. The sons of Tarquinius and his son-in-law, Mamilius, having transported their forces in rafts and boats to the other, or Roman, side of the river, encamped in a strong position. And making excursions from there, they laid waste the territory of the Romans, demolished their farm houses, and attacked their herds of cattle when they went out of the strongholds to pasture. All the open country being in the power of the enemy and no food supplies being brought into the city by land and but small quantities even by the river, a scarcity of provisions was speedily felt as the many thousands of people consumed the stores previously laid in, which were inconsiderable. Thereupon the slaves, leaving their masters, deserted in large numbers daily, and the worst element among the common people went over to the tyrants. The consuls, seeing these things, resolved to ask those of the Latins who still respected the tie of kinship and seemed to be continuing in their friendship to send troops promptly to their assistance; and also resolved to send ambassadors both to Cumae in Campania and to the cities in the Pomptine plain to ask leave to import grain from there. The Latins, for their part, refused to send the desired assistance, on the ground that it was not right for them to make war against either the Tarquinii or the Romans, since they had made their treaty of

---

[1] *Cf.* Livy ii. 11, 1–12, 1.

ρους τὰ περὶ τῆς φιλίας ὅρκια· ἐκ δὲ τοῦ
Πωμεντίνου πεδίου Λάρκιός τε καὶ Ἑρμίνιος οἱ
πεμφθέντες ἐπὶ τὴν παρακομιδὴν τοῦ σίτου
πρέσβεις πολλὰς γεμίσαντες σκάφας παντοίας
τροφῆς ἀπὸ θαλάττης ἀνὰ τὸν ποταμὸν ἐν νυκτὶ
ἀσελήνῳ λαθόντες τοὺς πολεμίους διεκόμισαν.
5 ταχὺ δὲ καὶ ταύτης ἐξαναλωθείσης τῆς ἀγορᾶς
καὶ τῆς αὐτῆς κατασχούσης τοὺς ἀνθρώπους
ἀπορίας, μαθὼν παρὰ τῶν αὐτομόλων ὁ Τυρρηνὸς
ὅτι κάμνουσιν ὑπὸ τοῦ λιμοῦ οἱ ἔνδον, ἐπεκηρυ-
κεύσατο πρὸς αὐτοὺς ἐπιτάττων δέχεσθαι Ταρκύ-
νιον, εἰ βούλονται πολέμου τε καὶ λιμοῦ
ἀπηλλάχθαι.

XXVII. Οὐκ ἀνασχομένων δὲ τῶν Ῥωμαίων
τὰς ἐπιταγάς, ἀλλὰ πάντα τὰ δεινὰ ὑπομένειν
βουλομένων, καταμαθὼν ὁ Μούκιος ὅτι δυεῖν
αὐτοῖς συμβήσεται θάτερον, ἢ μὴ διαμεῖναι
πολὺν ἐν τοῖς λελογισμένοις χρόνον ὑπὸ τῆς
ἀπορίας τῶν ἀναγκαίων ἐκβιασθεῖσιν, ἢ φυλάτ-
τουσι βεβαίας τὰς κρίσεις τὸν οἴκτιστον ἀπολέσθαι
μόρον, δεηθεὶς τῶν ὑπάτων τὴν βουλὴν αὐτῷ
συναγαγεῖν, ὡς μέγα τι καὶ ἀναγκαῖον ἐξοίσων
πρὸς αὐτήν, ἐπειδὴ συνήχθη, λέγει τοιάδε·

" Ἄνδρες πατέρες, ἐγχείρημα τολμᾶν διανοού-
μενος ὑφ᾽ οὗ τῶν παρόντων ἀπαλλαγήσεται
κακῶν ἡ πόλις, τῷ μὲν ἔργῳ πάνυ θαρρῶ καὶ
ῥᾳδίως αὐτοῦ κρατήσειν οἴομαι· περὶ δὲ τῆς
ἐμαυτοῦ ψυχῆς, εἰ περιέσται μοι μετὰ τὸ ἔργον,
οὐ πολλὰς ἐλπίδας ἔχω, μᾶλλον δ᾽, εἰ χρὴ τἀληθὲς
2 λέγειν, οὐδεμίαν. εἰς τοσοῦτον δὴ κίνδυνον
ἐμαυτὸν καθιέναι μέλλων οὐκ ἀξιῶ λαθεῖν ἅπαντας
αἰωρηθεὶς ὑπὲρ μεγάλων, ἐὰν ἄρα συμβῇ μοι

friendship jointly with both of them. But Larcius and Herminius, the ambassadors who had been sent to convey the grain from the Pomptine plain, filled a great many boats with all sorts of provisions and brought them from the sea up the river on a moonless night, escaping the notice of the enemy. When these supplies also had soon been consumed and the people were oppressed by the same scarcity as before, the Tyrrhenian, learning from the deserters that the inhabitants were suffering from famine, sent a herald to them commanding them to receive Tarquinius if they desired to be rid of both war and famine.

XXVII. When[1] the Romans would not listen to this command, but chose rather to bear any calamities whatever, Mucius, foreseeing that one of two things would befall them, either that they would not adhere long to their resolution through want of the necessaries of life, or, if they held firmly to their decision, that they would perish by the most miserable of deaths, asked the consuls to assemble the senate for him, as he had something important and urgent to lay before them; and when they were met, he spoke as follows:

" Fathers, having it in mind to venture upon an undertaking by which the city will be freed from the present evils, I feel great confidence in the success of the plan and believe I shall easily carry it out; but as for my own life, I have small hopes of surviving the accomplishment of the deed, or, to say the truth, none at all. As I am about to expose myself, then, to so great a danger, I do not think it right that the world should remain in ignorance of the high stakes for which I have played—in case it

---

[1] For chaps. 27, 1–30, 1 cf. Livy ii. 12.

διαμαρτεῖν τῆς πείρας, ἀλλ᾽ ἐπὶ καλοῖς ἔργοις
μεγάλων[1] ἐπαίνων τυγχάνειν, ἐξ ὧν ἀντὶ τοῦ
θνητοῦ σώματος ἀθάνατον ὑπάρξει μοι κλέος.
3 δήμῳ μὲν οὖν[2] φράζειν ἃ διανοοῦμαι πράττειν
οὐκ ἀσφαλές, μή τις ἴδια κέρδη περιβαλλόμενος
πρὸς τοὺς πολεμίους αὐτὰ ἐξενέγκῃ, δέον αὐτοῖς
ὥσπερ μυστηρίου ἀπορρήτου φυλακῆς· ὑμῖν δ᾽
οὓς καθέξειν αὐτὰ πεπίστευκα ἐγκρατῶς πρώτοις
τε καὶ μόνοις ἐκφέρω· παρ᾽ ὑμῶν δ᾽ οἱ ἄλλοι
πολῖται ἐν τῷ προσήκοντι καιρῷ μαθήσονται.
4 τὸ δ᾽ ἐγχείρημά μου τοιόνδε ἐστίν. αὐτομόλου
σχῆμα μέλλω λαβὼν ἐπὶ τὸν χάρακα τῶν Τυρ-
ρηνῶν πορεύεσθαι. ἐὰν μὲν οὖν ἀπιστηθεὶς
πρὸς αὐτῶν ἀποθάνω, ἑνὶ πολίτῃ μόνον ἐλάττους
οἱ λοιποὶ γενήσεσθε· ἐὰν δὲ παρελθεῖν εἴσω τοῦ
χάρακος ἐκγένηταί μοι, τὸν βασιλέα τῶν πολεμίων
ἀποκτενεῖν ὑμῖν ὑποδέχομαι·[3] ἀποθανόντος δὲ
Πορσίνου καταλυθήσεται μὲν[4] ὁ πόλεμος, ἐγὼ
δ᾽ ὅ τι[5] ἂν τῷ δαιμονίῳ δόξῃ πείσομαι.[6] τούτων
συνίστορας ὑμᾶς ἕξων καὶ μάρτυρας πρὸς τὸν
δῆμον ἄπειμι τὴν κρείττονα τύχην τῆς πατρίδος
ἡγεμόνα τῆς ὁδοῦ ποιησάμενος."
XXVIII. Ἐπαινεθεὶς δ᾽ ὑπὸ τῶν ἐν τῷ
συνεδρίῳ καὶ λαβὼν οἰωνοὺς αἰσίους τῆς πράξεως
διαβαίνει τὸν ποταμόν. καὶ παραγενόμενος ἐπὶ
τὸν χάρακα τῶν Τυρρηνῶν εἰσέρχεται, παρα-
κρουσάμενος τοὺς φυλάττοντας τὰς πύλας ὡς τῶν
ὁμοεθνῶν τις, ὅπλον τε οὐθὲν φανερὸν ἔχων καὶ
γλώττῃ Τυρρηνικῇ διαλεγόμενος, ἣν ἐξέμαθεν ἔτι

[1] μεγάλων A: καλῶν B.
[2] οὖν added by Reiske.
[3] ὑποδέχομαι B: ὑπισχνοῦμαι R.

should be my fate to fail after all in the undertaking
—but I desire in return for noble deeds to gain
great praise, by which I shall exchange this mortal
body for immortal glory. It is not safe, of course, to
communicate my plan to the people, lest some one
for his own advantage should inform the enemy of a
thing which ought to be concealed with the same care
as an inviolable mystery. But you, who, I am
persuaded, will keep the secret inviolate, are the first
and the only persons to whom I am disclosing it; and
from you the rest of the citizens will learn of it at
the proper season. My enterprise is this: I propose to
go to the camp of the Tyrrhenians in the guise of a
deserter. If I am disbelieved by them and put to
death, the number of you citizens who remain will
be only one less. But if I can enter the enemy's
camp, I promise you to kill their king; and when
Porsena is dead, the war will be at an end. As for
myself, I shall be ready to suffer whatever Heaven
may see fit. In the assurance that you are privy to
my purpose and will bear witness of it to the people,
I go my way, making the better fortune of my
country the guide of my journey."

XXVIII. After he had received the praises of the
senators and obtained favourable omens for his enter-
prise, he crossed the river. And arriving at the
camp of the Tyrrhenians, he entered it, having
deceived the guard at the gates, who took him for
one of their own countrymen since he carried no
weapon openly and spoke the Tyrrhenian language,

---

⁴ μὲν B: μὲν ἡμῖν A, μὲν ὑμῖν R.
⁵ ὅ τι Prou: εἴ τι O, εἰ ὅ τι Steph., Jacoby.
⁶ πείσομαι B: τοῦτο πείσομαι R.

παῖς ὢν ὑπὸ τροφοῦ Τυρρηνίδος τὸ γένος ἐκδιδα-
2 χθείς. ὡς δ᾽ ἐπὶ τὴν ἀγορὰν καὶ τὸ στρατήγιον
ἀφίκετο, ἄνδρα ὁρᾷ μεγέθει τε καὶ ῥώμῃ σώματος
διαφέροντα, ἐσθῆτα πορφυρᾶν ἐνδεδυκότα, καθή-
μενον ἐπὶ τοῦ στρατηγικοῦ βήματος, καὶ περὶ
αὐτὸν ἑστῶτας ἐνόπλους συχνούς. διαμαρτὼν δὲ
τῆς δόξης, οἷα δὴ μηδέποτε τὸν βασιλέα τῶν
Τυρρηνῶν θεασάμενος, τοῦτον τὸν ἄνδρα ὑπέλαβε
Πορσίναν εἶναι· ὁ δ᾽ ἦν ἄρα γραμματεὺς τοῦ
βασιλέως, ἐκάθητο δ᾽ ἐπὶ τοῦ βήματος διαριθμῶν
τοὺς στρατιώτας καὶ διαγράφων αὐτοῖς τοὺς
3 ὀψωνιασμούς. ἐπὶ τοῦτον δὴ τὸν γραμματέα
χωρήσας διὰ τοῦ περιεστηκότος ὄχλου καὶ
ἀναβὰς ὡς ἄνοπλος ὑπ᾽ οὐθενὸς κωλυόμενος ἐπὶ
τὸ βῆμα, σπᾶται τὸ ξιφίδιον, ὃ τῆς περιβολῆς
ἐντὸς ἔκρυπτε, καὶ παίει τὸν ἄνδρα κατὰ τῆς
κεφαλῆς.[1] ἀποθανόντος δὲ τοῦ γραμματέως
πληγῇ μιᾷ, συλληφθεὶς εὐθὺς ὑπὸ τῶν περὶ τὸ
βῆμα πρὸς τὸν βασιλέα πεπυσμένον ἤδη παρ᾽
ἑτέρων [2] τὴν τοῦ γραμματέως ἀναίρεσιν ἀπάγεται.
4 ὁ δ᾽ ὡς εἶδεν αὐτόν, " Ὦ μιαρώτατε πάντων,"
εἶπεν, " ἀνθρώπων, καὶ δίκας ὑφέξων οὐκ εἰς
μακρὰν ὧν ἄξιος εἶ, λέγε, τίς εἶ καὶ πόθεν
ἀφιγμένος καὶ τίνι βοηθείᾳ πεποιθὼς ἐπεχείρησας
ἔργῳ τηλικῷδε· καὶ πότερον τὸν γραμματέα τὸν
ἐμὸν ἀποκτεῖναί σοι προὔκειτο μόνον ἢ κἀμέ·
καὶ τίνας ἔχεις κοινωνοὺς τῆς ἐπιβουλῆς ἢ
συνίστορας.[3] ἀποκρύψῃ [4] δὲ μηδὲν τῶν ἀληθῶν,
ἵνα μὴ βασανιζόμενος ἀναγκασθῇς λέγειν."
XXIX. Καὶ ὁ Μούκιος οὔτε μεταβολῇ χρώματος
οὔτε συννοίᾳ προσώπου τὸν ὀρρωδοῦντα διασημή-

---

[1] κεφαλῆς ABb : σφαγῆς Ba.

which he had been taught when a child by his nurse, who was a Tyrrhenian. When he came to the forum and to the general's tent, he perceived a man remarkable both for his stature and for his physical strength, clad in a purple robe and seated upon the general's tribunal with many armed men standing round him. And jumping to a false conclusion, as he had never seen the king of the Tyrrhenians, he took this man to be Porsena. But it seems he was the king's secretary, who sat upon the tribunal while numbering the soldiers and making a record of the pay due them. Making his way, therefore, to this man through the crowd that surrounded him and ascending the tribunal (for as he seemed unarmed nobody hindered him), he drew the dagger he had concealed under his garment and struck the man on the head. And the secretary being killed with one blow, Mucius was promptly seized by those who stood round the tribunal and brought before the king, who had already been informed by others of his secretary's death. Porsena, upon seeing him, said: " Most accursed of all men and destined to suffer presently the punishment you deserve, tell who you are and from whence you come and what assistance you counted on when you dared to commit such a deed? Did you propose to kill my secretary only, or me also? And who are your accomplices in this attempt, or privy to it? Conceal no part of the truth, lest you be forced to declare it under torture."

XXIX. Mucius, without showing any sign of fear, either by a change of colour or by an anxious counten-

---

² παρ' ἑτέρων B: om. R, Jacoby.
³ ἢ συνίστορας B: om. R.
⁴ ἀποκρύψῃ B: ἀπόκρυψαι R.

DIONYSIUS OF HALICARNASSUS

νας οὔτ᾽ ἄλλο παθὼν οὐδὲν ὧν φιλοῦσι πάσχειν
οἱ μέλλοντες ἀποθνήσκειν, λέγει πρὸς αὐτόν·
" Ἐγὼ Ῥωμαῖος μέν εἰμι, καὶ οὐ τῶν ἐπιτυχόντων
ἕνεκα γένους, ἐλευθερῶσαι δὲ τὴν πατρίδα τοῦ
πολέμου βουληθεὶς ἦλθον ἐπὶ τὸ στρατόπεδον
ὑμῶν ὡς τῶν αὐτομόλων τις, ἀποκτεῖναί σε
βουλόμενος· οὐκ ἀγνοῶν μὲν ὅτι καὶ κατορθώ-
σαντι καὶ διαμαρτόντι τῆς ἐλπίδος ἀποθανεῖν
ὑπάρξει[1] μοι, χαρίσασθαι δὲ τῇ γειναμένῃ τὴν
ἐμαυτοῦ ψυχὴν προαιρούμενος καὶ ἀντὶ τοῦ
θνητοῦ σώματος ἀθάνατον δόξαν καταλιπεῖν·
ψευσθεὶς δὲ τῆς ἐλπίδος ἀντὶ σοῦ τὸν γραμματέα,
ὃν οὐθὲν ἐδεόμην, ἀνῄρηκα τῇ τε πορφύρᾳ καὶ
τῷ δίφρῳ καὶ τοῖς ἄλλοις τῆς ἐξουσίας συμβόλοις
2 πλανηθείς. τὸν μὲν οὖν θάνατον, ὃν αὐτὸς
ἐμαυτοῦ κατεψηφισάμην, ὅτ᾽ ἐπὶ τὴν πρᾶξιν
ἔμελλον ὁρμᾶν, οὐ παραιτοῦμαι· βασάνους δὲ καὶ
τὰς ἄλλας ὕβρεις εἴ μοι παρείης πίστεις δοὺς
ἐπὶ θεῶν, ὑπισχνοῦμαί σοι μέγα πρᾶγμα δηλώσειν
3 καὶ πρὸς τὴν σωτηρίαν ἀνῆκόν σοι." ὁ μὲν δὴ
ταῦτ᾽ ἔλεγε καταστρατηγῆσαι[2] τὸν ἄνδρα δια-
νοούμενος· ὁ δ᾽ ἔξω τοῦ φρονεῖν γεγονὼς καὶ ἅμα
κινδύνους ἐκ πολλῶν μαντευόμενος ἀνθρώπων
οὐκ ἀληθεῖς δίδωσιν αὐτῷ δι᾽ ὅρκων τὸ πιστόν.
μετὰ δὲ τοῦτο ὁ Μούκιος καινότατον ἐνθυμηθεὶς
ἀπάτης τρόπον, ὃς ἐν ἀφανεῖ τὸν ἔλεγχον εἶχε,
λέγει πρὸς αὐτόν· " Ὦ βασιλεῦ, Ῥωμαίων
ἄνδρες τριακόσιοι τὴν αὐτὴν ἔχοντες ἡλικίαν ἐκ
τοῦ γένους τῶν[3] πατρικίων ἅπαντες ἐβουλευ-
σάμεθα συνελθόντες ἀποκτεῖναί σε καὶ τὸ πιστὸν
4 ὅρκοις παρ᾽ ἀλλήλων ἐλάβομεν. ἔδοξε δ᾽ ἡμῖν
βουλευομένοις ὅστις ὁ τῆς ἐπιβουλῆς ἦν τρόπος,
84

ance, or experiencing any other weakness common
to men who are about to die, said to him: " I am a
Roman, and no ordinary man as regards birth; and
having conceived a desire to free my country from
the war, I came into your camp as a deserter with the
purpose of killing you. I knew well that, whether I
succeeded or failed in the attempt, death would be
my portion; yet I resolved to give my life to my
country from which I received it and in place of my
mortal body to leave behind me immortal glory.
But being cheated of my hope, I slew, instead of you,
your clerk, whom I had no cause to slay, misled by
the purple, the chair of state, and the other insignia
of power. As for death, therefore, to which I con-
demned myself when I was planning to set out on
this undertaking, I do not ask to escape that; but if
you would remit for me the tortures and the other
indignities and give me assurances of this by the gods,
I promise to reveal to you a matter of great moment
which concerns your own safety." This he said with
the purpose of tricking the other; and the king,
being out of his wits and at the same time conjuring
up imaginary perils as threatening him from many
people, gave him upon oath the pledge he desired.
Thereupon Mucius, having thought of a most novel
kind of deceit that could not be put to an open
test, said to him: "O king, three hundred of us
Romans, all of the same age and all of patrician birth,
met together and formed a plot to kill you; and we
took pledges from one another under oath. And
when we were considering what form our plot should

---

[1] Naber: ὑπάρχει O, Jacoby.
[2] Steph.[2]: στρατηγῆσαι O.
[3] τῶν A: τοῦ B, τοῦ τῶν Jacoby.

μήθ' ἅπαντας ἅμα χωρεῖν ἐπὶ τὸ ἔργον, ἀλλὰ
καθ' ἕνα, μήτε φράζειν ἕτερον ἑτέρῳ πότε καὶ
πῶς καὶ ποῦ καὶ τίσιν ἀφορμαῖς χρησάμενος
ἐπιθήσεταί σοι, ἵνα ῥᾷον ἡμῖν ὑπάρχῃ τὸ λαθεῖν.
ταῦτα διανοηθέντες ἐκληρωσάμεθα, καὶ πρῶτος
ἄρξαι τῆς πείρας ἔλαχον ἐγώ. προειδὼς οὖν
ὅτι πολλοὶ καὶ ἀγαθοὶ τὴν αὐτήν μοι διάνοιαν [1]
ἕξουσιν ἐπιθυμίᾳ δόξης, ὧν ὡς εἰκάσαι τις [2]
ἀμείνονι τύχῃ χρήσεται τῆς ἐμῆς, σκόπει, τίς
ἔσται σοι πρὸς ἅπαντας ἀρκοῦσα [3] φυλακή."

XXX. Ὡς δὲ ταῦτ' ἤκουσεν ὁ βασιλεύς,
ἐκεῖνον μὲν ἀπαγαγόντας τοὺς δορυφόρους ἐκέ-
λευσε δῆσαι καὶ φυλάττειν ἐπιμελῶς· αὐτὸς δὲ
τοὺς πιστοτάτους τῶν φίλων παραλαβὼν καὶ τὸν
υἱὸν Ἄρροντα παρακαθισάμενος, μετ' ἐκείνων
ἐσκόπει τί ποιῶν τὰς ἐπιβουλὰς αὐτῶν δια-
2 κρούσεται. τῶν μὲν οὖν ἄλλων ἕκαστος εὐήθεις
ἀσφαλείας ὁδοὺς [4] λέγων ἐδόκει τῶν δεόντων
φρονεῖν οὐδέν· ὁ δ' υἱὸς αὐτοῦ τελευταίαν ἀπ-
εφήνατο γνώμην πρεσβυτέραν τῆς ἡλικίας, ἀξιῶν
αὐτὸν μὴ σκοπεῖν τίσι φυλακαῖς χρώμενος
οὐδὲν πείσεται δεινόν, ἀλλὰ τί ποιῶν οὐ δεήσεται
φυλακῆς· θαυμασάντων δὲ τὴν διάνοιαν αὐτοῦ
πάντων καὶ πῶς ἂν τοῦτο γένοιτο μαθεῖν βουλο-
μένων, "Εἰ φίλους ἀντὶ πολεμίων," ἔφη,
"ποιήσαιο τοὺς ἄνδρας, τιμιωτέραν ἡγησάμενος
τὴν σεαυτοῦ ψυχὴν τῆς καθόδου τῶν σὺν Ταρκυνίῳ

---

[1] διάνοιαν Jacoby: δόξαν AB, τόλμαν Sintenis; Meutzner
deleted μοι δόξαν and read ἐπιθυμίαν for ἐπιθυμία.
[2] ὧν ὡς εἰκάσαι τις Jacoby: ὧν εἰ καί τις ABa, ὧν εἰ καί τις
Bb, ὧν εἰκῇ τις Sylburg, ὧν εἰς γέ τις καὶ Sintenis, ὧν εἰς τις
καὶ Bücheler, ὧν εἰ καί τις μὴ Schnelle, ὧν εἰς τις Schenkl.

take, we resolved not to set about the business all together, but one at a time, nor yet to communicate to one another when, how, where, or by what expedients each of us was to attack you, to the end that it might be easier for us to escape discovery. After we had settled these matters, we drew lots and it fell to my lot to make the first attempt. Since, therefore, you know in advance that many brave men will have the same purpose as I, induced by a thirst for glory, and that some one of them presumably will meet with better fortune than I, consider how you may sufficiently guard yourself against them all."

XXX. When the king heard this, he commanded his bodyguards to lead Mucius away and bind him, guarding him diligently. He himself assembled the most trustworthy of his friends, and causing his son Arruns to sit beside him, considered with them what he should do to escape the plots of these men. All the rest proposed such simple precautionary measures that they seemed to have no understanding of what was needed; but his son, who expressed his opinion last, showed a wisdom beyond his years. For he advised his father not to consider what precautions he should take in order to meet with no misfortune, but what he should do in order to have no need of precaution. When all had marvelled at his advice and desired to know how this might be accomplished, he said, " If you would make these men friends instead of enemies and would set a greater value on your own life than on the restoration of the exiles

---

³ ἀρκοῦσα B: om. R.
⁴ ἀσφαλείας ὁδοὺς Naber: ἀσφαλείας O, Jacoby.

3 φυγάδων." καὶ ὁ βασιλεὺς τὰ κράτιστα μὲν
ἔφησεν αὐτὸν λέγειν, βουλῆς δ' εἶναι ἄξιον τὸ
πρᾶγμα, πῶς εὐπρεπεῖς γενήσονται πρὸς αὐτοὺς
αἱ διαλλαγαί· μεγάλην αἰσχύνην φάσκων εἶναι,
εἰ κρατήσας αὐτῶν μάχῃ καὶ τειχήρεις ἔχων
ἀπελεύσεται, μηθὲν ὧν Ταρκυνίοις ὑπέσχετο
διαπραξάμενος, ὥσπερ ἡττημένος ὑπὸ τῶν νενικη-
μένων καὶ πεφευγὼς τοὺς μηδ' ἐκ τῶν πυλῶν
ὑπομένοντας ἔτι προελθεῖν· μίαν δὲ μόνην ἔσεσθαι
ἀποφαίνων καλὴν τῆς ἔχθρας λύσιν, εἰ παρὰ τῶν
πολεμίων παραγένοιντό τινες πρὸς αὐτὸν περὶ
φιλίας διαλεγόμενοι.

XXXI. Ταῦτα μὲν τότε πρὸς τὸν υἱὸν καὶ τοὺς
παρόντας εἶπεν· ὀλίγαις δ' ὕστερον ἡμέραις
αὐτὸς ἠναγκάσθη πρότερος ἄρχειν λόγων δι-
αλλακτηρίων διὰ τοιαύτην αἰτίαν· ἐσκεδασμένων
ἀνὰ τὴν χώραν τῶν στρατιωτῶν καὶ τὰς ἀγομένας
εἰς τὴν πόλιν ἀγορὰς ἀφαιρουμένων καὶ τοῦτο
ποιούντων συνεχῶς, οἱ τῶν Ῥωμαίων ὕπατοι
λοχήσαντες αὐτοὺς ἐν καλῷ χωρίῳ διαφθείρουσί
τε συχνοὺς καὶ ἔτι πλείους τῶν ἀναιρεθέντων
αἰχμαλώτους λαμβάνουσιν. ἐφ' ᾧ χαλεπαίνοντες
οἱ Τυρρηνοὶ διελέγοντο πρὸς ἀλλήλους κατὰ συστρο-
φάς, δι' αἰτίας τόν τε βασιλέα καὶ τοὺς ἄλλους
ἡγεμόνας ἔχοντες ἐπὶ τῇ τριβῇ τοῦ πολέμου καὶ
2 ἀπαλλάττεσθαι ποθοῦντες ἐπὶ τὰ οἰκεῖα. δόξας
μὲν οὖν ἅπασι κεχαρισμένας φανήσεσθαι τὰς
διαλλαγάς, ἀποστέλλει πρεσβευτὰς ἐκ τῶν ἰδίων
φίλων τοὺς ἀναγκαιοτάτους. τινὲς μὲν οὖν

---

[1] Livy (ii. 13, 1–4) says the sending of this embassy was due
to Porsena's concern for his own safety. He differs from

88

with Tarquinius." The king said his advice was most excellent, but that it was a matter calling for deliberation how an honourable peace could be made with them; for he said it would be a great disgrace if, after he had defeated them in battle and kept them shut up within their walls, he should then retire without having effected anything he had promised to the Tarquinii, just as if he had been conquered by those he had overcome and had fled from those who dared no longer even set foot outside their gates; and he declared that there would be one and only one honourable way of ending the war, namely, if some persons should come to him from the enemy to treat for friendship.

XXXI. This is what the king then said to his son and to the others present. But a few days later he was obliged to take the initiative himself in proposing terms of accommodation, for the following reason: While his soldiers were dispersed about the country and plundering the provisions that were being conveyed to the city, and doing this continually, the Roman consuls lay in wait for them in a favourable place and destroying a goodly number, took even more of them prisoners than they slew. Upon this the Tyrrhenians were angered and talked matters over with one another as they gathered in knots, blaming both the king and the other commanders for the prolonging of the war, and desiring to be dismissed to their homes. The king, therefore, believing that an accommodation would be acceptable to them all, sent the closest of his personal friends as ambassadors.[1] Some, indeed, say that

Dionysius also in regard to the demands made by the king.

89

DIONYSIUS OF HALICARNASSUS

φασι καὶ τὸν Μούκιον ἅμα τούτοις ἀποσταλῆναι
δόντα τὴν πίστιν τῷ βασιλεῖ δι' ὅρκων ὑπὲρ
τοῦ πάλιν ἐλεύσεσθαι· ἕτεροι δὲ λέγουσιν ὅμηρον,
ἕως αἱ διαλλαγαὶ γένωνται, τὸν ἄνδρα τοῦτον
ἐν τῷ στρατοπέδῳ φυλάττεσθαι· καὶ τάχ' ἂν εἴη
3 τοῦτ' ἀληθέστερον. ἐντολαὶ δ' ἦσαν, ἃς ἔδωκε
τοῖς πρεσβευταῖς ὁ βασιλεύς, τοιαίδε· περὶ μὲν
καθόδου[1] Ταρκυνίων μηδένα ποιεῖσθαι λόγον, τὰ
δὲ χρήματα αὐτοῖς ἀξιοῦν ἀποδοθῆναι, μάλιστα
μὲν ἅπαντα ὅσα Ταρκύνιός τε ὁ πρεσβύτατος
κατέλιπε καὶ αὐτοὶ σὺν τῷ δικαίῳ κτησάμενοι
κατέσχον· εἰ δὲ μή γε, ὅσα δυνατὰ ἀγρῶν
τε καὶ οἰκιῶν καὶ βοσκημάτων καὶ ὧν ἐκ γῆς
ἀνήρηνται καρπῶν τὰς ἀξίας, ὁποτέρως ἂν
αὐτοῖς δόξῃ συμφέρειν, ἐάν τε τοὺς κατέχοντας
αὐτὰ καὶ καρπουμένους εἰσφέρειν, ἐάν τ' ἐκ τοῦ
4 δημοσίου διαλύειν. ταῦτα μὲν ὑπὲρ ἐκείνων,
ἑαυτῷ δ' αἰτεῖσθαι διαλυομένῳ τὴν ἔχθραν τοὺς
καλουμένους Ἑπτὰ πάγους· αὕτη Τυρρηνῶν ἡ
χώρα τὸ ἀρχαῖον ἦν, Ῥωμαῖοι δ' αὐτὴν κατ-
έσχον πολέμῳ τοὺς ἔχοντας ἀφελόμενοι· καὶ ἵνα μέ-
νωσι Ῥωμαῖοι Τυρρηνοῖς[2] βέβαιοι φίλοι, παῖδας
ἐκ τῶν ἐπιφανεστάτων οἰκιῶν τοὺς ὁμηρεύσοντας
ὑπὲρ τῆς πόλεως αἰτεῖν παρ' αὐτῶν.

XXXII. Ἀφικομένης δὲ τῆς πρεσβείας εἰς
Ῥώμην ἡ βουλὴ μὲν ἐψηφίσατο Ποπλικόλα
θατέρῳ τῶν ὑπάτων πεισθεῖσα πάντα συγχωρεῖν
ὅσα ὁ Τυρρηνὸς ἠξίου, κάμνειν τὸν δημότην καὶ
ἄπορον ὄχλον οἰομένη τῇ σπάνει τῶν ἐπιτηδείων,

[1] Reiske: εἰσόδου O.
[2] Ῥωμαῖοι Τυρρηνοῖς Steph.: ῥωμαίοις τυρρηνοὶ ABC.

90

Mucius also was sent with them, having given the
king his pledge upon oath that he would return;
but others say that he was kept in the camp as a
hostage till peace should be concluded, and this may
perhaps be the truer account. The instructions
given by the king to the ambassadors were these:
Not to make the least mention of the restoration of
the Tarquinii, but to demand the restitution of their
property, preferably of all that the elder Tarquinius
had left and they themselves had justly acquired
and possessed, or, if that could not be, then to
demand so far as possible the value of their lands,
houses and cattle, and of the produce taken from
the land, leaving it to the Romans to determine
whether it was to their advantage that this should
be paid by those who were in the possession and
enjoyment of the land or defrayed by the public
treasury. So far their instructions related to the
Tarquinii. Then, for himself, they were to demand,
upon his putting an end to the war, the so-called
Seven Districts (this territory had formerly belonged
to the Tyrrhenians, but the Romans had taken it
from them in war and occupied it [1]), and, in order
that the Romans should remain firm friends of the
Tyrrhenians, they were to demand of them the sons
of their most illustrious families to serve as hostages
for the state.

XXXII. When the embassy came to Rome, the
senate, by the advice of Publicola, one of the consuls,
voted to grant everything that the Tyrrhenian
demanded, believing that the crowd of plebeians
and poor people, oppressed by the scarcity of pro-

[1] See ii. 55, 5.

καὶ ἀγαπητῶς δέξεσθαι[1] τὴν τοῦ πολέμου
2 λύσιν, ἐφ᾽ οἷς ἂν γένηται δικαίοις. ὁ δὲ δῆμος
τὰ μὲν ἄλλα τοῦ προβουλεύματος ἐψηφίσατο
κύρια εἶναι, τὴν δ᾽ ἀπόδοσιν τῶν χρημάτων οὐκ
ἠνέσχετο, ἀλλὰ τἀναντία ἔγνω, μήτ᾽ ἐκ τῶν
ἰδίων μήτ᾽ ἐκ τῶν κοινῶν τοῖς τυράννοις[2] μηδὲν
ἀποδιδόναι, πρεσβευτὰς δὲ περὶ τούτων πρὸς
βασιλέα Πορσίναν ἀποστεῖλαι, οἵτινες ἀξιώσουσιν
αὐτὸν τὰ μὲν ὅμηρα καὶ τὴν χώραν παραλαβεῖν,
περὶ δὲ τῶν χρημάτων αὐτὸν δικαστὴν γενόμενον
Ταρκυνίοις τε καὶ Ῥωμαίοις, ὅταν ἀμφοτέρων
ἀκούσῃ, κρῖναι τὰ δίκαια[3] μήτε χάριτι μήτ᾽
3 ἔχθρᾳ παραχθέντα. ἀπῄεσαν οἱ Τυρρηνοὶ τὰς ἀπο-
κρίσεις ταύτας πρὸς βασιλέα κομίζοντες καὶ
σὺν αὐτοῖς οἱ κατασταθέντες ὑπὸ τοῦ δήμου
πρέσβεις ἄγοντες ἐκ τῶν πρώτων οἰκιῶν εἴκοσι
παῖδας, οὓς ἔδει περὶ τῆς πατρίδος ὁμηρεῦσαι,
τῶν ὑπάτων πρώτων τὰ τέκνα ἐπιδόντων,
Μάρκου μὲν Ὁρατίου τὸν υἱόν, Ποπλίου δὲ
Οὐαλερίου τὴν θυγατέρα γάμων ἔχουσαν ὥραν.
4 ἀφικομένων δὲ τούτων ἐπὶ τὸ στρατόπεδον
ἥσθη τε ὁ βασιλεὺς καὶ πολλὰ τοὺς Ῥωμαίους
ἐπαινέσας ἀνοχὰς σπένδεται πρὸς αὐτοὺς εἰς
ὡρισμένον τινὰ ἡμερῶν ἀριθμὸν καὶ τὴν δίκην
αὐτὸς ἀναδέχεται δικάζειν. Ταρκύνιοι δ᾽ ἤχθοντο
μὲν ἀπὸ μειζόνων ἐκπεσόντες ἐλπίδων, ἃς εἶχον
ἐπί[4] τῷ βασιλεῖ, καταχθῆν᾽ ἂν[5] δόξαντες ἐπὶ
τὴν ἀρχὴν ὑπ᾽ ἐκείνου. στέργειν δὲ τὰ παρόντα
ἠναγκάζοντο καὶ τὰ διδόμενα[6] δέχεσθαι. ἀφικο-

---

[1] Sylburg : δέξασθαι O.   [2] Sintenis : τυρρηνοῖς AB.
[3] δίκαια δοκοῦντα R.   [4] ἐν Naber.
[5] καταχθῆν᾽ ἂν Post : καταχθῆναι O, Jacoby.

visions, would cheerfully accept the termination of
the war upon any terms whatever. But the people,
though they ratified every other article of the
senate's decree, would not hear of restoring the
property. On the contrary, they voted that no
restitution should be made to the tyrants either from
private sources or from the public funds, and that
ambassadors should be sent to King Porsena con-
cerning these matters, to ask him to accept the
hostages and the territory he demanded, but as
regarded the property, that he himself, acting as
judge between the Tarquinii and the Romans, should
determine, after hearing both sides, what was just,
being influenced by neither favour nor enmity.
The Tyrrhenians returned to the king with this
answer, and with them the ambassadors appointed
by the people, taking with them twenty children of
the leading families to serve as hostages for their
country; the consuls had been the first to give their
children for that purpose, Marcus Horatius delivering
his son to them and Publius Valerius his daughter,
who had reached the age for marriage. When these
arrived at the camp, the king was pleased, and heartily
commending the Romans, he made a truce with them
for a specified number of days and undertook to act
as judge of their controversy himself. But the
Tarquinii were aggrieved at finding themselves dis-
appointed of the greater hopes they had been placing
in the king, having expected to be restored by him
to the sovereignty; however, they were obliged to
be content with the present state of things and to
accept the terms that were offered. And when the

---

⁶ διδόμενα B : δεδογμένα A, δεδομένα Reiske, Jacoby.

μένων δ' εἰς τὸν ὁρισθέντα χρόνον ἐκ τῆς πόλεως
τῶν ἀπολογησομένων τὴν δίκην καὶ [1] ἀπὸ τῆς
βουλῆς τῶν πρεσβυτάτων, καθίσας ἐπὶ τοῦ
βήματος ὁ βασιλεὺς μετὰ τῶν φίλων καὶ τὸν
υἱὸν συνδικάζειν κελεύσας ἀπέδωκεν [2] αὐτοῖς
λόγον.

XXXIII. Ἔτι δὲ τῆς δικαιολογίας γινομένης
ἧκέ τις ἀπαγγέλλων τὴν φυγὴν τῶν ὁμηρευουσῶν
παρθένων. δεηθεῖσαι γὰρ τῶν φυλαττόντων,
ἵνα συγχωρήσωσιν αὐταῖς λούσασθαι παραγενο-
μέναις εἰς τὸν ποταμόν, ἐπειδὴ τὸ συγχώρημα
ἔλαβον ἀποστῆναι μικρὸν ἀπὸ τοῦ ποταμοῦ τοῖς
ἀνδράσιν εἰπούσαι, ἕως [3] ἂν ἀπολούσωνταί τε
καὶ τὰς ἐσθῆτας ἀπολάβωσιν, ἵνα μὴ γυμνὰς
ὁρῶσιν αὐτάς· ποιησάντων καὶ τοῦτο τῶν
ἀνδρῶν, παρακελευσαμένης αὐταῖς τῆς Κλοιλίας καὶ
πρώτης καταρχούσης, διανηξάμεναι τὸν ποταμὸν
2 εἰς τὴν πόλιν ἀπῆλθον. ἔνθα δὴ πολὺς ὁ Ταρκύ-
νιος ἦν ἐπιορκίαν τε καὶ ἀπιστίαν τοῖς Ῥωμαίοις
ἐγκαλῶν καὶ τὸν βασιλέα παροξύνων ὡς ἐξαπ-
ατώμενον ὑπ' ἀνθρώπων δολίων μηθὲν προσέχειν
αὐτοῖς. ἀπολογουμένου δὲ τοῦ ὑπάτου καὶ τὸ
ἔργον ἐξ αὐτῶν λέγοντος εἶναι τῶν παρθένων δίχα
τῆς ἐπιταγῆς τῶν πατέρων, καὶ τὸ πιστὸν οὐκ
εἰς μακρὰν παρέξεσθαι λέγοντος ὑπὲρ τοῦ μηδὲν
ἐξ ἐπιβουλῆς ὑφ' ἑαυτῶν πεπρᾶχθαι, πεισθεὶς ὁ βα-
σιλεὺς συνεχώρησεν αὐτῷ πορευθέντι τὰς παρθένους
3 ἀγαγεῖν, ὡς ὑπισχνεῖτο. Οὐαλέριος μὲν δὴ τὰς

---

[1] Schnelle assumed a lacuna before καὶ and suggested as
the missing words Οὐαλερίου θατέρου τῶν ὑπάτων. Kiessling,
on the contrary, rejected καί.

[2] Sylburg: ἐπέδωκενο O.   [3] τέως Jacoby.

men who were sent to defend the cause of the commonwealth, . . .[1] and the oldest of the senators had come from the city at the appointed time, the king seated himself upon the tribunal with his friends, and ordering his son to sit as judge with him, he gave them leave to speak.

XXXIII. While [2] the cause was still pleading, a messenger brought word of the flight of the maidens who were serving as hostages. It seems that they had asked leave of their guards to go to the river and bathe, and after obtaining it they had told the men to withdraw a little way from the river till they had bathed and dressed themselves again, so that they should not see them naked; and the men having done this also, the maidens, following the advice and example of Cloelia, swam across the river and returned to the city. Then indeed Tarquinius was vehement in accusing the Romans of a breach of their oaths and of perfidy, and in goading the king, now that he had been deceived by treacherous persons, to pay no heed to them. But when the consul defended the Romans, declaring that the maidens had done this thing of themselves without orders from their fathers and that he would soon offer convincing proof that the consuls had not been guilty of any treachery, the king was persuaded and gave him leave to go to Rome and bring back the maidens, as he kept promising to do. Valerius, accordingly, departed in order to bring them to the

---

[1] Some words have probably been lost from the text at this point. Schnelle plausibly supplied "Valerius, one of the consuls," before "and." Kiessling, however, preferred to delete "and."

[2] For chap. 33 f. cf. Livy ii. 13, 6–14, 4.

παρθένους ἄξων ᾤχετο· Ταρκύνιος δὲ καὶ ὁ
κηδεστὴς αὐτοῦ τῶν δικαίων ὑπεριδόντες πράγματι
ἐπεβούλευσαν ἀνοσίῳ, λόχον ὑποπέμψαντες εἰς
τὴν ὁδὸν ἱππέων, τάς τε παρθένους ἁρπάσαι τὰς
ἀγομένας καὶ τὸν ὕπατον καὶ τοὺς ἄλλους τοὺς
ἐπὶ τὸ στρατόπεδον ἐρχομένους συλλαβεῖν, ὡς
ῥύσια καθέξοντες ἀνθ' ὧν Ταρκύνιον ἀφείλοντο
Ῥωμαῖοι χρημάτων τὰ σώματα ταῦτα, καὶ τῆς
4 δίκης τὸ τέλος οὐκέτι περιμενοῦντες. οὐκ εἴασε
δ' αὐτοῖς κατὰ νοῦν χωρῆσαι τὴν ἐπιβουλὴν τὸ
δαιμόνιον. ἐν ὅσῳ γὰρ ἐκ τοῦ Λατίνων χάρακος
ἐξῄεσαν οἱ μέλλοντες τοῖς παραγινομένοις[1] ἐπι-
θέσθαι, φθάσας ὁ τῶν Ῥωμαίων ὕπατος ἦγε τὰς
κόρας· καὶ πρὸς αὐταῖς ἤδη ταῖς πύλαις τοῦ
Τυρρηνικοῦ χάρακος ὢν ὑπὸ τῶν ἐπιδιωξάντων
ἐκ τῆς ἑτέρας στρατοπεδείας καταλαμβάνεται.
ἔνθα τῆς συμπλοκῆς αὐτῶν γενομένης ταχεῖα
τοῖς Τυρρηνοῖς αἴσθησις ἐγένετο, καὶ κατὰ
σπουδὴν ὁ τοῦ βασιλέως υἱὸς ἴλην ἱππέων
ἐπαγόμενος ἐβοήθει, καὶ ἐκ τῶν πεζῶν οἱ προ-
καθήμενοι τοῦ χάρακος συνέδραμον.

XXXIV. Ἐφ' οἷς ἀγανακτῶν ὁ Πορσίνας εἰς ἐκ-
κλησίαν τοὺς Τυρρηνοὺς συνεκάλει, καὶ διεξελ-
θὼν ὡς ἐπιτρεψάντων αὐτῷ[2] Ῥωμαίων δικάσαι
περὶ ὧν ἐνεκαλοῦντο ὑπὸ Ταρκυνίου, πρὶν ἐπι-
τελεσθῆναι τὴν δίκην εἰς ἱερὰ σώματα πρέσβεών τε
καὶ ὁμήρων παρανομεῖν ἐν σπονδαῖς ἐπεχείρησαν
οἱ δικαίως ὑπ' αὐτῶν ἐξελαθέντες (ὅθεν Τυρ-
ρηνοὶ Ῥωμαίους μὲν ἀπολύουσι τῶν ἐγκλημάτων,

---

[1] Sylburg: παραγενομένοις AB, Jacoby, παραγομένοις Kiess-
ling.

camp. But Tarquinius and his son-in-law, in con-
tempt of all that was right, formed a wicked plot,
sending out secretly a party of horse to lie in wait
on the road, in order to seize not only the maidens
as they were being brought back, but also the consul
and the others who were coming to the camp. Their
purpose was to hold these persons as pledges for the
property the Romans had taken from Tarquinius,
and not to wait any longer for the outcome of the
hearing. But Heaven did not permit their plot to
go according to their wish. For even as the horse-
men who were intending to attack them upon their
return were going out of the camp of the Latins, the
consul was arriving with the maidens in time to
forestall them, and he was already at the very gates
of the Tyrrhenian camp when he was overtaken by
the horsemen from the other camp who had pursued
him. When the encounter between them occurred
here, the Tyrrhenians quickly perceived it; and the
king's son came in haste with a squadron of horse
to their assistance and those of the foot who were
posted before the camp also rushed up.

XXXIV. Porsena, resenting this attempt, as-
sembled the Tyrrhenians and informed them that
after the Romans had appointed him judge of the
accusations brought against them by Tarquinius, but
before the cause was determined, the exiles justly
expelled by the Romans had during a truce been
guilty of a lawless attempt upon the inviolable
persons both of ambassadors and of hostages; for
which reason, he said, the Tyrrhenians now acquitted
the Romans of those charges and at the same time

---

[2] δίκας after αὐτῷ deleted by Reiske.

Ταρκυνίῳ δὲ καὶ Μαμιλίῳ διαλύονται τὴν ξενίαν),
προεῖπεν[1] αὐθημερὸν ἐκ τοῦ χάρακος ἀπιέναι.
2 Ταρκύνιοι μὲν οὖν ἐν ἐλπίσι χρησταῖς γενόμενοι
κατ᾽ ἀρχάς, ὡς ἢ τυραννήσοντες αὖθις τῆς
πόλεως Τυρρηνῶν σφίσι βοηθούντων ἢ τὰ χρήματα
κομιούμενοι, διὰ τὴν εἰς τοὺς πρέσβεις καὶ τὰ
ὅμηρα παρανομίαν ἀμφοτέρων διαμαρτόντες ἀπ-
ῆλθον ἐκ τοῦ στρατοπέδου σὺν αἰσχύνῃ τε καὶ
3 μίσει. ὁ δὲ τῶν Τυρρηνῶν βασιλεὺς τὰ ὅμηρα
τῶν Ῥωμαίων ἐπὶ τὸ βῆμα προαχθῆναι κελεύσας
ἀποδίδωσι τῷ ὑπάτῳ, εἰπὼν ὅτι πάσης ὁμηρείας
κρείττονα ἡγεῖται τὴν πίστιν τῆς πόλεως. μίαν
δὲ παρθένον ἐκ τῶν ὁμήρων, ὑφ᾽ ἧς ἐπείσθησαν αἱ
λοιπαὶ διανήξασθαι τὸν ποταμόν, ἐπαινέσας ὡς
κρεῖττον ἔχουσαν φρόνημα τῆς τε φύσεως καὶ
τῆς ἡλικίας, καὶ τὴν πόλιν μακαρίσας ἐπὶ τῷ μὴ
μόνον ἄνδρας ἀγαθοὺς ἐκτρέφειν, ἀλλὰ καὶ
παρθένους ἀνδράσιν ὁμοίας, δωρεῖται τὴν κόρην
ἵππῳ πολεμιστῇ φαλάροις κεκοσμημένῳ δια-
4 πρεπέσι. μετὰ δὲ τὴν ἐκκλησίαν τὰ περὶ τῆς
εἰρήνης καὶ φιλίας ὅρκια πρὸς τοὺς πρέσβεις τῶν
Ῥωμαίων ποιησάμενος καὶ ξενίσας αὐτούς, δῶρα
τῇ πόλει φέρεσθαι δίδωσι τοὺς αἰχμαλώτους
ἅπαντας ἄνευ λύτρων συχνοὺς πάνυ ὄντας, καὶ
τὸ χωρίον ἐν ᾧ κατεστρατοπεδευκὼς ἦν, κατ-
εσκευασμένον[2] οὐχ ὡς στρατόπεδον ἐν ξένῃ γῇ
πρὸς ὀλίγον καιρόν, ἀλλ᾽ ὡς πόλιν ἰδίαις τε καὶ
δημοσίαις οἰκοδομαῖς ἀποχρώντως, οὐκ ὄντος
τοῖς Τυρρηνοῖς ἔθους, ὁπότε ἀναστρατοπεδεύοιεν

---

[1] προεῖπεν Meutzner, καὶ προεῖπεν Sintenis (who also
emended διεξελθὼν, 8 lines above, to διεξῆλθεν): καὶ προεῖπον
AB.

renounced all friendly relations with the Tarquinii and Mamilius; and he ordered them to depart that very day from the camp. Thus the Tarquinii, who at first had entertained excellent hopes either of exercising their tyranny again in the city with the assistance of the Tyrrhenians or of getting their property back, were disappointed in both respects in consequence of their lawless attempt against the ambassadors and hostages, and departed from the camp with shame and the detestation of all. Then the king of the Tyrrhenians, ordering the Roman hostages to be brought up to the tribunal, returned them to the consul, saying that he considered the good faith of the commonwealth as worth more than any hostages. And praising one maiden among them, by whom the others had been persuaded to swim across the river, as possessing a spirit superior both to her sex and age, and congratulating the commonwealth for producing not only brave men but also maidens the equals of men, he made her a present of a war-horse adorned with magnificent trappings. After the assembly he made a treaty of peace and friendship with the Roman ambassadors, and having entertained them, he returned to them without ransom all the prisoners, who were very numerous, as a present to take to the commonwealth. He also gave them the place where he was encamped, which was not laid out, like a camp, for a short stay in a foreign country, but, like a city, was adequately equipped with buildings both private and public,—though it is not the custom of the Tyrrhenians, when

---

² κατεσκευασμένον B : om. R.

ἐκ πολεμίας, ὀρθὰς καταλείπειν τὰς κατασκευάς,
ἀλλὰ καίειν, οὐ μικρὰν τῇ πόλει χαρισάμενος εἰς
χρημάτων λόγον δωρεάν· ἐδήλωσε δ' ἡ πρᾶσις,[1]
ἣν ἐποιήσαντο μετὰ τὴν ἀπαλλαγὴν τοῦ βασιλέως
5 οἱ ταμίαι. ὁ μὲν δὴ πόλεμος ὁ συστὰς Ῥωμαίοις
πρὸς Ταρκυνίους[2] τε καὶ βασιλέα Κλουσίνων
Λάρον Πορσίναν, εἰς κινδύνους μεγάλους ἀγαγὼν
τὴν πόλιν, τοιούτου τέλους ἔτυχεν.

XXXV. Ἡ δὲ τῶν Ῥωμαίων βουλὴ μετὰ τὴν
ἀπαλλαγὴν τῶν Τυρρηνῶν ἐψηφίσατο[3] Πορσίνα
μὲν πέμψαι θρόνον[4] ἐλεφάντινον καὶ σκῆπτρον καὶ
στέφανον χρύσεον καὶ θριαμβικὴν ἐσθῆτα, οἷς[5]
οἱ βασιλεῖς ἐκοσμοῦντο· Μουκίῳ δὲ τῷ προελομένῳ
περὶ τῆς πατρίδος ἀποθανεῖν αἰτιωτάτῳ δόξαντι
γεγονέναι τῆς καταλύσεως τοῦ πολέμου χαρίσα-
3σθαι[6] χώραν ἐκ τῆς δημοσίας πέραν τοῦ Τεβέριος
ποταμοῦ, τὸν αὐτὸν τρόπον ὅνπερ Ὁρατίῳ τῷ
πρὸ τῆς γεφύρας ἀγωνισαμένῳ πρότερον, ὅσην ἂν
ἀρότρῳ περιλαβεῖν ἐν ἡμέρᾳ μιᾷ δύναται. οὗτος ὁ
χῶρος ἕως τῶν καθ' ἡμᾶς χρόνων Μούκιοι λειμῶνες
2 καλοῦνται. ταῦτα μὲν τοῖς ἀνδράσι· Κλοιλίᾳ δὲ τῇ
παρθένῳ στάσιν εἰκόνος χαλκῆς ἔδοσαν, ἣν ἀνέθεσαν
ἐπὶ τῆς ἱερᾶς ὁδοῦ τῆς εἰς τὴν ἀγορὰν φερούσης
οἱ τῶν παρθένων πατέρες. ταύτην ἡμεῖς μὲν
οὐκέτι κειμένην εὕρομεν, ἐλέγετο δ' ἐμπρήσεως
περὶ τὰς πλησίον οἰκίας γενομένης ἠφανίσθαι.

[1] πρᾶσις Ba(?): πρᾶξις ABb.
[2] πρὸς Ταρκυνίους (or πρὸς τοὺς τυράννους) Sintenis: πρὸς
τυρρηνοὺς B, πρὸς τυρρηνὸν A.
[3] ἐψηφίσατο B: συνελθοῦσα ἐψηφίσατο R, Jacoby.
[4] θρόνον R: θρόνον δῶρα B, δῶρα θρόνον Sintenis.
[5] ἐσθῆτα οἷς Cary, ἐσθῆτα ᾗ Jacoby: ἐσθῆτα ὑφ' ἧς O, ἐσθῆτα
⟨πορφυρᾶν φοινικοπάρ⟩υφον ᾗ Kiessling (cf. ii. 70, vi. 13).

they break camp and quit the enemy's country, to leave these buildings standing, but to burn them. Thereby he made a present to the commonwealth of no small value in money, as appeared from the sale made by the quaestors after the king's departure. Such, then, was the outcome of the Romans' war with the Tarquinii and Lars Porsena, king of the Clusians, a war which brought the commonwealth into great dangers.

XXXV. After the departure of the Tyrrhenians the Roman senate voted to send to Porsena a throne of ivory, a sceptre, a crown of gold, and a triumphal robe, which had been the insignia of the kings. And to Mucius, who had resolved to die for his country and was looked upon as the chief instrument in putting an end to the war, they voted that a portion of the public land beyond the Tiber should be given (just as previously in the case of Horatius, who had fought in front of the bridge), as much, namely, as he could plough round in one day; and this place even to my day is called the Mucian Meadows.[1] These were the rewards they gave to the men. In honour of Cloelia, the maiden, they ordered a bronze statue to be set up, which was erected accordingly by the fathers of the maidens on the Sacred Way, that leads to the Forum.[2] This statue I found no longer standing; it was said to have been destroyed when a fire broke out in the adjacent houses.

[1] *Cf.* Livy ii. 13, 5.   [2] *Cf.* Livy ii. 13, 11.

---

[6] χαρίσασθαι ABb: γε . . . σθαι Ba, which also has δοθῆναι (deleted by a late hand) before πέραν. Jacoby deleted χαρίσασθαι and read δοθῆναι before πέραν.

3   Κατὰ τοῦτον τὸν ἐνιαυτὸν ὁ νεὼς τοῦ Καπι-
τωλίου Διὸς εἰς συντέλειαν ἐξειργάσθη, περὶ οὗ
τὰ κατὰ μέρος ἐν τῷ πρὸ τούτου δεδήλωκα λόγῳ.
τὴν δ' ἀνιέρωσιν αὐτοῦ καὶ τὴν ἐπιγραφὴν ἔλαβε
Μάρκος Ὁράτιος ὁ ἕτερος τῶν ὑπάτων φθάσας
τὴν παρουσίαν τοῦ συνάρχοντος. ἐτύγχανε δὲ
κατὰ τὸν καιρὸν τοῦτον Οὐαλέριος προεξεληλυ-
θὼς [1] μετὰ δυνάμεως ἐπὶ τὴν βοήθειαν τῆς
χώρας. ἄρτι γὰρ τῶν ἀνθρώπων καταλιπόντων τὰ
ἐρύματα καὶ συνιόντων εἰς τοὺς ἀγροὺς ληστήρια
πέμπων Μαμίλιος μεγάλα τοὺς γεωργοὺς ἔβλαπτεν.
ταῦτα ἐπὶ τῆς τρίτης ὑπατείας ἐπράχθη.

XXXVI. Οἱ δὲ τὸν τέταρτον ἐνιαυτὸν ἄρξαντες
ὕπατοι Σπόριος Λάρκιος καὶ Τίτος Ἑρμίνιος ἄνευ
πολέμου τὴν ἀρχὴν διετέλεσαν. ἐπὶ τούτων
Ἄρρους [2] ὁ Πορσίνου τοῦ Τυρρηνῶν βασιλέως
υἱὸς τὴν Ἀρικηνῶν πόλιν δεύτερον ἔτος ἤδη
2 πολιορκῶν [3] ἐτελεύτησεν. εὐθὺς γὰρ ἅμα τῷ
γενέσθαι τὰς Ῥωμαίων σπονδὰς τὴν ἡμίσειαν
τῆς στρατιᾶς μοῖραν παρὰ τοῦ πατρὸς λαβὼν
ἐστράτευσεν [4] ἐπὶ τοὺς Ἀρικηνοὺς ἰδίαν κατα-
σκευαζόμενος ἀρχὴν καὶ μικροῦ δεήσας τὴν
πόλιν ἑλεῖν, ἐλθούσης τοῖς Ἀρικηνοῖς ἐπικουρίας
ἔκ τε Ἀντίου καὶ Τύσκλου καὶ τῆς Καμπανίδος
Κύμης, παραταξάμενος ἐλάττονι δυνάμει πρὸς
μείζονα τοὺς μὲν ἄλλους ἐτρέψατο καὶ μέχρι τῆς
πόλεως ἤλασεν, ὑπὸ δὲ Κυμαίων, οὓς ἦγεν
Ἀριστόδημος ὁ Μαλακὸς ἐπικαλούμενος, νι-

---

[1] προεξεληλυθὼς B : τῆς πόλεως προεξεληλυθὼς R.
[2] Ἄρρους (cf. chap. 15, 1) Cary : ἄρρος A(?), Jacoby,
ἄρριος B.
[3] πολιορκῶν Hertlein : πολεμῶν O.

In this year[1] was completed the temple of Jupiter Capitolinus, of which I gave a detailed description in the preceding Book.[2] This temple was dedicated by Marcus Horatius, one of the consuls, and inscribed with his name before the arrival of his colleague; for at that time it chanced that Valerius had set out with an army to the aid of the country districts. For as soon as the people had left the fortresses and returned to the fields, Mamilius had sent bands of robbers and done great injury to the husbandmen. These were the achievements of the third consulship.

XXXVI. The consuls for the fourth year, Spurius Larcius and Titus Herminius, went through their term of office without war. In their consulship Arruns, the son of Porsena, king of the Tyrrhenians, died while besieging the city of Aricia for the second year. For[3] as soon as peace was made with the Romans, he got from his father one half of the army and led an expedition against the Aricians, with a view of establishing a dominion of his own. When he had all but taken their city, aid came to the Aricians from Antium, Tusculum, and Cumae in Campania; nevertheless, arraying his small army against a superior force, he put most of them to flight and drove them back to the city. But he was defeated by the Cumaeans under the command of Aristodemus, surnamed the Effeminate,[4] and lost his

---

[1] Livy (ii. 8, 6-8) assigns this event to the first consulship.
[2] iv. 61.
[3] For §§ 2-4 cf. Livy ii. 14, 5-9.
[4] For explanations of this epithet see vii. 2, 4.

---

[4] ἐστράτευσεν B: ἐστρατοπέδευσεν R.

κηθεὶς ἀποθνήσκει, καὶ ἡ στρατιὰ τῶν Τυρ-
ρηνῶν μετὰ τὴν ἐκείνου τελευτὴν οὐκέτι ὑπο-
3 μείνασα τρέπεται πρὸς φυγήν. πολλοὶ μὲν δὴ
αὐτῶν διωκόμενοι ὑπὸ τῶν Κυμαίων διεφθάρησαν,
ἄλλοι δὲ πλείους σκεδασθέντες ἀνὰ τὴν χώραν [1]
εἰς τοὺς ἀγροὺς τῶν Ῥωμαίων οὐ πολὺ ἀπέχοντας
κατέφυγον ὅπλα τε ἀπολωλεκότες καὶ ὑπὸ
τραυμάτων ἀδύνατοι ὄντες προσωτέρω [2] χωρεῖν.
οὓς ἐκ τῶν ἀγρῶν οἱ Ῥωμαῖοι κατακομίζοντες
εἰς τὴν πόλιν ἁμάξαις τε καὶ ἀπήναις καὶ τοῖς
ἄλλοις ὑποζυγίοις, ἡμιθνῆτας ἐνίους, καὶ φέρον-
τες εἰς τὰς ἑαυτῶν οἰκίας [3] τροφαῖς τε καὶ
θεραπείαις καὶ ταῖς ἄλλαις φιλανθρωπίαις πολὺ
τὸ συμπαθὲς ἐχούσαις ἀνελάμβανον· ὥστε πολ-
λοὺς αὐτῶν ταῖς χάρισι ταύταις ὑπαχθέντας
μηκέτι τῆς οἴκαδε ἀφίξεως πόθον ἔχειν, ἀλλὰ
παρὰ τοῖς εὐεργέταις σφῶν βούλεσθαι καταμένειν·
4 οἷς ἔδωκεν ἡ βουλὴ χῶρον [4] τῆς πόλεως, ἔνθα
οἰκήσεις ἔμελλον κατασκευάσασθαι, τὸν μεταξὺ
τοῦ τε Παλατίου καὶ τοῦ Καπιτωλίου τέτταρσι
μάλιστα μηκυνόμενον σταδίοις αὐλῶνα, ὅθεν [5]
καὶ μέχρις ἐμοῦ Τυρρηνῶν οἴκησις ὑπὸ Ῥωμαίων
καλεῖται κατὰ τὴν ἐπιχώριον διάλεκτον ἡ φέρουσα
δίοδος ἀπὸ τῆς ἀγορᾶς ἐπὶ τὸν μέγαν ἱππόδρομον.[6]
ἀνθ' ὧν εὕροντο παρὰ τοῦ βασιλέως αὐτῶν
δωρεὰν οὐ τὴν ἐλαχίστου ἀξίαν, ἀλλ' ἐφ' ᾗ μά-
λιστα ἤσθησαν, τὴν πέραν τοῦ ποταμοῦ χώραν, ἧς
ἀπέστησαν ὅτε διελύοντο τὸν πόλεμον· καὶ
θυσίας ἀπέδοσαν τοῖς θεοῖς ἀπὸ χρημάτων πολλῶν,

[1] ἀνὰ τὴν χώραν BC: om. R.
[2] προσωτέρω Jacoby: ἐπὶ τὰ προσωτέρω O, ἔτι προσωτέρω
Kiessling.

life, and the Tyrrhenian army, no longer making a
stand after his death, turned to flight. Many of
them were killed in the pursuit by the Cumaeans,
but many more, dispersing themselves about the
country, fled into the fields of the Romans, which
were not far distant, having lost their arms and being
unable by reason of their wounds to proceed farther.
These, some of them half dead, the Romans brought
from the fields into the city upon wagons and mule-
carts and upon beasts of burden also, and carrying
them to their own houses, restored them to health
with food and nursing and every other sort of kind-
ness that great compassion can show; so that many
of them, induced by these kindly services, no longer
felt any desire to return home but wished to remain
with their benefactors. To these the senate gave,
as a place in the city for building houses, the valley
which extends between the Palatine and Capitoline
hills for a distance of about four stades; in conse-
quence of which even down to my time the Romans
in their own language give the name of *Vicus Tuscus*
or " the habitation of the Tyrrhenians," to the
thoroughfare that leads from the Forum to the Circus
Maximus. In consideration of these services the
Romans received from the Tyrrhenian king a gift of
no slight value, but one which gave them the greatest
satisfaction. This was the territory beyond the river
which they had ceded when they put an end to the
war. And they now performed sacrifices to the gods
at great expense which they had vowed to offer up

---

[3] τὰς . . οἰκίας Portus: τὴν . . οἰκίαν O.

[4] Jacoby: χώραν O, μοῖραν Bücheler.

[5] ὅθεν (or ἐξ οὗ) Kiessling: ὅς O, Jacoby, om. Kayser.

[6] ἡ φέρουσα . . . ἱππόδρομον bracketed by Jacoby.

ἃς εὔξαντο γενόμενοι πάλιν τῶν Ἑπτὰ πάγων κύριοι συντελέσειν.

XXXVII. Ἐνιαυτῷ δὲ πέμπτῳ μετὰ τὴν ἐκβολὴν τοῦ βασιλέως ὀλυμπιὰς μὲν ἦν ἐνάτη καὶ ἑξηκοστή, ἣν ἐνίκα στάδιον Ἰσχόμαχος Κροτωνιάτης τὸ δεύτερον, ἄρχων δ' Ἀθήνησιν [1] Ἀκεστορίδης, ὕπατοι δὲ Ῥωμαίων Μάρκος Οὐαλέριος ἀδελφὸς Οὐαλερίου Ποπλικόλα καὶ Πόπλιος Ποστόμιος Τούβερτος ἐπικαλούμενος.[2]

2 ἐπὶ τούτων ἕτερος ἐξεδέξατο Ῥωμαίους πόλεμος ἐκ τῶν ἔγγιστα οἰκούντων, ὃς ἤρξατο μὲν ἀπὸ λῃστηρίων, προῦβη δ' εἰς πολλοὺς καὶ μεγάλους ἀγῶνας, ἐχώρησε μέντοι τελευτῶν εἰς διαλλαγὰς εὐπρεπεῖς ἐπὶ τῆς τετάρτης μετὰ τούσδε τοὺς ἄνδρας ὑπατείας πάντα τὸν μεταξὺ χρόνον πολεμηθείς. Σαβίνων γάρ τινες καταγνόντες ἀσθένειαν τῆς πόλεως ἐκ τοῦ Τυρρηνικοῦ πταίσματος, ὡς οὐκέτι τὴν ἀρχαίαν ἀξίωσιν ἀναληψομένης, ἐπετίθεντο τοῖς εἰς τὴν χώραν κατιοῦσιν ἐκ τῶν ἐρυμάτων λῃστήρια καταστησάμενοι, καὶ πολλὰ τοὺς γεωργοὺς ἔβλαπτον.

3 ὑπὲρ ὧν ἀποστείλαντες οἱ Ῥωμαῖοι πρεσβείαν πρὶν ἐπὶ τὰ ὅπλα χωρῆσαι δίκας ᾔτουν καὶ τὸ λοιπὸν ἠξίουν [3] μηδὲν εἰς τοὺς ἐργαζομένους τὴν γῆν παρανομεῖν. αὐθάδεις δὲ [4] λαβόντες ἀποκρίσεις προεῖπον αὐτοῖς τὸν πόλεμον. καὶ γίνεται μὲν [5] πρῶτον [6] ἔξοδος ἑνὸς τῶν ὑπάτων Οὐαλερίου

---

[1] Ἀθήνησιν placed here by Meursius, after Κροτωνιάτης by MSS. (except B, which omits this word).

[2] ἐπικαλούμενος B: καλούμενος A.

[3] καὶ τὸ λοιπὸν ἠξίουν B: καὶ τὸν λοιπὸν λόγον διδόναι ἠξίουν C, καὶ διδόναι λόγον ἠξίουν AD.

[4] δὲ Kiessling: τε O.

whenever they should again be masters of the Seven Districts.

XXXVII. The [1] fifth year after the expulsion of the king occurred the sixty-ninth Olympiad,[2] at which Ischomachus of Croton won the foot-race for the second time, Acestorides being archon at Athens, and Marcus Valerius, brother of Valerius Publicola, and Publius Postumius, surnamed Tubertus, consuls at Rome. In their consulship another war awaited the Romans, this one stirred up by their nearest neighbours. It began with acts of brigandage and developed into many important engagements; however, it ended in an honourable peace in the third [3] consulship after this one, having been carried on during that whole interval without intermission. For some of the Sabines, deciding that the commonwealth was weakened by the defeat she had received from the Tyrrhenians and would never be able to recover her ancient prestige, attacked those who came down into the fields from the strongholds by organizing bands of robbers, and they caused many injuries to the husbandmen. For these acts the Romans, sending an embassy before resorting to arms, sought satisfaction and demanded that for the future they should commit no lawless acts against those who cultivated the land; and having received a haughty answer, they declared war against them. First an expedition was conducted by one of the consuls,

---

[1] For chaps. 37–39 cf. Livy ii. 16, 1 f.

[2] 503 B.C. Cf. Wilamowitz, Aristoteles und Athen, ii. 81, n. 14.

[3] Literally, "the fourth," reckoning inclusively. See chap. 49.

---

[5] μὲν O: ἡ μὲν Reiske, Jacoby.
[6] Prou: πρώτη O, Jacoby.

DIONYSIUS OF HALICARNASSUS

σὺν ἱππεῦσι καὶ ψιλῶν τοῖς ἀκμαιοτάτοις αἰφνίδιος
ἐπὶ τοὺς ληιζομένους τὴν χώραν [1] καὶ φόνος τῶν
καταληφθέντων ἐν ταῖς προνομαῖς συχνῶν ὄντων
πολύς, οἷα εἰκὸς ἀνθρώπων ἀσυντάκτων τε καὶ οὐ
4 προῃσθημένων τὴν ἔφοδον. ἔπειτα τῶν Σαβίνων
πολλὴν ἀποστειλάντων ἐπ᾽ αὐτοὺς στρατιὰν ὑφ᾽
ἡγεμόνι τεταγμένην ἐμπείρῳ πολέμου Ῥωμαίων
ἑτέρα γίνεται ἐπ᾽ αὐτοὺς ἔξοδος ἁπάσαις ταῖς
δυνάμεσιν ἀγόντων ἀμφοτέρων τῶν ὑπάτων.
Ποστόμιος μὲν οὖν πλησίον τῆς Ῥώμης ἐν
ὀρεινοῖς τόποις κατεστρατοπέδευσε, δεδιὼς μή
τις ἔφοδος ἐκ τῶν φυγάδων ἐπ᾽ αὐτὴν [2] γένηται
αἰφνίδιος· Οὐαλέριος δ᾽ ἐγγὺς τῶν πολεμίων
παρὰ ποταμὸν Ἀνίητα, ὃς ἐκ πόλεως μὲν Τιβύρων
καθ᾽ ὑψηλοῦ πολὺς ἐκχεῖται σκοπέλου, φέρεται
δὲ διὰ τῆς Σαβίνων τε καὶ Ῥωμαίων πεδιάδος
ὁρίζων τὴν ἑκατέρων χώραν· συνάπτει δὲ τὸ
ῥεῦμα τῷ Τεβέρει ποταμῷ καλὸς μὲν ὀφθῆναι,
γλυκὺς δὲ πίνεσθαι.

XXXVIII. Ἐκ δὲ τῶν ἑτέρων τοῦ ποταμοῦ
μερῶν ἡ τῶν Σαβίνων ἔκειτο παρεμβολὴ τοῦ
ῥεύματος οὐδ᾽ αὐτὴ πολὺν ἀπέχουσα τόπον ἐπὶ
γεωλόφου τινὸς ἠρέμα κατακλινοῦς οὐ σφόδρα
ἐχυροῦ. κατ᾽ ἀρχὰς μὲν οὖν δι᾽ εὐλαβείας
εἶχον ἀλλήλους ἑκάτεροι καὶ μάχης ἄρχειν
διαβάντες τὸν ποταμὸν ὤκνουν, χρόνῳ δ᾽ ὕστερον [3]
οὐ κατὰ λογισμὸν καὶ πρόνοιαν τοῦ συμφέροντος,
ἀλλ᾽ ὑπ᾽ ὀργῆς τε καὶ φιλονεικίας ἐξαφθέντες [4]
2 συνάπτουσι μάχην. ὑδρευόμενοι γὰρ καὶ τοὺς

---

[1] τὴν χώραν Sintenis : τὰ χωρία O.
[2] Sylburg : αὐτὸν AD, αὐτοὺς BC.
[3] χρόνῳ δ᾽ ὕστερον R : ὕστερον δ᾽ B.

Valerius, who with the horse and the flower of the
light-armed foot fell suddenly upon those who were
laying waste the country; and there was great
slaughter among the many men surprised in the
midst of their plundering, as may well be imagined,
since they were keeping no order and had no warning
of the attack.   Afterwards, when the Sabines sent a
large army against them commanded by a general
experienced in war, the Romans made another ex-
pedition against them with all their forces, led by
both consuls.   Postumius encamped on heights near
Rome, fearing lest some sudden attempt might be
made upon the city by the exiles; and Valerius
posted himself not far from the enemy, on the bank
of the river Anio, which after passing through the
city of Tibur pours in a vast torrent from a high
rock, and running through the plain belonging to
both the Sabines and the Romans, serves as a
boundary to both their territories, after which this
river, which is fair to look upon and sweet to drink,
mingles its stream with the Tiber.

XXXVIII. On the other side of the river was
placed the camp of the Sabines, this too at no great
distance from the stream, upon a gently sloping hill
that was not very strongly situated.   At first both
armies observed one another with caution and were
unwilling to cross the river and begin an engagement.
But after a time they were no longer guided by
reason and a prudent regard for their advantage, but
becoming inflamed with anger and rivalry, they
joined battle.   For, going to the river for water and

---

⁴ ἐξαφθέντες O : ἐξαχθέντες Reiske, ἐξαρθέντες Bücheler, ἐπ-
αρθέντες Sintenis, participle deleted by Cobet.

ἵππους ἄγοντες ἐπὶ τὸν πότον ἐνέβαινον ἐπὶ
πολὺ τοῦ ποταμοῦ· βραχὺς δ' ἔρρει τηνικαῦτα
οὔπω τοῖς χειμερινοῖς ὕδασι πληθύων, ὥστε
ὀλίγον ὑπὲρ τοῦ γόνατος ἔχοντες αὐτὸν ἐπεραιοῦντο.
συμπλοκῆς δή τινος πρῶτον ὀλίγοις πρὸς οὐ
πολλοὺς γινομένης ἐξέδραμόν τινες ἐπικουροῦντες
τοῖς σφετέροις ἐξ ἑκατέρου χάρακος· ἔπειθ'
ἕτεροι πάλιν ἀμυνοῦντες τοῖς κατισχυομένοις ἐκ
θατέρου· καὶ τοτὲ μὲν οἱ Ῥωμαῖοι τοὺς Σαβίνους
ἀνέστελλον ἀπὸ τοῦ νάματος, τοτὲ δ' οἱ Σαβῖνοι
3 τοὺς Ῥωμαίους ἐξεῖργον τοῦ ποταμοῦ. πολλῶν
δὲ φόνων καὶ τραυμάτων γενομένων καὶ φιλο-
νεικίας ἁπασιν ἐμπεσούσης, οἷα περὶ τὰς ἀψι-
μαχίας τὰς ἐκ καιροῦ[1] συμπεσούσας[2] γίνεσθαι
φιλεῖ, προθυμία τοῖς ἡγεμόσι τῶν στρατοπέδων
4 ὁμοία παρέστη διαβαίνειν τὸν ποταμόν. ἔφθασε
δὲ πρῶτος[3] ὁ τῶν Ῥωμαίων ὕπατος καὶ δια-
βιβάσας τὸν στρατὸν ἔτι τῶν Σαβίνων ὁπλιζομένων
τε καὶ εἰς τάξιν καθισταμένων ἐν χερσὶν ἦν.
οὐ μὴν ἐμέλλησάν γε οὐδ' ἐκεῖνοι θέσθαι μάχην,
καταφρονήσει πολλῇ ἐπαρθέντες, ὅτι οὔτε πρὸς
ἀμφοτέρους τοὺς ὑπάτους οὔτε πρὸς ἅπασαν
τὴν Ῥωμαίων δύναμιν ἔμελλον ἀγωνιεῖσθαι, καὶ
συρράξαντες ἐμάχοντο πᾶσαν εὐτολμίαν καὶ προ-
θυμίαν ἀποδεικνύμενοι.

XXXIX. Ἀγῶνος δὲ καρτεροῦ γενομένου καὶ τοῦ
δεξιοῦ τῶν Ῥωμαίων κέρατος, ἔνθα ἦν ὁ ὕπατος,[4]
ἐπιβαίνοντος τοῖς ἐναντίοις καὶ προσωτέρω χω-
ροῦντος, τοῦ δ' εὐωνύμου κάμνοντος ἤδη καὶ πρὸς
τῶν πολεμίων ἐπὶ τὸν ποταμὸν ἐξωθουμένου,
μαθὼν τὸ γινόμενον ὁ τὴν ἑτέραν τῶν Ῥωμαίων

___

[1] ἐκ καιροῦ Reiske: ἐκκαίρους B, ἀκαίρους ACD.

leading their horses there to drink, they advanced a good way into the stream, which was then low, not yet being swollen with the winter's rains, so that they crossed it without having the water much above their knees. And first, when a skirmish occurred between small parties, some ran out of each camp to assist their comrades, then others again from one camp or the other to aid those who were being overpowered. And at times the Romans forced the Sabines back from the river, at times the Sabines kept the Romans from it. Then, after many had been killed and wounded and a spirit of rivalry had possessed them all, as is apt to happen when skirmishes occur on the spur of the moment, the generals of both armies felt the same eagerness to cross the river. But the Roman consul got the start of the enemy, and after getting his army across, was already close upon the Sabines while they were still arming themselves and taking their positions. However, they too were not backward in engaging, but, elated with a contempt of their foes, since they were not going to fight against both consuls nor the whole Roman army, they joined battle with all the boldness and eagerness imaginable.

XXXIX. A vigorous action ensuing and the right wing of the Romans, commanded by the consul, attacking the enemy and gaining ground, while their left was already in difficulties and being forced towards the river by the enemy, the consul, who commanded the other camp, being informed of what

---

² συμπεσούσας Reiske: συμπεσοῦσα B, ἐμπεσοῦσα ACD.
³ Reiske: πρῶτον O.
⁴ ὕπατος Ba: ὕπατος ποστούμιος ABb.

DIONYSIUS OF HALICARNASSUS

παρεμβολὴν κατέχων ὕπατος ἐξῆγε τὴν στρατιάν.
2 αὐτὸς μὲν οὖν τὴν φάλαγγα τῶν πεζῶν ἐπαγόμενος
βάδην ἠκολούθει· τὸν δὲ πρεσβευτὴν [1] Σπόριον
Λάρκιον [2] τὸν ὑπατεύσαντα τῷ παρελθόντι ἐνιαυτῷ
τοὺς ἱππεῖς ἄγοντα πέμπει κατὰ σπουδήν· ὃς
ἀπὸ ῥυτῆρος τοὺς ἵππους ἐλαύνων τόν τε ποταμὸν
διαπεραιοῦται κωλύοντος οὐδενὸς εὐπετῶς καὶ
κατὰ τὸ δεξιὸν τῶν πολεμίων κέρας παριππεύ-
σας, ἐνσείει πλαγίοις τοῖς ἱππεῦσι τῶν Σαβί-
νων· καὶ γίνεται μέγας αὐτόθι τῶν ἱππέων
ἀμφοτέρων συστάδην μαχομένων ἐπὶ χρόνον πολὺν
3 ἀγών. ἐν δὲ τούτῳ καὶ ὁ Ποστόμιος τοὺς
πεζοὺς ἄγων πλησίον αὐτῶν ἐγίνετο· καὶ συρ-
ράξας τοῖς πεζοῖς ἀποκτείνει τε πολλοὺς μαχό-
μενος [3] καὶ τοὺς λοιποὺς ἐξωθεῖ τῆς τάξεως.
εἰ δὲ μὴ νὺξ ἐπέλαβεν, ἅπαντες ἂν οἱ Σαβῖνοι
κυκλωθέντες ὑπὸ τῶν Ῥωμαίων ἱπποκρατούντων
ἤδη πανσυδὶ διεφθάρησαν. νῦν δὲ τὸ σκότος
τοὺς διαφυγόντας ἐκ τῆς μάχης ὄντας ἀνόπλους
καὶ οὐ πολλοὺς ἐρρύσατο καὶ διέσωσεν ἐπὶ τὰ
οἰκεῖα. τῆς δὲ παρεμβολῆς αὐτῶν οἱ ὕπατοι
χωρὶς ἀγῶνος ἐκράτησαν ἐκλειφθείσης ὑπὸ τῶν
ἔνδον ἅμα τῷ θεάσασθαι τὴν τροπὴν τῶν σφετέρων·
ἐξ ἧς πολλὰς ὠφελείας λαβόντες, ἃς τοῖς στρατι-
ώταις ἄγειν τε καὶ φέρειν ἐπέτρεψαν, ἀπῆγον ἐπ'
4 οἴκου τὰς δυνάμεις. τότε πρῶτον ἡ πόλις
ἀναλαβοῦσα ἑαυτὴν ἐκ τοῦ Τυρρηνικοῦ πταίσμα-
τος εἰς τὸ ἐξ ἀρχῆς ἀποκατέστη φρόνημα, καὶ
τῆς ἡγεμονίας τῶν περιοίκων ὡς πρότερον
ἐθάρρησεν ἀντιποιεῖσθαι, καὶ ψηφίζεται κοινῇ

---

[1] τὸν δὲ πρεσβευτὴν Portus: τὸν δὲ πρεσβύτερον O, τῶν δὲ
πρεσβυτέρων Sintenis, Jacoby.

was passing, proceeded to lead out his army. And while he himself with the solid ranks of the foot followed at a normal pace, he sent ahead in all haste his legate, Spurius Larcius, who had been consul the year before, together with all the horse. Larcius, urging the horse forward at full speed, crossed the river with ease, as no one opposed him, and riding past the right wing of the enemy, charged the Sabine horse in flank; and there and then occurred a severe battle between the horse on both sides, who fought hand to hand for a long time. In the mean time Postumius also drew near the combatants with the foot, and attacking that of the enemy, killed many in the conflict and threw the rest into confusion. And if night had not intervened, the whole army of the Sabines, being surrounded by the Romans, who had now become superior in horse, would have been totally destroyed. But as it was, the darkness saved those who fled from the battle unarmed and few in number, and brought them home in safety. The consuls, without meeting any resistance, made themselves masters of their camp, which had been abandoned by the troops inside as soon as they saw the rout of their own army; and, capturing much booty there, which they permitted the soldiers to drive or carry away, they returned home with their forces. Then for the first time the commonwealth, recovering from the defeat received at the hands of the Tyrrhenians, recovered its former spirit and dared as before to aim at the supremacy over its neighbours. The Romans decreed a triumph jointly

---

² Λάρκιον Sylburg: λεύκιον O.
³ μαχόμενος R: μαχομένους B.

μὲν ἀμφοτέροις τοῖς ὑπάτοις θριάμβου καταγωγήν,
ἰδίᾳ δὲ θατέρῳ τῶν ἀνδρῶν Οὐαλερίῳ δωρεὰν
τόπον εἰς οἴκησιν ἐν τῷ κρατίστῳ τοῦ Παλ-
λαντίου[1] δοθῆναι καὶ τὰς εἰς τὴν κατασκευὴν
δαπάνας ἐκ τοῦ δημοσίου χορηγεῖσθαι. ταύτης
τῆς οἰκίας, παρ' ἣν ὁ χαλκοῦς ἕστηκε ταῦρος, αἱ
κλισιάδες θύραι μόναι τῶν ἐν τῇ Ῥώμῃ δημοσίων
τε καὶ ἰδιωτικῶν οἴκων εἰς τὸ ἔξω μέρος ἀνοίγονται.

XL. Παρὰ δὲ τούτων ἐκδέχονται τῶν ἀνδρῶν
τὴν ὕπατον ἀρχὴν Πόπλιος Οὐαλέριος ὁ κληθεὶς
Ποπλικόλας τὸ τέταρτον ἄρχειν αἱρεθεὶς καὶ Τίτος
Λουκρήτιος τὸ δεύτερον τῷ Οὐαλερίῳ συνάρχων.
ἐφ' ὧν ἅπαντες οἱ Σαβῖνοι κοινὴν ποιησάμενοι τῶν
πόλεων ἀγορὰν ἐψηφίσαντο Ῥωμαίοις πολεμεῖν,
ὡς λελυμένων σφίσι τῶν σπονδῶν, ἐπειδὴ βασιλεὺς
Ταρκύνιος ἐξέπεσε τῆς ἀρχῆς, πρὸς ὃν ἐποιήσαντο
2 τοὺς ὅρκους· πεισθέντες ὑπὸ Σέξτου θατέρου τῶν
Ταρκυνίου παίδων, ὃς αὐτοὺς ἰδίᾳ θεραπεύων καὶ
λιπαρῶν τοὺς δυνατοὺς ἐξ ἑκάστης πόλεως
ἐξεπολέμωσε[2] κοινῇ πάντας πρὸς Ῥωμαίους,[3]
καὶ προσηγάγετο δύο πόλεις, Φιδήνην καὶ Κα-
μερίαν, Ῥωμαίων μὲν ἀποστήσας, ἐκείνοις δὲ
συμμαχεῖν πείσας· ἀνθ' ὧν αὐτὸν αἱροῦνται
στρατηγὸν αὐτοκράτορα καὶ δυνάμεις ἐπιτρέπουσιν
ἐξ ἁπάσης πόλεως καταγράφειν, ὡς ἐν τῇ προτέρᾳ

[1] τόπῳ after Παλλαντίου deleted by Reiske.
[2] Sylburg: ἐξεπολέμησε A(?)B.
[3] πάντας πρὸς Ῥωμαίους (or simply πάντας) Sylburg: πρὸς
πάντας O, Jacoby.

to both the consuls, and, as a special gratification to one of them, Valerius, ordered that a site should be given him for his habitation on the best part of the Palatine Hill and that the cost of the building should be defrayed from the public treasury. The folding doors of this house, near which stands the brazen bull, are the only doors in Rome either of public or private buildings that open outwards.[1]

XL. These men [2] were succeeded in the consulship by Publius Valerius, surnamed Publicola, chosen to hold the office for the fourth time, and Titus Lucretius, now colleague to Valerius for the second time. In their consulship all the Sabines, holding a general assembly of their cities, resolved upon a war against the Romans, alleging that the treaty they had made with them was dissolved, since Tarquinius, to whom they had sworn their oaths, had been driven from power. They had been induced to take this step by Sextus, one of the sons of Tarquinius, who by privately courting them and importuning the influential men in each city had roused them all to united hostility against the Romans,[3] and had won over two cities, Fidenae and Cameria, detaching them from the Romans and persuading them to become allies of the Sabines. In return for these services they appointed him general with absolute power and gave him leave to raise forces in every city, looking upon the defeat they had received

---

[1] Plutarch (*Popl.* 20. 2) gives as the reason for this special distinction, "in order that by this concession he might be constantly partaking of public honour."—Perrin in L.C.L.; *cf.* also Pliny, *N. H.* xxxvi. 112.

[2] For chaps. 40–43 *cf.* Livy ii. 16, 2–6.

[3] Or, adopting Sylburg's second reading (see critical note), "had roused in all of them a common hostility."

μάχῃ δι᾽ ἀσθένειαν δυνάμεως καὶ στρατηγοῦ
3 μωρίαν σφαλέντες. οἱ μὲν δὴ περὶ ταῦτ᾽ ἦσαν·
τύχη δέ τις ἐξισῶσαι βουλομένη ταῖς βλάβαις τῶν
Ῥωμαίων τὰς ὠφελείας ἀντὶ τῶν καταλιπόντων
αὐτοὺς συμμάχων ἑτέραν οὐκ ἠλπισμένην ἐκ τῶν
πολεμίων βοήθειαν προσέθηκε τοιάνδε. ἀνήρ τις
ἐκ τοῦ Σαβίνων ἔθνους πόλιν οἰκῶν Ῥήγιλλον,
εὐγενὴς καὶ χρήμασι δυνατός, Τίτος Κλαύδιος,
αὐτομολεῖ πρὸς αὐτοὺς συγγένειάν τε μεγάλην
ἐπαγόμενος καὶ φίλους καὶ πελάτας συχνοὺς
αὐτοῖς μεταναστάντας ἐφεστίοις, οὐκ ἐλάττους
πεντακισχιλίων τοὺς ὅπλα φέρειν δυναμένους.
ἡ δὲ καταλαβοῦσα αὐτὸν ἀνάγκη μετενέγκασθαι
τὴν οἴκησιν εἰς Ῥώμην τοιαύτη λέγεται γενέσθαι.
4 οἱ δυναστεύοντες ἐν ταῖς ἐπιφανεστάταις πόλεσιν
ἀλλοτρίως ἔχοντες πρὸς τὸν ἄνδρα τῆς εἰς τὰ
κοινὰ φιλοτιμίας, εἰς δίκην αὐτὸν ὑπῆγον [1]
αἰτιασάμενοι προδοσίαν, ὅτι τὸν κατὰ Ῥωμαίων
πόλεμον ἐκφέρειν οὐκ ἦν πρόθυμος, ἀλλὰ καὶ ἐν
τῷ κοινῷ μόνος ἀντέλεγε τοῖς ἀξιοῦσι τὰς σπονδὰς
λελύσθαι, καὶ τοὺς ἑαυτοῦ πολίτας οὐκ εἴα κύρια
5 εἶναι τὰ δόξαντα τοῖς ἄλλοις ἡγεῖσθαι. ταύτην
ὀρρωδῶν τὴν δίκην (ἔδει γὰρ αὐτὴν ὑπὸ τῶν
ἄλλων δικασθῆναι πόλεων) ἀναλαβὼν τὰ χρήματα
καὶ τοὺς φίλους τοῖς Ῥωμαίοις [2] προστίθεται,
ῥοπήν τε οὐ μικρὰν εἰς τὰ πράγματα παρέσχε καὶ
τοῦ κατορθωθῆναι τόνδε τὸν πόλεμον ἁπάντων
ἔδοξεν αἰτιώτατος γενέσθαι· ἀνθ᾽ ὧν ἡ βουλὴ καὶ
ὁ δῆμος εἴς τε τοὺς πατρικίους αὐτὸν ἐνέγραψε

---

[1] Cobet: ἀπῆγον O.
[2] Ῥωμαίοις B (with πολίταις added by Bb): Ῥωμαίων A
(which adds πολίταις after προστίθεται).

in the last engagement as due to the weakness of
their army and the stupidity of their general. While
they were employed in these preparations, some good
fortune, designing to balance the losses of the Romans
with corresponding advantages, gave them, in place
of the allies who had deserted them, an unexpected
accession of strength from among their enemies, of
the following nature: A certain man of the Sabine
nation who lived in a city called Regillum, a man
of good family and influential for his wealth, Titus
Claudius [1] by name, deserted to them, bringing with
him many kinsmen and friends and a great number of
clients, who removed with their whole households,
not less than five thousand in all who were able to
bear arms. The reason that compelled him to
remove to Rome is said to have been this: The men
in power in the principal cities, being hostile to him
because of their political rivalry, were bringing him
to trial on a charge of treason, because he was not
eager to make war against the Romans, but both in
the general assembly alone opposed those who main-
tained that the treaty was dissolved, and would not
permit the citizens of his own town to regard as
valid the decrees which had been passed by the
rest of the nation. Dreading this trial, then, (for
it was to be conducted by the other cities), he took
his goods and his friends and came over to the
Romans; and by adding no small weight to their
cause he was looked upon as the principal instrument
in the success of this war. In consideration of this,
the senate and people enrolled him among the
patricians and gave him leave to take as large a

---

[1] Livy (ii. 16, 4) calls him Attius Clausus and his native city
Inregillum.

καὶ τῆς πόλεως μοῖραν εἴασεν ὅσην ἐβούλετο
λαβεῖν εἰς κατασκευὴν οἰκιῶν, χώραν τε αὐτῷ
προσέθηκεν ἐκ τῆς δημοσίας τὴν μεταξὺ Φιδήνης
καὶ Πικετίας, ὡς ἔχοι διανεῖμαι κλήρους ἅπασι τοῖς
περὶ αὐτόν, ἀφ' ὧν καὶ φυλή τις ἐγένετο σὺν
χρόνῳ Κλαυδία καλουμένη καὶ μέχρις ἐμοῦ
διέμεινε τὸ αὐτὸ φυλάττουσα ὄνομα.

XLI. Ἐπεὶ δὲ παρεσκεύαστο ἅπαντα ἀμφοτέ-
ροις, πρῶτον μὲν ἐξῆγον οἱ Σαβῖνοι τὰς δυνάμεις
καὶ ποιοῦνται δύο παρεμβολάς, μίαν μὲν ὕπαιθρον
οὐ πρόσω Φιδήνης, ἑτέραν δ' ἐν αὐτῇ Φιδήνῃ
φυλακῆς τε τῶν ἔνδον ἕνεκα καὶ καταφυγῆς τῶν
ἔξω στρατοπεδευόντων, ἄν τι γένηται πταῖσμα
περὶ αὐτούς. ἔπειτα οἱ τῶν Ῥωμαίων ὕπατοι
μαθόντες τὴν τῶν Σαβίνων ἐπὶ σφᾶς ἔλασιν καὶ
αὐτοὶ πάντας ἄγοντες τοὺς ἐν ἀκμῇ στρατοπεδεύ-
ονται χωρὶς ἀλλήλων, Οὐαλέριος μὲν ἀγχοῦ
τῆς ὑπαίθρου τῶν Σαβίνων παρεμβολῆς, Λουκρή-
τιος δ' ὀλίγον ἄπωθεν ἐπ' ὄχθου τινός, ὅθεν ἦν ὁ
2 ἕτερος χάραξ καταφανής. ἡ μὲν οὖν τῶν
Ῥωμαίων ὑπόληψις ἦν ὡς ἐν ἀγῶνι φανερῷ τοῦ
πολέμου ταχεῖαν ἕξοντος τὴν κρίσιν,[1] ὁ δὲ τῶν
Σαβίνων στρατηγὸς ὀρρωδῶν ἐκ τοῦ φανεροῦ
συμφέρεσθαι πρὸς εὐτολμίαν τε καὶ καρτερίαν
ἀνθρώπων ἅπαντα τὰ δεινὰ ὑπομένειν ἑτοίμων
3 νύκτωρ ἐπιχειρεῖν αὐτοῖς ἔγνω· καὶ παρασκευα-
σάμενος τάφρου τε χώσει καὶ χάρακος ἐπιβάσει ἃ
πρόσφορα εἶναι ἔμελλεν, ἐπειδὴ πάντα ἐγένετο τὰ
πρὸς τὸν ἀγῶνα εὐτρεπῆ, μετὰ τὸν πρῶτον

portion of the city as he wished for building houses; they also granted to him from the public land the region that lay between Fidenae and Picetia,[1] so that he could give allotments to all his followers. Out of these Sabines was formed in the course of time a tribe called the Claudian tribe, a name which it continued to preserve down to my time.

XLI. After all the necessary preparations had been made on both sides, the Sabines first led out their forces and formed two camps, one of which was in the open not far from Fidenae, and the other in Fidenae itself, to serve both as a guard for the citizens and as a refuge for those who lay encamped without the city, in case any disaster should befall them. Then, when the Roman consuls learned of the Sabines' expedition against them, they too led out all their men of military age and encamped apart from each other, Valerius near the camp of the Sabines that lay in the open, and Lucretius not far distant, upon a hill from which the other camp was clearly in view. It was the opinion of the Romans that the fate of the war would quickly be decided by an open battle; but the general of the Sabines, dreading to engage openly against the boldness and constancy of men prepared to face every danger, resolved to attack them by night, and having prepared everything that would be of use for filling up the ditch and scaling the wall, he was intending, now that all was in readiness for the

---

[1] The site of this town is not known.

---

[1] After κρίσιν CmgD add συμβαλεῖν τοῖς πολεμίοις αὐτίκα, wanting in ABC. Sintenis retained the phrase, placing it before ὡς ἐν ἀγῶνι.

ὕπνον ἀναστήσας τὸ κράτιστον τοῦ στρατοῦ
μέρος ἄξειν ἐπὶ τὸ τῶν Ῥωμαίων ἔμελλεν
ἔρυμα, τοῖς τε ἐν Φιδήνῃ κατεστρατοπεδευκόσι
παρήγγειλεν, ἐπειδὰν ἐξεληλυθότας αἴσθωνται
τοὺς σφετέρους, ἐξιέναι καὶ αὐτοὺς ἐκ τῆς πόλεως
κούφῃ ἐσταλμένους ὁπλίσει· ἔπειτα λοχήσαντας
ἐν χωρίοις ἐπιτηδείοις ἐκέλευσεν, εἴ τινες ἐπίκουροι
τοῖς περὶ τὸν Οὐαλέριον ἐκ τῆς ἑτέρας στρατιᾶς
ἐπίοιεν, ἀναστάντας καὶ κατὰ νώτου γενομένους
σὺν βοῇ τε καὶ πατάγῳ πολλῷ χωρεῖν ἐπ' αὐτούς.
4 ὁ μὲν δὴ Σέξτος ταῦτα βουλευσάμενος καὶ τοῖς
λοχαγοῖς φράσας, ἐπειδὴ κἀκείνοις ἦν βουλομένοις,
περιέμεινε τὸν καιρόν· αὐτόμολος δέ τις ἐλθὼν
εἰς τὸν χάρακα τῶν Ῥωμαίων μηνύει τὴν διά-
νοιαν αὐτοῦ πρὸς τὸν ὕπατον, καὶ μετ' οὐ πολὺ τῶν
ἱππέων τινὲς ἧκον ἄγοντες αἰχμαλώτους τῶν
Σαβίνων, οὓς ἐπὶ ξυλισμὸν ἐξεληλυθότας συν-
έλαβον. οὗτοι χωρὶς ἀλλήλων ἀνακρινόμενοι τί
παρασκευάζεται πράττειν σφῶν [1] ὁ στρατηγός,
λέγουσιν ὅτι κλίμακας τεκταίνεται καὶ διαβάθρας·
ὅπου δ' αὐταῖς καὶ ὁπότε μέλλοι χρῆσθαι, οὐκ
5 ἔφασαν εἰδέναι. ταῦτα μαθὼν ὁ Οὐαλέριος
ἀποστέλλει τὸν πρεσβευτὴν [2] Λάρκιον [3] εἰς τὸν
ἕτερον χάρακα τήν τε διάνοιαν τῶν πολεμίων
ἀπαγγελοῦντα τῷ κατέχοντι τὴν παρεμβολὴν
ἐκείνην Λουκρητίῳ, καὶ τίνα χρὴ τρόπον ἐπι-
χειρεῖν τοῖς πολεμίοις ὑποθησόμενον· αὐτὸς δὲ
τοὺς ταξιάρχους καὶ λοχαγοὺς καλέσας καὶ
φράσας ὅσα τοῦ τε αὐτομόλου καὶ τῶν αἰχμαλώ-
των ἤκουσε καὶ παρακαλέσας ἄνδρας ἀγαθοὺς
εἶναι καιρὸν εἰληφέναι νομίσαντας εὐχῆς ἄξιον,

---

[1] σφῶν Reiske: σφῶν αὐτῶν O (?).

attack, to rouse up the flower of his army after the
first watch and lead them against the entrenchments
of the Romans. He also gave notice to the troops
encamped in Fidenae that, as soon as they perceived
that their comrades were come out of their camp, they
also should march out of the city, with light equip-
ment; and then, after setting ambuscades in suitable
places, if any reinforcements should come to Valerius
from the other army, they were to rise up and,
getting behind them, attack them with shouts and a
great din. This was the plan of Sextus, who com-
municated it to his centurions; and when they also
approved of it, he waited for the proper moment.
But a deserter came to the Roman camp and in
formed the consul of the plan, and a little later a
party of horse came in bringing some Sabine prisoners
who had been captured while they were out to get
wood. These, upon being questioned separately as
to what their general was preparing to do, said that
he was ordering ladders and gang-boards to be con-
structed; but where and when he proposed to make
use of them, they professed not to know. After
learning this, Valerius sent his legate Larcius to the
other camp to acquaint Lucretius, who had the
command of it, with the intention of the enemy and
to advise him in what way they ought to attack the
enemy. He himself summoned the tribunes and
centurions, and informing them of what he had
learned both from the deserter and from the
prisoners, exhorted them to acquit themselves as
brave men, confident that they had got the best

---

2 Portus: πρεσβύτην O.
3 λάρκιον Cmg, Portus: μάρκον A, μάρκιον B.

DIONYSIUS OF HALICARNASSUS

ἐν ᾧ δίκας λήψονται παρὰ τῶν ἐχθρῶν καλάς, ἅ τε δέοι πράττειν ἑκάστοις ὑποθέμενος καὶ τὸ σύνθημα δούς, ἀπέλυσεν ἐπὶ τὰς τάξεις.

XLII. Οὔπω μέσαι νύκτες ἦσαν καὶ ὁ τῶν Σαβίνων ἡγεμὼν ἀναστήσας τοῦ στρατοῦ τὸ κράτιστον μέρος ἦγεν [1] ἐπὶ τὸν χάρακα σιωπᾶν ἅπασι παραγγείλας καὶ μὴ ποιεῖν ψόφον τῶν ὅπλων, ἵνα μὴ γνοῖεν ἥκοντας αὐτοὺς οἱ πολέμιοι πρὶν ἐπὶ τῷ ἐρύματι γένωνται. ὡς δὲ πλησίον ἐγένοντο τοῦ χάρακος οἱ πρῶτοι πορευόμενοι καὶ οὔτε φέγγη λαμπτήρων ἑώρων οὔτε φωνὰς φυλάκων κατήκουον, πολλὴν μωρίαν τῶν Ῥωμαίων καταγνόντες ὡς ἀφεικότων ἐρήμους τὰς φυλακὰς καὶ ἐντὸς [2] χάρακος [3] καθευδόντων, ἐνεπίμπλασαν ὕλης τὰς τάφρους κατὰ πολλὰ μέρη καὶ διέβαινον οὐδενὸς σφίσιν ἐμποδὼν γινομένου. 2 παρεκάθηντο [4] δὲ μεταξὺ τῶν τάφρων καὶ τῶν περισταυρωμάτων οἱ Ῥωμαῖοι κατὰ σπείρας ἀφανεῖς διὰ τὸ σκότος, καὶ τοὺς διαβαίνοντας αὐτῶν, ὅτε γένοιντο ἐν χερσίν,[5] ἐφόνευον. μέχρι μὲν οὖν τινος ἐλάνθανε τοὺς ὑστέρους προσιόντας ὁ τῶν προηγουμένων ὄλεθρος· ἐπεὶ δὲ φῶς ἐγένετο σελήνης ἀνισχούσης, οἱ πλησιάζοντες τῇ τάφρῳ σωροὺς τε ὁρῶντες οἰκείων νεκρῶν [6] παρ᾽ αὐτῇ καὶ στίφη πολεμίων καρτερὰ ὁμόσε χωροῦντα, ῥίψαντες τὰ ὅπλα τρέπονται πρὸς 3 φυγήν. οἱ δὲ Ῥωμαῖοι μέγα ἀναβοήσαντες

---

[1] ἀναστήσας . . . ἦγεν B: ἀναστήσας τοὺς στρατιώτας ἦγεν ἐξ αὐτῶν τὸ κράτιστον μέρος ACD.
[2] ἐντὸς B(?): ἐκτὸς R.
[3] χάρακος Kiessling: τοῦ χάρακος O.
[4] Sintenis: περιεκάθηντο O.
[5] χερσὶν BC: χερσὶν αὐτῶν R.

opportunity they could wish for to take a glorious revenge upon their enemies; and after advising them what each of them should do and giving the watch-word, he dismissed them to their commands.

XLII. It was not yet midnight when the Sabine general roused up the flower of his army and led them to the enemy's camp, after ordering them all to keep silence and to make no noise with their arms, that the enemy might not be apprised of their approach till they arrived at the entrenchments. When those in front drew near the camp and neither saw the lights of watch-fires nor heard the voices of sentinels, they thought the Romans guilty of great folly in leaving their sentry-posts unguarded and sleeping inside their camp; and they proceeded to fill up the ditches in many places with brushwood and to cross over without opposition. But the Romans were lying in wait by companies between the ditches and the palisades, being unperceived by reason of the darkness; and they kept killing those of the enemy who crossed over, as soon as they came within reach. For some time the destruction of those who led the way was not perceived by their companions in the rear; but when it became light, upon the rising of the moon, and those who approached the ditch saw not only heaps of their own men lying dead near it but also strong bodies of the enemy advancing to attack them, they threw down their arms and fled. Thereupon the Romans, giving a great shout, which

---

⁶ οἰκείων νεκρῶν B: τῶν νεκρῶν R.

(ἦν δὲ τοῦτο [1] σύνθημα τοῖς [2] ἐπὶ τῆς ἑτέρας παρεμβολῆς) ἐκτρέχουσιν ἐπ᾽ αὐτοὺς ἅπαντες ἀθρόοι. καὶ ὁ Λουκρήτιος ὡς ἤκουσε τῆς κραυγῆς τοὺς ἱππεῖς προαποστείλας διερευνησομένους, μή τις ἐγκάθηται πολεμίων λόχος, ὀλίγον ὕστερον ἠκολούθει τοὺς ἀκμαιοτάτους τῶν πεζῶν 4 ἐπαγόμενος. καὶ κατὰ τὸν αὐτὸν χρόνον οἵ τε ἱππεῖς τοῖς ἐκ τῆς Φιδήνης λοχῶσι περιτυχόντες τρέπουσιν εἰς φυγὴν καὶ οἱ πεζοὶ τοὺς ἐπὶ τὴν παρεμβολὴν σφῶν ἀφικομένους κτείνοντες ἐδίωκον οὔτε ὅπλα οὔτε κόσμον σώζοντας. ἐν ταύταις ταῖς μάχαις Σαβίνων τε καὶ τῶν συμμάχων ἀπέθανον μὲν ἀμφὶ τοὺς μυρίους καὶ τρισχιλίους καὶ πεντακοσίους, αἰχμάλωτοι δ᾽ ἐλήφθησαν τετρακισχίλιοι καὶ διακόσιοι· καὶ ὁ μὲν χάραξ αὐθημερὸν ἑάλω.

XLIII. Ἡ δὲ Φιδήνη πολιορκηθεῖσα οὐ πολλαῖς ἡμέραις, καθ᾽ ὃ μάλιστα δυσάλωτος εἶναι μέρος ἐδόκει καὶ ὑπ᾽ ὀλίγων ἐφυλάσσετο, κατὰ τοῦτο ἐλήφθη. οὐ μὴν ἀνδραποδισμοῦ γε ἢ κατασκαφῆς ἐπειράθη, φόνος τε ἀνθρώπων οὐ πολὺς ἐγένετο μετὰ τὴν ἅλωσιν· ἀποχρῶσα γὰρ ἐφάνη ζημία τοῖς ὑπάτοις πόλεως ὁμοεθνοῦς ἁμαρτούσης ἁρπαγὴ χρημάτων τε καὶ ἀνδραπόδων καὶ ὁ τῶν κατὰ τὴν μάχην ἀπολομένων ὄλεθρος· τοῦ δὲ μὴ προχείρως ἔτι τοὺς ἑαλωκότας ἐπὶ τὰ ὅπλα χωρῆσαι φυλακὴ γενήσεσθαι μετρία καὶ συνήθης Ῥωμαίοις ἡ τῶν αἰτίων 2 τῆς ἀποστάσεως κόλασις. συγκαλέσαντες δὴ Φιδηναίων τοὺς ἁλόντας εἰς τὴν ἀγορὰν καὶ πολλὰ τῆς ἀνοίας αὐτῶν κατηγορήσαντες ἀξίους τε εἶναι φήσαντες ἅπαντας ἡβηδὸν ἀπολωλέναι μήτε ταῖς εὐεργεσίαις χάριν εἰδότας μήτε τοῖς

was the signal to those in the other camp, rushed out upon them in a body. Lucretius, hearing the shout, sent the horse ahead to reconnoitre, lest there might be an ambuscade of the enemy, and he himself followed presently with the flower of the foot. And at one and the same time the horse, meeting with those from Fidenae who were lying in ambush, put them to flight, and the foot pursued and slew those who had come to their camp but were now keeping neither their arms nor their ranks. In these actions about 13,500 of the Sabines and their allies were slain and 4200 were made prisoners; and their camp was taken the same day.

XLIII. Fidenae after a few days' siege was taken in that very part which was thought to be the most difficult of capture and was for that reason guarded by only a few men. Nevertheless, the inhabitants were not made slaves nor was the city demolished; nor were many people put to death after the city was taken. For the consuls thought that the seizing of their goods and their slaves and the loss of their men who had perished in the battle was a sufficient punishment for an erring city belonging to the same race,[1] and that to prevent the captured from lightly resorting to arms again, a moderate precaution and one customary with the Romans would be to punish the authors of the revolt. Having, therefore, assembled all the captured Fidenates in the forum and inveighed strongly against their folly, declaring that all of them, from youths to old men, deserved to be put to death, since they neither showed gratitude for the favours they received nor

---

[1] The Fidenates belonged to the Latin race.

---

[1] τοῦτο A: τὸ B, τοῦτο τὸ R.   [2] τοῖς R: τῶν BC.

κακοῖς σωφρονιζομένους, ῥάβδοις αἰκισάμενοι τοὺς
ἐπιφανεστάτους ἁπάντων ὁρώντων ἀπέκτειναν·
τοὺς δὲ λοιποὺς εἴασαν οἰκεῖν ὡς πρότερον
ᾤκουν φρουροὺς συγκατοικίσαντες αὐτοῖς, ὅσους
ἔκρινεν ἡ βουλή, καὶ τῆς χώρας ἀφελόμενοί τινα [1]
μοῖραν τοῖς φρουροῖς ἔδωκαν. ταῦτα διαπραξά-
μενοι τὴν δύναμιν ἀπῆγον ἐκ τῆς πολεμίας [2]
καὶ τὸν ὑπὸ τῆς βουλῆς ψηφισθέντα θρίαμβον
κατήγαγον. ταῦτα μὲν ἐπὶ τῆς τούτων ὑπατείας
ἐπράχθη.

XLIV. Ποπλίου δὲ Ποστομίου τοῦ καλουμέ-
νου Τουβέρτου τὸ δεύτερον ἄρχειν αἱρεθέντος
καὶ Ἀγρίππα Μενηνίου τοῦ λεγομένου Λανάτου
τρίτη γίνεται Σαβίνων εἰσβολὴ μείζονι στρατιᾷ,
πρὶν αἰσθέσθαι Ῥωμαίους αὐτῶν τὴν ἔξοδον,
καὶ μέχρι τοῦ τείχους τῆς Ῥώμης ἔλασις· ἐν
ᾗ πολὺς ἐγένετο Ῥωμαίων φόνος οὐ μόνον τῶν
γεωργῶν, οἷς οὐδὲν προσδεχομένοις αἰφνιδίως
ἐπέστη τὸ δεινόν, πρὶν εἰς τὰ φρούρια τὰ πλησίον
ἑκάστους καταφυγεῖν, ἀλλὰ καὶ τῶν κατὰ πόλιν
2 τηνικαῦτα διατριβόντων. ὁ γὰρ ἕτερος τῶν
ὑπάτων Ποστόμιος οὐκ ἀνεκτὴν εἶναι τὴν ὕβριν
τῶν πολεμίων ἡγησάμενος ἐξεβοήθει κατὰ σπουδὴν
τοὺς ἐπιτυγχάνοντας ἄγων προχειρότερον μᾶλλον
ἢ φρονιμώτερον. οὓς ἰδόντες οἱ Σαβῖνοι σὺν
πολλῇ καταφρονήσει χωροῦντας ἐπὶ σφᾶς ἀσυν-
τάκτους τε καὶ διεσπασμένους ἀπ' ἀλλήλων, ἔτι
μᾶλλον αὐξῆσαι τὸ καταφρονοῦν αὐτῶν βουλόμενοι,

---

[1] τινα deleted by Kiessling.
[2] ἐκ τῆς πολεμίας Sylburg: ἐκ τῶν πολεμίων O, ἐκ τῆς τῶν
πολεμίων Portus, Jacoby.

were chastened by their misfortunes, they ordered the most prominent of them to be scourged with rods and put to death in the sight of all; but the rest they permitted to live in the city as before, though they left a garrison, as large as the senate decided upon, to live in their midst; and taking away part of their land, they gave it to this garrison. After they had settled these matters, they returned home with the army from the enemy's country and celebrated the triumph which the senate had voted to them. These were the achievements of their consulship.

XLIV. When [1] Publius Postumius, who was called Tubertus, had been chosen consul for the second time, and with him Agrippa Menenius, called Lanatus, the Sabines made a third incursion into the Roman territory with a larger army, before the Romans were aware of their setting out, and advanced up to the walls of Rome. In this incursion there was great loss of life on the side of the Romans, not only among the husbandmen, on whom the calamity fell suddenly and unexpectedly, before they could take refuge in the nearest fortresses, but also among those who were living in the city at the time. For Postumius, one of the consuls, looking upon this insolence of the enemy as intolerable, hastily took the first men he came upon and marched out to the rescue with greater eagerness than prudence. The Sabines, seeing the Romans advance against them very contemptuously, without order and separated from one another, and wishing to increase their contempt,

---

[1] For chaps. 44–47 cf. Livy ii. 16, 8 f. Livy reports no trouble with the Sabines during this year, but mentions a war with the Auruncans.

DIONYSIUS OF HALICARNASSUS

θᾶττον ἢ βάδην ἀνεχώρουν ὡς δὴ φεύγοντες
ὀπίσω, τέως[1] εἰς δρυμοὺς ἀφίκοντο βαθεῖς, ἔνθα
ὁ λοιπὸς αὐτῶν στρατὸς ὑπεκάθητο· ἔπειθ'
ὑποστρέψαντες ἐχώρουν τοῖς διώκουσιν ὁμόσε,
καὶ οἱ ἐκ τοῦ δρυμοῦ μέγα ἀλαλάξαντες ἵενται[2]
3 ἐπ' αὐτούς. ἀσυντάκτοις δ' ἀνθρώποις καὶ τεταραγ-
μένοις καὶ ὑπὸ τοῦ δρόμου συγκεκομμένοις
τὰ πνεύματα πολλοὶ καὶ σὺν κόσμῳ[3] ἐπελθόντες,
καταβάλλουσί τε τοὺς ὁμόσε χωροῦντας καὶ τοὺς
λοιποὺς εἰς φυγὴν ὁρμήσαντας ὑποτεμόμενοι τὰς
εἰς τὴν πόλιν φερούσας ὁδοὺς εἰς ὀρεινήν τινα
κατακλείουσι ῥάχιν ἔρημον. θέμενοι δὲ πλησίον
αὐτῶν τὰ ὅπλα (νὺξ γὰρ ἤδη κατελάμβανε)
φυλακὰς ἐποιοῦντο δι' ὅλης νυκτός, ἵνα μὴ
4 λάθοιεν σφᾶς ἀποδράντες. ὡς δ' εἰς τὴν Ῥώμην
τὸ πάθος ἀπηγγέλθη ταραχή τε ἦν πολλὴ καὶ
δρόμος ἐπὶ τὰ τείχη καὶ δέος ἁπάντων, μὴ διὰ
νυκτὸς εἰς τὴν πόλιν ἔλθοιεν οἱ πολέμιοι τῷ
κατορθώματι ἐπαρθέντες, τῶν τε ἀπολωλότων
οἶκτος καὶ τῶν περιλειπομένων ἔλεος, ὡς ἀν-
αρπασθησομένων αὐτίκα μάλα δι' ἀπορίαν τῶν
ἀναγκαίων, εἰ μή τις αὐτοῖς ἐπικουρία ἔλθοι
5 ταχεῖα. ἐκείνην μὲν οὖν τὴν νύκτα πονηρὰς
ἔχοντας τὰς ψυχὰς ἄγρυπνοι διῆγον· τῇ δ' ἑξῆς
ἡμέρᾳ πάντας τοὺς ἐν ἀκμῇ καθοπλίσας ὁ ἕτερος
τῶν ὑπάτων Μενήνιος ἦγεν ἐπικούρους τοῖς ἐν
τῷ ὄρει κόσμον καὶ τάξιν φυλάττοντας. ἰδόντες
δ' αὐτοὺς οἱ Σαβῖνοι προσιόντας οὐκέτι παρέμειναν,
ἀλλ' ἀναστήσαντες τὸν αὐτῶν στρατὸν[4] ἦγον
ἀπὸ τοῦ ὄρους,[5] ἀποχρῆν οἰόμενοι σφίσι τὴν

[1] Kiessling: τὲ ὡς Ba, ἕως ABb.
[2] ἵενται Bb: ἵεντο R.

128

fell back at a fast walk, as if fleeing, till they came
into thick woods where the rest of their army lay in
wait. Then, facing about, they engaged with their
pursuers, and at the same time the others came
out of the wood with a great shout and fell upon
them. The Sabines, who were very numerous and
were advancing in good order against men who
were not keeping their ranks but were disordered
and out of breath with running, killed such of them as
came to close quarters, and when the rest turned
to flight, they barred the roads leading to the city
and hemmed them in on the unfortified ridge of a
hill. Then, encamping near them (for night was now
coming on), they kept guard throughout the whole
night to prevent them from stealing away undis-
covered. When the news of this misfortune was
brought to Rome, there was a great tumult and a
rush to the walls, and fear on the part of all lest the
enemy, elated by their success, should enter the city
in the night. There were lamentations for the slain
and compassion for the survivors, who, it was believed,
would be promptly captured for want of pro-
visions unless some assistance should reach them
quickly. That night, accordingly, they passed in a
sorry state of mind and without sleep; but the next
day the other consul, Menenius, having armed all
the men of military age, marched out with them
in good order and discipline to the assistance of those
upon the hill. When the Sabines saw them approach-
ing, they remained no longer, but roused up their
army and withdrew from the hill, feeling that their

---

³ σὺν κόσμῳ B : πολλῷ σὺν κόσμῳ R.
⁴ στρατὸν Portus : στρατηγὸν O.
⁵ ἦγον ἀπὸ τοῦ ὄρους Sintenis : ἀπὸ τοῦ ὄρους ἀπῆγον O.

παροῦσαν εὐτυχίαν· καὶ οὐ πολὺν ἔτι διατρί-
ψαντες χρόνον ἀπήεσαν ἐπὶ τὰ σφέτερα σὺν
αὐχήματι μεγάλῳ βοσκημάτων τε καὶ ἀνδραπόδων
καὶ χρημάτων ἀφθόνους ἄγοντες ὠφελείας.

XLV. Ῥωμαῖοι δ' ἀγανακτοῦντες ἐπὶ τῇ συμ-
φορᾷ καὶ τὸν ἕτερον τῶν ὑπάτων Ποστόμιον ἐν
αἰτίαις ἔχοντες ἔγνωσαν ἁπάσαις δυνάμεσι στρα-
τεύειν κατὰ τάχος ἐπὶ τὴν Σαβίνων γῆν, τήν τε
ἧτταν αἰσχρὰν καὶ ἀνέλπιστον γενομένην ἐπανορθώ-
σαι προθυμούμενοι, καὶ ἐπὶ τῇ νεωστὶ ἀφικομένῃ
παρὰ τῶν πολεμίων πρεσβείᾳ πολλὴν ὕβριν
2 ἐχούσῃ καὶ αὐθάδειαν ἀχθόμενοι. ὡς γὰρ δὴ
κρατοῦντες αὐτῶν[1] ἤδη καὶ δίχα πόνου τὴν
Ῥώμην αἱρήσοντες μὴ βουλομένων τὰ κελευόμενα
ποιεῖν, Ταρκυνίοις τε διδόναι τὴν κάθοδον ἐκέλευον
καὶ τῆς ἡγεμονίας σφίσι παραχωρεῖν πολιτείαν
τε καταστήσασθαι καὶ νόμους οὓς ἂν οἱ κεκρατη-
κότες τάξωσιν. ἀποκρινάμενοι δὲ τοῖς πρεσβευ-
ταῖς ἀπαγγέλλειν[2] πρὸς τὸ κοινόν, ὅτι Ῥωμαῖοι
κελεύουσι Σαβίνους ὅπλα τε ἀποθέσθαι καὶ
παραδοῦναι σφίσι τὰς πόλεις ὑπηκόους τε εἶναι
πάλιν, ὥσπερ πρότερον ἦσαν, ταῦτα δὲ ποιήσαν-
τας[3] ἥκειν τότε[4] περὶ ὧν ἠδίκησαν ἢ κατέβλαψαν
αὐτοὺς ἐν ταῖς πρότερον εἰσβολαῖς δικασομένους,[5]
εἰ βούλονται τυχεῖν εἰρήνης καὶ φιλίας· ἐὰν δὲ
μὴ ποιῶσι τὰ κελευόμενα προσδέχεσθαι τὸν

[1] αὐτῶν R: om. B. Jacoby placed αὐτῶν after αἱρή-
σοντες.
[2] A verb of commanding (εἶπον, ἐπέταξαν, or the like) has
apparently fallen out of the text. Reiske emended ὅτι to οἱ ;
Kiessling read ἀπεκρίναντο for ἀποκρινάμενοι.
[3] αὐτοὺς after ποιήσαντας deleted by Kiessling.
[4] τότε ἥκειν Cobet.

present good fortune was enough; and without tarrying much longer, they returned home in great elation, taking with them a rich booty in cattle, slaves, and money.

XLV. The Romans, resenting this defeat, for which they blamed Postumius, one of the consuls, resolved to make an expedition against the territory of the Sabines speedily with all their forces; they were not only eager to retrieve the shameful and unexpected defeat they had received, but were also angered at the very insolent and haughty embassy that had recently come to them from the enemy. For, as if already victorious and having it in their power to take Rome without any trouble if the Romans refused to do as they commanded, they had ordered them to grant a return to the Tarquinii, to yield the leadership to the Sabines, and to establish such a form of government and such laws as the conquerors should prescribe. Replying to the ambassadors, they bade[1] them report to their general council that the Romans commanded the Sabines to lay down their arms, to deliver up their cities to them, and to be subject to them once more as they had been before, and after they had complied with these demands, then to come and stand trial for the injuries and damage they had done them in their former incursions, if they desired to obtain peace and friendship: and in case they refused to carry out these orders, they might expect to see the war

[1] The verb of commanding is missing in the Greek text; see critical note.

πόλεμον ἥξοντα ἐπὶ τὰς πόλεις αὐτῶν οὐκ εἰς
3 μακράν. τοιαῦτα ἐπιταχθέντες τε καὶ ἐπιτάξαν-
τες ἀλλήλοις, ἐπειδὴ πᾶσιν[1] ἐξηρτύσαντο τοῖς
εἰς τὸν ἀγῶνα ἐπιτηδείοις, ἐξῆγον τὰς δυνάμεις,
Σαβῖνοί τε τὴν κρατίστην ἐξ ἁπάσης πόλεως
νεότητα ὅπλοις ἐκπρεπέσι κεκοσμημένην ἐπαγόμε-
νοι, Ῥωμαῖοί τε πᾶσαν τὴν δύναμιν τήν τε κατὰ
πόλιν καὶ τὴν ἐν τοῖς φρουρίοις ἀναλαβόντες,
ἱκανοὺς οἰόμενοι τοὺς ὑπὲρ τὴν στρατεύσιμον
ἡλικίαν γεγονότας καὶ τὸν οἰκετικὸν ὄχλον τήν
τε πόλιν καὶ τὰ ἐπὶ τῆς χώρας ἐρύματα φυλάττειν.
4 καὶ συνελθόντες ὁμόσε τίθενται τοὺς χάρακας
ἀμφότεροι μικρὸν ἀπέχοντας ἀλλήλων Ἡρήτου
πόλεως, ἢ τοῦ Σαβίνων ἐστὶν ἔθνους, οὐ πρόσω.

XLVI. Ὡς δὲ συνεῖδον ἀμφότεροι τὰ τῶν
πολεμίων πράγματα, τῷ τε μεγέθει τῶν στρατο-
πέδων εἰκάσαντες καὶ παρ' αἰχμαλώτων ἀκού-
σαντες, τοῖς μὲν Σαβίνοις θάρσος παρέστη καὶ
καταφρόνησις τῆς τῶν πολεμίων ὀλιγότητος, τοῖς
δὲ Ῥωμαίοις δέος πρὸς τὸ τῶν ἀντιπολεμούντων
πλῆθος· ἐθάρρησαν δὲ καὶ οὐ[2] μικρὰς ἐλπίδας
ὑπὲρ τῆς νίκης ἔλαβον ἄλλων τε σημείων γενο-
μένων σφίσι θεοπέμπτων καὶ δὴ καὶ τελευταίου
φάσματος, ὅτε παρατάττεσθαι ἔμελλον, τοιοῦδε·
2 ἐκ τῶν καταπεπηγμένων παρὰ ταῖς σκηναῖς
ὑσσῶν (ἔστι δὲ ταῦτα βέλη Ῥωμαίων ἃ συνιόντες
εἰς χεῖρας ἐξακοντίζουσι, ξύλα προμήκη τε καὶ
χειροπληθῆ τριῶν οὐχ ἧττον ποδῶν σιδηροῦς
ὀβελίσκους ἔχοντα προὔχοντας κατ' εὐθεῖαν ἐκ

---

[1] Kiessling : ἅπασιν O.
[2] οὐ added by Pflugk.

soon brought home to their cities. Such demands having been given and received, both sides equipped themselves with everything necessary for the war and led out their forces. The Sabines brought the flower of their youth out of every city armed with splendid weapons; and the Romans drew out all their forces not only from the city but also from the fortresses, looking upon those above the military age and the multitude of domestic servants as a sufficient guard for both the city and the fortresses in the country. And the two armies, approaching each other, pitched their camps a little distance apart near the city of Eretum, which belongs to the Sabine nation.

XLVI. When each side observed the enemy's condition, of which they judged by the size of the camps and the information given by prisoners, the Sabines were inspired with confidence and felt contempt for the small numbers of the enemy, while the Romans were seized with fear by reason of the multitude of their opponents. But they took courage and entertained no small hopes of victory because of various omens sent to them by the gods, and particularly from a final portent which they saw when they were about to array themselves for battle. It was as follows: From the javelins [1] that were fixed in the ground beside their tents (these javelins are Roman weapons which they hurl against the enemy as they come to close quarters, being long shafts large enough to fill the hand and having pointed iron heads, not less than three feet in length, project-

---

[1] The word ὑσσός is used by Polybius and others for the Roman *pilum*. The usual Greek word for javelin is ἀκόντιον, and occurs at the end of the parenthesis just below.

θατέρου [1] τῶν ἄκρων, μετρίοις ἀκοντίοις ἴσα σὺν
τῷ σιδήρῳ) ἐκ τούτων δὴ τῶν ὑσσῶν περὶ τοῖς
ἄκροις τῶν ὀβελίσκων φλόγες ἀνήπτοντο, καὶ δι᾽
ὅλου τοῦ στρατοπέδου τὸ σέλας ἦν, ὥσπερ ἀπὸ
λαμπάδων, καὶ κατέσχε τῆς νυκτὸς ἐπὶ πολύ.
3 ἐκ τούτου κατέλαβον τοῦ φάσματος, ὥσπερ οἱ
τερατοσκόποι ἀπέφαινον καὶ πᾶσιν ἀνθρώποις
συμβαλεῖν οὐ χαλεπὸν ἦν, ὅτι νίκην αὐτοῖς ταχεῖαν
καὶ λαμπρὰν σημαίνει τὸ δαιμόνιον, ἐπειδήπερ
ἅπαν εἴκει τῷ [2] πυρὶ καὶ οὐδὲν ὅ τι οὐχ ὑπὸ τοῦ
πυρὸς διαφθείρεται. τοῦτο δ᾽ ὅτι [3] ἐκ τῶν
ἀμυντηρίων αὐτοῖς ὅπλων ἀνήφθη, μετὰ πολλοῦ
θάρσους προῄεσαν ἐκ τοῦ χάρακος καὶ συρ-
ράξαντες τοῖς Σαβίνοις ἐμάχοντο πολλαπλασίοις [4]
ἐλάττους ἐν τῷ θαρρεῖν τὸ πιστὸν ἔχοντες· καὶ ἡ
ἐμπειρία δὲ σὺν τῷ φιλοπόνῳ πολλὴ αὐτοῖς
περιοῦσα [5] παντὸς ἐπήγετο δεινοῦ καταφρονεῖν.
4 πρῶτος μὲν οὖν ὁ Ποστόμιος τὸ εὐώνυμον ἔχων
κέρας ἀναλύσασθαι [6] τὴν προτέραν ἧτταν προθυμού-
μενος τὸ δεξιὸν τῶν πολεμίων ἐξωθεῖ κέρας
πρόνοιαν οὐδεμίαν τῆς ἑαυτοῦ ψυχῆς παρὰ τὸ
νικᾶν ποιούμενος, ἀλλ᾽ ὥσπερ οἱ μεμηνότες καὶ
θανατῶντες εἰς μέσους τοὺς πολεμίους ῥιπτῶν
ἑαυτόν· ἔπειτα καὶ οἱ σὺν τῷ Μενηνίῳ θάτερον
ἔχοντες κέρας κάμνοντες ἤδη καὶ ἐξωθούμενοι
τῆς στάσεως, ὡς ἔμαθον ὅτι νικῶσι τοὺς κατὰ
σφᾶς οἱ τοῦ Ποστομίου, θαρρήσαντες εἰς ἀντίπαλα
χωροῦσι· καὶ γίνεται τῶν κεράτων ἀμφοτέρων
5 τοῖς Σαβίνοις ἐκκλινάντων τροπὴ παντελής. οὐδὲ

---

[1] ἐκ θατέρου B: ἑκατέρου R.   [2] τῷ added by Reiske.
[3] ὅτι C: ὅτε AB.

ing straight forward from one end, and with the iron
they are as long as spears of moderate length)
—from these javelins flames issued forth round the
tips of the heads and the glare extended through the
whole camp like that of torches and lasted a great
part of the night. From this portent they concluded,
as the interpreters of prodigies informed them and
as was not difficult for anyone to conjecture, that
Heaven was portending to them a speedy and
brilliant victory, because, as we know, everything
yields to fire and there is nothing that is not con-
sumed by it. And inasmuch as this fire issued from
their defensive weapons, they came out with great
boldness from their camp, and engaging the Sabines,
fought, few in number, with enemies many times
superior, placing their reliance in their own good
courage. Besides, their long experience joined to their
willingness to undergo toil encouraged them to despise
every danger. First, then, Postumius, who com-
manded the left wing, desiring to repair his former
defeat, forced back the enemy's right, taking no
thought for his own life in comparison with gaining
the victory, but, like those who are mad and court
death, hurling himself into the midst of his enemies.
Then those also with Menenius on the other wing,
though they were already in distress and being
forced to give ground, when they found that the
forces under Postumius were victorious over those
who confronted them, took courage and advanced
against the enemy. And now, as both their wings
gave way, the Sabines were utterly routed. For

---

⁴ πολλαπλασίοις AB: πολλῷ πλείοσιν Schnelle.
⁵ Sintenis: παροῦσα O.
⁶ Cobet: ἀναρρύσασθαι O.

γὰρ οἱ ἐν μέσῃ τῇ φάλαγγι ταχθέντες ἐψιλωμένων
τῶν ἄκρων ἔτι[1] παρέμειναν, ἀλλ᾽ ὑπὸ τῆς ἵππου
τῆς Ῥωμαϊκῆς ἐξελαυνούσης κατὰ τέλη βιασθέντες
ἀνεστάλησαν. φυγῆς δὲ πάντων γενομένης ἐπὶ
τοὺς χάρακας ἀκολουθήσαντες οἱ Ῥωμαῖοι καὶ
συνεισπεσόντες ἀμφότερα λαμβάνουσιν αὐτῶν τὰ
ἐρύματα. τοῦ δὲ μὴ πανσυδὶ τὸν τῶν πολεμίων
διαφθαρῆναι στρατὸν ἥ τε νὺξ αἰτία ἐγένετο καὶ
τὸ ἐν οἰκείᾳ γῇ τὸ πάθος αὐτοῖς συμβῆναι· ῥᾷον
γὰρ οἱ φεύγοντες ἐπὶ τὰ σφέτερα ἐσώζοντο δι᾽
ἐμπειρίαν τῶν τόπων.

XLVII. Τῇ δ᾽ ἑξῆς ἡμέρᾳ καύσαντες τοὺς
ἑαυτῶν νεκροὺς οἱ ὕπατοι καὶ τὰ σκῦλα συλλέξαν-
τες (ἑάλω δέ τινα καὶ ἀπὸ τῶν ζώντων ῥιπτούντων
ἐν τῇ φυγῇ τὰ ὅπλα) ἄνδρας τε αἰχμαλώτους
ἄγοντες, οὓς ἔλαβον οὐκ ὀλίγους,[2] καὶ χρήματα,
χωρὶς ὧν οἱ στρατιῶται διήρπασαν (τούτων δὲ
διαπραθέντων[3] δημοσίᾳ τὰς κατ᾽ ἄνδρα γενομένας
εἰσφοράς, αἷς ἔστειλαν τοὺς στρατιώτας, ἅπαντες
ἐκομίσαντο) ἀπήεσαν[4] ἐπ᾽ οἴκου λαμπροτάτην
ἀνηρημένοι νίκην. καὶ θριάμβοις ὑπὸ τῆς βουλῆς
ἐκοσμοῦντο ἀμφότεροι, Μενήνιος μὲν τῷ μείζονι
καὶ τιμιωτέρῳ, παρεμβεβηκὼς ἐφ᾽ ἁρματείου[5]
δίφρου βασιλικοῦ, Ποστόμιος δὲ τῷ[6] ἐλάσσονι
καὶ ὑποδεεστέρῳ, ὃν καλοῦσιν οὐαστήν,[7] παρ-
εγκλίναντες τοὔνομα Ἑλληνικὸν ὑπάρχον εἰς τὸ

---

[1] τῶν ἄκρων ἔτι Sintenis: ἔτι τῶν ἄκρων O.
[2] ἄγοντες οὓς ἔλαβον οὐκ ὀλίγους Kiessling: ἄγοντες ἔλαβον οὐκ ὀλίγους A, ἄγοντες (only) B.
[3] Kiessling: διαπραχθέντων AB, πραθέντων R.
[4] καὶ before ἀπήεσαν deleted by Reiske.
[5] Cary: ἁρματίου O, Jacoby. [6] τῷ Sylburg: ἐν τῷ AB.
[7] Casaubon: εὐάστην AB.

not even those who were posted in the centre of the line, when once their flanks were left bare, stood their ground any longer, but being hard pressed by the Roman horse that charged them in separate troops, they were driven back. And when they all fled toward their entrenchments, the Romans pursued them, and entering with them, captured both camps. All that saved the army of the enemy from being totally destroyed was that night came on and their defeat happened in their own land. For those who fled got safely home more easily because of their familiarity with the country.

XLVII. The next day the consuls, after burning their own dead, gathered up the spoils (there were even found some arms belonging to the living, which they had thrown away in their flight) and carried off the captives, whom they had taken in considerable numbers, and the booty, in addition to the plunder taken by the soldiers. This booty having been sold at public auction, all the citizens received back the amount of the contributions which they had severally paid for the equipment of the expedition. Thus the consuls, having gained a most glorious victory, returned home. They were both honoured with triumphs by the senate, Menenius with the greater and more honourable kind, entering the city in a royal chariot, and Postumius with the lesser and inferior triumph which they call *ouastês*[1] or " ovation," perverting the name, which is Greek, to an un-

---

[1] The verb *ovare* seems to have meant originally to shout *evoe* (εὐοῖ), thus being the equivalent of the Greek εὐάζειν. The form *ovatio* was awkward to transliterate into Greek, so Dionysius rendered it by the term ὀυαστής (a slight change from εὐαστής), modifying θρίαμβος.

ἀσαφές. τὸ γὰρ πρῶτον εὐαστὴς [1] ἀπὸ τοῦ
συμβεβηκότος ἐλέγετο, ὡς αὐτός τε εἰκάζω καὶ
ἐν πολλαῖς εὑρίσκω γραφαῖς ἐπιχωρίοις φερόμενον,
3 τότε [2] πρῶτον, ὡς Λικίννιος ἱστορεῖ, τούτου
ἐξευρούσης τὸν θρίαμβον τῆς βουλῆς. διαφέρει
δὲ θατέρου πρῶτον μέν, ὅτι πεζὸς εἰσέρχεται
μετὰ τῆς στρατιᾶς προηγούμενος ὁ τὸν οὐαστὴν
κατάγων θρίαμβον, ἀλλ' οὐκ ἐφ' ἅρματος ὥσπερ
ἐκεῖνος· ἔπειθ' ὅτι οὐ τὴν ποικίλην καὶ χρυσό-
σημον ἀμφιέννυται στολήν, ᾗ κοσμεῖται ὁ ἕτερος,
οὐδὲ τὸν χρύσεον ἔχει στέφανον, ἀλλὰ περιπόρφυ-
ρον λευκὴν περιβέβληται [3] τήβενναν, τὸ ἐπιχώριον
τῶν ὑπάτων τε καὶ στρατηγῶν φόρημα, στέφανον
δ' ἐπίκειται δάφνης, μεμείωται δὲ καὶ τοῦ
σκήπτρου τῇ φορήσει παρὰ τὸν ἕτερον, τὰ δ'
4 ἄλλα πάντα ταὐτὰ ἔχει. αἴτιον δὲ τῷ ἀνδρὶ [4]
τῆς ἐλάττονος τιμῆς ἐγένετο, καίτοι λαμπροτάτῳ
πάντων γενομένῳ κατὰ τὴν μάχην, τὸ πρότερον
πταῖσμα ἐν τῇ ἐπιδρομῇ μέγα καὶ σὺν αἰσχύνῃ
γενόμενον, ἐξ οὗ τῆς τε δυνάμεως πολλοὺς ἀπ-
ώλεσε καὶ αὐτὸς ὀλίγου ἐδέησε σὺν τοῖς περι-
λειφθεῖσιν ἐκ τῆς τροπῆς αἰχμάλωτος γενέσθαι.

XLVIII. Ἐπὶ δὲ τῆς τούτων ἀρχῆς Πόπλιος
Οὐαλέριος Ποπλικόλας ἐπικαλούμενος νοσήσας
ἐτελεύτα, κράτιστος τῶν τότε Ῥωμαίων κατὰ
πᾶσαν ἀρετὴν νομισθείς. τὰ μὲν οὖν ἄλλα τοῦ
ἀνδρὸς ἔργα, δι' ἃ θαυμάζεσθαί τε καὶ μνήμης
τυγχάνειν ἄξιός ἐστιν, οὐδὲν δέομαι λέγειν· ἐν

---

[1] πρῶτον εὐαστὴς Sintenis: πρῶτον εὐαστὴς οὕτως ACmgD,
πρῶτον οὗτος Ba, πρῶτον οὕτως BbC.
[2] τότε Steph.: τότε δὲ CD, Jacoby, τὸ δὲ AB.
[3] ὁ ἕτερος . . . περιβέβληται B: om. R.

intelligible form. For it was originally called *euastês*, from what actually took place, according to both my own conjecture and what I find stated in many native histories, the senate, as Licinius[1] relates, having then first introduced this sort of triumph. It differs from the other, first, in this, that the general who triumphs in the manner called the ovation enters the city on foot, followed by the army, and not in a chariot like the other; and, in the next place, because he does not don the embroidered robe decorated with gold, with which the other is adorned, nor does he have the golden crown, but is clad in a white toga bordered with purple, the native dress of the consuls and praetors, and wears a crown of laurel; he is also inferior to the other in not holding a sceptre, but everything else is the same. The reason why this inferior honour was decreed to Postumius, though he had distinguished himself more than any man in the last engagement, was the severe and shameful defeat he had suffered earlier, in the sortie he made against the enemy, in which he not only lost many of his men, but narrowly escaped being taken prisoner himself together with the troops that had survived that rout.

XLVIII. In[2] the consulship of these men Publius Valerius, surnamed Publicola, fell sick and died, a man esteemed superior to all the Romans of his time in every virtue. I need not relate all the achievements of this man for which he deserves to be both admired and remembered, because most of them

---

[1] Licinius Macer.   [2] *Cf.* Livy ii. 16, 7.

---

[4] Ποστομίῳ after ἀνδρὶ deleted by Portus.

ἀρχῇ γὰρ τοῦ λόγου τοῦδε τὰ πολλὰ εἴρηται· ὃ
δ' ἁπάντων ἐστὶ τῶν τοῦ ἀνδρὸς ἐγκωμίων
θαυμασιώτατον καὶ οὔπω τέτευχε λόγου, τοῦτ'
οἴομαι δεῖν μὴ παρελθεῖν, παντὸς μάλιστα νομί-
ζων τοῦτο προσήκειν τοῖς γράφουσιν ἱστορίας,
μὴ μόνον τὰς πολεμικὰς πράξεις τῶν ἐπισήμων
ἡγεμόνων διεξιέναι, μηδ' εἴ τι πολίτευμα καλὸν
καὶ σωτήριον ταῖς πόλεσιν ἀπεδείξαντο ἐξευρόντες,
ἀλλὰ καὶ τοὺς βίους αὐτῶν, εἰ μέτριοι καὶ σώφρονες
καὶ μένοντες ἐπὶ τοῖς πατρίοις ἐπιτηδεύμασι
2 διετέλεσαν, ἐπιδείκνυσθαι.[1] ἐκεῖνος τοίνυν ὁ ἀνὴρ
συγκαταλύσας μὲν τοὺς βασιλεῖς ἐν τοῖς πρώτοις
τέτταρσι πατρικίοις καὶ δημεύσας αὐτῶν τὰς
ὑπάρξεις, τετράκις δὲ τῆς ὑπατικῆς ἐξουσίας
γενόμενος κύριος, μεγίστους δὲ δύο νικήσας
πολέμους καὶ θριάμβους καταγαγὼν ἀπ' ἀμφοτέ-
ρων, τὸν μὲν πρῶτον ἀπὸ τοῦ Τυρρηνῶν ἔθνους,
τὸν δὲ δεύτερον ἀπὸ Σαβίνων, τοιαύτας ἀφορμὰς
χρηματισμοῦ λαβών, ἃς οὐδεὶς ἂν ὡς αἰσχρὰς
καὶ ἀδίκους διέβαλεν, οὐχ ἑάλω τῇ πάντας
ἀνθρώπους καταδουλουμένῃ καὶ ἀσχημονεῖν ἀναγ-
καζούσῃ φιλοχρηματίᾳ· ἀλλ' ἐπὶ τῇ μικρᾷ καὶ
πατροπαραδότῳ διέμεινεν οὐσίᾳ σώφρονα καὶ
αὐτάρκη καὶ πάσης ἐπιθυμίας κρείττονα βίον
ζῶν, καὶ παῖδας ἐπὶ τοῖς ὀλίγοις χρήμασιν
ἐθρέψατο τοῦ γένους ἀξίους, καὶ δῆλον ἐποίησεν
ἅπασιν ὅτι πλούσιός ἐστιν οὐχ ὁ πολλὰ κεκτημένος,
3 ἀλλ' ὁ μικρῶν δεόμενος.[2] πίστις δ' ἀκριβὴς καὶ
ἀναμφίλεκτος τῆς αὐταρκείας τοῦ ἀνδρός, ἣν
ἀπεδείξατο παρὰ πάντα τὸν τοῦ βίου χρόνον, ἡ

---

[1] ἐπιδείκνυσθαι O : ἐπιδεικνύναι Kiessling.

have been already narrated in the beginning of this
Book; but I think I should not omit one thing which
most deserves admiration of all that can be said in
his praise and has not yet been mentioned. For I
look upon it as the greatest duty of the historian
not only to relate the military achievements of
illustrious generals and any excellent and salutary
measures that they have devised and put into practice
for the benefit of their states, but also to note their
private lives, whether they have lived with moderation
and self-control and in strict adherence to the tradi-
tions of their country. This man, then, though he
had been one of the first four patricians who expelled
the kings and confiscated their fortunes, though he
had been invested four times with the consular power,
had been victorious in two wars of the greatest con-
sequence and celebrated triumphs for both—the
first time for his victory over the Tyrrhenian nation
and the second time for that over the Sabines—and
though he had such opportunities for amassing riches,
which none could have traduced as shameful and
wrong, nevertheless was not overcome by avarice,
the vice which enslaves all men and forces them to
act unworthily; but he continued to live on the
small estate he had inherited from his ancestors,
leading a life of self-control and frugality superior
to every desire, and with his small means he brought
up his children in a manner worthy of their birth,
making it plain to all men that he is rich, not who
possesses many things, but who requires few. A
sure and incontestable proof of the frugality he had
shown during his whole lifetime was the poverty that

---

² Steph.²: δεησόμενος O.

μετὰ τὸν θάνατον αὐτοῦ φανεῖσα ἀπορία. οὐδὲ
γὰρ αὐτὰ τὰ εἰς τὴν ἐκκομιδὴν τοῦ σώματος καὶ
ταφήν, ὧν[1] ἀνδρὶ προσήκει τηλικούτῳ τυχεῖν,
ἀρκοῦντα ἐν τοῖς ὑπάρχουσι κατέλιπεν, ἀλλ'
ἐμέλλησαν αὐτὸν οἱ συγγενεῖς φαύλως πως καὶ ὡς
ἕνα τῶν ἐπιτυχόντων ἐκκομίσαντες ἐκ τῆς πόλεως
καίειν τε καὶ θάπτειν· ἡ μέντοι βουλή, μαθοῦσα
ὡς εἶχεν αὐτοῖς τὰ πράγματα ἀπόρως,[2] ἐκ τῶν
δημοσίων ἐψηφίσατο χρημάτων ἐπιχορηγηθῆναι
τὰς εἰς τὴν ταφὴν δαπάνας, καὶ χωρίον ἔνθα
ἐκαύθη καὶ ἐτάφη μόνῳ τῶν μέχρις ἐμοῦ γενο-
μένων ἐπιφανῶν ἀνδρῶν ἐν τῇ πόλει σύνεγγυς
τῆς ἀγορᾶς ἀπέδειξεν ὑπὸ Οὐελίας·[3] καὶ ἔστιν
ὥσπερ ἱερὸν τοῦτο τοῖς ἐξ ἐκείνου τοῦ γένους
ἐνθάπτεσθαι ἀνειμένον, παντὸς πλούτου καὶ πάσης
βασιλείας κρεῖττον ἀγαθόν, εἴ τις μὴ ταῖς ἐπονειδί-
στοις[4] ἡδοναῖς μετρεῖ τὴν εὐδαιμονίαν, ἀλλὰ τῷ
4 καλῷ.   Οὐαλέριος μὲν δὴ Ποπλικόλας οὐθὲν ἔξω
τῆς εἰς τἀναγκαῖα δαπάνης κτήσασθαι προελόμενος,
ὡς τῶν πολυχρημάτων τις βασιλέων λαμπραῖς
ὑπὸ τῆς πόλεως ἐκοσμήθη ταφαῖς· καὶ αὐτὸν
Ῥωμαίων αἱ γυναῖκες ἅπασαι συνειπάμεναι τὸν
αὐτὸν τρόπον ὥσπερ Ἰούνιον Βροῦτον ἀποθέσει
χρυσοῦ τε καὶ πορφύρας τὸν[5] ἐνιαύσιον ἐπένθησαν
χρόνον, ὡς ἔθος αὐταῖς ἐστι πενθεῖν ἐπὶ τοῖς
ἀναγκαίοις τῶν συγγενῶν κήδεσι.

XLIX. Μετὰ δὲ τὸν ἐνιαυτὸν ἐκεῖνον ὕπα-

[1] ὧν AB: ὡς Kiessling, ἧς Bücheler.
[2] πράγματα ἀπόρως O: πράγματα Cobet, Jacoby.

was revealed after his death. For in his whole estate
he did not leave enough even to provide for his
funeral and burial in such a manner as became a
man of his dignity, but his relations were intending
to carry his body out of the city in a shabby manner,
and as one would that of an ordinary man, to be
burned and buried. The senate, however, learning
how impoverished they were, decreed that the ex-
penses of his burial should be defrayed from the
public treasury, and appointed a place in the city
near the Forum, at the foot of the Velia, where his
body was burned and buried, an honour paid to him
alone of all the illustrious men down to my time.[1]
This place is, as it were, sacred and dedicated to his
posterity as a place of burial, an advantage greater
than any wealth or royalty, if one measures happi-
ness, not by shameful pleasures, but by the standard
of honour. Thus Valerius Publicola, who had aimed
at the acquisition of nothing more than would supply
his necessary wants, was honoured by his country
with a splendid funeral, like one of the richest kings.
And all the Roman matrons with one consent,
mourned for him during a whole year, as they had
done for Junius Brutus, by laying aside both their
gold and purple; for thus it is the custom for them
to mourn after the funeral rites of their nearest
relations.

XLIX. The [2] next year Spurius Cassius, surnamed

[1] The burning and burial of bodies inside the city was later
forbidden by one of the laws of the Twelve Tables.
[2] *Cf.* Livy ii. 17.

---

[3] Casaubon: ἐλέους ABCD.
[4] ἐπονειδίστοις B: om. R (?).
[5] τὸν added by Grasberger.

DIONYSIUS OF HALICARNASSUS

τοι καθίστανται Σπόριος Κάσσιος Οὐεκελλῖνος [1]
ἐπικαλούμενος καὶ Ὀπίτωρ Οὐεργίνιος Τρικοστός.[2]
ἐφ' ὧν ὁ πρὸς Σαβίνους πόλεμος ὑπὸ θατέρου
τῶν ὑπάτων Σπορίου κατελύθη μάχης ἰσχυρᾶς
γενομένης οὐ μακρὰν τῆς Κυριτῶν πόλεως·
ἐξ ἧς ἀπέθανον μὲν ἀμφὶ τοὺς μυρίους καὶ
τριακοσίους Σαβίνων, αἰχμάλωτοι δ' ἐλήφθησαν
2 ὀλίγον ἀποδέοντες τετρακισχιλίων. ταύτῃ τῇ
συμφορᾷ τελευταίᾳ πληγέντες οἱ Σαβῖνοι πρέσβεις
ἀπέστειλαν ὡς τὸν ὕπατον διαλεξομένους περὶ
φιλίας. ἀναβαλλομένου [3] δ' αὐτοὺς ἐπὶ τὴν
βουλὴν τοῦ Κασσίου, παραγενηθέντες εἰς Ῥώμην
σὺν πολλῇ δεήσει μόλις εὑρίσκονται διαλλαγὰς καὶ
κατάλυσιν τοῦ πολέμου, σῖτόν τε τῇ στρατιᾷ
δόντες, ὅσον ἐπέταξε Κάσσιος, καὶ ἀργύριόν τι
τακτὸν κατ' ἄνδρα καὶ γῆς πεφυτευμένης πλέθρα
3 μύρια. Σπόριος μὲν δὴ Κάσσιος θρίαμβον ἐκ
τοῦ πολέμου τοῦδε κατήγαγεν· ὁ δ' ἕτερος τῶν
ὑπάτων Οὐεργίνιος ἐπὶ τὴν Καμαριναίων πόλιν
ἐστράτευσεν μὲν ἀφεστῶσαν [4] ἀπὸ τῆς Ῥωμαί-
ων συμμαχίας κατὰ τόνδε τὸν πόλεμον, ἄγων
τὴν ἡμίσειαν τῆς ἑτέρας [5] στρατιᾶς, φράσας δ'
οὐδενὶ ποῖ [6] μέλλει πορεύεσθαι καὶ διὰ νυκτὸς
ἀνύσας τὴν ὁδόν, ἵνα ἀπαρασκεύοις [7] καὶ μὴ
προειδόσι τὴν ἔφοδον τοῖς ἔνδον ἐπιθῆται· ὅπερ
4 καὶ συνέβη. γενόμενος γὰρ πλησίον τοῦ τείχους
ἅπαντας ἔλαθεν ἄρτι τῆς ἡμέρας διαυγούσης, καὶ
πρὶν ἢ καταστρατοπεδεύεσθαι κριοὺς προσέφερε

---

[1] Mommsen: οὐσκελῖνος A, οὐσκελλῖνος B.
[2] Kiessling: τρικάτος Bb (?) C, στρικάτος AD, τριακοστος
Ba (?).
[3] ἀναβαλλομένου B: ἀναλαβομένου R.

Vecellinus, and Opiter Verginius Tricostus were appointed consuls. In their consulship the war with the Sabines was ended by one of them, Spurius, after a hard battle fought near the city of Cures; in this battle about 10,300 Sabines were killed and nearly 4000 taken prisoners. Overwhelmed by this final misfortune, the Sabines sent ambassadors to the consul to treat for peace. Then, upon being referred to the senate by Cassius, they came to Rome, and after many entreaties obtained with difficulty a reconciliation and termination of the war by giving, not only as much grain to the army as Cassius ordered, but also a certain sum of money per man and ten thousand acres [1] of land under cultivation. Spurius Cassius celebrated a triumph for his victory in this war; but the other consul, Verginius, led an expedition against the city of Cameria, which had withdrawn from its alliance with the Romans during this war. He took half the other army with him, telling no one whither he was marching, and covered the distance during the night, in order that he might fall upon the inhabitants while they were unprepared and unapprised of his approach; and so it fell out. For he was already close to their walls, without having been discovered by anybody, just as day was breaking; and before encamping he brought up battering-rams and scaling

---

[1] The word πλέθρον, here rendered " acre," was strictly an area 100 feet square, but it was often used for the Roman *iugerum* (28,800 sq. ft.), which in turn was only two-thirds the area of our acre.

---

[4] μὲν ἀφεστῶσαν Jacoby: ἀφεστῶσαν μὲν O; μὲν deleted by Reiske.
[5] ἑτέρας B: om. R.   [6] Reiske: ποῦ O.
[7] Reiske: ἀπαρασκευάστοις O.

DIONYSIUS OF HALICARNASSUS

καὶ κλίμακας [1] καὶ πάσῃ πολιορκίας ἐχρῆτο ἰδέᾳ.
τῶν δὲ Καμαριναίων καταπλαγέντων τὸ αἰφνίδιον
τῆς παρουσίας αὐτοῦ καὶ τῶν μὲν ἀνοίγειν τὰς
πύλας καὶ δέχεσθαι τὸν ὕπατον ἀξιούντων, τῶν δ᾽
ἀμύνεσθαι πάσῃ δυνάμει καὶ μὴ παριέναι τοὺς
πολεμίους εἴσω, ἐν ᾧ τὸ ταραττόμενόν τε καὶ
στασιάζον αὐτῶν ἐπεκράτει, τὰς πύλας ἐκκόψας
καὶ τὰ βραχύτατα τῶν ἐρυμάτων κλίμαξι κατα-
5 λαβόμενος κατὰ κράτος εἰλήφει τὴν πόλιν. ἐκείνην
μὲν οὖν τὴν ἡμέραν καὶ τὴν ἐπιοῦσαν νύκτα
φέρειν τε καὶ ἄγειν τὰ χρήματα τοῖς σφετέροις
ἐφῆκε· τῇ δ᾽ ἑξῆς συναχθῆναι τοὺς αἰχμαλώτους
εἰς ἓν χωρίον κελεύσας τοὺς μὲν βουλεύσαντας τὴν
ἀπόστασιν ἅπαντας ἀπέκτεινε, τὸν δ᾽ ἄλλον
ὄχλον ἀπέδοτο, τὴν δὲ πόλιν κατέσκαψεν.

L. Ἐπὶ δὲ τῆς ἑβδομηκοστῆς ὀλυμπιάδος, ἣν
ἐνίκα στάδιον Νικέας Λοκρὸς ἐξ Ὀποῦντος,
ἄρχοντος Ἀθήνησι Σμύρου, παραλαμβάνουσι τὴν
ὕπατον ἀρχὴν Πόστομος [2] Κομίνιος καὶ Τίτος
Λάρκιος· ἐφ᾽ ὧν ἀπέστησαν αἱ Λατίνων πόλεις
ἀπὸ τῆς Ῥωμαίων φιλίας, Ὀκταουΐου Μαμιλίου
τοῦ κηδεύσαντος Ταρκυνίῳ τοὺς ἐπιφανεστάτους
ἐξ ἑκάστης πόλεως, τοὺς μὲν ὑποσχέσεσι δώρων,
τοὺς δὲ δεήσεσι πείσαντος συμπρᾶξαι τοῖς
2 φυγάσι τὴν κάθοδον. καὶ γίνεται κοινὴ τῶν
συναγομένων εἰς Φερεντῖνον ἀγορὰ πλὴν μιᾶς
τῆς Ῥωμαίων πόλεως (ταύτῃ γὰρ οὐκ ἐπήγγειλαν
μόνῃ παρεῖναι, καθάπερ εἰώθεσαν), ἐν ᾗ ψῆφον
ἐνεγκεῖν ἔδει τὰς πόλεις περὶ τοῦ πολέμου καὶ
στρατηγοὺς ἀποδεῖξαι καὶ περὶ τῶν ἄλλων

---

[1] κλίμακας B: κλίμακας προσῆγε R.

ladders, and made use of every device used in sieges. The Camerini were astounded at his sudden arrival and some of them thought they ought to open the gates and receive the consul, while others insisted upon defending themselves with all their power and not permitting the enemy to enter the city; and while this confusion and dissension prevailed, the consul, having broken down the gates and scaled the lowest parts of the ramparts by means of ladders, took the city by storm. That day and the following night he permitted his men to pillage the town; but the next day he ordered the prisoners to be brought together in one place, and having put to death all the authors of the revolt, he sold the rest of the people and razed the city.

L. In[1] the seventieth Olympiad (the one in which Niceas of Opus in Locris won the foot-race), Smyrus being archon at Athens, Postumus Cominius and Titus Larcius took over the consulship. In their year of office the cities of the Latins withdrew from the friendship of the Romans, Octavius Mamilius, the son-in-law of Tarquinius, having prevailed upon the most prominent men of every city, partly by promises of gifts and partly by entreaties, to assist in restoring the exiles. And a general assembly was held of all the cities that were wont to meet at Ferentinum[2] except Rome (for this was the only city they had not notified as usual to be present), at which the cities were to give their votes concerning war, to choose generals, and to consider the other

[1] For chap. 50 f. *cf.* Livy ii. 18. This year was 499 B.C.
[2] See note on iii. 34.

---

[2] Sigonius: ποστούμιος A, ποστόμιος B.

DIONYSIUS OF HALICARNASSUS

3 βουλεύσασθαι παρασκευῶν. ἐτύγχανε δὲ κατὰ
τὸν χρόνον τοῦτον ἀπεσταλμένος ὑπὸ Ῥωμαίων
πρεσβευτὴς Μάρκος Οὐαλέριος ἀνὴρ ὑπατικὸς
εἰς τὰς ὁμόρους πόλεις δεησόμενος αὐτῶν μηδὲν
νεωτερίζειν· ἐλήστευον γὰρ ἐξ αὐτῶν τινες τοὺς
ὁμοτέρμονας ἀγροὺς ὑπὸ τῶν δυνατῶν ἀποστελ-
λόμενοι καὶ πολλὰ τοὺς γεωργοὺς τῶν Ῥωμαίων
ἔβλαπτον. ὃς ἐπειδὴ τὴν κοινὴν σύνοδον ἔγνω
τῶν πόλεων γιγνομένην ἐπὶ τῷ διενεγκεῖν ἁπάσας
τὴν περὶ τοῦ πολέμου ψῆφον, ἐλθὼν ἐπὶ τὸν
σύλλογον καὶ λόγον αἰτησάμενος παρὰ τῶν
προέδρων, ἔλεξεν ὅτι πεμφθείη μὲν ὑπὸ τῆς
πόλεως πρεσβευτὴς πρὸς τὰς ἀποστελλούσας
τὰ ληστήρια πόλεις δεησόμενος αὐτῶν τοὺς
ἐνόχους τοῖς ἀδικήμασιν ἐξευρούσας ἐκδοῦναι
σφίσι τιμωρίας ὑφέξοντας κατὰ τὸν νόμον, ὃν ἐν
ταῖς συνθήκαις ὥρισαν, ὅτε συνετίθεντο τὴν
φιλίαν, καὶ τὸ λοιπὸν ἀξιώσων φυλάττειν, ἵνα
μηδὲν ἁμάρτημα γένηται καινόν,[1] ὃ διαστήσει
4 τήν τε φιλίαν αὐτῶν καὶ τὴν συγγένειαν. ὁρῶν δ᾿
ἁπάσας συνεληλυθυίας τὰς πόλεις ἐπὶ τῷ κατὰ
Ῥωμαίων πολέμῳ, καὶ τοῦτ᾿ ἐκ πολλῶν μὲν καὶ
ἄλλων καταλαμβανόμενος, μάλιστα δ᾿ ὅτι Ῥωμαί-
οις μόνοις οὐ παρήγγειλαν ἐπὶ τὴν ἀγορὰν
παρεῖναι, γεγραμμένον ἐν ταῖς συνθήκαις ἁπάσας
παρεῖναι τὰς πόλεις ταῖς κοιναῖς ἀγοραῖς, ὅσαι τοῦ
Λατίνων εἰσὶ γένους, παραγγειλάντων αὐταῖς τῶν
προέδρων, θαυμάζειν τί δήποτε παθόντες ἢ τί
κατηγορεῖν ἔχοντες τῆς πόλεως οἱ σύνεδροι
μόνην οὐ παρέλαβον ἐκείνην ἐπὶ τὸν σύλλογον,
ἣν πρώτην τε πασῶν ἔδει παρεῖναι καὶ πρώτην

---

[1] Sylburg: κοινὸν O, Jacoby.

preparations. Now it happened that at this time Marcus Valerius, a man of consular rank, had been sent as ambassador by the Romans to the neighbouring cities to ask them not to begin any revolt; for some of their people sent out by the men in power were plundering the neighbouring fields and doing great injury to the Roman husbandmen. This man, upon learning that the general assembly of the cities was being held so that all might give their votes concerning the war, came to the assembly; and requesting of the presidents leave to speak, he said that he had been sent as ambassador by the commonwealth to the cities that were sending out the bands of robbers, to ask of them that they would seek out the men who were guilty of these wrongs and deliver them up to be punished according to the provision which they had laid down in the treaty when they entered into their league of friendship, and also to demand that they take care for the future that no fresh offence should occur to disrupt their friendship and kinship. But, observing that all the cities had met together in order to declare war against the Romans—a purpose which he recognized, not only from many other evidences, but particularly because the Romans were the only persons they had not notified to be present at the assembly, although it was stipulated in the treaty that all the cities of the Latin race should be represented at the general assemblies when summoned by the presidents—he said he wondered what provocation or what cause of complaint against the commonwealth had caused the deputies to omit Rome alone from the cities they had invited to the assembly, when she ought to have been the first of all to be represented and the first

149

DIONYSIUS OF HALICARNASSUS

ἐρωτᾶσθαι γνώμην ἡγεμονίαν ἔχουσαν τοῦ ἔθνους,
ἧς ἔτυχε παρ' αὐτῶν ἑκόντων ἀντὶ πολλῶν
καὶ μεγάλων εὐεργεσιῶν.

LI. Μετὰ τοῦτον Ἀρικηνοί τε λόγον αἰτησά-
μενοι κατηγόρουν τῶν Ῥωμαίων, ὅτι τὸν Τυρ-
ρηνικὸν πόλεμον ἐπήγαγον σφίσιν ὄντες συγγενεῖς
καὶ παρέσχον ὅσον ἐφ' ἑαυτοῖς ἁπάσας τὰς
Λατίνων πόλεις ὑπὸ Τυρρηνῶν τὴν ἐλευθερίαν
ἀφαιρεθῆναι· καὶ Ταρκύνιος ὁ βασιλεὺς ἀνανεού-
μενος τὰς γενομένας αὐτῷ πρὸς τὸ κοινὸν τῶν
πόλεων συνθήκας περὶ φιλίας τε καὶ συμμαχίας,
ἠξίου τὰς πόλεις ἐμπεδοῦν τοὺς ὅρκους, κατάγειν
δ' αὐτὸν ἐπὶ τὴν ἀρχήν· Καμαριναίων τε καὶ
Φιδηναίων φυγάδες, οἱ μὲν τὴν ἅλωσιν καὶ τὴν
φυγὴν τῆς πατρίδος, οἱ δὲ τὸν ἀνδραποδισμὸν
καὶ τὴν κατασκαφὴν ὀδυρόμενοι, παρεκάλουν αὐ-
2 τοὺς εἰς τὸν πόλεμον. τελευταῖος δὲ πάντων ὁ
Ταρκυνίου κηδεστὴς Μαμίλιος μέγιστον ἐν τοῖς
τότε χρόνοις παρὰ τοῖς Λατίνοις δυνάμενος ἀναστὰς
μακρὰν κατὰ τῆς πόλεως διεξῆλθε δημηγορίαν.
ἀπολογουμένου δὲ πρὸς ἅπαντα τοῦ Οὐαλερίου
καὶ δοκοῦντος περιεῖναι τοῖς δικαίοις, ἐκείνην
μὲν τὴν ἡμέραν εἰς τὰ κατηγορήματα καὶ τὰς
ἀπολογίας ἀναλώσαντες οὐδὲν ἐπέθηκαν τῇ βουλῇ
τέλος· τῇ δὲ κατόπιν οὐκέτι τοὺς πρεσβευτὰς
τῶν Ῥωμαίων οἱ πρόεδροι προαγαγόντες ἐπὶ τὸν
σύλλογον, ἀλλὰ Ταρκυνίῳ τε καὶ Μαμιλίῳ καὶ
Ἀρικηνοῖς καὶ τοῖς ἄλλοις τοῖς βουλομένοις τῆς
πόλεως κατηγορεῖν ἀποδόντες λόγον, ἐπειδὴ
πάντων διήκουσαν ψηφίζονται λελύσθαι τὰς σπον-
δὰς ὑπὸ Ῥωμαίων, καὶ τοῖς περὶ Οὐαλέριον
πρέσβεσιν ἀπόκρισιν ἔδωκαν, ὅτι τὸ συγγενὲς
150

to be asked her opinion, inasmuch as she held the leadership of the nation, which she had received from them with their own consent in return for many great benefits she had conferred upon them.

LI. Following him, the Aricians, having asked leave to speak, accused the Romans of having, though kinsmen, brought upon them the Tyrrhenian war and of having caused all the Latin cities, as far as lay in their power, to be deprived of their liberty by the Tyrrhenians. And King Tarquinius, renewing the treaty of friendship and alliance that he had made with the general council of their cities, asked those cities to fulfil their oaths and restore him to the sovereignty. The exiles also from Fidenae and Cameria, the former lamenting the taking of their city and their own banishment from it, and the latter the enslaving of their countrymen and the razing of their city, exhorted them to declare war. Last of all, Tarquinius' son-in-law, Mamilius, a man most powerful at that time among the Latins, rose up and inveighed against the Romans in a long speech. And, Valerius answering all his accusations and seeming to have the advantage in the justice of his cause, the deputies spent that day in hearing the accusations and the defences without reaching any conclusion to their deliberations. But on the following day the presidents would no longer admit the Roman ambassadors to the assembly, but gave a hearing to Tarquinius, Mamilius, the Aricians, and all the others who wished to make charges against the Romans, and after hearing them all through, they voted that the treaty had been dissolved by the Romans, and gave this answer to the embassy of Valerius: that inasmuch as the Romans had by their acts of injustice

ἐκείνων τοῖς ἀδικήμασι λελυκότων βουλεύσονται κατὰ σχολὴν ὅντινα τρόπον αὐτοὺς ἀμύνεσθαι χρή.

3 Ἐν ᾧ δὲ ταῦτ' ἐπράττετο χρόνῳ συνωμοσία κατὰ τῆς πόλεως ἐγένετο δούλων συχνῶν συνειπαμένων τάς τε ἄκρας καταλαβέσθαι καὶ κατὰ πολλοὺς ἐμπρῆσαι τόπους τὴν πόλιν. μηνύσεως δὲ γενομένης ὑπὸ τῶν συνειδότων αἱ [1] πύλαι τε ὑπὸ τῶν ὑπάτων εὐθὺς ἐκέκλειντο [2] καὶ πάντα τὰ ἐρύματα τῆς πόλεως ὑπὸ τῶν ἱππέων κατείληπτο· καὶ αὐτίκα οἱ μὲν ἐκ τῶν οἰκιῶν συλληφθέντες, οἱ δ' ἐκ τῶν ἀγρῶν ἀπαχθέντες,[3] ὅσους ἀπέφαινον οἱ μηνυταὶ μετασχεῖν τῆς συνωμοσίας, μάστιξι καὶ βασάνοις αἰκισθέντες ἀνεσκολοπίσθησαν ἅπαντες. ταῦτα ἐπὶ τούτων ἐπράχθη τῶν ὑπάτων.

LII. Σερουΐου [4] δὲ Σολπικίου Καμερίνου καὶ Μανίου Τυλλίου Λόγγου τὴν ἀρχὴν παραλαβόντων Φιδηναίων τινὲς παρὰ Ταρκυνίων στρατιώτας μεταπεμψάμενοι τὴν ἄκραν καταλαμβάνονται, καὶ τῶν μὴ τὰ αὐτὰ προαιρουμένων οὓς μὲν διαφθείραντες, οὓς δ' ἐξελάσαντες, ἀφιστᾶσιν αὖθις ἀπὸ Ῥωμαίων τὴν πόλιν· πρεσβείας τε Ῥωμαϊκῆς ἀφικομένης ὥρμησαν μὲν ὡς πολεμίοις χρήσασθαι τοῖς ἀνδράσι, κωλυθέντες δὲ ὑπὸ τῶν πρεσβυτέρων ἐξέβαλον αὐτοὺς ἐκ [5] τῆς πόλεως, οὔτε δοῦναι

2 λόγον ἀξιώσαντες οὔτε λαβεῖν. ταῦτα ἡ βουλὴ τῶν Ῥωμαίων μαθοῦσα πρὸς μὲν τὸ κοινὸν τῶν Λατίνων οὔπω τὸν πόλεμον ἐκφέρειν πρόθυμος ἦν,

---

[1] αἱ added by Reiske.
[2] Naber: ἐκλείοντο O, Jacoby.
[3] Kiessling· ἀναχθέντες O, Jacoby.
[4] Sylburg: σερουιλίου O, Jacoby.
[5] ἐκ Cobet: ἀπὸ O, deleted by Jacoby.

dissolved the ties of kinship between them, they would consider at leisure in what manner they ought to punish them.

While this was going on, a conspiracy was formed against the state, numerous slaves having agreed together to seize the heights and to set fire to the city in many places. But, information being given by their accomplices, the gates were immediately closed by the consuls and all the strong places in the city were occupied by the knights. And straightway all those whom the informers declared to have been concerned in the conspiracy were either seized in their houses or brought in from the country, and after being scourged and tortured they were all crucified. These were the events of this consulship.

LII. Servius Sulpicius Camerinus [1] and Manius Tullius Longus having taken over the consulship, some of the Fidenates, after sending for soldiers from the Tarquinii, took possession of the citadel at Fidenae, and putting to death some of those who were not of the same mind and banishing others, caused the city to revolt again from the Romans. And when a Roman embassy arrived, they were inclined to treat the men like enemies, but being hindered by the elders from doing so, they drove them out of the city, refusing either to listen to them or to say anything to them. The Roman senate, being informed of this, did not desire as yet to make war upon the whole nation of the Latins,

---

[1] Concerning this consulship (covered by chaps. 52–57) Livy says (ii. 19, 1) *nihil dignum memoria actum*. Both here and later (vi. 20 and x. 1) the praenomen of Sulpicius is given by the MSS. as Servilius, an error which Dionysius could hardly have made.

πυνθανομένη μὴ πᾶσιν εἶναι τὰ ψηφισθέντα ὑπὸ τῶν
προβούλων κατὰ νοῦν, ἀλλ' ἐν ἑκάστῃ πόλει τοὺς
δημοτικοὺς ἀναδύεσθαι τὸν πόλεμον, καὶ πλείους
εἶναι τοὺς ἀξιοῦντας μένειν τὰς σπονδὰς τῶν
διαλελύσθαι λεγόντων· ἐπὶ δὲ τοὺς ἐν Φιδήνῃ τὸν
ἕτερον ἐψηφίσαντο τῶν ὑπάτων Μάνιον Τύλλιον
ἀποστεῖλαι στρατιὰν ἄγοντα πολλήν· ὃς ἐπειδὴ
τὴν χώραν αὐτῶν ἐδῄωσε κατὰ πολλὴν ἄδειαν
οὐδενὸς ὑπὲρ αὐτῆς ἀμυνομένου, πλησίον τοῦ
τείχους καταστρατοπεδευσάμενος ἐφύλαττε μήτ'
ἀγορὰς εἰσάγεσθαι τοῖς ἔνδον μήτε ὅπλα μήτε
3 ἄλλην βοήθειαν μηδεμίαν. Φιδηναῖοι μὲν δὴ
τειχήρεις ἐγένοντο καὶ πρὸς τὰς Λατίνων ἐπρεσβεύ-
οντο πόλεις δεόμενοι ταχείας συμμαχίας· οἱ δὲ
προεστηκότες τῶν Λατίνων, ἀγορὰν ποιησάμενοι
τῶν πόλεων, Ταρκυνίοις τε αὖθις ἀποδόντες λόγον
καὶ τοῖς παρὰ τῶν πολιορκουμένων ἥκουσιν,
ἐκάλουν τοὺς συνέδρους εἰς ἀπόφασιν γνώμης,
τίνα χρὴ πολεμεῖν Ῥωμαίοις τρόπον, ἀπὸ τῶν
πρεσβυτάτων τε καὶ ἐπιφανεστάτων ἀρξάμενοι.
4 πολλῶν δὲ ῥηθέντων λόγων καὶ περὶ αὐτοῦ
τοῦ πολέμου πρῶτον, εἰ δέοι αὐτὸν ἐπικυρῶσαι,
οἱ μὲν ταραχωδέστεροι τῶν συνέδρων τὸν βασιλέα
κατάγειν ἐπὶ τὴν ἀρχὴν ἠξίουν καὶ Φιδηναίοις
βοηθεῖν παρῄνουν, ἐν ἡγεμονίαις μὲν βουλόμενοι
γενέσθαι στρατιωτικαῖς [1] καὶ πραγμάτων ἐφάψα-
σθαι μεγάλων, μάλιστα δ' οἱ δυναστείας καὶ
τυραννίδος ἐν ταῖς ἑαυτῶν πατρίσιν ἐρῶντες,
ἣν συγκατασκευάσειν αὐτοῖς Ταρκυνίους ἐπείθοντο
τὴν Ῥωμαίων ἀρχὴν ἀνακτησαμένους. οἱ δ'
εὐπορώτατοί τε καὶ ἐπιεικέστατοι μένειν ἐν ταῖς

_____

[1] στρατιωτικαῖς B: στρατιωτικαῖς κύριοι R.

because they understood that they did not all approve of the resolutions taken by the deputies in the assembly, but that the common people in every city shrank from the war, and that those who demanded that the treaty should remain in force outnumbered those who declared it had been dissolved. But they voted to send one of the consuls, Manius Tullius, against the Fidenates with a large army; and he, having laid waste their country quite unmolested, as none offered to defend it, encamped near the walls and placed guards to prevent the inhabitants from receiving provisions, arms, or any other assistance. The Fidenates, being thus shut up within their walls, sent ambassadors to the cities of the Latins to ask for prompt assistance; whereupon the presidents of the Latins, holding an assembly of the cities and again giving leave to the Tarquinii and to the ambassadors from the besieged to speak, called upon the deputies, beginning with the oldest and the most distinguished, to give their opinion concerning the best way to make war against the Romans. And many speeches having been made, first, concerning the war itself, whether they ought to give their sanction to it, the most turbulent of the deputies were for restoring the king to power and advised assisting the Fidenates, being desirous of getting into positions of command in the armies and engaging in great undertakings; and this was the case particularly with those who yearned for domination and despotic power in their own cities, in gaining which they expected the assistance of the Tarquinii when these had recovered the sovereignty over the Romans. On the other hand, the men of the greatest means and of the greatest reasonableness maintained

155

σπονδαῖς ἠξίουν τὰς πόλεις καὶ μὴ προχείρως ἐπὶ τὰ
ὅπλα χωρεῖν· καὶ ἦσαν οὗτοι τῷ πλήθει πιθανώ-
5 τατοι. ἐξωθούμενοι δὴ πρὸς τῶν παραινούντων
τὴν εἰρήνην ἄγειν οἱ τὸν πόλεμον ἐπισπεύδοντες,
τοῦτό γε πείθουσι ποιῆσαι τὴν ἐκκλησίαν τελευ-
τῶντες, πρεσβευτὰς εἰς Ῥώμην ἀποστεῖλαι τοὺς
παρακαλέσοντας ἅμα καὶ συμβουλεύσοντας τῇ
πόλει δέχεσθαι Ταρκυνίους καὶ τοὺς ἄλλους
φυγάδας ἐπ' ἀδείᾳ καὶ ἀμνηστίᾳ, καὶ περὶ
τούτων ὅρκια τεμόντας τῇ πατρίῳ κοσμεῖσθαι
πολιτείᾳ καὶ τῆς Φιδηναίων πόλεως ἀπανιστάναι
τὸν στρατόν, ὡς σφῶν γε[1] οὐχ ὑπεροψομένων
συγγενεῖς καὶ φίλους ἀφαιρεθέντας τὴν πατρίδα·
ἐὰν δὲ μηδέτερον τούτων ὑπομείνωσι πράττειν,
6 τότε βουλεύσεσθαι περὶ τοῦ πολέμου· οὐκ
ἀγνοοῦντες μὲν ὅτι τούτων οὐδέτερον ὑπομενοῦσι
Ῥωμαῖοι, προφάσεις δὲ τῆς ἔχθρας βουλόμενοι
λαβεῖν εὐπρεπεῖς, καὶ τοὺς ἐναντιουμένους σφίσι
θεραπείαις ἐν τῷ μεταξὺ χρόνῳ καὶ χάρισιν ἐπ-
άξεσθαι νομίζοντες. ταῦτα ψηφισάμενοι[2] καὶ χρόνον
ὁρίσαντες ἐνιαύσιον Ῥωμαίοις μὲν βουλῆς, ἑαυτοῖς
δὲ παρασκευῆς, καὶ πρεσβευτὰς ἀποδείξαντες,
οὓς Ταρκύνιος ἐβούλετο, διέλυσαν τὸν σύλλογον.

LIII. Διασκεδασθέντων δὲ τῶν Λατίνων κατὰ
πόλεις, ὁρῶντες οἱ περὶ Μαμίλιόν τε καὶ Ταρκύ-
νιον ὅτι ταῖς σπονδαῖς[3] ἀναπεπτώκασιν οἱ πολλοί,
τὰς μὲν ὑπερορίους ἐλπίδας ὡς οὐ πάνυ βεβαίας
ἀφίεσαν· μεταθέμενοι δὲ τὰς γνώμας τὸν πολιτικὸν
καὶ ἀφύλακτον ἐμηχανῶντο πόλεμον ἐξ αὐτῆς

---

[1] γε Kiessling : τε B, om. A.
[2] Steph. : ψηφιζόμενοι ABC.

that the cities ought to adhere to the treaty and not
hastily resort to arms; and these were most influ-
ential with the common people. Those who pressed
for war, being thus defeated by the advisers of
peace, at last persuaded the assembly to do this
much at least—to send ambassadors to Rome to
invite and at the same time to advise the common-
wealth to receive the Tarquinii and the other exiles
upon the terms of impunity and a general amnesty,
and after making a covenant concerning these matters,
to restore their traditional form of government and
to withdraw their army from Fidenae, since the
Latins would not permit their kinsmen and friends
to be despoiled of their country; and in case the
Romans should consent to do neither of these things,
they would then deliberate concerning war. They
were not unaware that the Romans would consent
to neither of these demands, but they desired to
have a specious pretence for their hostility, and they
expected to win over their opponents in the mean-
time by courting them and doing them favours.
The deputies, having passed this vote and set a
year's time for the Romans in which to deliberate
and for themselves to make their preparations, and
having appointed such ambassadors as Tarquinius
wished, dismissed the assembly.

LIII. When the Latins had dispersed to their
several cities, Mamilius and Tarquinius, observing that
the enthusiasm of most of the people had flagged,
began to abandon their hopes of foreign assistance
as not very certain, and changing their minds, they
formed plans to stir up in Rome itself a civil war, against

---

[3] Cobet, Kiessling: σπονδαῖς O.

ἀναστῆσαι τῆς Ῥώμης, στάσιν εἰσάγοντες τοῖς
2 πένησι πρὸς τοὺς εὐπόρους. ἤδη δ' ὑπεκίνει τὸ
πολὺ [1] τοῦ δημοτικοῦ μέρος καὶ ἐνόσει, μάλιστα δὲ
τὸ ἄπορον καὶ ὑπὸ δανείων ἠναγκασμένον μηκέτι
τὰ κράτιστα τῷ κοινῷ φρονεῖν· οὐ γὰρ ἐμετρίαζον
ἐν ταῖς ἐξουσίαις οἱ δανείζοντες, ἀλλ' εἰς δεσμοὺς
τὰ τῶν ὑποχρέων ἀπῆγον σώματα καὶ ὥσπερ
3 ἀργυρωνήτοις αὐτοῖς [2] ἐχρῶντο. ταῦτα δὴ μαθὼν
ἔπεμψεν ὁ Ταρκύνιος εἰς τὴν πόλιν ἅμα τοῖς
πρέσβεσι τῶν Λατίνων ἀνυπόπτους τινὰς ἄνδρας
φέροντας χρυσίον, οἳ συνιόντες εἰς λόγους τοῖς
ἀπόροις καὶ θρασυτάτοις, καὶ τὰ μὲν ἤδη διδόντες
αὐτοῖς, τὰ δ' εἰ κατέλθοιεν οἱ βασιλεῖς ἐπαγγελ-
λόμενοι, πολλοὺς πάνυ τῶν πολιτῶν διέφθειραν·
καὶ γίνεται συνωμοσία κατὰ τῆς ἀριστοκρατίας οὐ
μόνον ἐλευθέρων ἀπόρων, ἀλλὰ καὶ δούλων
πονηρῶν ἐλευθερίας ἐλπίσιν ὑπαχθέντων, οἳ διὰ
τοὺς κολασθέντας ὁμοδούλους ἐν τῷ παρελ-
θόντι ἐνιαυτῷ δυσμενῶς καὶ ἐπιβούλως διακείμενοι
πρὸς τοὺς δεσπότας, ἀπιστούμενοί τε ὑπ' αὐτῶν καὶ
ἐν ὑποψίαις ὄντες ὡς καὶ αὐτοὶ σφίσιν ἐπι-
θησόμενοί ποτε εἰ καιρὸν λάβοιεν, ἄσμενοι τοῖς
4 παρακαλοῦσι πρὸς τὴν ἐπίθεσιν ὑπήκουσαν. ὁ δὲ
τῆς συνωμοσίας αὐτῶν τοιόσδε ἦν λογισμός·
τοὺς μὲν ἡγεμόνας τῆς ἐπιχειρήσεως ἔδει φυλά-
ξαντας νύκτα ἀσέληνον τὰς ἄκρας καὶ τοὺς ἐρυμνοὺς
τῆς πόλεως τόπους καταλαβέσθαι· τοὺς δὲ
θεράποντας, ὅταν αἴσθωνται κρατοῦντας ἐκεί-
νους τῶν ἐπικαίρων χωρίων (ἀλαλαγμῷ δὲ τοῦτ'
ἔμελλεν αὐτοῖς γενήσεσθαι φανερόν), ἀποκτεῖναι

[1] ὑπεκίνει τὸ πολὺ Prou: ὑπεκινεῖτο πολὺ B, ὑπεκινεῖτο τὸ
πολὺ A.

which their enemies would not be on their guard,
by fomenting a sedition of the poor against the rich.
Already the greater part of the common people were
uneasy and disaffected, especially the poor and those
who were compelled by their debts no longer to have
the best interests of the commonwealth at heart.
For the creditors showed no moderation in the use
of their power, but haling their debtors to prison,
treated them like slaves they had purchased. Tarquin-
ius, learning of this, sent some persons who were
free from suspicion to Rome with money, in company
with the ambassadors of the Latins, and these men,
engaging in conversation with the needy and with
those who were boldest, and giving them some money
and promising more if the Tarquinii returned, cor-
rupted a great many of the citizens. And thus a
conspiracy was formed against the aristocracy, not
only by needy freemen, but also by unprincipled
slaves who were beguiled by hopes of freedom. The
latter, because of the punishment of their fellow-
slaves the year before, were hostile toward their
masters and in a mood to plot against them, since
they were distrusted by them and suspected of being
ready themselves also to attack them at some time
if the opportunity should offer; and accordingly they
hearkened willingly to those who invited them to
make the attempt. The plan of their conspiracy
was as follows: The leaders of the undertaking were
to wait for a moonless night and then seize the
heights and the other strong places in the city; and
the slaves, when they perceived that the others were
in possession of those places of advantage (which
was to be made known to them by raising a shout),

τοὺς δεσπότας καθεύδοντας, ταῦτα δὲ[1] διαπραξα-
μένους τάς τε οἰκίας διαρπάσαι τῶν εὐπόρων καὶ
τὰς πύλας τοῖς τυράννοις ἀνοῖξαι.

LIV. Ἡ δ' ἐν παντὶ καιρῷ σώζουσα τὴν πόλιν
καὶ μέχρι τῶν κατ' ἐμὲ χρόνων παραμένουσα θεία
πρόνοια διεκάλυψεν[2] αὐτῶν τὰ βουλεύματα μηνύ-
σεως θατέρῳ τῶν ὑπάτων γενομένης Σολπικίῳ,
ἣν ἐποίησαν ἀδελφοὶ δύο Ταρκύνιοι, Πόπλιος
καὶ Μάρκος, ἐκ Λαυρέντου πόλεως, κορυφαιότατοι
τῶν μετασχόντων τῆς συνωμοσίας, ὑπὸ θείας
2 ἀνάγκης βιαζόμενοι. ἐφίσταντο γὰρ αὐτοῖς, ὅτε
κοιμηθεῖεν, ὄψεις ὀνείρων φοβεραὶ τιμωρίας
ἐπαπειλοῦσαι[3] μεγάλας, εἰ μὴ παύσαιντο καὶ
ἀποσταῖεν τῆς ἐπιθέσεως, διώκεσθαί τε ὑπὸ
δαιμόνων τινῶν καὶ παίεσθαι καὶ τοὺς ὀφθαλμοὺς
ἐξορύττεσθαι καὶ ἄλλα πολλὰ καὶ σχέτλια πάσχειν
τελευτῶντες ἐδόκουν· ὑφ' ὧν περίφοβοι καὶ
τρόμῳ παλλόμενοι διηγείροντο καὶ οὐδὲ καθεύδειν
3 διὰ τὰ δείματα ταῦτα ἐδύναντο. κατ' ἀρχὰς
μὲν οὖν ἀποτροπαίοις τισὶ καὶ ἐξακεστηρίοις
θυσίαις ἐπειρῶντο παραιτεῖσθαι τοὺς ἐνισταμένους
σφίσι δαίμονας· ὡς δ' οὐδὲν ἐπέραινον, ἐπὶ
μαντείας ἐτράποντο τὴν μὲν διάνοιαν τῆς ἐπι-
χειρήσεως ἀπόρρητον φυλάττοντες, τοῦτο δὲ μόνον
ἀξιοῦντες μαθεῖν, εἰ καιρὸς ἤδη πράττειν ἃ
βούλονται. ἀποκριναμένου δὲ τοῦ μάντεως ὅτι
πονηρὰν καὶ ὀλέθριον βαδίζουσιν ὁδὸν καί, εἰ μὴ
μεταθήσονται[4] τὰ βουλεύματα, τὸν αἴσχιστον
ἀπολοῦνται τρόπον, δείσαντες μὴ φθάσωσιν
αὐτοὺς ἕτεροι τὰ κρυπτὰ εἰς φῶς ἐξενέγκαντες,[5]

----

[1] δὲ added by Kiessling.
[2] διεκάλυψεν O : διέκοψεν (or διέλυσεν) Bücheler.

were to kill their masters while they slept, and having done this, to plunder the houses of the rich and open the gates to the tyrants.

LIV. But the divine Providence, which has on every occasion preserved this city and down to my own times continues to watch over it, brought their plans to light, information being given to Sulpicius, one of the consuls, by two brothers, Publius and Marcus Tarquinius of Laurentum, who were among the heads of the conspiracy and were forced by the compulsion of Heaven to reveal it. For frightful visions haunted them in their dreams whenever they slept, threatening them with dire punishments if they did not desist and abandon their attempt; and at last they thought that they were pursued and beaten by some demons, that their eyes were gouged out, and that they suffered many other cruel torments. In consequence of which they would wake with fear and trembling, and they could not even sleep because of these terrors. At first they endeavoured, by means of certain propitiatory and expiatory sacrifices, to avert the anger of the demons who haunted them; but accomplishing naught, they had recourse to divination, keeping secret the purpose of their enterprise and asking only to know whether it was yet the time to carry out their plan; and when the soothsayer answered that they were travelling an evil and fatal road, and that if they did not change their plans they would perish in the most shameful manner, fearing lest others should anticipate them in revealing

---

[3] Sylburg: ἐναπειλοῦσαι ABb.
[4] μεταθήσονται B: μεταθήσοιντο R.
[5] Jacoby: ἐξενεγκόντες R, ἐνεγκόντες B.

αὐτοὶ μηνυταὶ γίνονται πρὸς τὸν ἐνδημοῦντα τῶν
4 ὑπάτων. ὁ δὲ ὕπατος [1] ἐπαινέσας αὐτοὺς καὶ
πολλὰ ὑποσχόμενος εὖ ποιήσειν, ἐὰν καὶ τὰ ἔργα
ὅμοια τοῖς λόγοις ἀποδείξωνται,[2] τούτους μὲν
ἔνδον παρ' ἑαυτῷ κατεῖχεν οὐδενὶ φράσας· τοὺς δὲ
τῶν Λατίνων πρέσβεις ἀναβαλλόμενος τέως καὶ
παρέλκων τὴν ἀπόκρισιν τότε εἰσαγαγὼν εἰς τὸ
βουλευτήριον τὰ[3] δόξαντα τοῖς συνέδροις ἀπο-
5 κρίνεται πρὸς αὐτούς· " Ἄνδρες φίλοι τε καὶ
συγγενεῖς, ἀπαγγέλλετε ἀπιόντες πρὸς τὸ κοινὸν
τῶν Λατίνων, ὅτι Ῥωμαίων ὁ δῆμος οὔτε
πρότερον Ταρκυνιήταις ἀξιοῦσιν ἐχαρίσατο τὴν τῶν
τυράννων κάθοδον, οὐδ' ὕστερον ἅπασι Τυρρηνοῖς,
οὓς ἦγε βασιλεὺς Πορσίνας, ὑπὲρ τῶν αὐτῶν
δεομένοις καὶ πόλεμον ἐπάγουσιν ἁπάντων[4] βαρύ-
τατον ἐνέκλινεν, ἀλλ' ἠνέσχετο γῆν τε κειρομένην
ὁρῶν καὶ αὐλὰς ἐμπιπραμένας, τειχήρης γενόμενος
ὑπὲρ τῆς ἐλευθερίας καὶ τοῦ μηθὲν ὧν μὴ βούλεται
πράττειν κελευσθείς· ὑμῶν τε, ὦ Λατῖνοι, τεθαύμα-
κεν,[5] εἰ ταῦτα εἰδότες[6] οὐδὲν ἧττον δέχεσθαι
τοὺς τυράννους καὶ τὴν Φιδήνης πολιορκίαν
λύειν ἐπιτάττοντες ἥκετε καὶ μὴ πειθομένοις
πόλεμον ἀπειλεῖτε. παύσασθε δὴ ψυχρὰς καὶ
ἀπιθάνους τῆς ἔχθρας προβαλλόμενοι[7] προ-
φάσεις, καὶ εἰ διὰ ταῦτα μέλλετε διαλύειν τὸ
συγγενὲς καὶ τὸν πόλεμον ἐπικυροῦν, μηδὲν ἔτι
ἀναβάλλεσθε."

LV. Ταῦτα τοῖς πρέσβεσιν ἀποκρινάμενος καὶ

[1] ὕπατος O: deleted by Cobet, Jacoby.
[2] Garrer: ἐπιδείξωνται O, Jacoby.
[3] τὰ B: καὶ τὰ A.
[4] ἁπάντων Kiessling: ἁπάντων πολέμων O.

162

the secret, they themselves gave information of the
conspiracy to the consul who was then at Rome.
He, having commended them and promised them
great rewards if they made their actions conform to
their words, kept them in his house without telling
anyone; and introducing to the senate the ambas-
sadors of the Latins, whom he had hitherto kept
putting off, delaying his answer, he now gave them
the answer that the senators had decided upon.
" Friends and kinsmen," he said, " go back and re-
port to the Latin nation that the Roman people did
not either in the first instance grant the request of
the Tarquinienses for the restoration of the tyrants
or afterwards yield to all the Tyrrhenians, led by King
Porsena, when they interceded in behalf of these
same exiles and brought upon the commonwealth
the most grievous of all wars, but submitted to seeing
their lands laid waste, their farm-houses set on fire,
and themselves shut up within their walls for the
sake of liberty and of not having to act otherwise
than they wished at the command of another. And
they wonder, Latins, that though you are aware of
this, you have nevertheless come to them with
orders to receive the tyrants and to raise the siege of
Fidenae, and, if they refuse to obey you, threaten
them with war. Cease, then, putting forward these
stupid and improbable excuses for enmity; and if for
these reasons you are determined to dissolve your ties
of kinship and to declare war, defer it no longer."

LV. Having given this answer to the ambassadors

---

⁵ τεθαύμακεν A (?), B (?). The early editors before Kiessling
read τεθαυμάκαμεν.

⁶ εἰδότες R: ἰδόντες B.

⁷ Cobet: παραβαλλόμενοι O, Jacoby.

προπέμψας ἐκ τῆς πόλεως μετὰ τοῦτο φράζει τῇ
βουλῇ περὶ τῆς ἀπορρήτου συνωμοσίας ἃ παρὰ
τῶν μηνυτῶν ἔμαθε· καὶ λαβὼν ἐξουσίαν παρ'
αὐτῶν αὐτοκράτορα τοῦ διερευνήσασθαι τοὺς μετα-
σχόντας τῶν ἀπορρήτων βουλευμάτων καὶ τοῦ
κολάσαι τοὺς ἐξευρεθέντας, οὐ τὴν αὐθάδη καὶ
τυραννικὴν ἦλθεν ὁδόν, ὡς ἕτερος ἄν τις ἐποίησεν
εἰς τοσαύτην κατακλεισθεὶς ἀνάγκην· ἀλλ' ἐπὶ
τὴν εὐλόγιστόν τε καὶ ἀσφαλῆ καὶ τῷ σχή-
ματι τῆς καθεστώσης τότε πολιτείας ἀκόλουθον
2 ἐτράπετο. οὔτε γὰρ ἐκ τῶν οἰκιῶν συλλαμβα-
νομένους ἄγεσθαι τοὺς πολίτας ἐπὶ τὸν θάνατον
ἀποσπωμένους ἀπὸ γυναικῶν τε καὶ τέκνων καὶ
πατέρων ἐβουλήθη, τόν τε οἶκτον ἐνθυμούμενος
οἷος ἔσται τῶν προσηκόντων ἑκάστοις παρὰ τὸν
ἀποσπασμὸν τῶν ἀναγκαιοτάτων, καὶ δεδοικὼς
μή τινες [1] ἀπονοηθέντες ἐπὶ τὰ ὅπλα τὴν ὁρμὴν
λάβωσι, καὶ δι' αἵματος ἐμφυλίου χωρήσῃ τὸ
ἀναγκασθὲν παρανομεῖν· οὔτε δικαστήρια καθίζειν
αὐτοῖς ᾤετο δεῖν, λογιζόμενος ὅτι πάντες ἀρνήσον-
ται καὶ οὐθὲν ἔσται βέβαιον τοῖς δικασταῖς
τεκμήριον οὐδ' ἀναμφίλεκτον ἔξω τῆς μηνύσεως,
ᾧ [2] πιστεύσαντες θάνατον τῶν πολιτῶν κατα-
3 ψηφιοῦνται· καινὸν δέ τινα τρόπον ἀπάτης
ἐξεῦρε τῶν νεωτεριζόντων, δι' οὗ πρῶτον μὲν
αὐτοὶ μηδενὸς ἀναγκάζοντος εἰς ἓν χωρίον
ἥξουσιν οἱ τῶν ἀπορρήτων βουλευμάτων ἡγεμόνες,
ἔπειτα ἀναμφιλέκτοις ἁλώσονται τεκμηρίοις, ὥστε
μηδ' ἀπολογίαν αὐτοῖς καταλείπεσθαι μηδεμίαν,
πρὸς δὲ τούτοις οὐκ εἰς ἔρημον συναχθέντες

[1] τινες B: τι R.
[2] ᾧ Bücheler: ᾗ AB.

and ordered them to be conducted out of the city, he then told the senate everything relating to the secret conspiracy which he had learned from the informers. And receiving from the senate full authority to seek out the participants in the conspiracy and to punish those who should be discovered, he did not pursue the arbitrary and tyrannical course that anyone else might have followed under the like necessity, but resorted to the reasonable and safe course that was consistent with the form of government then established. Thus he was unwilling, in the first place, that citizens should be seized in their own houses and haled thence to death, torn from the embraces of their wives, children and parents, but considered the compassion which the relations of the various culprits would feel at the violent snatching away of those who were closest to them, and also feared that some of the guilty, if they were driven to despair, might rush to arms, and those who were forced to turn to illegal methods might engage in civil bloodshed. Nor, again, did he think he ought to appoint tribunals to try them, since he reasoned that they would all deny their guilt and that no certain and incontrovertible proof of it, besides the information he had received, could be laid before the judges to which they would give credit and condemn the citizens to death. But he devised a new method of outwitting those who were stirring up sedition, a method by which, in the first place, the leaders of the conspiracy would of themselves, without any compulsion, meet in one place, and then would be convicted by incontrovertible proofs, so that they would be left without any defence whatever; furthermore, as they would not then be

τόπον οὐδ᾽ ἐν ὀλίγοις μάρτυσιν ἐξελεγχθέντες,
ἀλλ᾽ ἐν ἀγορᾷ πάντων ὁρώντων γενόμενοι κατα-
φανεῖς ἃ προσήκει πείσονται, ταραχή τε οὐδεμία
γενήσεται κατὰ τὴν πόλιν οὐδ᾽ ἐπαναστάσεις [1]
ἑτέρων, οἷα συμβαίνειν φιλεῖ περὶ τὰς κολάσεις
τῶν νεωτεριζόντων, καὶ ταῦτ᾽ ἐν ἐπισφαλέσι
καιροῖς.

LVI. Ἄλλος μὲν οὖν ἄν τις ἀποχρῆν ὑπέλαβεν
αὐτὸ τὸ κεφάλαιον εἰπεῖν, ὅτι συλλαβὼν τοὺς μετα-
σχόντας τῶν ἀπορρήτων βουλευμάτων ἀπέκτεινεν,
ὡς ὀλίγης τοῖς πράγμασι δηλώσεως δέον· ἐγὼ δὲ
καὶ τὸν τρόπον τῆς συλλήψεως τῶν ἀνδρῶν
ἱστορίας ἄξιον εἶναι νομίσας ἔκρινα μὴ παρελθεῖν,
ἐνθυμούμενος ὅτι τοῖς ἀναγινώσκουσι τὰς ἱστορίας
οὐχ ἱκανόν ἐστιν εἰς ὠφέλειαν τὸ τέλος αὐτὸ τῶν
πραχθέντων ἀκοῦσαι, ἀπαιτεῖ δ᾽ ἕκαστος καὶ
τὰς αἰτίας ἱστορῆσαι τῶν γενομένων [2] καὶ τοὺς
τρόπους τῶν πράξεων [3] καὶ τὰς διανοίας τῶν
πραξάντων καὶ τὰ παρὰ τοῦ δαιμονίου συγκυρή-
σαντα, καὶ μηδενὸς ἀνήκοος γενέσθαι τῶν πεφυκό-
των τοῖς πράγμασι παρακολουθεῖν· τοῖς δὲ
πολιτικοῖς καὶ πάνυ ἀναγκαίαν ὑπάρχουσαν ὁρῶν [4]
τὴν τούτων μάθησιν, ἵνα παραδείγμασιν ἔχοιεν
2 πρὸς τὰ συμβαίνοντα χρῆσθαι. ἦν δ᾽ ὁ τρόπος
τῆς συλλήψεως τῶν συνωμοτῶν, ὃν ἐξεῦρεν ὁ
ὕπατος, τοιόσδε· τῶν μετεχόντων τοῦ βουλευ-
τικοῦ συνεδρίου τοὺς ἀκμαιοτάτους ἐπιλεξάμενος
ἐκέλευσεν αὐτοῖς, ὅταν λάβωσι τὸ σύνθημα, μετὰ
τῶν πιστοτάτων φίλων τε καὶ συγγενῶν τοὺς
ἐρυμνοὺς τῆς πόλεως καταλαβέσθαι τόπους, ἐν

---

[1] ἐπαναστάσεις B : ἐπαναστασις A.
[2] Kiessling : γινομένων O, Jacoby.

assembled in an unfrequented place nor convicted before a few witnesses only, but their guilt would be made manifest in the Forum before the eyes of all, they would suffer the punishment they deserved, and there would be no disturbance in the city nor uprisings on the part of others, as often happens when the seditious are punished, particularly in dangerous times.

LVI. Another historian, now, might have thought it sufficient to state merely the gist of this matter, namely, that the consul apprehended those who had taken part in the conspiracy and put them to death, as if the facts needed little explanation. But I, since I regarded the manner also of their apprehension as being worthy of history, decided not to omit it, considering that the readers of histories do not derive sufficient profit from learning the bare outcome of events, but that everyone demands that the causes of events also be related, as well as the ways in which things were done, the motives of those who did them, and the instances of divine intervention, and that they be left uninformed of none of the circumstances that naturally attend those events. And for statesmen I perceive that the knowledge of these things is absolutely necessary, to the end that they may have precedents for their use in the various situations that arise. Now the manner of apprehending the conspirators devised by the consul was this: From among the senators he selected those who were in the vigour of their age and ordered that, as soon as the signal should be given, they, together with their most trusted friends and relations, should seize the strong places of the

---

³ τῶν πράξεων B: τῆς πράξεως R.   ⁴ ὁρῶν B: ὁρῶ R.

οἷς ἐτύγχανον ἕκαστοι τὰς οἰκήσεις ἔχοντες·
τοῖς θ' ἱππεῦσι προεῖπεν ἐν ταῖς ἐπιτηδειοτάταις
τῶν περὶ τὴν ἀγορὰν οἰκιῶν περιμένειν ἔχουσι
3 ξίφη καὶ ποιεῖν ὅ τι ἂν αὐτοῖς κελεύῃ. ἵνα δὲ
μηθὲν ἐν τῇ συλλήψει τῶν πολιτῶν [1] νεωτερίσωσιν
οἱ προσήκοντες αὐτοῖς ἢ τῶν ἄλλων τινὲς πολιτῶν,
μηδ' ἐμφύλιοι διὰ τὴν ταραχὴν ταύτην γένωνται
φόνοι, γράμματα πέμψας πρὸς τὸν ἐπὶ τῆς
πολιορκίας τῆς Φιδηναίων τεταγμένον ὕπατον
ἐκέλευσεν ἀρχομένης τῆς νυκτὸς ἄγοντα τὸ
κράτιστον τῆς στρατιᾶς ἥκειν ἐπὶ τὴν πόλιν καὶ
πλησίον τοῦ τείχους ἐν ὀρεινῷ τόπῳ θέσθαι τὰ
ὅπλα.

LVII. Παρασκευασάμενος δὲ ταῦτα τοῖς μηνύ-
σασι τὴν πρᾶξιν εἶπε . . . [2] πρὸς τοὺς ἡγεμόνας
τῶν συνωμοτῶν ἥκειν εἰς τὴν ἀγορὰν περὶ μέσας
νύκτας ἄγοντας οἷς μάλιστα πιστεύουσι τῶν
ἑταίρων, ὡς ἐκεῖ τάξιν τε καὶ χώραν καὶ σύνθημα
ληψομένους, καὶ ἃ δεῖ πράττειν ἑκάστους ἀκού-
σοντας. ἐγίνετο [3] ταῦτα· καὶ ἐπειδὴ συν-
ήχθησαν οἱ προεστηκότες τῶν ἑταίρων [4] ἅπαν-
τες εἰς τὴν ἀγοράν, διὰ συνθημάτων ἀδήλων
ἐκείνοις εὐθὺς αἵ τε ἄκραι πλήρεις ἐγίνοντο τῶν
ὑπὲρ τῆς πόλεως ἀνειληφότων τὰ ὅπλα καὶ τὰ
περὶ τὴν ἀγορὰν ὑπὸ τῶν ἱππέων ἐφρουρεῖτο
κύκλῳ, μία τε οὐ [5] κατελείπετο τοῖς ἀπιέναι
2 βουλομένοις ἔξοδος. καὶ κατὰ τὸν αὐτὸν χρόνον

---

[1] συνωμοτῶν Bücheler.
[2] Lacuna recognized after εἶπε by Kiessling; Cobet pro-
posed to read εἰπεῖν προσέταξε.
[3] ἐγίνετο B: ἐγένετο R.
[4] ἑταίρων ABb: ἑτέρων Ba, ἑταιριῶν Kiessling.

city where each of them chanced to dwell; and the
knights he commanded to wait, equipped with their
swords, in the most convenient houses round the
Forum and to do whatever he should command.
And to the end that, while he was apprehending the
citizens,[1] neither their relations nor any of the other
citizens should create a disturbance and that there
might be no civil bloodshed by reason of this com-
motion, he sent a letter to the consul who had been
appointed to conduct the siege of Fidenae, bidding
him come to the city at the beginning of night
with the flower of his army and to encamp upon a
height near the walls.

LVII. Having made these preparations, he ordered
those who had given information of the plot to send
word [2] to the heads of the conspiracy to come to the
Forum about midnight bringing with them their
most trusted friends, there to learn their appointed
place and station and the watch-word and what each
of them was to do. This was done. And when all the
leaders among the conspirators had assembled in the
Forum, signals, not perceived by them, were given, and
immediately the heights were filling with men who
had taken up arms in defence of the state and all
the parts round the Forum were under guard by the
knights, not a single outlet being left for any who
might desire to leave. And at the same time

---

[1] This word is suspicious here. Bücheler (see critical note)
proposed to read " conspirators."
[2] An infinitive with essentially this meaning seems to have
fallen out of the text. See critical note.

---

[5] μία τε οὐ (with 6 letters erased before οὐ) Bb: οὐδεμία Ba,
οὐτεμία τε A, οὐδεμία τε Steph.

DIONYSIUS OF HALICARNASSUS

ὁ ἕτερος τῶν ὑπάτων Μάνιος ἀπὸ τῆς Φιδήνης
ἀναστὰς παρῆν εἰς τὸ πεδίον ἄγων τὴν δύναμιν.
ὡς δ' ἡμέρα τάχιστα διέλαμψεν, ὁπλίτας περὶ
ἑαυτοὺς ἔχοντες οἱ ὕπατοι προῆλθον ἐπὶ τὸ βῆμα·
καὶ διὰ πάντων τῶν στενωπῶν τοῖς κήρυξι
περιαγγεῖλαι κελεύσαντες ἥκειν τὸν δῆμον εἰς
ἐκκλησίαν, παντὸς τοῦ κατὰ τὴν πόλιν ὄχλου
συνδραμόντος, δηλοῦσί τε αὐτοῖς τὴν γενομένην
ἐπὶ τῇ καθόδῳ τοῦ τυράννου συνωμοσίαν καὶ
3 τοὺς μηνυτὰς ἀναβιβάζονται. καὶ μετὰ τοῦτο
ἀπολογεῖσθαι συγχωρήσαντες, ἐάν τινες ἀμφισ-
βητῶσι πρὸς τὴν μήνυσιν, ἐπειδὴ πρὸς ἄρνησιν
οὐδεὶς ἐπεχείρησε τραπέσθαι, μεταστάντες ἐκ τῆς
ἀγορᾶς εἰς τὸ βουλευτήριον γνώμας ὑπὲρ αὐτῶν
διηρώτησαν τοὺς συνέδρους, καὶ γραψάμενοι τὰ
δόξαντα αὐτοῖς ἧκον αὖθις ἐπὶ τὴν ἐκκλησίαν καὶ
τὸ προβούλευμα ἀνέγνωσαν. ἦν δὲ τοιόνδε·
Ταρκυνίοις[1] μὲν τοῖς μηνύσασι τὴν ἐπίθεσιν
πολιτείαν δεδόσθαι καὶ ἀργυρίου μυρίας ἑκατέρῳ
δραχμὰς καὶ πλέθρα γῆς δημοσίας εἴκοσι· τοὺς δὲ
μετασχόντας τῆς συνωμοσίας συλληφθέντας ἀπο-
4 θανεῖν, ἐὰν καὶ τῷ δήμῳ ταὐτὰ[2] δοκῇ. τοῦ δὲ
συνεληλυθότος ὄχλου κύρια ποιήσαντος τὰ δόξαντα
τῇ βουλῇ, μεταστῆναι κελεύσαντες ἐκ τῆς ἀγορᾶς
τοὺς ἐπὶ τὴν ἐκκλησίαν συνεληλυθότας, ἔπειτ'
ἐκάλεσαν τοὺς ὑπηρέτας ἔχοντας ξίφη, οἳ πάντας
τοὺς ἐνόχους ταῖς αἰτίαις ἐν ᾧ συνεκλείσθησαν
χωρίῳ περιστάντες κατεφόνευσαν. διαχρησάμε-
νοι δὲ τούτους οὐκέτι παρεδέξαντο μήνυσιν
οὐδεμίαν κατ' οὐθενὸς τῶν ταῦτα βουλευσαμένων,
ἀλλὰ πάντας ἀφῆκαν τῶν ἐγκλημάτων τοὺς

---

[1] Steph.: ταρκυνίων AB.　　　[2] Sylburg: ταῦτα O.

Manius, the other consul, having broken camp at
Fidenae, arrived in the Field [1] with his army. As
soon as day appeared, the consuls, surrounded
by armed men, advanced to the tribunal and ordered
the heralds to go through all the streets and sum-
mon the people to an assembly; and when the
entire populace of the city had flocked thither, they
acquainted them with the conspiracy formed to
restore the tyrant, and produced the informers.
After that they gave the accused an opportunity of
making their defence if any of them had any objec-
tions to offer to the information. When none
attempted to resort to denial, they withdrew from
the Forum to the senate-house to ask the opinion of
the senators concerning them; and having caused
their decision to be written out, they returned to
the assembly and read the decree, which was as
follows: To the Tarquinii who had given information
of the attempt should be granted citizenship and ten
thousand drachmae of silver to each and twenty
acres [2] of the public land; and the conspirators should
be seized and put to death, if the people concurred.
The assembled crowd having confirmed the decree
of the senate, the consuls ordered those who had
come together for the assembly to withdraw from
the Forum; then they summoned the lictors, who
were equipped with their swords, and these, sur-
rounding the guilty men in the place where they
were hemmed in, put them all to death. After the
consuls had caused these men to be executed, they
received no more informations against any who had
participated in the plot, but acquitted of the charges

[1] The Campus Martius.   [2] See note to chap. 49, 2.

DIONYSIUS OF HALICARNASSUS

διαφυγόντας τὴν ἐκ χειρὸς κόλασιν, ἵνα πᾶν
5 ἐξαιρεθῇ τὸ ταραχῶδες ἐκ τῆς πόλεως. οἱ μὲν
δὴ συστήσαντες τὴν συνωμοσίαν τοιούτῳ τρόπῳ
διεφθάρησαν· ἡ δὲ βουλὴ καθαρθῆναι ψηφισαμένη
τοὺς πολίτας ἅπαντας, ὅτι περὶ¹ πολιτικοῦ
φόνου γνώμας ἠναγκάσθησαν ἀποδείξασθαι,²ὡς
οὐ θεμιτὸν αὐτοῖς ἐφ' ἱερὰ παρεῖναι καὶ θυσιῶν
κατάρχεσθαι³ πρὶν ἀφοσιώσασθαι τὸ μίασμα καὶ
τὴν συμφορὰν λῦσαι τοῖς εἰωθόσι καθαρμοῖς,
ἐπειδὴ πᾶν ὅσον ἦν ὅσιον ὑπὸ τῶν ἐξηγουμένων τὰ
θεῖα κατὰ τὸν ἐπιχώριον νόμον ἐπράχθη, θυσίας
μετὰ τοῦτο χαριστηρίους καὶ ἀγῶνας ἔκρινεν
ἐπιτελεσθῆναι, καὶ τρεῖς ἡμέρας ἔθηκεν εἰς
ταῦτα ἱεράς. Μανίου δὲ Τυλλίου θατέρου τῶν
ὑπάτων ἐν τοῖς ἱεροῖς καὶ ἐπωνύμοις τῆς πόλεως
ἀγῶσι κατὰ τὴν πομπὴν ἐκ τοῦ ἱεροῦ πεσόντος
ἅρματος κατ' αὐτὸν τὸν ἱππόδρομον, καὶ τρίτῃ
μετὰ τὴν πομπὴν ταύτην ἡμέρᾳ τελευτήσαντος,
τὸν λειπόμενον χρόνον βραχὺν ὄντα τὴν ἀρχὴν
μόνος ὁ Σολπίκιος κατέσχεν.

LVIII. Ὕπατοι δ' εἰς τὸν ἐπιόντα ἐνιαυτὸν
ἀπεδείχθησαν Πόπλιος Οὐετούριος Γέμινος καὶ
Πόπλιος Αἰβούτιος Ἔλβας. τούτων ὁ μὲν Αἰβού-
τιος ἐπὶ τῶν πολιτικῶν ἐτάχθη πραγμάτων
φυλακῆς οὐ μικρᾶς δεῖσθαι δοκούντων, μή τις
ἑτέρα νεωτερισθῇ πρᾶξις ἐκ τῶν πενήτων·
Οὐετούριος δὲ τὴν ἡμίσειαν τῆς στρατιᾶς ἐπαγόμε-
νος τὴν Φιδηναίων γῆν ἐδῄου κωλύοντος οὐδενὸς

¹ περὶ added by Steph.²
² Reiske: ἀποδεῖξαι O.
³ Reiske: κατάρχειν O.

172

everyone who had escaped summary punishment, to the end that all cause of disturbance might be removed from the city. In such fashion were those who had formed the conspiracy put to death. The senate then ordered all the citizens to be purified because they had been under the necessity of giving their votes about shedding the blood of citizens, on the ground that it was not lawful for them to be present at the sacred rites and take part in the sacrifices before they had expiated the pollution and atoned for the calamity by the customary lustrations. After everything that was required by divine law had been performed by the interpreters[1] of religious matters according to the custom of the country, the senate voted to offer sacrifices of thanksgiving and to celebrate games, and set aside three days as sacred for this purpose. And when Manius Tullius, one of the consuls, fell from the sacred chariot in the Circus itself during the procession at the sacred games called after the name of the city,[2] and died the third day after, Sulpicius continued alone in the magistracy during the rest of the time, which was not long.

LVIII. Publius Veturius Geminus[3] and Publius Aebutius Elva were appointed consuls for the following year. Of these Aebutius was put in charge of the civil affairs, which seemed to require no small attention, lest some fresh uprising should be made by the poor. And Veturius, marching out with one half of the army, laid waste the lands of the Fidenates

---

[1] The *pontifices*.
[2] The *ludi Romani*.
[3] *Cf.* Livy ii. 19 f. The Roman historian calls these consuls C. Vetusius and T. Aebutius.

καὶ προσκαθεζόμενος τῇ πόλει προσβολὰς ἐποιεῖτο
συνεχεῖς. οὐ δυνάμενος δὲ πολιορκίᾳ τὸ τεῖχος
ἑλεῖν ἀπεχαράκου τὰ πέριξ καὶ ἀπετάφρευεν ὡς
2 λιμῷ τοὺς ἀνθρώπους παραστησόμενος. ἤδη δὲ
κάμνουσι τοῖς Φιδηναίοις ἧκεν ἐπικουρία Λατίνων,
ἣν ἀπέστειλε Σέξτος Ταρκύνιος, καὶ σῖτος καὶ
ὅπλα καὶ τἆλλα τὰ εἰς τὸν πόλεμον ἐπιτήδεια.
οἷς πιστεύσαντες ἐθάρρησαν προελθεῖν ἐκ τῆς
πόλεως, δύναμις οὐ μικρά, καὶ ποιοῦνται στρατό-
πεδον ἐν ὑπαίθρῳ. ὁ μὲν δὴ περιτειχισμὸς
οὐκέτι τοῖς Ῥωμαίοις χρήσιμος ἦν, ἐδόκει δ᾽
ἀγῶνος δεῖν· καὶ γίνεται πλησίον τῆς πόλεως
μάχη μέχρι τινὸς ἀγχώμαλος· ἔπειτα ὑπὸ τοῦ
ταλαιπώρου τῶν Ῥωμαίων, ὃ διὰ τὴν πολλὴν
ἄσκησιν αὐτοῖς περιῆν, ἐκβιασθέντες οἱ Φιδηναῖοι
πλείους ὄντες ὑπ᾽ ἐλαττόνων εἰς φυγὴν κατ-
3 έστησαν. φόνος δ᾽ οὐ πολὺς αὐτῶν [1] ἐγένετο,
τῆς ὑποχωρήσεως εἰς τὴν πόλιν [2] οὐ διὰ μακροῦ
γενομένης καὶ τῶν ἐπὶ τοῖς τείχεσι τοὺς δι-
ώξαντας ἀποκρουσαμένων. μετὰ τοῦτο τὸ ἔργον
οἱ μὲν ἐπίκουροι διασκεδασθέντες ἀπῄεσαν οὐδὲν
τοὺς ἔνδον ὠφελήσαντες· ἡ δὲ πόλις ἐν ταῖς
αὐταῖς πάλιν ἐγεγόνει συμφοραῖς καὶ τῇ σπάνει
4 τῶν ἀναγκαίων ἐπόνει.[3] κατὰ δὲ τοὺς αὐτοὺς
χρόνους Σέξτος Ταρκύνιος ἄγων στρατιὰν Λατίνων
ἐπὶ Σιγνίαν κατεχομένην ὑπὸ Ῥωμαίων ἐστρά-
τευσεν, ὡς ἐξ ἐφόδου τὸ φρούριον παραληψόμενος.
γενναίως δὲ τῶν ἔνδον ἀπομαχεσαμένων, παρ-
εσκεύαστο μὲν ὡς λιμῷ τοὺς ἀνθρώπους τὸ χωρίον
ἐκλιπεῖν ἀναγκάσων καὶ πολὺν αὐτόθι χρόνον
οὐδὲν ἀξιόλογον πράττων διετέλει· ἀποτυχὼν

[1] αὐτῶν R : om. B.   [2] εἰς τὴν πόλιν B : om. R.

without opposition, and sitting down before the
town, delivered attacks without ceasing; but not
being able to take the wall by siege, he proceeded
to surround the town with palisades and a ditch,
intending to reduce the inhabitants by famine. The
Fidenates were already in great distress when assis-
tance from the Latins arrived, sent by Sextus Tar-
quinius, together with grain, arms and other supplies
for the war. Encouraged by this, they made bold
to come out of the town with an army of no small
size and encamped in the open. The line of contra-
vallation was now of no further use to the Romans, but
a battle seemed necessary; and an engagement took
place near the city, the outcome of which for some
time remained indecisive. Then, forced back by the
stubborn endurance of the Romans, in which they ex-
celled because of their long training, the Fidenates,
though more numerous, were put to flight by the
smaller force. They did not suffer any great loss, how-
ever, since their retreat into the city was over a short
distance and the men who manned the walls repulsed
the pursuers. After this action the auxiliary troops
dispersed and returned home, without having been
of any service to the inhabitants; and the city found
itself once more in the same distress and laboured
under a scarcity of provisions. About the same time,
Sextus Tarquinius marched with an army of Latins
to Signia, then in the possession of the Romans, in
expectation of taking the place by storm. When
the garrison made a brave resistance, he was pre-
pared to force them by famine to quit the place,
and he remained there a considerable time without
accomplishing anything worth mentioning; but find-

³ ἐπόνει O: ἐπονεῖτο Reiske, Jacoby.

δὲ καὶ ταύτης τῆς ἐλπίδος ἀφικομένης τοῖς
φρουροῖς ἀγορᾶς τε καὶ βοηθείας ἀπὸ τῶν ὑπάτων,
λύσας τὴν πολιορκίαν ἀπῆγε τὰς δυνάμεις.

LIX. Τῷ δ' ἑξῆς ἐνιαυτῷ Ῥωμαῖοι καθιστᾶσιν
ὑπάτους Τίτον Λάρκιον Φλάβον[1] καὶ Κόιντον
Κλοίλιον Σικελόν. τούτων ὁ μὲν Κλοίλιος τὰ
πολιτικὰ πράττειν ἐτάχθη ὑπὸ τῆς βουλῆς τὴν
ἡμίσειαν τῆς στρατιᾶς ἔχων φυλακῆς ἕνεκα τῶν
νεωτεριζόντων, ἐπιεικὴς τὴν φύσιν εἶναι δοκῶν
καὶ δημοτικός. ὁ δὲ Λάρκιος ἐπὶ τὸν κατὰ
Φιδηναίων πόλεμον ἐξηρτυμένην στρατιὰν ἄγων
καὶ τὰ εἰς πολιορκίαν ἐπιτήδεια παρασκευα-
σάμενος ᾤχετο. πονουμένοις τε τῷ μήκει τοῦ
πολέμου[2] καὶ πάντων σπανίζουσι τῶν ἀναγκαίων
χαλεπὸς ἦν ὑπορύττων τε τοὺς θεμελίους τῶν τειχῶν
καὶ χώματα ἐγείρων καὶ μηχανὰς προσφέρων καὶ
οὔθ' ἡμέρας οὔτε νυκτὸς τῆς πολιορκίας ἀφιστά-
μενος ὀλίγου τε χρόνου κατὰ κράτος αἱρήσειν τὴν
πόλιν ὑπολαμβάνων. οὐδὲ γὰρ αἱ Λατίνων
πόλεις, αἷς οἱ Φιδηναῖοι μόναις[3] πιστεύοντες
ἀνείλοντο τὸν πόλεμον, ἱκαναὶ σώζειν αὐτοὺς
3 ἔτι τότ'[4] ἦσαν. μία μὲν γὰρ οὐδεμία πόλις[5]
ἀξιόχρεως ἦν ἀπαλλάξαι τῆς πολιορκίας αὐτούς,
κοινῇ δ' ἐξ ὅλου τοῦ ἔθνους οὔπω συνειστήκει
δύναμις, ἀλλὰ πολλάκις πρεσβευομένοις αὐτοῖς
τὰς αὐτὰς ἐδίδοσαν οἱ προεστηκότες τῶν πόλεων
ἀποκρίσεις, ὡς ἀφιξομένης σφίσιν ἐπικουρίας ἐν
τάχει· ἔργον δ' οὐδὲν ἐγίνετο ταῖς ὑποσχέσεσιν
ὅμοιον, ἀλλὰ μέχρι λόγων αἱ περὶ τῆς συμμαχίας

---

[1] Sylburg: φλάβιον AB.
[2] πολέμου ABC: πολέμου τοῖς φιδηναίοις CmgD.
[3] μόναις B: μόλις R.   [4] ἔτι τότ' Reiske: τότε A, ἔτι Bb.

ing himself disappointed of this hope also when provisions and assistance from the consuls reached the garrison, he raised the siege and departed with his army.

LIX. The following year[1] the Romans created Titus Larcius Flavus and Quintus Cloelius Siculus consuls. Of these, Cloelius was appointed by the senate to conduct the civil administration and with one half of the army to guard against any who might be inclined to sedition; for he was looked upon as fair-minded and democratic. Larcius, on his part, set out for the war against the Fidenates with a well-equipped army, after getting ready everything necessary for a siege. And to the Fidenates, who were in dire straits owing to the length of the war and in want of all the necessaries of life, he proved a sore affliction by undermining the foundations of the walls, raising mounds, bringing up his engines of war, and continuing the attacks night and day, in the expectation of taking the city in a short time by storm. Nor were the Latin cities, on which alone the Fidenates had relied in undertaking the war, able any longer to save them; for not one of their cities had sufficient strength by itself to raise the siege for them, and as yet no army had been raised jointly by the whole nation. But to the ambassadors who came frequently from Fidenae the leading men of the various cities kept giving the same answer, that aid would soon come to them; no action, however, followed corresponding to the promises, but the hopes of assistance they held out went no farther than

[1] For chaps. 59–77 cf. Livy ii. 21, 1, also 18, 4–8.

[5] μία μὲν γὰρ οὐδεμία πόλις B: οὐδεμία μὲν γὰρ πόλις A.

4 ἐλπίδες ἐχώρουν. οὐ μὴν παντάπασί γε τὰ παρὰ τῶν
Λατίνων ἀπεγνώκεσαν οἱ Φιδηναῖοι, ἀλλὰ διεκαρ-
τέρουν ἐπὶ ταῖς ἐκεῖθεν ἐλπίσι πάντα τὰ δεινὰ
ὑπομένοντες. ἦν δ' ὑπὲρ πάντα ὁ λιμὸς ἄμαχον
πρᾶγμα καὶ πολὺν οὗτος ἐποίησεν ἀνθρώπων φθόρον.
ὡς δ' ἀπειρήκεσαν ἤδη τοῖς κακοῖς, πρεσβευτὰς
ἀπέστειλαν ὡς τὸν ὕπατον ἀνοχὰς αἰτοῦντες
εἰς τεταγμένον τινὰ ἡμερῶν ἀριθμὸν ὡς ἐν τούτῳ
βουλευσόμενοι τῷ χρόνῳ περὶ τῆς πρὸς Ῥωμαίους
5 φιλίας, ἐφ' οἷς αὐτὴν ποιήσονται δικαίοις. ἦν δ'
οὐ βουλῆς χάριν αἰτούμενος ὑπ' αὐτῶν ὁ χρόνος,
ἀλλὰ παρασκευῆς τῶν συμμάχων, ὡς ἐδήλωσαν
τῶν αὐτομόλων τινὲς ἔναγχος ἀφιγμένοι. τῇ
γὰρ ἔμπροσθεν νυκτὶ τοὺς ἐπιφανεστάτους τῶν
πολιτῶν καὶ πλεῖστον ἐν ταῖς Λατίνων πόλεσι
δυναμένους ἀπεστάλκεσαν πρέσβεις πρὸς τὸ κοινὸν
ἱκετηρίας φέροντας.

LX. Ταῦτα δὴ προεγνωκὼς ὁ Λάρκιος τοῖς
μὲν αἰτοῦσι τὰς ἀνοχὰς ἐκέλευσε τὰ ὅπλα ἀπο-
θεμένοις καὶ τὰς πύλας ἀνοίξασι τότε διαλέγεσθαι
πρὸς αὐτόν· ἄλλως δ' οὔτε διαλλαγὰς οὔτε ἀνοχὰς
οὔτε ἄλλο φιλάνθρωπον ἢ μέτριον οὐθὲν αὐτοῖς
ὑπάρξειν ἔφη παρὰ τῆς Ῥωμαίων πόλεως·
τοὺς δ' ἀποσταλέντας ἐπὶ τὸ Λατίνων ἔθνος
πρεσβευτὰς ἐφύλαττε μηκέτι παρελθεῖν ἐντὸς
τείχους, ἁπάσας τὰς εἰς τὴν πόλιν ἀγούσας
ὁδοὺς φρουραῖς ἐπιμελεστέραις διαλαβών, ὥστε
ἠναγκάσθησαν οἱ πολιορκούμενοι τὰς συμμαχικὰς
ἀπογνόντες ἐλπίδας ἐπὶ τὰς τῶν πολεμίων δεήσεις
καταφυγεῖν. καὶ συνελθόντες εἰς ἐκκλησίαν ἔκρι-
ναν ὑπομένειν τὰς διαλλαγὰς ἐφ' οἷς ὁ κρατῶν
2 ἠξίου. οὕτως δ' ἄρα πολιτικὰ ἦν τὰ τῶν τότε

178

words. Notwithstanding this, the Fidenates had not altogether despaired of help from the Latins, but supported themselves with constancy under all their dreadful experiences by their confidence in those hopes. Above all else, the famine was what they could not cope with and this caused the death of many inhabitants. When at last they gave way to their calamities, they sent ambassadors to the consul to ask for a truce for a definite number of days, in order to deliberate during that time concerning the conditions upon which they should enter into a league of friendship with the Romans. But this time was not sought by them for deliberating, but for securing reinforcements, as was revealed by some of the deserters who had lately come over to the Romans. For the night before they had sent the most important of their citizens and such as had the greatest influence in the cities of the Latins to their general council bearing the tokens of suppliants.

LX. Larcius, being aware of this beforehand, ordered those who asked for a truce to lay down their arms and open their gates first, and then to treat with him. Otherwise, he told them, they would get neither peace nor a truce nor any other humane or moderate treatment from Rome. He also, by stationing more diligent guards along all the roads leading to the city, took care that the ambassadors sent to the Latin nation should not get back inside the walls. Consequently the besieged, despairing of the hoped for assistance from their allies, were compelled to have recourse to supplicating their enemies. And meeting in assembly, they decided to submit to such conditions of peace as the conqueror prescribed. But the commanders at that

ἡγεμόνων ἤθη καὶ πλεῖστον ἀπέχοντα τυραννικῆς
αὐθαδείας, ἣν σπάνιοί τινες τῶν καθ' ἡμᾶς
ἡγεμόνων ἴσχυσαν ἐξουσίας ἐπαρθέντες μεγέθει
διαφυγεῖν, ὥστε παραλαβὼν τὴν πόλιν ὁ ὕπατος
οὐθὲν ἀπὸ τῆς ἑαυτοῦ γνώμης ἔπραξεν, ἀλλ'
ἀποθέσθαι τοὺς ἀνθρώπους κελεύσας τὰ ὅπλα καὶ
φρουρὰν ἐπὶ τὴν ἄκραν καταλιπὼν αὐτὸς εἰς τὴν
Ῥώμην ἀπῄει, καὶ συναγαγὼν τὸ συνέδριον
ἀπέδωκεν αὐτοῖς σκοπεῖν τίνα χρηστέον¹ τοῖς
3 παραδοῦσιν ἑαυτοὺς τρόπον. ἐφ' οἷς ἀγασθέντες
τὸν ἄνδρα τῆς πρὸς αὐτοὺς τιμῆς οἱ σύνεδροι
τοὺς μὲν ἐπιφανεστάτους Φιδηναίων καὶ τῆς
ἀποστάσεως ἄρξαντας ἐδικαίωσαν, οὓς ἂν ὁ ὕπατος
ἀποφήνῃ,² ῥάβδοις μαστιγωθέντας ἀποκοπῆναι
τὰς κεφαλάς· περὶ δὲ τῶν ἄλλων ἐπ' ἐκείνῳ
τὴν ἐξουσίαν ἐποίησαν ἅπαντα πράττειν ὅσα³ προ-
4 ῃρεῖτο. γενόμενος δ' ὁ Λάρκιος ἁπάντων κύριος
ὀλίγους μέν τινας τῶν Φιδηναίων κατηγορηθέντας
ὑπὸ τῶν τἀναντία φρονούντων ἐν τοῖς ἁπάντων
ὀφθαλμοῖς ἀπέκτεινε καὶ τὰς οὐσίας αὐτῶν ἐδή-
μευσε, τοῖς δ' ἄλλοις ἅπασιν ἀπέδωκε τήν τε πόλιν
ἔχειν καὶ τὰ χρήματα, τῆς δὲ γῆς⁴ αὐτῶν ἀπετέμετο
τὴν ἡμίσειαν, ἣν ἐκληρούχησαν οἱ καταλειφθέντες
ἐν τῇ πόλει Ῥωμαίων φρουροὶ τῆς ἄκρας. ταῦτα
διαπραξάμενος ἀπῆγεν ἐπ' οἴκου τὴν στρατιάν.

LXI. Ὡς δ' ἀπηγγέλθη τοῖς Λατίνοις ἡ τῆς
Φιδήνης ἅλωσις, ὀρθὴ καὶ περίφοβος πᾶσα πόλις
ἦν, καὶ τοῖς προεστηκόσι τῶν κοινῶν ἅπαντες

¹ τίνα χρηστέον Kiessling: πῶς ἢ τίνα χρηστέον A, χρηστέον
τίνα B.
² ἀποφήνῃ B: ἀποφήναιτο A, ἀποφήναται C.
³ πράττειν ὅσα Kiessling: ὅσα πράττειν O.

time, it seems, were in their whole behaviour so
obedient to the civil power and so far removed from
tyrannical presumption (which only a few of the
commanders in our days, elated by the greatness of
their power, have been able to avoid), that the consul,
after taking over the city, did nothing on his own
responsibility, but ordering the inhabitants to lay
down their arms and leaving a garrison in the citadel,
went himself to Rome, and assembling the senate,
left it to them to consider how those who had
surrendered themselves ought to be treated. There-
upon the senators, admiring him for the honour he
had shown them, decided that the most prominent
of the Fidenates and those who had been the authors
of the revolt—these to be named by the consul—
should be scourged with rods and beheaded; but
concerning the rest, they gave him authority to do
everything he thought fit. Larcius, having thus been
given full power in all matters, ordered some few of
the Fidenates, who were accused by those of the
opposite party, to be put to death before the eyes
of all and confiscated their fortunes; but all the
others he permitted to retain both their city and
their goods. Nevertheless, he took from them one
half of their territory,[4] which was divided by lot
among those Romans who were left in the city as a
garrison for the citadel. Having settled these
matters, he returned home with his army.

LXI. When the Latins heard of the capture of
Fidenae, every city was in a state of the utmost
excitement and fear, and all the citizens were
angry with those who were at the head of federal

DIONYSIUS OF HALICARNASSUS

ἐχαλέπαινον ὡς προδεδωκόσι τοὺς συμμάχους. συναχθείσης δ' ἀγορᾶς ἐν Φερεντίνῳ πολλὴν ἐποιοῦντο τῶν ἀποσπευδόντων τὸν πόλεμον κατηγορίαν οἱ τὰ ὅπλα πείθοντες αὐτοὺς ἀναλαβεῖν, μάλιστα δὲ Ταρκύνιός τε καὶ ὁ κηδεστὴς αὐτοῦ Μαμίλιος καὶ οἱ προεστηκότες τῆς Ἀρικηνῶν πόλεως. 2 ὑφ' ὧν ἐκδημαγωγηθέντες, ὅσοι τοῦ Λατίνων μετεῖχον γένους, κοινῇ τὸν κατὰ Ῥωμαίων ἀναιροῦνται πόλεμον· καὶ ἵνα πόλις μηδεμία μήτε προδῷ τὸ κοινὸν μήτε προκαταλύσηται τὴν ἔχθραν ἄνευ τῆς ἀπάντων γνώμης ὅρκους ἔδοσαν ἀλλήλοις, καὶ τοὺς μὴ φυλάξοντας[1] τὰς ὁμολογίας ἐκσπόνδους εἶναι καὶ καταράτους ἐψηφίσαντο 3 καὶ πολεμίους ἁπάντων. οἱ δ' ἐγγραψάμενοι ταῖς συνθήκαις[2] πρόβουλοι καὶ τοὺς ὅρκους ὁμόσαντες ἀπὸ τούτων τῶν πόλεων ἦσαν ἄνδρες, Ἀρδεατῶν, Ἀρικηνῶν, Βοϊλλανῶν,[3] Βουβεντανῶν, Κορανῶν,[4] Καρυεντανῶν, Κιρκαιητῶν,[5] Κοριολανῶν, Κορβιντῶν,[5] Καβανῶν, Φορτινείων, Γαβίων, Λαυρεντίνων, Λανουινίων,[6] Λαβινιατῶν, Λαβικανῶν, Νωμεντανῶν, Νωρβανῶν,[7] Πραινεστί-

[1] Bücheler: φυλάσσοντας O.
[2] συνθήκαις AB: συνθήκαις ταῦτα Steph., Jacoby.
[3] Gelenius, Hudson: βοιαλανῶν AB, βωλανῶν Lapus.
[4] Lapus: κόρνων O, Jacoby.
[5] κιρκαιητῶν κοριολανῶν κορβιντῶν καβανῶν φορτινείων B: om. R. For κορβιντῶν Kiessling proposed Κορβιωνίων.
[6] λαουινίων A, λανουηῖων B.
[7] Lapus: μωρεανῶν AB.

[1] It will be observed that this list of cities is given in the order of the Roman alphabet, at least in so far as the initial letter is concerned. Only twenty-nine cities are named, in place of the thirty we should expect. The edition of

affairs, accusing them of having betrayed their
allies. And a general assembly being held at
Ferentinum, those who urged a recourse to arms,
particularly Tarquinius and his son-in-law Mamilius,
together with the heads of the Arician state, in-
veighed bitterly against those who opposed the war;
and by their harangues all the deputies of the Latin
nation were persuaded to undertake the war jointly
against the Romans. And to the end that no city
might either betray the common cause or be reconciled
to the Romans without the consent of all, they swore
oaths to one another and voted that those who
violated this agreement should be excluded from
their alliance, be accursed and regarded as the
enemies of all. The deputies who subscribed to
the treaty and swore to its observance were from
the following cities[1]: Ardea, Aricia, Bovillae,
Bubentum, Cora, Carventum, Circeii, Corioli, Corbio,
Cabum,[2] Fortinea, Gabii, Laurentum, Lanuvium,
Lavinium, Labici, Nomentum, Norba, Praeneste,

Stephanus, to be sure, added the name Τρικρίνων after Τυσ-
κλανῶν; but where he found it, no one knows. No Tricrium
or Tricria is known to us, hence the name was emended to
Trebia by Gelenius, and to Tarracina by more recent scholars.
As the Greek text gives, not the names of the cities themselves,
but the names of their inhabitants, the exact form for the
name of the city is uncertain in a few cases. Thus the forms
may be either Cabum, Caba or Cabe; Fortinea or Fortinei;
Querquetulum or Querquetula. Instead of Bovillae several
scholars have preferred to read Bola.

[2] For this form cf. De Sanctis, Storia dei Romani, i. 378, n. 5,
and in Pauly-Wissowa s.v. Cabenses.

νων, Πεδανῶν, Κορκοτουλανῶν, Σατρικανῶν,[1]
Σκαπτηνίων, Σητίνων,[2] Τιβουρτίνων, Τυσκλανῶν,[3]
Τοληρίνων,[4] Τελληνίων, Οὐελιτρανῶν·[5] ἐκ
τούτων ἁπασῶν τῶν πόλεων τοὺς ἐν ἀκμῇ
συστρατεύειν ὅσων ἂν δέῃ τοῖς ἡγεμόσιν Ὀκτα-
ουΐῳ Μαμιλίῳ καὶ Σέξτῳ Ταρκυνίῳ· τούτους
4 γὰρ ἀπέδειξαν στρατηγοὺς αὐτοκράτορας. ἵνα
δ' εὐπρεπεῖς δόξωσι ποιεῖσθαι τὰς τοῦ πολέμου
προφάσεις, πρεσβευτὰς ἐξ ἑκάστης πόλεως τοὺς
ἐπιφανεστάτους εἰς Ῥώμην ἀπέστειλαν, οἳ κατα-
στάντες ἐπὶ τὴν βουλὴν ἔλεγον κατηγορεῖσθαι
τὴν πόλιν αὐτῶν ὑπὸ τῆς πόλεως τῶν Ἀρικηνῶν·
ὅτι πόλεμον ἐπιφερόντων Τυρρηνῶν Ἀρικηνοῖς
οὐ μόνον ἀσφαλεῖς παρέσχον αὐτοῖς διὰ τῆς
ἑαυτῶν χώρας τὰς διόδους, ἀλλὰ καὶ συνέπραξαν
ὅσων αὐτοῖς εἰς τὸν πόλεμον ἔδει, καὶ τοὺς
φυγόντας ἐκ τῆς τροπῆς ὑποδεξάμενοι τραυ-
ματίας καὶ ἀνόπλους ἅπαντας ὄντας ἔσωσαν,
οὐκ ἀγνοοῦντες ὅτι κοινὸν ἐπῆγον ἅπασι τοῖς
ὁμοεθνέσι πόλεμον καί, εἰ τὴν Ἀρικηνῶν πόλιν
ὑποχείριον ἔλαβον, οὐδὲν ἂν ἦν τὸ κωλῦσον αὐτοὺς
καὶ τὰς ἄλλας καταδουλώσασθαι πόλεις ἁπάσας.
5 εἰ μὲν οὖν βουλήσονται δίκας Ἀρικηνοῖς ὑπέχειν
ἐπὶ τὸ κοινὸν τῶν Λατίνων ἀφικόμενοι δικαστή-
ριον καὶ στέρξουσι[6] τοῖς ὑπὸ πάντων δικασθη-
σομένοις, οὐδὲν αὐτοῖς ἔφασαν δεήσειν πολέμου·
εἰ δὲ τὴν συνήθη φυλάξαντες αὐθάδειαν οὐδὲν

[1] Sylburg: ἀτρικανῶν AB.
[2] Σιγνίνων Mommsen.
[3] After Τυσκλανῶν Steph. inserted Τρικρίνων, which is not
reported as standing in any MS. This was amended to
Ταρρακίνων by Schäfer.
[4] τοληρίνων B: τεληρίνων A.

184

Pedum, Querquetula, Satricum, Scaptia, Setia, Tibur, Tusculum, Tolerium, Tellenae, Velitrae. They voted that as many men of military age from all these cities should take part in the campaign as their commanders, Octavius Mamilius and Sextus Tarquinius, should require; for they had appointed these to be their generals with absolute power. And in order that the grounds they offered for the war might appear plausible, they sent the most prominent men from every city to Rome as ambassadors. These, upon being introduced to the senate, said that the Arician state preferred the following charges against the Roman state: When the Tyrrhenians had made war upon the Aricians, the Romans had not only granted them a safe passage through their territory, but had also assisted them with everything they required for the war, and having received such of the Tyrrhenians as fled from the defeat, they had saved them when they all were wounded and without arms, though they could not be ignorant that they were making war against the whole nation in common, and that if they had once made themselves masters of the city of Aricia nothing could have hindered them from enslaving all the other cities as well. If, therefore, the Romans would consent to appear before the general tribunal of the Latins and answer there the accusations brought against them by the Aricians, and would abide by the decision of all the members, they said the Romans would not need to have a war; but if they persisted in their usual arrogance and re-

---

⁵ Gelenius: οὐελιβρανῶν Α, οὐελικράνων Β.
⁶ στέρξουσι Cobet: εἴξουσι Ο.

185

ἀξιώσουσι συγχωρεῖν τοῖς συγγενέσι τῶν δικαίων
καὶ μετρίων, ἠπείλουν πολεμήσειν αὐτοῖς Λατί-
νους ἅπαντας ἀνὰ κράτος.

LXII. Ταῦτα προκαλουμένων τῶν πρεσβευτῶν
οὐκ ἀξιοῦσα δίκην ὑποσχεῖν Ἀρικηνοῖς ἡ βουλὴ
περὶ ὧν οἱ κατηγοροῦντες ἔμελλον γίνεσθαι
κριταί, καὶ οὐδὲ μέχρι τούτων κριτὰς ἔσεσθαι
ὑπολαμβάνουσα τοὺς ἐχθρούς, ἀλλὰ προσθήσειν
ἔτι βαρύτερα τούτων ἐπιτάγματα, δέχεσθαι τὸν
πόλεμον ἐψηφίσατο.[1] τῆς μὲν οὖν ἀρετῆς ἕνεκα
καὶ τῆς ἐμπειρίας τῶν ἀγώνων οὐδεμίαν ὑπελάμ-
βανε[2] καταλήψεσθαι τὴν πόλιν συμφοράν, τὸ
δὲ πλῆθος ὠρρώδει τῶν πολεμίων· καὶ πολλαχῇ
διαπέμπουσα πρέσβεις παρεκάλει τὰς πλησιο-
χώρους πόλεις ἐπὶ συμμαχίαν, ἀντιπρεσβευομένων
εἰς τὰς αὐτὰς καὶ τῶν Λατίνων καὶ πολλὰ τῆς
2 Ῥώμης κατηγορούντων. Ἕρνικες μὲν οὖν κοινῇ
συνελθόντες ὕποπτα καὶ οὐδὲν ὑγιὲς ἀμφοτέραις
ταῖς πρεσβείαις ἀπεκρίναντο, συμμαχήσειν μὲν
οὐδετέροις λέγοντες κατὰ τὸ παρόν, βουλεύσεσθαι
δ' ὁπότεροι δικαιότερα ἀξιοῦσι κατὰ σχολήν,
3 τῇ δὲ βουλῇ χρόνον ἐνιαύσιον ἀποδώσειν. Ῥότολοι
δὲ Λατίνοις μὲν ἐπικουρίαν πέμψειν ἄντικρυς
ὑπέσχοντο, Ῥωμαίοις δ', ἐὰν βουληθῶσι κατα-
λύσασθαι τὴν ἔχθραν, διὰ σφῶν μετριωτέρους
παρέξειν Λατίνους ἔφασαν καὶ τὰς συμβάσεις
αὐτοῖς διαιτήσειν. Οὐολοῦσκοι δὲ καὶ θαυμάζειν
ἔλεγον τῆς Ῥωμαίων ἀναισχυντίας, ὅτι συνειδότες
ἑαυτοῖς ὅτι τά τε ἄλλα ἠδικηκότες ἦσαν αὐτοὺς

---

[1] Portus: ἐψηφίσαντο O, Jacoby.
[2] ὑπελάμβανε R: ὑπελάμβανον B, Jacoby.

fused to make any just and reasonable conces-
sions to their kinsmen, they threatened that all
the Latins would make war upon them with all
their might.

LXII. This was the proposal made by the am-
bassadors; but the senate was unwilling to plead
its cause with the Aricians in a controversy in
which their accusers would be the judges, and they
did not imagine that their enemies would even
confine their judgment to these charges alone, but
would add other demands still more grievous than
these; and accordingly they voted to accept war.
So far, indeed, as bravery and experience in warfare
were concerned, they did not suppose any misfortune
would befall the commonwealth, but the multitude
of their enemies alarmed them; and sending am-
bassadors in many directions, they invited the neigh-
bouring cities to an alliance, while the Latins in
their turn sent counter-embassies to the same cities
and bitterly assailed Rome. The Hernicans, meeting
together, gave suspicious and insincere answers to
both embassies, saying that they would not for the
present enter into an alliance with either, but would
consider at leisure which of the two nations made
the juster claims, and that they would give a year's
time to that consideration. The Rutulians openly
promised the Latins that they would send them
assistance, and assured the Romans that, if they
would consent to give up their enmity, they through
their influence would cause the Latins to moderate
their demands and would mediate a peace between
them. The Volscians said they even wondered at the
shamelessness of the Romans, who, though conscious
of the many injuries they had done them, and

DIONYSIUS OF HALICARNASSUS

καὶ τὰ τελευταῖα [1] τῆς χώρας τὴν κρατίστην
αὐτοὺς ἀφελόμενοι κατεῖχον, οὐδὲν ἧσσον ἐτόλμη-
σαν ἐπὶ συμμαχίαν ἐχθροὺς ὄντας σφᾶς παρακαλεῖν,
συνεβούλευόν τε αὐτοῖς ἀποδοῦσι τὴν χώραν
τότε παρ' αὐτῶν ὡς φίλων [2] ἀπαιτεῖν τὰ δίκαια.
Τυρρηνοὶ δ' ἀμφοτέροις ἐμποδὼν ἐγίνοντο, Ῥω-
μαίοις μὲν σπονδὰς γεγονέναι λέγοντες οὐ πρὸ
πολλοῦ, πρὸς δὲ Ταρκυνίους συγγένειαν εἶναι
4 σφίσι καὶ φιλίαν. τοιαῦτα τούτων ἀποκρινα-
μένων οὐθὲν οἱ Ῥωμαῖοι ταπεινωθέντες, ὃ
παθεῖν εἰκὸς ἦν τοὺς μέγαν τε πόλεμον αἱρο-
μένους [3] καὶ πάσας ἀπεγνωκότας τὰς συμ-
μαχικὰς ἐλπίδας, ἀλλὰ ταῖς οἰκείαις δυνάμεσι
πιστεύοντες μόναις πολλῷ προθυμότεροι πρὸς τὸν
ἀγῶνα ἐγίνοντο, ὡς διὰ τὴν ἀνάγκην ἄνδρες
ἀγαθοὶ παρὰ τοὺς κινδύνους ἐσόμενοι, καὶ ἐὰν
κατὰ νοῦν πράξωσι ταῖς ἰδίαις ἀρεταῖς κατορθώ-
σαντες τὸν πόλεμον οὐδενὶ κοινωσόμενοι τῆς
δόξης. τοσοῦτον αὐτοῖς φρονήματος καὶ τόλμης
ἐκ τῶν πολλῶν ἀγώνων περιῆν.

LXIII. Παρασκευαζόμενοι δὲ τὰ εἰς τὸν πό-
λεμον ἐπιτήδεια καὶ τὰς δυνάμεις ἀρξάμενοι
καταγράφειν, εἰς πολλὴν ἐνέπιπτον ἀμηχανίαν,
οὐ τὴν αὐτὴν ἁπάντων προθυμίαν εἰς τὰ ἔργα
παρεχομένων. οἱ γὰρ ἐνδεεῖς βίου καὶ μάλιστα
οἱ τὰ χρέα τοῖς συμβαλοῦσι διαλῦσαι οὐ δυνά-
μενοι πολλοὶ σφόδρα ὄντες οὐχ ὑπήκουον ἐπὶ τὰ
ὅπλα καλούμενοι οὐδ' ἐβούλοντο κοινωνεῖν οὐδενὸς
ἔργου τοῖς πατρικίοις, εἰ μὴ ψηφίσαιντο αὐτοῖς

---

[1] ὡς after τελευταῖα deleted by Reiske.
[2] παρ' αὐτῶν ὡς φίλων Reiske: παρὰ τῶν φίλων O.

particularly of the latest, in taking from them the best part of their territory and retaining it, had nevertheless had the effrontery to invite them, who were their enemies, to an alliance; and they advised them first to restore their lands and then to ask satisfaction from them as from friends. The Tyrrhenians put obstacles in the way of both sides by alleging that they had lately made a treaty with the Romans and that they had ties of kinship and friendship with the Tarquinii. Notwithstanding these answers, the Romans abated nothing of their spirit, which would have been a natural thing for those who were entering upon a dangerous war and had given up hope of any assistance from their allies; but trusting to their own forces alone, they grew much more eager for the contest, in the confidence that because of their necessity they would acquit themselves as brave men in the face of danger, and that if they succeeded according to their wish and won the war by their own valour, the glory of it would not have to be shared with anyone else. Such spirit and daring had they acquired from their many contests in the past.

LXIII. While they were preparing everything that was necessary for the war and beginning to enrol their troops, they fell into great perplexity when they found that all the citizens did not show the same eagerness for the service. For the needy, and particularly those who were unable to discharge their debts to their creditors—and there were many such—when called to arms refused to obey and were unwilling to join with the patricians in any undertaking unless they passed a vote for the remission

---

[3] Cobet: αἱρουμένους B, συναιρουμένους A.

χρεῶν ἄφεσιν· ἀλλὰ καὶ καταλείψειν τινὲς αὐ-
τῶν τὴν πόλιν ἔλεγον καὶ παρεκελεύοντο ἀλλή-
λοις μὴ φιλοχωρεῖν πόλει μηδενὸς αὐτοῖς ἀγαθοῦ
2 μεταδιδούσῃ. τέως μὲν οὖν παρακαλεῖν αὐτοὺς
οἱ πατρίκιοι καὶ μεταπείθειν ἐπειρῶντο, ἐπεὶ δ᾽
οὐθὲν ἐγίνοντο μετριώτεροι πρὸς τὰς παρακλή-
σεις, οὕτω δὴ συνελθόντες εἰς τὸ βουλευτήριον
ἐσκόπουν τίς εὐπρεπεστέρα λύσις ἔσται τῆς
κατεχούσης τὴν πόλιν ταραχῆς. ὅσοι μὲν οὖν
ἐπιεικεῖς τὴν φύσιν καὶ μέτριοι τοῖς τιμήμασι τῶν
βίων ἦσαν, παρήνουν ἀφεῖναι τὰ χρέα τοῖς πένησι
καὶ πρίασθαι πολιτικὴν εὔνοιαν ὀλίγου διαφόρου,
μεγάλα μέλλοντας ἐξ αὐτῆς κερδανεῖν ἰδίᾳ τε
καὶ δημοσίᾳ.

LXIV. Ἦν δ᾽ ὁ ταύτης ἡγούμενος τῆς γνώμης
Μάρκος Οὐαλέριος, υἱὸς Ποπλίου[1] Οὐαλερίου,
ἑνὸς τῶν καταλυσάντων τὴν τυραννίδα, τοῦ[2]
κληθέντος διὰ τὴν εἰς τὸ δημοτικὸν εὔνοιαν
Ποπλικόλα, διδάσκων αὐτοὺς ὅτι τοῖς μὲν ὑπὲρ
τῶν ἴσων ἀγωνιζομένοις ἴσαι φιλοῦσιν ἐμφύεσθαι
πρὸς τὰ ἔργα φιλοτιμίαι, τοῖς δὲ μηδενὸς[3] ἀπο-
λαύειν μέλλουσιν ἀγαθοῦ[4] οὐδὲν ἐπέρχεται φρο-
νεῖν γενναῖον· ἠρεθίσθαι τε λέγων ἅπαντας
τοὺς ἀπόρους καὶ περιϊόντας κατὰ τὴν ἀγορὰν
2 λέγειν, "Τί δ᾽ ἡμῖν ἔσται πλέον, ἐὰν νικήσωμεν
τοὺς ἔξωθεν πολεμίους, εἰ τοῖς δανεισταῖς ἀγώγιμοι
πρὸς τὰ χρέα γενησόμεθα, καὶ τῇ πόλει τὴν
ἡγεμονίαν κατασκευάσαντες αὐτοὶ μηδὲ τὴν
ἐλευθερίαν τοῖς σώμασι φυλάξαι δυνησόμεθα;"
κίνδυνόν τε οὐ τοῦτον μόνον ἐπαχθῆναι σφίσιν

[1] Ποπλίου Kiessling: μάρκου O.
[2] τοῦ B: ποπλίου τοῦ R.   [3] μηδὲν Jacoby.

of their debts. On the contrary, some of them threatened even to leave the city and exhorted one another to give up their fondness for living in a city that allowed them no share in any thing that was good. At first the patricians endeavoured by entreaties to prevail upon them to change their purpose, but finding that in response to their entreaties they showed no greater moderation, they then assembled in the senate-house to consider what would be the most seemly method of putting an end to the disturbance that was troubling the state. Those senators, therefore, who were fair-minded and of moderate fortunes advised them to remit the debts of the poor and to purchase for a small price the goodwill of their fellow-citizens, from which they were sure to derive great advantages both private and public.

LXIV. The author of this advice was Marcus Valerius, the son of Publius Valerius, one of those who had overthrown the tyranny and from his goodwill toward the common people had been called Publicola. He showed them that those who fight for equal rewards are apt to be inspired to action by an equal spirit of emulation, whereas it never occurs to those who are to reap no advantage to entertain any thought of bravery. He said that all the poor people were exasperated and were going about the Forum saying: "What advantage shall we gain by overcoming our foreign enemies if we are liable to be haled to prison for debt by the money-lenders, or by gaining the leadership for the commonwealth if we ourselves cannot maintain even the liberty of our own persons?" He then showed them that this was not the only danger which had been brought

---

⁴ ἀγαθοῦ A: ἀγαθὸν B, Jacoby.

ἀποφαίνων, ἐὰν ἐκπολεμωθῇ πρὸς τὴν βουλὴν ὁ
δῆμος, μὴ καταλίπῃ τὴν πόλιν ἐν τοῖς κινδύνοις,
ὃ πάντας ὀρρωδεῖν χρὴ τοὺς τὰ κοινὰ σώζεσθαι
βουλομένους, ἀλλὰ κἀκεῖνον τὸν ἔτι τούτου χαλεπώ-
τερον, μὴ ταῖς παρὰ τῶν τυράννων φιλανθρω-
πίαις ἐξαπατηθεὶς κατὰ τῶν πατρικίων ἄρηται [1]
τὰ ὅπλα καὶ συγκαταγάγῃ Ταρκύνιον ἐπὶ τὴν
3 ἀρχήν. ἕως οὖν ἔτι λόγους καὶ ἀπειλὰς εἶναι,
πονηρὸν δ' ἔργον μηδὲν ὑπὸ τοῦ δήμου γεγονέναι,
φθάσαι τῇ βοηθείᾳ ταύτῃ τὸν δῆμον εἰς τὰ πράγ-
ματα [2] προοικειωσαμένους [3] παρῄνει, οὔτε πρώ-
τους τὸ πολίτευμα τοῦτο καθισταμένους οὔτε
αἰσχύνην τινὰ δι' αὐτὸ μεγάλην ὀφλήσοντας,
ἀλλὰ πολλοὺς ἔχοντας ἐπιδεῖξαι καὶ τοῦτο
ὑπομείναντας καὶ ἄλλα πολλῷ τούτου χαλεπώ-
τερα, ὅταν μηθὲν ἐξῇ πράττειν ἕτερον· τὰς γὰρ
ἀνάγκας κρείττους εἶναι τῆς ἀνθρωπίνης φύσεως,
καὶ τὸ εὐπρεπὲς τότε ἀξιοῦν ἅπαντας σκοπεῖν,
ὅταν ἔχωσιν ἤδη τὸ ἀσφαλές.

LXV. Ἐξαριθμησάμενος δὲ πολλὰ καὶ ἐκ
πολλῶν παραδείγματα πόλεων τελευταίαν παρ-
έσχετο τὴν Ἀθηναίων πόλιν μεγίστου τότε τυγχά-
νουσαν ὀνόματος ἐπὶ σοφίᾳ, οὐ πρὸ πολλῶν
χρόνων, ἀλλὰ κατὰ τοὺς πατέρας αὐτῶν, ἄφεσιν
χρεῶν ψηφισαμένην τοῖς ἀπόροις Σόλωνος καθ-
ηγησαμένου, καὶ οὐθένα τῇ πόλει τοῦ πολιτεύ-
ματος τοῦδε [4] ἐπιτιμᾶν οὐδὲ τὸν εἰσηγησάμενον
αὐτὸ δημοκόπον καὶ πονηρὸν ἀποκαλεῖν, ἀλλὰ
καὶ τοῖς πεισθεῖσι πολλὴν φρόνησιν ἅπαντας

---

[1] Cobet: ἄρη A, αἴρη Ba, ἄ.ρη Bb.
[2] εἰς τὰ πράγματα B: om. R.
[3] Reiske: προσοικειωσαμένους B, οἰκειωσαμένους R.

upon them in case the people should become hostile
to the senate, namely, that they would abandon the
city in the midst of its perils—a possibility at which
all who desired the preservation of the common-
wealth must shudder—but that there was the further
danger, still more formidable than this, that, seduced
by favours from the tyrants, they might take up
arms against the patricians and aid in restoring
Tarquinius to power. Accordingly, while it was still
only a matter of words and threats, and no mis-
chievous deed had been committed by the people
as yet, he advised them to act in time and reconcile
the people to the situation by affording them this
relief; for they were neither the first to adopt such
a measure nor would they incur any great disgrace
on account of it, but could point to many others
who had submitted, not only to this, but to other
demands much more grievous, when they had no
alternative. For necessity, he said, is stronger than
human nature, and people insist on considering
appearances only when they have already gained
safety.

LXV. After he had enumerated many examples
taken from many cities, he at last offered them that
of the city of Athens, then in the greatest repute for
wisdom, which not very long before, but in the time
of their fathers, had under the guidance of Solon
voted a remission of debts to the poor; and no one,
he said, censured the city for this measure or called
its author a flatterer of the people or a knave, but all
bore witness both to the great prudence of those who
were persuaded to enact it and to the great wisdom

---

[4] τοῦδε A: τότε B, τούτου Bücheler, Jacoby.

DIONYSIUS OF HALICARNASSUS

μαρτυρεῖν καὶ τῷ πείσαντι μεγάλην σοφίαν.
2 Ῥωμαίοις δέ, οἷς οὐ περὶ μικρῶν τὸν κίνδυνον
εἶναι διαφόρων, ἀλλ᾽ ὑπὲρ τοῦ μὴ παραδοθῆναι
πάλιν ὠμῷ καὶ παντὸς χείρονι θηρίου τυράννῳ,
τίς τῶν νοῦν ἐχόντων ἐπιτιμήσειεν ἄν, ἐὰν [1]
τῇ φιλανθρωπίᾳ ταύτῃ συμμάχους ἀντὶ πολεμίων
τοὺς πένητας κατασκευάσωνται [2] τῇ πόλει γενέ-
3 σθαι; διεξελθὼν δὲ τὰ ξενικὰ παραδείγματα
τελευταῖον τὸν ἐκ τῶν ἐπιχωρίων ἔργων προσ-
ελάμβανε λόγον ὑπομιμνήσκων τὰς ἔναγχος κατα-
σχούσας αὐτοὺς ἀνάγκας, ὅτε [3] κρατουμένης σφῶν
τῆς χώρας ὑπὸ Τυρρηνῶν τειχήρεις γενόμενοι
καὶ εἰς πολλὴν τῶν ἀναγκαίων καταστάντες
ἀπορίαν οὐκ ἔσχον ἀνθρώπων μεμηνότων καὶ
θανατώντων ἀνοήτους [4] λογισμούς, ἀλλ᾽ εἴξαντες
τοῖς κατέχουσι καιροῖς καὶ τὴν ἀνάγκην διδά-
σκαλον τῶν συμφερόντων λαβόντες, ὅμηρά τε
δοῦναι βασιλεῖ Πορσίνᾳ τοὺς ἐπιφανεστάτους
παῖδας ὑπέμειναν, οὔπω πρότερον τοῦτο ὑπο-
μείναντες, καὶ μέρει τῆς χώρας ζημιωθῆναι, τῶν
Ἑπτὰ πάγων Τυρρηνοῖς ἀποστάντες, καὶ δικαστῇ
χρήσασθαι τῷ πολεμίῳ περὶ ὧν αὐτοῖς ὁ τύραννος
ἐνεκάλει, καὶ ἀγορὰν [5] καὶ ὅπλα καὶ τἆλλα ὅσων
ἐδέοντο Τυρρηνοὶ παρασχεῖν ἐπὶ τῇ καταλύσει
4 τοῦ πολέμου. τούτοις δὴ τοῖς παραδείγμασι
χρησάμενος οὐ τῆς αὐτῆς φρονήσεως ἔργον
ἀπέφαινεν εἶναι τοῖς μὲν πολεμίοις περὶ μηθενὸς
ὧν ἠξίωσαν ἀντειπεῖν, τοῖς δ᾽ ἑαυτῶν πολίταις
περὶ μικροῦ πολεμεῖν διαφόρου, οἳ πολέμους μὲν

---

[1] ἐὰν added by Sintenis.
[2] κατασκευάσωνται A: κατασκευάσασθαι Ba, κατασκευάσῃ Bb, κατασκευάσασι Reiske.

194

of the man who persuaded them to do so. As for the Romans, whose perilous situation was due to no trivial differences, but to the danger of being delivered up again to a cruel tyrant more savage than any wild beast, what man in his senses could blame them if by this instance of humanity they should cause the poor to become joint supporters, instead of enemies, of the commonwealth? After enumerating these foreign examples he ended with a reference to their own actions, reminding them of the straits to which they had been lately reduced when, their country being in the power of the Tyrrhenians and they themselves shut up within their walls and in great want of the necessaries of life, they had not taken the foolish resolutions of madmen courting death, but yielding to the emergency that was upon them and allowing necessity to teach them their interest, had consented to deliver up to King Porsena their most prominent children as hostages, a thing to which they had never submitted before, to be deprived of part of their territory by the cession of the Seven Districts to the Tyrrhenians, to accept the enemy as the judge of the accusations brought against them by the tyrant, and to furnish provisions, arms, and everything else the Tyrrhenians required as the condition of their putting an end to the war. Having made use of these examples, he went on to show that it was not the part of the same prudence first to refuse no terms insisted on by their enemies and then to make war over a trivial difference upon their own

---

³ ὅτε Gelenius: ὅτι O.
⁴ ἀνοήτους B : om. R.
⁵ καὶ ἀγορὰν Kiessling : διδόντες καὶ ἀγορὰν O, Jacoby.

ἠγωνίσαντο καλοὺς καὶ πολλοὺς περὶ τῆς ἡγεμο-
νίας, ὅτε κατεῖχον οἱ βασιλεῖς τὰ κοινά, μεγάλην
δὲ προθυμίαν εἰς τὸ συνελευθερῶσαι τὴν πόλιν
ἀπὸ τῶν τυράννων παρέσχοντο, ἔτι δὲ πλείονα
παρέξεσθαι σπουδὴν ἔμελλον εἰς τὰ λοιπὰ ἔργα
παρακληθέντες, βίων μὲν σπανίζοντες, τὰ δὲ
σώματα καὶ τὰς ψυχάς, ἃ μόνα περιῆν αὐτοῖς,
ἀφειδῶς εἰς τοὺς περὶ αὐτῆς κινδύνους ἐπιδιδόντες.
5 ἔφη δὲ τελευτῶν [1] ὡς εἰ καὶ μηδὲν ἐπεχείρουν
ἐκεῖνοι τοιοῦτον ὑπ' αἰσχύνης κρατούμενοι λέγειν
μηδὲ ἐπαγγέλλειν,[2] τοὺς πατρικίους ἐχρῆν λογι-
σμὸν τὸν προσήκοντα περὶ αὐτῶν λαβόντας,
ὧν ᾔδεσαν δεομένους καὶ κοινῇ καὶ καθ' ἕνα
ἕκαστον, ταῦτα ἐξ ἑτοίμου χαρίζεσθαι, ἐνθυμου-
μένους ὅτι πρᾶγμα ὑπερήφανον ποιοῦσιν [3] αἰτοῦντες
μὲν παρ' ἐκείνων τὰ σώματα, μὴ χαριζόμενοι δ'
αὐτοῖς τὰ χρήματα, καὶ λέγοντες μὲν πρὸς
ἅπαντας ὅτι τῆς κοινῆς ἐλευθερίας ἕνεκα πολε-
μοῦσι, τῶν δὲ συγκατακτησαμένων αὐτὴν ἀφαιρού-
μενοι, οὐ πονηρίαν ἔχοντες αὐτοῖς ὀνειδίζειν,
ἀλλ' ἀπορίαν, ἣν οἰκτείρεσθαι μᾶλλον ἢ μισεῖσθαι
προσῆκε.

LXVI. Τοιαῦτα τοῦ Οὐαλερίου λέγοντος καὶ
πολλῶν τὴν γνώμην ἐπαινούντων Ἄππιος Κλαύ-
διος Σαβῖνος ἐν τῷ προσήκοντι κληθεὶς τόπῳ
τἀναντία παρῄνει, διδάσκων ὅτι τὸ στασιάζον
οὐκ ἐξαιρεθήσεται τῆς πόλεως, ἐὰν ψηφίσωνται
χρεῶν ἀποκοπάς, ἀλλ' ἔτι πονηρότερον ἔσται μετ-
2 αχθὲν ἀπὸ τῶν πενήτων εἰς τοὺς εὐπόρους. δῆλον
γὰρ δὴ πᾶσιν ὑπάρχειν ὅτι χαλεπῶς οἴσουσιν οἱ

---

[1] ἔφη δὲ τελευτῶν, Jacoby, τελευτῶν δ' ἔφη Kiessling : ἔφη
τε λέγων AB.

citizens who had fought many glorious battles for
Rome's supremacy while the kings held sway, and had
shown great eagerness in assisting the patricians to
free the state from the tyrants, and would show still
greater zeal in what remained to be done, if invited
to do so; for, though they lacked the means of
existence, they would freely expose their persons and
lives, which were all they had left, to any dangers for
her sake. In conclusion he said that, even if these
men from a sense of shame forbore to say or
demand anything of this kind, the patricians ought
to take proper account of them and to give them
readily whatever they knew they needed, whether
as a class or individually, bearing in mind that
they, the patricians, were doing an arrogant thing
in asking of them their persons while refusing
them money, and in publishing to all the world
that they were making war to preserve the common
liberty even while they were depriving of liberty
those who had assisted them in establishing it,
though they could reproach them with no wrong-
doing, but only with poverty, which deserved com-
passion rather than hatred.

LXVI. After Valerius had spoken to this effect
and many had approved of his advice, Appius
Claudius Sabinus, being called upon at the proper
time, advised the opposite course, declaring that
the seditious spirit would not be removed from the
state if they decreed an abolition of debts, but would
become more dangerous by being transferred from
the poor to the rich. For it was plain enough to
everyone that those who were to be deprived of their

---

[2] Reiske: ἀπαγγέλλειν O, Jacoby.
[3] Sintenis: ποιήσουσιν O.

μέλλοντες ἀποστερεῖσθαι τῶν χρημάτων πολῖταί
τε ὄντες καὶ ἐπίτιμοι καὶ πάσας ἐστρατευμένοι
τὰς ἐπιβαλούσας ὑπὲρ τῆς πόλεως στρατείας,
οὐδ' ¹ ἀξιοῦντες ἃ κατέλιπον αὐτοῖς οἱ πατέρες
καὶ αὐτοὶ φιλεργοῦντες καὶ σωφρόνως ζῶντες
ἐκτήσαντο δημεύεσθαι τοῖς πονηροτάτοις καὶ
ἀργοτάτοις τῶν πολιτῶν. πολλῆς δ' εἶναι μωρίας
ἔργον τῷ χείρονι μέρει τοῦ πολιτεύματος χαρί-
ζεσθαι βουλομένους τοῦ κρείττονος ὑπερορᾶν καὶ
τοῖς ἀδικωτάτοις τῶν πολιτῶν τὰς ἀλλοτρίας
δημεύοντας οὐσίας τῶν δικαίως αὐτὰς κτησαμέ-
νων ἀφαιρεῖσθαι. ἐνθυμεῖσθαί τε αὐτοὺς ἠξίου ὅτι
οὐχ ὑπὸ τῶν πενήτων καὶ οὐδεμίαν ἰσχὺν ἐχόντων
αἱ πόλεις ἀπόλλυνται τὰ δίκαια ποιεῖν ἀναγκα-
ζομένων, ἀλλ' ὑπὸ τῶν εὐπόρων καὶ τὰ πολιτικὰ
πράττειν δυναμένων, ὅταν ὑπὸ τῶν χειρόνων
ὑβρίζωνται καὶ τῶν δικαίων μὴ τυγχάνωσιν.
εἰ δὲ μηδὲν ἀγανακτήσειν μέλλοιεν οἱ τῶν συμ-
βολαίων ἀποστερούμενοι, πράως δέ πως καὶ
ῥᾳθύμως οἴσειν τὰς βλάβας, οὐδ' οὕτως ἔφη
καλῶς ἕξειν σφίσιν οὐδ' ἀσφαλῶς δωρεὰν τοῖς
πένησι χαρίζεσθαι τοιαύτην, δι' ἣν ἀσυνάλλακτος
ὁ κοινὸς ἔσται βίος καὶ μισάλληλος καὶ τῶν
ἀναγκαίων χρειῶν, ὧν χωρὶς οὐκ ἔνεστιν οἰκεῖ-
σθαι τὰς πόλεις, ἐνδεής, οὔτε τὴν χώραν σπειρόν-
των ἔτι καὶ φυτευόντων τῶν γεωργῶν, οὔτε τὴν
θάλατταν πλεόντων καὶ διαμειβομένων τὰς δια-
ποντίους ἀγορὰς τῶν ἐμπόρων, οὔτε ἄλλην ἐργασίαν
4 οὐδεμίαν δικαίαν ποιουμένων τῶν πενήτων. εἰς
ἅπαντα γὰρ ταῦτα τοῖς δεομένοις ἀφορμῆς οὐδένα

---

¹ Kiessling: οὐκ O.

money would resent it, as they were not only citizens
in possession of all civil rights, but had also served
their country in all the campaigns that fell to
their lot, and would regard it as unjust that the
money left them by their fathers, together with
what they themselves had by their industry and
frugality acquired, should be confiscated for the
benefit of the most unprincipled and the laziest of
the citizens. It would be the part of great folly
for them, in their desire to gratify the worse part of
the citizenry, to disregard the better element, and
in confiscating the fortunes of others for the benefit
of the most unjust of the citizens, to take them away
from those who had justly acquired them. He asked
them also to bear in mind that states are not over-
thrown by those who are poor and without power,
when they are compelled to do justice, but by the rich
and such as are capable of administering public
affairs, when they are insulted by their inferiors and
fail to obtain justice. And even if those who were
to be deprived of the benefit of their contracts were
not going to harbour any resentment but would
submit with some degree of meekness and indifference
to their losses, yet even in that case, he said, it would
be neither honourable nor safe for them to gratify
the poor with such a gift, by which the life of the
community would be devoid of all intercourse, full of
mutual hatred, and lacking in the necessary employ-
ments without which cities cannot be inhabited, since
neither the husbandmen would any longer sow and
plant their lands, nor the merchants sail the sea and
trade in foreign markets, nor the poor employ them-
selves in any other just occupation. For none of the
rich would throw away their money to supply those

τῶν εὐπόρων τὰ ἑαυτοῦ χρήματα προήσεσθαι· ἐκ
δὲ τούτων φθονήσεσθαι μὲν εὐπορίαν, καταλυθή-
σεσθαι δὲ φιλεργίαν, κρείττω δὲ μοῖραν ἕξειν
τοὺς ἀκολάστους τῶν σωφρόνων, τούς τε[1] ἀδίκους
τῶν δικαίων καὶ τοὺς σφετεριζομένους τὰ ἀλλότρια
τῶν φυλαττόντων τὰ ἴδια. ταῦτα δ᾽ εἶναι τὰ
ποιοῦντα διχοστασίας ἐν ταῖς πόλεσι καὶ ἀλληλο-
φθορίας ἀπαύστους καὶ πᾶσαν ἄλλην κακῶν
ἰδέαν, ὑφ᾽ ὧν αἱ μὲν εὐτυχέστατα πράξασαι τὴν
ἐλευθερίαν ἀφῃρέθησαν, αἱ δὲ τῆς χείρονος μοίρας
τυχοῦσαι πανώλεθροι διεφθάρησαν.

LXVII. Παντὸς δὲ μάλιστα σκοπεῖν αὐτοὺς
ἠξίου καινὴν καθισταμένους πολιτείαν, ὅπως
μηθὲν εἰς αὐτὴν παρελεύσεται πονηρὸν ἔθος,
πολλὴν ἀνάγκην εἶναι λέγων ὁποῖ᾽ ἄττ᾽ ἂν ᾖ
τὰ κοινὰ τῶν πόλεων ἐπιτηδεύματα, τοιούτους
γίνεσθαι τοὺς τῶν ἰδιωτῶν βίους. ἔθος δ᾽ εἶναι
οὐδὲν κάκιον οὔτε πόλεσιν οὔτε οἴκοις τοῦ καθ᾽
ἡδονὰς ἀεὶ ζῆν ἕκαστον καὶ τοῦ πάντα συγ-
χωρεῖσθαι τοῖς ἥττοσιν ὑπὸ τῶν κρειττόνων, εἴτε
πρὸς χάριν εἴτε πρὸς ἀνάγκην· οὐ γὰρ ἀποπληροῦ-
σθαι τὰς ἐπιθυμίας τῶν ἀφρόνων τυγχανούσας
ὧν ἂν δεηθῶσιν, ἀλλ᾽ ἑτέρων εὐθὺς ὀρέγεσθαι
μειζόνων καὶ εἰς ἄπειρον προβαίνειν· μάλιστα
δὲ τοῦτο πάσχειν τοὺς ὄχλους· ἃ γὰρ καθ᾽ ἑαυτὸν
ἕκαστος αἰσχύνεται πράττειν ἢ δέδιεν ὑπὸ τοῦ
κρείττονος κατειργόμενος, ταῦτα ἐν κοινῷ γενο-
μένους ἑτοιμότερον παρανομεῖν προσειληφότας
ἰσχὺν ταῖς ἑαυτῶν γνώμαις ἐκ τῶν τὰ ὅμοια
2 βουλομένων. ἀπληρώτους δὲ καὶ ἀορίστους ὑπ-
αρχούσας τὰς τῶν ἀνοήτων ὄχλων ἐπιθυμίας

---

[1] τε Reudler: δὲ O, Jacoby.

who needed the means of carrying on any of these occupations; and in consequence wealth would be hated and industry destroyed, and the prodigal would be in a better condition than the frugal, the unjust than the just, and those who appropriated to themselves the fortunes of others would have the advantage over those who guarded their own. These were the things that created seditions in states, mutual slaughter without end, and every other sort of mischief, by which the most prosperous of them had lost their liberty and those whose lot was less fortunate had been totally destroyed.

LXVII. But, above all, he advised them, in instituting a new form of government, to take care that no bad custom should gain admittance there. For he declared that of whatever nature the public principles of states were, such of necessity would be the lives of the individual citizens. And there was no worse practice, he said, either for states or for families, than for everyone to live always according to his own pleasure and for everything to be granted to inferiors by their superiors, whether out of favour or from necessity. For the desires of the unintelligent are not satisfied when they obtain what they demand, but they immediately covet other and greater things, and so on without end; and this is the case particularly with the masses. For the lawless deeds which each one by himself is either ashamed or afraid to commit, being restrained by the more powerful, they are more ready to engage in when they have got together and gained strength for their own inclinations from those who are like minded. And since the desires of the unintelligent mob are insatiable and boundless, it is necessary, he said, to check them

ἀρχομένας ἔφη δεῖν κωλύειν, ἕως εἰσὶν ἀσθενεῖς,
οὐχ ὅταν ἰσχυραὶ καὶ μεγάλαι [1] γένωνται,[2] καθ-
αιρεῖν. χαλεπωτέραν γὰρ ὀργὴν ἅπαντας ἔχειν
τῶν συγχωρηθέντων στερομένους ἢ τῶν ἐλπιζο-
3 μένων μὴ τυγχάνοντας. παραδείγμασί τε πολ-
λοῖς εἰς τοῦτο ἐχρήσατο πόλεων Ἑλληνίδων ἔργα
διεξιών, ὅσαι μαλακισθεῖσαι διὰ καιρούς τινας [3]
καὶ πονηρῶν ἐπιτηδευμάτων ἀρχὰς ἐφεῖσαι παρ-
ελθεῖν, οὐκέτι παῦσαι καὶ ἀνελεῖν αὐτὰ δύναμιν
ἔσχον· ἐξ ὧν εἰς αἰσχρὰς καὶ ἀνηκέστους ἠναγκά-
σθησαν προελθεῖν συμφοράς. ἐοικέναι τε τῷ
καθ᾽ ἕνα τὸ κοινὸν ἔφη, ψυχῇ μὲν ἀνδρὸς ἀνάλογον
ἐχούσης τι τῆς βουλῆς, σώματι δὲ τοῦ δήμου.
4 ἐὰν μὲν οὖν τῆς βουλῆς τὸν ἄφρονα δῆμον ἄρχειν
ἐῶσιν, ὅμοια πείσεσθαι αὐτοὺς ἔφη τοῖς ὑπο-
τάττουσι τὴν ψυχὴν τῷ σώματι καὶ μὴ κατὰ τὸν
λογισμόν, ἀλλὰ κατὰ τὰ πάθη ζῶσιν· ἐὰν δ᾽
ἄρχεσθαί τε καὶ ἄγεσθαι τὸν δῆμον συνεθίζωσιν
ὑπὸ τῆς βουλῆς, ταὐτὸ ποιήσειν [4] τοῖς ὑποτάττουσι
τῇ ψυχῇ τὸ σῶμα καὶ πρὸς τὸ βέλτιστον, ἀλλὰ
5 μὴ πρὸς τὸ ἥδιστον, τοὺς βίους ἄγουσι. βλάβην δὲ
μεγάλην οὐδεμίαν ἀπέφαινε συμβήσεσθαι τῇ πόλει,
ἐὰν οἱ πένητες ἀγανακτοῦντες ἐπὶ τῷ μὴ συγχωρη-
θῆναι σφίσι τὴν χρεοκοπίαν μὴ θελήσωσιν ὑπὲρ
αὐτῆς τὰ ὅπλα ἀναλαβεῖν, ὀλίγους τινὰς εἶναι
λέγων παντάπασι τοὺς μηδὲν ὑπολειπομένους
ἑαυτοῖς ἔξω τοῦ σώματος, οὓς οὔτ᾽ ὠφέλειάν
τινα παρέξεσθαι τῷ κοινῷ θαυμαστὴν ὅσην παρ-
όντας ταῖς στρατείαις, οὔτε βλάβην ἀπόντας·

[1] ἰσχυραὶ καὶ μεγάλαι (?) B: ἰσχυρὰ καὶ μεγάλα R.
[2] γένωνται Sintenis: δύνωνται O, Jacoby.
[3] διὰ καιρούς τινας Reiske: δι᾽ ἀκαίρους τινὰς καὶ Bb, δι᾽
ἀκαίρους τινὰς ἀφορμὰς A.

at the very outset, while they are weak, instead of trying to destroy them after they have become great and powerful. For all men feel more violent anger when deprived of what has already been granted to them than when disappointed of what they merely hope for. He cited many examples to prove this, relating the experiences of various Greek cities which, having become weakened because of certain critical situations and having given admittance to the beginnings of evil practices, had no longer had the power to put an end to them and abolish them, in consequence of which they had been compelled to go on into shameful and irreparable calamities. He said the commonwealth resembled each particular man, the senate bearing some resemblance to the soul of a man and the people to his body. If, therefore, they permitted the unintelligent populace to govern the senate, they would fare the same as those who subject the soul to the body and live under the influence, not of their reason, but of their passions; whereas, if they accustomed the populace to being governed and led by the senate, they would be doing the same as those who subject the body to the soul and lead lives directed toward what is best, not most pleasant. He showed them that no great mischief would befall the state if the poor, dissatisfied with them for not granting an abolition of debts, should refuse to take up arms in its defence, declaring that there were few indeed who had nothing left but their persons, and these would neither offer any remarkable advantage to the state when present on its expeditions, nor, by their absence do any great harm. For those who

---

ὑπομιμνήσκων αὐτοὺς ὅτι τὴν ἐσχάτην ἀπ-
ελάμβανον[1] ἐν τοῖς πολέμοις χώραν οἱ τὸ ἐλάχιστον
ἔχοντες τοῦ βίου τίμημα, καὶ ὅτι προσθήκης
μοῖραν ἐπεῖχον οὗτοι τοῖς ἐν φάλαγγι τεταγ-
μένοις, καταπλήξεως ἕνεκα τῶν πολεμίων συν-
όντες, οἷα δὴ μηδὲν φέροντες ὅπλον ὅτι μὴ σφεν-
δόνας, ὧν ἐλάχιστον ἐν ταῖς μάχαις ἦν[2] ὄφελος.

LXVIII. Τούς τε οἰκτείρειν τὴν πενίαν τῶν
πολιτῶν ἀξιοῦντας καὶ βοηθεῖν τοῖς μὴ δυναμένοις
διαλῦσαι τὰ χρέα παραινοῦντας ἔφη δεῖν ἐξετάζειν
τί ποτε τὸ πεποιηκὸς ἦν αὐτοὺς ἀπόρους κλήρους
τε παραλαβόντας, οὓς οἱ πατέρες αὐτῶν κατ-
έλιπον, καὶ ἀπὸ τῶν στρατειῶν πολλὰ ὠφελη-
θέντας, καὶ τὰ[3] τελευταῖα ἐκ τῆς δημευθείσης
τῶν τυράννων οὐσίας τὴν ἐπιβαλοῦσαν μοῖραν
λαβόντας· ἔπειθ' οὓς μὲν ἂν ὁρῶσι τῇ γαστρὶ
καὶ ταῖς αἰσχίσταις ἐξηκότας ἡδοναῖς καὶ διὰ
ταῦτ' ἐκπεπτωκότας ἐκ τῶν βίων, αἰσχύνας
τῆς πόλεως νομίζειν καὶ βλάβας, καὶ μέγα τῷ
κοινῷ κέρδος ὑπολαμβάνειν, ἐὰν ἑκόντες ἐκ[4]
τῆς πόλεως ἀποφθαρῶσιν· οὓς δ' ἂν αἰσθάνωνται
διὰ πονηρὰν τύχην ἀπολωλεκότας τοὺς βίους,
2 ἐκ τῶν ἰδίων τούτους εὖ ποιεῖν. ἄριστα δὲ
τοῦτο καὶ γινώσκειν καὶ ποιήσειν ἔφησε τοὺς
συμβεβηκότας αὐτοῖς καὶ βοηθήσειν αὐτῶν ταῖς
τύχαις αὐτοὺς ἐκείνους, οὐκ ἀναγκασθέντας ὑφ'
ἑτέρων, ἀλλ' ἑκόντας, ἵν' αὐτοῖς ἡ χάρις ἀντὶ
τῶν χρημάτων καλὸν ὀφείλημα περιῇ. κοινὴν δὲ
ποιεῖν τὴν βοήθειαν ἅπασιν, ἧς ἐξ ἴσου μεθ-
έξουσιν οἱ πονηροὶ τοῖς χρηστοῖς, καὶ μὴ ἐκ τῶν

---

[1] Reiske: ὑπελάμβανον O.   [2] ἦν O: εἶναι Reiske, Jacoby.

had the lowest rating in the census, he reminded them, were posted in the rear in battle and counted as a mere appendage to the forces that were arrayed in the battle-line, being present merely to strike the enemy with terror, since they had no other arms but slings, which are of the least use in action.

LXVIII. He said that those who thought it proper to pity the poverty of the citizens and who advised relieving such of them as were unable to pay their debts ought to inquire what it was that had made them poor, when they had inherited the lands their fathers had left them and had gained much booty from their campaigns, and, last of all, when each of them had received his share of the confiscated property of the tyrants; and after that they ought to look upon such of them as they found had lived for their bellies and the most shameful pleasures, and by such means had lost their fortunes, as a disgrace and injury to the city, and to regard it as a great benefit to the common weal if they would voluntarily get to the devil out of the city. But in the case of such as they found to have lost their fortunes through an unkind fate, he advised them to relieve these with their private means. Their creditors, he said, not only understood this best, but would attend to it best, and would themselves relieve their misfortunes, not under compulsion from others, but voluntarily, to the end that gratitude, instead of their money, might accrue to them as a noble debt. But to extend the relief to all alike, when the worthless would share it equally with the deserving, and to confer

---

³ τὰ added by Grasberger.
⁴ ἐκ Cobet: ἀπὸ O, Jacoby.

ἰδίων, ἀλλ' ἐκ τῶν ἀλλοτρίων τινὰς εὖ ποιεῖν,
καὶ ὧν τὰ χρήματα ἀφαιροῦνται, τούτοις μηδὲ
τὰς ὑπὲρ τῶν εὐεργεσιῶν καταλιπεῖν χάριτας,
3 ἥκιστα τῇ Ῥωμαίων ἀρετῇ προσήκειν. ὑπὲρ
ἅπαντα δὲ ταῦτα καὶ τἆλλα, δεινόν τι καὶ οὐκ
ἀνεκτὸν εἶναι Ῥωμαίοις τῆς ἡγεμονίας ἀντι-
ποιουμένοις, ἣν διὰ πολλῶν πόνων οἱ πατέρες
αὐτῶν κτησάμενοι τοῖς ἐκγόνοις κατέλιπον, μὴ
κατὰ προαίρεσιν μηδὲ πεισθέντας μηδ' ἐν ᾧ
προσῆκε καιρῷ τὰ βέλτιστα καὶ τῷ κοινῷ συμ-
φέροντα πράττειν, ἀλλ' ὥσπερ ἑαλωκυίας τῆς
πόλεως ἢ προσδοκώσης τοῦτο πείσεσθαι παρὰ τὸ
δοκοῦν ἑαυτοῖς πράττειν, ἐξ ὧν ὠφέλειαν μὲν
οὐδεμίαν ἢ μικράν τινα κομιδῇ λήψονται, κακῶν
4 δὲ κινδυνεύσουσι τὰ ἔσχατα[1] παθεῖν. μακρῷ
γὰρ αὐτοῖς εἶναι κρεῖττον ἃ κελεύουσι Λατῖνοι
πράττειν ὡς μετριώτερα ὄντα καὶ μηδ' εἰς πεῖραν
ἐλθεῖν πολέμου, ἢ τοῖς μηδαμῇ μηδὲν χρησίμοις
συγχωρήσαντας ἃ παρακαλοῦσιν ἀνελεῖν τὴν
πίστιν ἐκ τῆς πόλεως, ἣν ἱεροῦ κατασκευῇ
καὶ θυσίαις διετησίοις[2] οἱ πατέρες αὐτῶν ἔταξαν
γεραίρεσθαι, μέλλοντας σφενδονητῶν συμμαχίαν
5 ἐπὶ τὸν πόλεμον προσλαμβάνειν. κεφάλαιον δὲ
τῆς γνώμης ἦν αὐτῷ τόδε· τοὺς μὲν θέλοντας τῶν
πολιτῶν κοινωνεῖν τῆς ἐκ τοῦ πολέμου τύχης ἐπὶ
τοῖς αὐτοῖς δικαίοις οἷς καὶ τῶν ἄλλων ἕκαστος,
παραλαμβάνειν ἐπὶ τὰ πράγματα· τοὺς δὲ κατὰ
συνθήκας ὁποιασδήποτε ἀξιοῦντας ἀναλαμβάνειν
τὰ ὅπλα περὶ τῆς πατρίδος, ὡς οὐδὲν εἰ λάβοιεν

---

[1] ἔσχατα Cobet: αἴσχιστα O.
[2] διετησίοις Kiessling: δὴ ταῖς ἐτησίοις ABb, διταισαιτησίοις
Ba.

benefits on certain persons, not at their own expense, but at that of others, and not to leave to those whose money they took away even the gratitude owed for these services, was in no wise consistent with the virtue of Romans. But above all these and the other considerations, it was a grievous and intolerable thing for the Romans, who were laying claim to the leadership—a leadership which their ancestors had acquired through many hardships and left to their posterity—if they could not do what was best and most advantageous for the commonwealth also, by their own choice, or when convinced by argument, or at the proper time, but, just as if the city had been captured or were expecting to suffer that fate, must do things contrary to their own judgment from which they would receive very little benefit, if any, but would run the risk of suffering the very worst of ills. For it was far better for them to submit to the commands of the Latins, as being more moderate, and not even to try the fortune of war, than by yielding to the pleas of those who were of no use upon any occasion, to abolish from the state the public faith, which their ancestors had appointed to be honoured by the erection of a temple and by sacrifices performed throughout the year [1]—and this when they were merely going to add a body of slingers to their forces for the war. The sum and substance of his advice was this: to take for the business in hand such citizens as were willing to share the fortune of the war upon the same terms as every other Roman, and to let those who insisted upon any special terms whatever for taking up arms for their country go hang, since they would be of no use

---

[1] *Cf.* ii. 75, 3.

ὠφελήσοντας, χαίρειν ἐᾶν. εἰ γὰρ τοῦτο μάθοιεν,
εἴξειν αὐτοὺς ἔφη καὶ παρέξειν σφᾶς αὐτοὺς τοῖς τὰ
κράτιστα περὶ τοῦ κοινοῦ βουλεύουσιν εὐπειθεῖς.
εἰωθέναι γὰρ ἀεί πως τὸ ἀνόητον ἅπαν, ὅταν μέν
τις αὐτὸ κολακεύῃ, μεγάλα φρονεῖν, ὅταν δὲ
δεδίττηται, σωφρονεῖν.

LXIX. Αὗται μὲν αἱ πλεῖστον ἀλλήλων δια-
φέρουσαι γνῶμαι ἐλέχθησαν, ἕτεραι δέ τινες αἱ τὴν
μεταξὺ τούτων ἔχουσαι χώραν συχναί. οἱ μὲν γὰρ
αὐτοὺς μόνον ἀφεῖσθαι τῶν χρεῶν τοὺς μηδὲν
κεκτημένους ἠξίουν, τὰ χρήματα ποιοῦντες ἀγώ-
γιμα τοῖς δανεισταῖς, οὐ σώματα· οἱ δὲ τὸ δημό-
σιον ὑπὲρ τῶν ἀδυνάτων διαλῦσαι τὰ συμβόλαια
συνεβούλευον, ἵνα ἥ τε πίστις τῶν πενήτων ὑπὸ
τῆς δημοσίας φυλαχθῇ χάριτος καὶ οἱ συμβεβλη-
κότες αὐτοῖς μηθὲν ἀδικηθῶσιν. ἐδόκει δέ τισι
καὶ τῶν ἤδη κατεχομένων πρὸς τὰ χρέα καὶ τῶν
μελλόντων ἀφαιρεθήσεσθαι τὴν ἐλευθερίαν ῥύσα-
σθαι τὰ σώματα, ἐκ τῶν αἰχμαλώτων ἕτερα τοῖς
δανεισταῖς διαμειψαμένους ὑπὲρ αὐτῶν σώματα.
2 τοιούτων δέ τινων λεχθέντων ἡ νικῶσα ἦν γνώμη,
μηθὲν ἐν τῷ παρόντι γενέσθαι περὶ αὐτῶν
προβούλευμα· ὅταν δὲ τὸ κράτιστον τέλος οἱ
πόλεμοι λάβωσι, τότε προθεῖναι τοὺς ὑπάτους
λόγον καὶ ψῆφον ἀναδοῦναι[1] τοῖς συνέδροις·
τέως δὲ μηδεμίαν εἴσπραξιν εἶναι μήτε συμβολαίου
μηθενὸς μήτε καταδίκης μηδεμιᾶς, ἀφεῖσθαι δὲ
καὶ τὰς ἄλλας ἀμφισβητήσεις πάσας, καὶ μήτε
τὰ δικαστήρια καθίζειν μήτε τὰς ἀρχὰς δια-
γινώσκειν περὶ μηθενὸς ἔξω τῶν εἰς τὸν πόλε-
3 μον ἀνηκόντων. τοῦτο τὸ προβούλευμα εἰς τὸν

---

[1] Kiessling: ἀποδοῦναι O.

even if they did arm. For if they knew this, he said, they would yield and show themselves prompt to obey those who took the wisest counsel for the commonwealth; since all the unintelligent are generally wont, when flattered, to be arrogant, and when terrified, to show restraint.

LXIX. These were the extreme opinions delivered upon that occasion, but there were many which took the middle ground between the two. For some of the senators favoured remitting the debts of those only who had nothing, permitting the money-lenders to seize the goods of the debtors, but not their persons. Others advised that the public treasury should discharge the obligations of the insolvents, in order both that the credit of the poor might be preserved by this public favour and their creditors might suffer no injustice. Certain others thought that they ought to ransom the persons of those who were already being held for debt or were going to be deprived of their liberty, by substituting captives in their stead and assigning these to their creditors. After various views such as these had been expressed, the opinion that prevailed was that they should pass no decree for the time being concerning these matters, but that after the wars were ended in the most satisfactory manner, the consuls should then bring them up for discussion and take the votes of the senators; and that in the meantime there should be no money exacted by virtue of either any contract or any judgment, that all other suits should be dropped, and that neither the courts of justice should sit nor the magistrates take cognizance of anything but what related to the war. When this decree was brought to the people, it allayed in

δῆμον ἐξενεχθὲν ἐμείωσε μέν τι τῆς πολιτικῆς
ταραχῆς, οὐ μὴν ἅπαν γε τὸ στασιάζον ἐξεῖλεν
ἐκ τῆς πόλεως. ἦσαν γάρ τινες ἐκ τοῦ θητικοῦ
πλήθους οἷς οὐκ ἐφαίνετο ἀποχρῶσα εἶναι βοή-
θεια ἡ παρὰ τῆς βουλῆς ἐλπὶς φανερὸν οὐδὲ
βέβαιον ἔχουσα οὐδέν· ἀλλὰ δυεῖν θάτερον
αὐτὴν ἠξίουν ποιεῖν, ἢ διδόναι σφίσιν ἤδη τὴν
ἄφεσιν τῶν χρεῶν, εἰ βούλεται κοινωνοὺς τῶν
κινδύνων ἔχειν, ἢ μὴ φενακίζειν εἰς ἑτέρους
ἀναβαλλομένην χρόνους· οὐ γὰρ ὁμοίας εἶναι
τὰς διανοίας τῶν ἀνθρώπων δεομένων τε καὶ
ἀποπληρωθέντων ὅτου ἂν δεηθῶσιν.

LXX. Ἐν τοιαύτῃ δὴ καταστάσει τῶν κοινῶν
ὑπαρχόντων σκοποῦσα ἡ βουλὴ δι' οὗ μάλιστα
διαπράξεται τρόπου μηθὲν ἔτι νεωτερίσαι τοὺς
δημοτικούς, ἔκρινε τὴν μὲν ὑπατικὴν ἐξουσίαν
ἀνελεῖν κατὰ τὸ παρόν, ἑτέραν δέ τινα ἀρχὴν
ἀποδεῖξαι πολέμου τε καὶ εἰρήνης καὶ παντὸς
ἄλλου πράγματος κυρίαν, αὐτοκράτορα καὶ ἀνυπ-
2 εύθυνον ὧν ἂν βουλεύσηται καὶ πράξῃ. χρόνου δ'
εἶναι μέτρον τῇ νέᾳ ἀρχῇ μῆνας ἕξ, μετὰ δὲ
τὴν ἑξάμηνον αὖθις ἄρχειν τοὺς ὑπάτους. τὰ δ'
ἀναγκάσαντα αὐτὴν ἐπὶ τῷ καταλῦσαι τὸν
τυραννικὸν πόλεμον αὐθαίρετον ὑπομεῖναι τυραν-
νίδα πολλὰ μὲν καὶ ἄλλα ἦν, ὑπὲρ ἅπαντα δ' ὁ
κυρωθεὶς ὑφ' ἑνὸς τῶν ὑπάτων Ποπλίου Οὐαλερίου
τοῦ κληθέντος Ποπλικόλα νόμος, ὑπὲρ οὗ κατ'
ἀρχὰς ἔφην ὅτι τὰς τῶν ὑπάτων γνώμας ἀκύρους

---

[1] On the creation of the dictatorship (chaps. 70–77) *cf.*
Livy ii. 18, 4–8. Livy follows the oldest authorities in making
T. Larcius the first dictator, with Spurius Cassius his Master

some measure the civil commotion, yet it did not entirely remove the spirit of sedition from the state. For some of the labouring class did not look upon the hope held out by the senate, which contained nothing express or certain, as a sufficient relief; but they demanded that the senate should do one of two things, either grant them the remission of debts immediately, if it wanted to have them as partners in the dangers of the war, or not delude them by deferring it to another occasion. For men's sentiments, they said, were very different when they were making requests and after their requests had been satisfied.

LXX. While[1] the public affairs were in this condition, the senate, considering by what means it could most effectually prevent the plebeians from creating any fresh disturbances, resolved to abolish the consular power for the time being and to create some other magistracy with full authority over war and peace and every other matter, possessed of absolute power and subject to no accounting for either its counsels or its actions. The term of this new magistracy was to be limited to six months, after the expiration of which time the consuls were again to govern. The reasons that compelled the senate to submit to a voluntary tryanny in order to put an end to the war brought upon them by their tyrant were many and various, but the chief one was the law introduced by the consul Publius Valerius, called Publicola (concerning which I stated in the beginning[2] that it rendered invalid the decisions of the consuls),

of the Horse, three years earlier than the date adopted by Dionysius.

[2] Chap. 19, 4.

ἐποίησε, μὴ τιμωρεῖσθαι Ῥωμαίων τινὰ πρὸ
δίκης, ἐπιτρέψας τοῖς ἀγομένοις ἐπὶ τὰς κολάσεις
ὑπ' αὐτῶν προκαλεῖσθαι τὴν διάγνωσιν ἐπὶ τὸν δῆ-
μον, καὶ τέως ἂν ἡ πληθὺς ἐνέγκῃ ψῆφον ὑπὲρ
αὐτῶν, σώμασί τε καὶ βίοις τὸ ἀσφαλὲς ἔχειν·
τὸν δὲ παρὰ ταῦτά τι ποιεῖν ἐπιχειροῦντα νηποινὶ
3 τεθνάναι κελεύων. ἐλογίζετο δὴ μένοντος μὲν
κυρίου τοῦ νόμου τοῦδε μηθὲν ὑπηρετήσειν ἀναγ-
καζομένους ταῖς ἀρχαῖς τοὺς πένητας κατα-
φρονοῦντας ὡς εἰκὸς τῶν τιμωριῶν, ἃς οὐ παρα-
χρῆμα ὑφέξειν ἔμελλον, ἀλλ' ὅταν ὁ δῆμος αὐτῶν
καταψηφίσηται, ἀναιρεθέντος δ' αὐτοῦ κατὰ πολ-
λὴν ἀνάγκην τὰ κελευόμενα ποιήσειν ἅπαντας.
ἵνα δὲ μηθὲν ἐναντιωθεῖεν οἱ πένητες, εἴ τις
αὐτὸν[1] καταλύοι[2] τὸν νόμον ἐκ τοῦ φανεροῦ, τὴν
ἰσοτύραννον ἀρχὴν ἔκρινεν ἐπὶ τὰ πράγματα παρ-
αγαγεῖν, ἣ πάντας ἔμελλεν ἕξειν ὑφ' ἑαυτῇ τοὺς
4 νόμους. καὶ γράφει προβούλευμα δι' οὗ παρα-
κρουσαμένη τοὺς πένητας καὶ τὸν βεβαιοῦντα τὴν
ἐλευθερίαν αὐτοῖς νόμον ἀνελοῦσα ἔλαθεν. ἦν
δὲ τὸ προβούλευμα τοιόνδε· Λάρκιον μὲν καὶ
Κλοίλιον τοὺς τότε ὑπατεύοντας ἀποθέσθαι τὴν
ἐξουσίαν, καὶ εἴ τις ἄλλος ἀρχήν τινα εἶχεν ἢ
πραγμάτων τινῶν κοινῶν ἐπιμέλειαν· ἕνα δ'
ἄνδρα, ὃν ἂν ἥ τε βουλὴ προέληται καὶ ὁ δῆμος ἐπι-
ψηφίσῃ,[3] τὴν ἁπάντων ἐξουσίαν παραλαβόντα
ἄρχειν μὴ πλείονα χρόνον ἑξαμήνου, κρείττονα
5 ἐξουσίαν ἔχοντα τῶν ὑπάτων. τοῦτ' ἀγνοήσαντες,

---

[1] Kiessling : αὐτῶν AB.
[2] Sylburg : καταλύει O.
[3] ἐπιψηφίσῃ B : ἐπιψηφίσεται A.

providing that no Roman should be punished before he was tried, and granting to any who were haled to punishment by their orders the right to appeal from their decision to the people, and until the people had given their vote concerning them, the right to enjoy security for both their persons and their fortunes; and it ordained that if any person attempted to do anything contrary to these provisions he might be put to death with impunity. The senate reasoned that while this law remained in force the poor could not be compelled to obey the magistrates, because, as it was reasonable to suppose, they would scorn the punishments which they were to undergo, not immediately, but only after they had been condemned by the people, whereas, when this law had been repealed, all would be under the greatest necessity of obeying orders. And to the end that the poor might offer no opposition, in case an open attempt were made to repeal the law itself, the senate resolved to introduce into the government a magistracy of equal power with a tyranny, which should be superior to all the laws. And they passed a decree by which they deceived the poor and, without being detected, repealed the law that secured their liberty. The decree was to this effect: that Larcius and Cloelius, who were the consuls at the time, should resign their power, and likewise any other person who held a magistracy or had the oversight of any public business; and that a single person, to be chosen by the senate and approved of by the people, should be invested with the whole authority of the commonwealth and exercise it for a period not longer than six months, having power superior to that of the consuls. The plebeians, being unaware of the real

ἦν ἔχει δύναμιν οἱ δημοτικοὶ ψηφίζονται κύρια
εἶναι τὰ δόξαντα τῇ βουλῇ· ἦν δ' ἄρα ἡ κρείττων
ἀρχὴ τῆς κατὰ νόμους[1] τυραννίς·[2] τήν τε αἵρεσιν
τοῦ μέλλοντος ἄρχειν τοῖς ἐκ τοῦ συνεδρίου
συνεχώρησαν αὐτοῖς ἐφ' ἑαυτῶν βουλευομένοις
ποιήσασθαι.

LXXI. Μετὰ τοῦτο πολλὴ ζήτησις ἐνέπιπτε τοῖς
προεστηκόσι τῆς βουλῆς καὶ πρόνοια περὶ τοῦ
παραληψομένου τὴν ἡγεμονίαν. ἐδόκει γὰρ αὐτοῖς
δραστηρίου τε ἀνδρὸς εἰς τὰ πράγματα δεῖν καὶ
πολλὴν τῶν πολεμικῶν ἀγώνων ἐμπειρίαν ἔχοντος,
πρὸς δὲ τούτοις φρονίμου τε καὶ σώφρονος καὶ μη-
δὲν ὑπὸ τοῦ μεγέθους τῆς ἐξουσίας ἐπὶ τὸ ἀνόη-
τον παραχθησομένου· ὑπὲρ ἅπαντα δὲ ταῦτα
καὶ τἆλλα ὅσα δεῖ προσεῖναι στρατηλάταις ἀγα-
θοῖς ἄρχειν ἐγκρατῶς εἰδότος καὶ μηθὲν μαλακὸν
ἐνδώσοντος τοῖς ἀπειθοῦσιν, οὗ μάλιστα ἐν
2 τῷ παρόντι ἐδέοντο. ἅπαντα δ' ὁρῶντες ὅσα
ἠξίουν περὶ τὸν ἕτερον ὑπάρχοντα τῶν ὑπάτων
Τίτον Λάρκιον (ὁ γὰρ Κλοίλιος ἐν ταῖς πολιτι-
καῖς ἀρεταῖς[3] διάφορος ὢν τὸ δραστήριον καὶ φιλο-
πόλεμον οὐκ εἶχεν, οὐδέ γε τὸ ἀρχικὸν καὶ φοβερόν,
ἀλλ' ἐπιεικὴς τιμωρὸς ἦν τῶν ἀπειθούντων),
δι'[4] αἰσχύνης ἐλάμβανον[5] τοῦ μὲν ἀφελέσθαι τὴν
ἀρχήν, ἣν κατὰ τοὺς νόμους εἶχε, τῷ δὲ χαρίσα-
σθαι τὴν ἀμφοτέρων ἐξουσίαν, μείζονα βασιλικοῦ
σχήματος[6] γινομένην· καί τι καὶ δέος αὐτοὺς[7]
ὑπῄει, μὴ βαρεῖαν ὁ Κλοίλιος ἡγησάμενος τὴν

---

[1] νόμους O: τοὺς νόμους Reiske, Jacoby.
[2] Kiessling: τυραννίδος O.
[3] ἀρεταῖς O: χρείαις Kiessling, Jacoby.
[4] δι' R: ἡ δὲ βουλὴ δι' Bb, Jacoby.

import of this proposal, ratified the resolutions
of the senate, although, in fact, a magistracy that
was superior to a legal magistracy was a tyranny;
and they gave the senators permission to deliberate
by themselves and choose the person who was to
hold it.

LXXI. After this the leading men of the senate
devoted much earnest thought to searching for the
man who should be entrusted with the command. For
they felt that the situation required a man both vigor-
ous in action and of wide experience in warfare, a
man, moreover, possessed of prudence and self-control,
who would not be led into folly by the greatness of
his power; but, above all these qualities and the
others essential in good generals, a man was required
who knew how to govern with firmness and would
show no leniency toward the disobedient, a quality
of which they then stood particularly in need. And
though they observed that all the qualities they
demanded were to be found in Titus Larcius, one of
the consuls (for Cloelius, who excelled in all admini-
strative virtues, was not a man of action nor fond of
war, nor had he the ability to command others and
to inspire fear, but was a mild punisher of the diso-
obedient), they were nevertheless ashamed to deprive
one of the consuls of the magistracy of which he was
legally possessed and to confer upon the other the
power of both, a power which was being created
greater than the kingly authority. Besides, they
were under some secret apprehensions lest Cloelius,
taking to heart his removal from office and consider-

---

⁵ Kiessling: ἐλάμβανε O.
⁶ Steph.: βασιλικῷ σχήματι O.
⁷ αὐτοὺς B: αὐτὴν A, Jacoby.

ἀπαξίωσιν τῆς ἀρχῆς ὡς ἠτιμασμένος ὑπὸ τῆς
βουλῆς ἔπειτα μεταθῆται τὴν προαίρεσιν τοῦ
βίου[1] τοῦ[2] δήμου γενόμενος προστάτης καὶ
3 πάντα ἀνατρέψῃ τὰ κοινά. αἰδουμένων δ' ἁπάν-
των ἃ φρονοῦντες ἐτύγχανον εἰς μέσον ἐκφέρειν,
καὶ μέχρι πολλοῦ τοῦτο ποιούντων, ὁ πρεσβύτατός
τε καὶ τιμιώτατος τῶν ὑπατικῶν γνώμην ἀπεδεί-
ξατο δι' ἧς ἀμφοτέρους ἐν ἴσῃ τιμῇ τοὺς ὑπάτους
φυλάξας παρ' αὐτῶν ἐκείνων τὸν ἐπιτηδειότερον
ἄρχειν εὕρετο·[3] ἔφη γὰρ αὐτῷ δοκεῖν, ἐπειδὴ
τὸ μὲν τῆς ἀρχῆς κράτος ἥ τε βουλὴ διέγνωκε
καὶ ὁ δῆμος ἐπεψήφικεν ἑνὶ δοθῆναι, δύο δὲ
καταλείπεται βουλῆς καὶ φροντίδος οὐ μικρᾶς
δεόμενα, τίς ὁ παραληψόμενος τὴν ἰσοτύραννον
ἀρχὴν ἔσται καὶ ὑπὸ τίνος ἀποδειχθεὶς ἐξουσίας
νομίμου, ἐκ τῶν τότε ὄντων ὑπάτων τὸν ἕτερον,
εἴτε παραχωρήσαντος τοῦ συνάρχοντος εἴτε κλήρῳ
λαχόντα, ἐλέσθαι Ῥωμαίων ὃν ὑπολαμβάνει κρά-
τιστα καὶ συμφορώτατα τὰ[4] τῆς πόλεως ἐπιτροπεύ-
σειν. μεσοβασιλέων δ' αὐτοῖς μηδὲν ἐν τῷ παρόντι
δεῖν, οὓς ἐν ταῖς μοναρχίαις ἀποδείκνυσθαι μονο-
γνώμονας τῶν μελλόντων ἄρξειν ἔθος ἦν, ἐχούσης
τῆς πόλεως τὴν ὅσιον[5] ἀρχήν.

LXXII. Ἐπαινεσάντων δὲ τὴν γνώμην ἁπάντων
μετὰ τοῦτον ἀναστὰς ἕτερος εἶπεν· " Ἐμοὶ δέ,
ὦ βουλή, δοκεῖ καὶ τοῦτο ἔτι προστεθῆναι τῇ

---

[1] τοῦ βίου BC: om. R.   [2] τοῦ A: om. B.
[3] εὕρετο C: εὕροντο AD, εὕρατο B.
[4] τὰ added by Reiske.   [5] ὅσιον O: ἐνιαύσιον Post.

ing it a dishonour put upon him by the senate, might change his sentiments and, becoming a patron of the people, overthrow the whole government. And when all were ashamed to lay their thoughts before the senate, and this situation had continued for a considerable time, at last the oldest and most honoured of the men of consular rank delivered an opinion by which he preserved an equal share of honour to both the consuls and yet found out from those men themselves the one who was the more suitable to command. He said that, since the senate had decreed and the people in confirmation thereof had voted that the power of this magistracy should be entrusted to a single person, and since two matters remained that required no small deliberation and thought, namely, who should be the one to receive this magistracy that was of equal power with a tyranny, and by what legal authority he should be appointed, it was his opinion that one of the present consuls, either by consent of his colleague or by recourse to the lot, should choose among all the Romans the person he thought would govern the commonwealth in the best and most advantageous manner. They had no need on the present occasion, he said, of *interreges*, to whom it had been customary under the monarchy to give the sole power of appointing those who were to reign, since the commonwealth was already provided with the lawful [1] magistrate.

LXXII. This opinion being applauded by all, another senator rose up and said : " I think, senators, this also ought to be added to the motion, namely,

---

[1] Or, adopting Post's emendation, "the annual magistracy."

γνώμῃ, δυεῖν ἀνδρῶν κρατίστων εἰς τόδε χρόνου
τὰ κοινὰ διοικούντων, ὧν οὐκ ἂν εὕροιτε ἀμείνους,
τὸν μὲν ἕτερον αὐτῶν κύριον ἀποδειχθῆναι τῆς
ἀναρρήσεως, τὸν δ' ἕτερον ὑπὸ τοῦ συνάρχοντος
αἱρεθῆναι διαγνόντων αὐτῶν ἐν ἀλλήλοις τὸν
ἐπιτηδειότερον, ἵνα αὐτοῖς περιγένηται σὺν τῷ
τιμίῳ καὶ τὸ χαῖρον ἴσον, τῷ μὲν ὅτι τὸν συν-
άρχοντα κράτιστον ἀπέφηνε, τῷ δ' ὅτι πρὸς τοῦ
συνάρχοντος ἄριστος ἐκρίθη· ἡδὺ γὰρ καὶ καλὸν
ἑκάτερον. οἶδα μὲν οὖν ὅτι καὶ μὴ προστεθέν-
τος τῇ γνώμῃ τοῦδε τοῦ μέρους, αὐτοῖς ἂν ἐφάνη
τοῖς ἀνδράσιν οὕτως ποιεῖν· κρεῖττον δὲ τὸ μηδ'
2 ὑμῶν ἕτερόν τι βουλομένων." ἐδόκει καὶ τοῦτο
κατὰ νοῦν ἅπασιν εἰρῆσθαι· καὶ οὐθενὸς ἔτι τῇ
γνώμῃ προστεθέντος ἐπικυροῦται τὸ δόγμα. ὡς
δὲ παρέλαβον τὴν ἐξουσίαν οἱ ὕπατοι τοῦ διαγνῶ-
ναι πότερος ἐξ αὐτῶν ἄρχειν ἐστὶν ἐπιτηδειότερος,
θαυμαστόν τι καὶ παρὰ πάσας τὰς ἀνθρωπίνας
ὑπολήψεις πρᾶγμα ἐποίουν. οὐ γὰρ ἑαυτὸν ἑκάτερος
ἄξιον ἀπέφαινε τῆς ἡγεμονίας, ἀλλὰ τὸν ἕτερον·
καὶ κατέτριψαν ὅλην τὴν ἡμέραν ἐκείνην τὰς
ἀλλήλων ἀρετὰς ἐξαριθμούμενοι καὶ λιπαροῦντες
μὴ λαβεῖν αὐτοὶ τὴν ἀρχήν, ὥστε ἐν πολλῇ
γενέσθαι τοὺς ἐν τῷ συνεδρίῳ παρόντας ἀμηχανίᾳ.
3 διαλυθείσης δὲ τῆς βουλῆς οἱ προσήκοντες κατὰ
γένος ἑκατέρῳ, καὶ τῶν ἄλλων βουλευτῶν οἱ
ἐντιμότατοι πρὸς τὸν Λάρκιον ἀφικόμενοι πολ-
λὰς ἐποιοῦντο τοῦ ἀνδρὸς ἄχρι πολλῆς [1] νυκτὸς
δεήσεις, διδάσκοντες ὡς ἐν ἐκείνῳ τὰς ἐλπίδας ἡ
βουλὴ τέθειται πάσας, καὶ τὸ ἀσπούδαστον αὐτοῦ
περὶ τὴν ἀρχὴν πονηρὸν εἶναι τῷ κοινῷ λέγοντες.

---

[1] πολλῆς B: om. R.

that as two persons of the greatest worth have at
present the administration of the public affairs, men
whose superiors you could not find, one of them
should be empowered to make the nomination and
the other should be appointed by his colleague, after
they have considered together which of them is the
more suitable person, to the end that, as the honour
is equal between them, so the satisfaction may be
equal also, to the one, in having declared his colleague
to be the best man, and to the other, in having been
declared the best by his colleague; for each of these
things is pleasing and honourable. I know, to be
sure, that even if this amendment were not made
to the motion, they themselves would have thought
proper to act in this manner; but it is better it should
appear that you likewise approve of no other course."
This proposal also seemed to meet with the approval
of all, and the motion was then passed without
further amendment. When the consuls had received
the authority to decide which of them was the more
suitable to command, they did a thing both admirable
in itself and passing all human belief. For each of
them declared, as worthy of the command, not him-
self, but the other; and they continued all that day
enumerating one another's virtues and begging that
they themselves might not receive the command, so
that all who were present in the senate were in great
perplexity. When the senate had been dismissed,
the kinsmen of each and the most honoured among
the senators at large came to Larcius and continued to
entreat him till far into the night, informing him that
the senate had placed all its hopes in him and
declaring that his indifference toward the command
was prejudicial to the commonwealth. But Larcius

DIONYSIUS OF HALICARNASSUS

ὁ δ' ἦν ἀτενὴς καὶ πολλὰ ἐν μέρει δεόμενός τε καὶ
ἀντιβολῶν ἕκαστον διετέλει. τῇ δ' ἑξῆς ἡμέρᾳ
πάλιν τοῦ συνεδρίου συναχθέντος, ἐπειδὴ καὶ τότε
διεμάχετο καὶ πειθόμενος ὑπὸ πάντων οὐκ ἀφίστατο
τῆς γνώμης, ἀναστὰς ὁ Κλοίλιος ἀναγορεύει τε
αὐτόν, ὥσπερ εἰώθεσαν ποιεῖν οἱ μεσοβασιλεῖς, καὶ
τὴν ὑπατείαν αὐτὸς ἐξόμνυται.

LXXIII. Οὗτος πρῶτος ἐν Ῥώμῃ μόναρχος
ἀπεδείχθη πολέμου τε καὶ εἰρήνης καὶ παντὸς
ἄλλου πράγματος αὐτοκράτωρ. ὄνομα δ' αὐτῷ
τίθενται δικτάτορα, εἴτε διὰ τὴν ἐξουσίαν τοῦ κε-
λεύειν ὅτι θέλοι, καὶ τάττειν τὰ δίκαιά τε καὶ τὰ
καλὰ τοῖς ἄλλοις, ὡς ἂν αὐτῷ δοκῇ (τὰ γὰρ ἐπι-
τάγματα καὶ τὰς διαγραφὰς τῶν δικαίων τε καὶ
ἀδίκων ἠδικτα οἱ Ῥωμαῖοι καλοῦσιν), εἴτε, ὡς
τινες γράφουσι, διὰ τὴν τότε γενομένην ἀνάρρησιν,
ἐπειδὴ οὐ παρὰ τοῦ δήμου τὴν ἀρχὴν εὑρόμενος
κατὰ τοὺς πατρίους ἐθισμοὺς ἕξειν ἔμελλεν,
2 ἀλλ' ὑπ' ἀνδρὸς ἀποδειχθεὶς ἑνός. οὐ γὰρ
ᾤοντο δεῖν ἐπίφθονον ὄνομα καὶ βαρὺ θέσθαι τινὶ
ἀρχῇ πόλιν ἐλευθέραν ἐπιτροπευούσῃ, τῶν τε
ἀρχομένων ἕνεκα, ἵνα μηθὲν ἐπὶ ταῖς μισουμέναις
προσηγορίαις ἐκταράττωνται, καὶ τῶν παρα-
λαμβανόντων τὰς ἀρχὰς προνοίᾳ, μή τι λάθωσιν
ἢ παθόντες ὑφ' ἑτέρων πλημμελὲς ἢ δράσαν-
τες αὐτοὶ τοὺς πέλας, ὧν φέρουσιν αἱ τοιαῦται
δυναστεῖαι· ἐπεὶ τό γε τῆς ἐξουσίας μέγεθος, ἧς ὁ
δικτάτωρ ἔχει, ἥκιστα δηλοῦται ὑπὸ τοῦ ὀνόματος·

---

[1] The first explanation assumes that *dictator* comes from
dictare and means " one who dictates, or prescribes; " the
second derives the title from the circumstance that he was

was unmoved, and in his turn continued to address many prayers and entreaties to each of them. The next day, when the senate had again assembled, and he still resisted and, in spite of the advice of all the senators, would not change his mind, Cloelius rose up and nominated him, according to the practice of the *interreges*, and then abdicated the consulship himself.

LXXIII. Larcius was the first man to be appointed sole ruler at Rome with absolute authority in war, in peace, and in all other matters. They call this magistrate a dictator, either from his power of issuing whatever orders he wishes and of prescribing for the others rules of justice and right as he thinks proper (for the Romans call commands and ordinances respecting what is right and wrong *edicta* or "edicts")[1] or, as some write, from the form of nomination which was then introduced, since he was to receive the magistracy, not from the people, according to ancestral usage, but by the appointment of one man. For they did not think they ought to give an invidious and obnoxious title to any magistracy that had the oversight of a free people, as well for the sake of the governed, lest they should be alarmed by the odious terms of address, as from a regard for the men who were assuming the magistracies, lest they should unconsciously either suffer some injury from others or themselves commit against others acts of injustice of the sort that positions of such authority bring in their train. For the extent of the power which the dictator possesses is by no means indicated by the

dictus ("named") by one individual rather than *creatus* ("elected"). Both explanations are found in Roman writers, though the second is patently absurd.

3 ἔστι γὰρ αἱρετὴ τυραννὶς ἡ δικτατορία. δοκοῦσι
δέ μοι καὶ τοῦτο παρ' Ἑλλήνων οἱ Ῥωμαῖοι τὸ
πολίτευμα λαβεῖν. οἱ γὰρ αἰσυμνῆται καλούμενοι
παρ' Ἕλλησι τὸ ἀρχαῖον, ὡς ἐν τοῖς περὶ βασιλείας
ἱστορεῖ Θεόφραστος, αἱρετοί τινες ἦσαν τύραννοι·
ᾑροῦντο δ' αὐτοὺς αἱ πόλεις οὔτ' εἰς ὁριστὸν[1]
χρόνον οὔτε συνεχῶς, ἀλλὰ πρὸς τοὺς καιρούς, ὁπότε
δόξειε συμφέρειν, καὶ εἰς ὁποσονοῦν[2] χρόνον· ὥσπερ
καὶ Μιτυληναῖοί ποθ' εἵλοντο Πιττακὸν πρὸς τοὺς
φυγάδας τοὺς περὶ Ἀλκαῖον τὸν ποιητήν.

LXXIV. Ἦλθον δ' ἐπὶ τοῦτο οἱ πρῶτοι
διδαχθέντες τῇ πείρᾳ τὸ χρήσιμον. κατ' ἀρχὰς
μὲν γὰρ ἅπασα πόλις Ἑλλὰς ἐβασιλεύετο, πλὴν
οὐχ ὥσπερ τὰ βάρβαρα ἔθνη δεσποτικῶς, ἀλλὰ
κατὰ νόμους τινὰς καὶ ἐθισμοὺς πατρίους· καὶ
κράτιστος ἦν βασιλεὺς ὁ δικαιότατός τε καὶ
νομιμώτατος καὶ μηθὲν ἐκδιαιτώμενος τῶν πα-
2 τρίων. δηλοῖ δὲ καὶ Ὅμηρος δικασπόλους τε
καλῶν τοὺς βασιλεῖς καὶ θεμιστοπόλους. καὶ
μέχρι πολλοῦ διέμενον ἐπὶ ῥητοῖς τισιν αἱ βασιλεῖαι
διοικούμεναι, καθάπερ ἡ Λακεδαιμονίων· ἀρξαμέ-
νων δέ τινων ἐν ταῖς ἐξουσίαις πλημμελεῖν αἱ
νόμοις μὲν ὀλίγα χρωμένων, ταῖς δ' ἑαυτῶν
γνώμαις τὰ πολλὰ διοικούντων, δυσχεράναντες
ὅλον τὸ πρᾶγμα οἱ πολλοὶ κατέλυσαν μὲν τὰ
βασιλικὰ πολιτεύματα, νόμους δὲ καταστησά-
μενοι καὶ ἀρχὰς ἀποδείξαντες, ταύταις ἐχρῶντο

[1] Cobet: ἀόριστον O.
[2] Cobet: ὁπόσον O.

[1] The word *aisymnêtês* is supposed to have meant " one
mindful of what is just " or " one who awards the just
222

title; for the dictatorship is in reality an elective tyranny. The Romans seem to me to have taken this institution also from the Greeks. For the magistrates anciently called among the Greeks *aisymnêtai* [1] or " regulators," as Theophrastus writes in his treatise *On Kingship*,[2] were a kind of elective tyrants. They were chosen by the cities, not for a definite time nor continuously, but for emergencies, as often and for as long a time as seemed convenient; just as the Mitylenaeans, for example, once chose Pittacus to oppose the exiles headed by Alcaeus, the poet.

LXXIV. The first men who had recourse to this institution had learned the advantage of it by experience. For in the beginning all the Greek cities were governed by kings, though not despotically, like the barbarian nations, but according to certain laws and time-honoured customs, and he was the best king who was the most just, the most observant of the laws, and did not in any wise depart from the established customs. This appears from Homer, who calls kings *dikaspoloi* or " ministers of justice," and *themistopoloi* or " ministers of the laws." And kingships continued to be carried on for a long time subject to certain stated conditions, like that of the Lacedaemonians. But as some of the kings began to abuse their powers and made little use of the laws, but settled most matters according to their own judgment, people in general grew dissatisfied with the whole institution and abolished the kingly governments; and enacting laws and choosing magistrates, they used

portion "; in heroic days the name was applied to umpires at games.
[2] The authenticity of this work was challenged by the ancients.

DIONYSIUS OF HALICARNASSUS

3 τῶν πόλεων φυλακαῖς. ἐπεὶ δ' οὐκ αὐτάρκεις
ἦσαν οὔτε οἱ τεθέντες ὑπ' αὐτῶν νόμοι βεβαιοῦν τὸ
δίκαιον οὔτε οἱ τὰς ἀρχὰς καὶ τὰς ἐπιμελείας
αὐτῶν λαμβάνοντες βοηθεῖν τοῖς νόμοις, οἵ τε
καιροὶ πολλὰ νεοχμοῦντες οὐ τὰ κράτιστα τῶν
πολιτευμάτων, ἀλλὰ τὰ πρεπωδέστατα ταῖς κατα-
λαμβανούσαις αὐτοὺς συντυχίαις ἠνάγκαζον αἱρεῖ-
σθαι, οὐ μόνον ἐν ταῖς ἀβουλήτοις συμφοραῖς,
ἀλλὰ κἂν ταῖς ὑπερβαλλούσαις τὸ μέτριον εὐ-
τυχίαις, διαφθειρομένων δι' αὐτὰς τῶν πολιτικῶν
κόσμων, οἷς ἐπανορθώσεως ταχείας καὶ αὐτο-
γνώμονος ἔδει, ἠναγκάζοντο παράγειν πάλιν τὰς
βασιλικὰς καὶ τυραννικὰς ἐξουσίας εἰς μέσον,
ὀνόμασι περικαλύπτοντες αὐτὰς εὐπρεπεστέροις,
Θετταλοὶ μὲν ἀρχούς,[1] Λακεδαιμόνιοι δ' ἁρμοστὰς
καλοῦντες, φοβούμενοι τυράννους ἢ βασιλεῖς
αὐτοὺς καλεῖν, ὡς οὐδ' ὅσιον σφίσιν ὑπάρχον, ἃς
κατέλυσαν ἐξουσίας ὅρκοις καὶ ἀραῖς ἐπιθεσπι-
4 σάντων θεῶν, ταύτας πάλιν ἐμπεδοῦν. ἐμοὶ μὲν
δὴ παρὰ τῶν Ἑλλήνων δοκοῦσι Ῥωμαῖοι τὸ
παράδειγμα λαβεῖν, ὥσπερ ἔφην, Λικίννιος δὲ
παρ' Ἀλβανῶν οἴεται τὸν δικτάτορα Ῥωμαίους
εἰληφέναι, τούτους λέγων πρώτους μετὰ τὸν
Ἀμολίου καὶ Νεμέτορος θάνατον ἐκλιπούσης τῆς
βασιλικῆς συγγενείας ἐνιαυσίους ἄρχοντας ἀποδεῖ-
ξαι τὴν αὐτὴν ἔχοντας ἐξουσίαν τοῖς βασιλεῦσι,
καλεῖν δ' αὐτοὺς δικτάτορας· ἐγὼ δ' οὐ τοὔνομα
ζητεῖν ἠξίουν, πόθεν ἡ Ῥωμαίων πόλις ἔλαβεν,

---

[1] ἀρχούς O: ταγοὺς Bücheler.

---

[1] The word regularly used of these Thessalian commanders
was ταγοί, and Bücheler proposed to restore that form here.

these as the safeguards of their cities. But when
neither the laws they had made were sufficient to
ensure justice nor the magistrates who had under-
taken the oversight of them able to uphold the laws,
and times of crisis, introducing many innovations,
compelled them to choose, not the best institutions,
but such as were best suited to the situations in
which they found themselves, not only in unwelcome
calamities, but also in immoderate prosperity, and
when their forms of government were becoming
corrupted by these conditions and required speedy
and arbitrary correction, they were compelled to
restore the kingly and tyrannical powers, though
they concealed them under more attractive titles.
Thus, the Thessalians called these officials *archoi* [1] or
" commanders," and the Lacedaemonians *harmostai*
or " harmonizers," fearing to call them tyrants or
kings,[2] on the ground that it was not right for them
to confirm those powers again which they had abol-
ished with oaths and imprecations, under the appro-
bation of the gods. My opinion, therefore, is, as I
said, that the Romans took this example from the
Greeks; but Licinius believes they took the dictator-
ship from the Albans, these being, as he says, the
first who, when the royal family had become extinct
upon the death of Amulius and Numitor, created
annual magistrates with the same power the kings
had enjoyed and called these magistrates dictators.
For my part, I have not thought it worth while to
inquire from whence the Romans took the name but

ἀρχοί is probably a gloss that has replaced the word it was
intended to explain.
[2] But we hear of these harmosts only as governors sent out
by the Lacedaemonians after the Peloponnesian War to rule
the subject cities.

DIONYSIUS OF HALICARNASSUS

ἀλλὰ τὸ τῆς ἐξουσίας τῆς περιλαμβανομένης τῷ
ὀνόματι παράδειγμα. ἀλλ' ὑπὲρ μὲν τούτων
οὐθὲν ἂν εἴη τάχα προὔργου τὰ πλείω γράφειν.
    LXXV. Ὃν δὲ τρόπον ὁ Λάρκιος ἐχρήσατο
τοῖς πράγμασι δικτάτωρ πρῶτος ἀποδειχθείς,
καὶ κόσμον οἷον περιέθηκε τῇ ἀρχῇ, συντόμως
πειράσομαι διεξελθεῖν, ταῦτα ἡγούμενος εἶναι
χρησιμώτατα τοῖς ἀναγνωσομένοις, ἃ πολλὴν
εὐπορίαν παρέξει καλῶν καὶ συμφερόντων παρα-
δειγμάτων νομοθέταις τε καὶ δημαγωγοῖς καὶ
τοῖς ἄλλοις ἅπασι τοῖς πολιτεύεσθαί τε καὶ τὰ
κοινὰ πράττειν βουλομένοις. οὐ γὰρ ἀζήλου καὶ
ταπεινῆς πόλεως πολιτεύματα καὶ βίους οὐδὲ
ἀνωνύμων καὶ ἀπερριμμένων ἀνθρώπων βουλεύ-
ματα καὶ πράξεις μέλλω διηγεῖσθαι, ὥστε ὄχλον ἄν
τινι καὶ φλυαρίαν φανῆναι τὴν περὶ τὰ μικρὰ καὶ
φαῦλα ἡμῶν σπουδήν· ἀλλ' ὑπὲρ τῆς ἅπασι τὰ
καλὰ καὶ δίκαια ὁριζούσης πόλεως καὶ περὶ τῶν
εἰς τοῦτο καταστησαμένων αὐτὴν τὸ ἀξίωμα
ἡγεμόνων, ἅ τις ἂν σπουδάσειε μὴ ἀγνοεῖν
2 φιλόσοφος καὶ πολιτικὸς ἀνήρ, συγγράφω.[1] εὐθὺς
μὲν οὖν ἅμα τῷ παραλαβεῖν τὴν ἐξουσίαν ἱππάρχην
ἀποδείκνυσι Σπόριον Κάσσιον, τὸν ὑπατεύσαντα
κατὰ τὴν ἑβδομηκοστὴν ὀλυμπιάδα. τοῦτο τὸ
ἔθος ἕως τῆς κατ' ἐμὲ γενεᾶς ἐφυλάττετο ὑπὸ
Ῥωμαίων, καὶ οὐθεὶς εἰς τόδε χρόνου δικτάτωρ
αἱρεθεὶς χωρὶς ἱππάρχου τὴν ἀρχὴν διετέλεσεν.
ἔπειτα τῆς ἐξουσίας τὸ κράτος ἐπιδεῖξαι βουληθεὶς
ὅσον ἐστί, καταπλήξεως μᾶλλον ἢ χρήσεως
ἕνεκα τοῖς ῥαβδούχοις ἐκέλευσεν ἅμα ταῖς δεσμαῖς

---

[1] συγγράφω B: δειχθήσεται A, ἀποδειχθήσεται CD.

226

from whence they took the example of the power comprehended under that name. But perhaps it is not worth while to discuss the matter further.

LXXV. I shall now endeavour to relate in a summary manner how Larcius handled matters when he had been appointed the first dictator, and show with what dignity he invested the magistracy, for I look upon these matters as being most useful to my readers, since they will afford a great abundance of noble and profitable examples, not only to lawgivers and leaders of the people, but also to all others who aspire to take part in public life and to govern the state. For it is no mean and humble state of which I am going to relate the institutions and manners, nor were the men nameless outcasts whose counsels and actions I shall record, so that my zeal for small and trivial details might to some appear tedious and trifling; but I am writing the history of the state which prescribes rules of right and justice for all mankind, and of the leaders who raised her to that dignity, matters concerning which any philosopher or statesman would earnestly strive not to be ignorant. As soon, then, as Larcius had assumed this power, he appointed as his Master of the Horse Spurius Cassius, who had been consul about the seventieth Olympiad.[1] This custom has been observed by the Romans down to my generation and no one appointed dictator has thus far gone through his magistracy without a Master of the Horse. After that, desiring to show how great was the extent of his power, he ordered the lictors, more to inspire terror than for any actual use, to carry the axes with the

---

[1] He had been consul four years earlier (chap. 49), that is, in the last year of the 69th Olympiad.

τῶν ῥάβδων τοὺς πελέκεις διὰ τῆς πόλεως
φέρειν, ἔθος ἐπιχώριον μὲν τοῖς βασιλεῦσιν,
ἐκλειφθὲν δ᾽ ὑπὸ τῶν ὑπάτων, ἐξ οὗ Οὐαλέριος
Ποπλικόλας τὸ πρῶτον [1] ὑπατεύσας ἐμείωσε τὸν
3 φθόνον τῆς ἀρχῆς, αὖθις [2] ἀνανεωσάμενος. κατα-
πληξάμενος δὲ τούτῳ τε καὶ τοῖς ἄλλοις συμβόλοις
τῆς βασιλικῆς ἡγεμονίας τοὺς ταρακτικοὺς καὶ
νεωτεριστάς, τὸ κράτιστον τῶν ὑπὸ Σερουΐου
Τυλλίου τοῦ δημοτικωτάτου βασιλέως κατα-
σταθέντων νομίμων πρῶτον ἐπέταξε ποιῆσαι,
Ῥωμαίοις ἅπασι τιμήσεις κατὰ φυλὰς τῶν βίων
ἐνεγκεῖν, προσγράφοντας γυναικῶν τε καὶ παίδων
ὀνόματα καὶ ἡλικίας ἑαυτῶν τε καὶ τέκνων. ἐν
ὀλίγῳ δὲ χρόνῳ πάντων τιμησαμένων διὰ τὸ
μέγεθος τῆς τιμωρίας (τήν τε γὰρ οὐσίαν ἀπολέσαι
τοὺς ἀπειθήσαντας ἔδει καὶ τὴν πολιτείαν)
ἑπτακοσίοις πλείους εὑρέθησαν οἱ ἐν ἥβῃ Ῥω-
4 μαῖοι πεντεκαίδεκα μυριάδων. μετὰ τοῦτο δια-
κρίνας τοὺς ἔχοντας τὴν στρατεύσιμον ἡλικίαν ἀπὸ
τῶν πρεσβυτέρων καὶ καταχωρίσας εἰς λόχους,
διένειμε πεζούς τε καὶ ἱππεῖς εἰς τέτταρας
μοίρας· ὧν μίαν μὲν τὴν κρατίστην περὶ αὑτὸν
εἶχεν, ἐκ δὲ τῶν ὑπολειπομένων Κλοίλιον ἐκέλευσε
τὸν συνύπατον ἣν αὐτὸς ἐβούλετο λαβεῖν, τὴν δὲ
τρίτην Σπόριον Κάσσιον τὸν ἱππάρχην, τὴν δὲ
καταλειπομένην τὸν ἀδελφὸν Σπόριον Λάρκιον·
αὕτη φρουρεῖν τὴν πόλιν ἐτάχθη σὺν τοῖς πρεσβυτέ-
ροις ἐντὸς τείχους μένουσα.

LXXVI. Ὡς δ᾽ ἦν αὐτῷ πάντα τὰ εἰς τὸν
πόλεμον ἐπιτήδεια εὐτρεπῆ, προήγαγε τὰς δυνάμεις
εἰς ὕπαιθρον, καὶ τίθεται στρατόπεδα τρία καθ᾽

---

[1] τὸ πρῶτον Garrer: ὁ πρῶτος O, Jacoby.

bundles of rods through the city, thereby reviving once more a custom that had been observed by the kings but abandoned by the consuls after Valerius Publicola in his first consulship had lessened the hatred felt for that magistracy. Having by this and the other symbols of royal power terrified the turbulent and the seditious, he first ordered all the Romans, pursuant to the best of all the practices established by Servius Tullius, the most democratic of the kings, to return valuations of their property, each in their respective tribes, adding the names of their wives and children as well as the ages of themselves and their children. And all of them having registered in a short time by reason of the severity of the penalty (for the disobedient were to lose both their property and their citizenship), the Romans who had arrived at the age of manhood were found to number 150,700. After that he separated those who were of military age from the older men, and distributing the former into centuries, he formed four bodies of foot and horse, of which he kept one, the best, about his person, while of the remaining three bodies, he ordered Cloelius, who had been his colleague in the consulship, to choose the one he wished, Spurius Cassius, the Master of the Horse, to take the third, and Spurius Larcius, his brother, the remaining one; this last body together with the older men was ordered to guard the city, remaining inside the walls.

LXXVI. When he had got everything ready that was necessary for the war, he took the field with his forces and established three camps in the places

---

² αὖθις Bücheler: αὐτὸς O, Jacoby.

DIONYSIUS OF HALICARNASSUS

οὖς μάλιστα ὑπελάμβανε τόπους ποιήσεσθαι τοὺς
Λατίνους τὴν ἔφοδον. ἐνθυμούμενος δ' ὅτι φρο-
νίμων στρατηγῶν ἐστιν, οὐ μόνον τὰ ἑαυτῶν
πράγματα ποιεῖν ἰσχυρά, ἀλλὰ καὶ τὰ τῶν
πολεμίων ἀσθενῆ, καὶ μάλιστα μὲν ἄνευ μάχης
καὶ πόνου καταλύεσθαι τοὺς πολέμους, εἰ δὲ μή
γε, σὺν ἐλαχίστῃ τοῦ στρατιωτικοῦ πλήθους δα-
πάνῃ, πολέμων τε ἁπάντων κακίστους ἡγούμενος
καὶ πλεῖστα τὰ λυπηρὰ ἔχοντας οὓς πρὸς συγ-
γενεῖς καὶ φίλους ἀναγκαζόμενοί τινες ἀναιροῦνται,
ἐπιεικεστέρων μᾶλλον ἢ δικαιοτέρων ᾤετο δεῖν
2 αὐτοῖς διαλύσεων. κρύφα τε δὴ πέμπων πρὸς
τοὺς ἐπιφανεστάτους τῶν Λατίνων ἀνυπόπτους
τινὰς ἔπειθε φιλίαν πράττειν ταῖς πόλεσι, καὶ ἐκ
τοῦ φανεροῦ πρεσβευόμενος κατὰ πόλεις τε καὶ
πρὸς τὸ κοινὸν οὐ χαλεπῶς ἐξειργάσατο μηκέτι
τὴν αὐτὴν ἅπαντας ὁρμὴν ἔχειν πρὸς τὸν πό-
λεμον· μάλιστα δ' αὐτοὺς ἐξεθεράπευσε καὶ
διαστῆναι πρὸς τοὺς ἡγεμόνας ἐποίησε διὰ
3 τοιαύτης εὐεργεσίας. οἱ γὰρ [1] τὴν αὐτοκράτορα
παρειληφότες τῶν Λατίνων στρατηγίαν, Μαμίλιός
τε καὶ Σέξτος, ἐν Τύσκλῳ πόλει τὰς δυνάμεις
συνέχοντες, παρεσκευάζοντο μὲν ὡς ἐλάσοντες
ἐπὶ τὴν Ῥώμην, ἐδαπάνων δὲ πολὺν εἰς τὸ
μέλλειν χρόνον, εἴτε τὰς ὑστεριζούσας ἀναμένοντες
πόλεις, εἴτε τῶν ἱερῶν αὐτοῖς οὐ γινομένων
καλῶν. ἐν τούτῳ δὴ τῷ χρόνῳ τινὲς ἀποσκιδνά-
μενοι τοῦ στρατοπέδου τὴν χώραν τῶν Ῥωμαίων
4 ἐπόρθουν. τοῦτο μαθὼν ὁ Λάρκιος ἀποστέλλει
τὸν Κλοίλιον ἐπ' αὐτοὺς ἄγοντα τῶν ἱππέων τε
καὶ ψιλῶν τοὺς ἀνδρειοτάτους. ὃς ἐπιφανεὶς

230

where he suspected the Latins would be most likely
to make their invasion. He considered that it is
the part of a prudent general, not only to strengthen
his own position, but also to weaken that of the
enemy, and, above all, to bring wars to an end with-
out a battle or hardship, or, if that cannot be
done, then with the least expenditure of men; and
regarding as the worst of all wars and the most dis-
tressing those which men are forced to undertake
against kinsmen and friends, he thought they ought
to be settled by an accommodation in which clemency
outweighed the demands of justice. Accordingly,
he not only sent secretly to the most important men
among the Latins some persons who were free from
suspicion and attempted to persuade them to estab-
lish friendship between the two states, but he also
sent ambassadors openly both to the several cities
and to their league and by that means easily
brought it about that they no longer all entertained
the same eagerness for the war. But in particular
he won them over and set them against their leaders
by the following service. The men who had received
the supreme command over the Latins, namely,
Mamilius and Sextus, keeping their forces all together
in the city of Tusculum, were preparing to march on
Rome, but were consuming much time in delay, either
waiting for the cities which were slow in joining them
or because the sacrificial victims were not favourable.
During this time some of their men, scattering abroad
from the camp, proceeded to plunder the territory
of the Romans. Larcius, being informed of this,
sent Cloelius against them with the most valiant, both
of the horse and light-armed troops; and he, coming

αὐτοῖς ἀπροσδόκητος ὀλίγους μέν τινας ἀποκτείνει μαχόμενος, τοὺς δὲ λοιποὺς αἰχμαλώτους λαμβάνει. τούτους ὁ Λάρκιος ἐκ τῶν τραυμάτων ἀναλαβὼν καὶ ταῖς ἄλλαις ἐκθεραπεύσας φιλανθρωπίαις ἀπέστειλεν εἰς Τύσκλον ἀθῴους[1] ἄνευ λύτρων, πρεσβευτὰς σὺν αὐτοῖς πέμψας Ῥωμαίων τοὺς ἐντιμοτάτους.[2] οὗτοι διεπράξαντο διαλυθῆναι τὸ στράτευμα τῶν Λατίνων καὶ γενέσθαι ταῖς πόλεσιν ἐνιαυσίους ἀνοχάς.

LXXVII. Ταῦτα διαπραξάμενος ὁ ἀνὴρ ἀπῆγε τὰς δυνάμεις ἐκ τῆς ὑπαίθρου καὶ πρὶν ἢ πάντα τὸν τῆς ἐξουσίας ἐκπληρῶσαι χρόνον ὑπάτους ἀποδείξας ἀπέθετο τὴν ἀρχὴν οὔτ' ἀποκτείνας οὐθένα Ῥωμαίων οὔτε ἐξελάσας τῆς πατρίδος οὔτε ἄλλῃ συμφορᾷ βαρείᾳ περιβαλὼν οὐδεμιᾷ. 2 οὗτος ὁ ζῆλος ἀπ' ἐκείνου τοῦ ἀνδρὸς ἀρξάμενος ἅπασι παρέμεινε τοῖς λαμβάνουσι τὴν αὐτὴν ἐξουσίαν ἄχρι τῆς τρίτης πρὸ ἡμῶν γενεᾶς. οὐθένα γοῦν ἐκ τῆς ἱστορίας παρειλήφαμεν ὃς οὐ μετρίως αὐτῇ καὶ πολιτικῶς ἐχρήσατο, πολλάκις ἀναγκασθείσης τῆς πόλεως καταλῦσαι τὰς νομίμους ἀρχὰς καὶ πάντα ποιῆσαι τὰ πράγματα ὑφ' ἑνί. 3 καὶ εἰ μὲν ἐν τοῖς ὀθνείοις πολέμοις μόνον ἦσαν οἱ λαμβάνοντες τὴν δικτατορίαν ἀγαθοὶ προστάται τῆς πατρίδος μηθὲν ὑπὸ τοῦ μεγέθους τῆς ἀρχῆς διαφθειρόμενοι, ἧττον ἂν θαυμαστὸν ἦν· νῦν δὲ καὶ ἐν ταῖς ἐμφυλίοις διχοστασίαις πολλαῖς καὶ μεγάλαις γενομέναις καὶ ἐπὶ καταλύσει βασιλειῶν καὶ τυραννίδων ὑποπτευομένων καὶ ἐπ' ἄλλων συμφορῶν κωλύσει μυρίων ὅσων οἱ[3] τηλικαύτης τυχόντες ἐξουσίας ἅπαντες ἀνεπιλήπτους καὶ τῷ

____

[1] Sylburg: ἀθρόους O, Jacoby.
[2] ἐντιμοτάτους B: ἐπιφανεστάτους R.

upon them unexpectedly, killed a few in the action and took the rest prisoners. These Larcius caused to be cured of their wounds, and having gained their affection by many other instances of kindness, he sent them to Tusculum safe and sound without ransom, and with them the most distinguished of the Romans as ambassadors. Through their efforts the army of the Latins was disbanded and a year's truce concluded between the two states.

LXXVII. After Larcius had effected these things, he brought the army home from the field, and having appointed consuls, laid down his magistracy before the whole term of his power had expired, without having put any of the Romans to death, banished any, or inflicted any other severity on any of them. This enviable example set by Larcius was continued by all who afterwards received this same power till the third generation before ours. Indeed, we find no instance of any one of them in history who did not use it with moderation and as became a citizen, though the commonwealth has often found it necessary to abolish the legal magistracies and to put the whole administration under one man. If, now, in foreign wars alone those who held the dictatorship had shown themselves brave champions of the fatherland, quite uncorrupted by the greatness of their power, it would not be so remarkable; but, as it was, all who obtained this great power, whether in times of civil dissension, which were many and serious, or in order to overthrow those who were suspected of aiming at monarchy or tyranny, or to prevent numberless other calamities, acquitted themselves in a manner free

---

³ οἱ added by Reiske.

DIONYSIUS OF HALICARNASSUS

πρώτῳ λαβόντι τὴν ἀρχὴν ὁμοίους ἑαυτοὺς
παρέσχον·[1] ὥσθ' ἅπασι παραστῆναι τὴν αὐτὴν
δόξαν, ὅτι μία βοήθεια παντός ἐστιν ἀνιάτου
κακοῦ καὶ τελευταίας σωτηρίας ἐλπίς, ὅταν
ἀπορραγῶσιν ἅπασαι διὰ καιρούς τινας, ἡ τοῦ
4 δικτάτορος ἀρχή. ἐπὶ δὲ τῆς κατὰ τοὺς πατέρας
ἡμῶν ἡλικίας ὁμοῦ τι τετρακοσίων διαγενομένων
ἐτῶν ἀπὸ τῆς Τίτου Λαρκίου δικτατορίας διεβλήθη
καὶ μισητὸν ἅπασιν ἀνθρώποις ἐφάνη τὸ πρᾶγμα
Λευκίου Κορνηλίου Σύλλα πρώτου καὶ μόνου
πικρῶς αὐτῇ καὶ ὠμῶς χρησαμένου· ὥστε τότε
πρῶτον αἰσθέσθαι Ῥωμαίους, ὃ τὸν ἄλλον ἅπαντα
χρόνον ἠγνόουν, ὅτι τυραννίς ἐστιν ἡ τοῦ δικτά-
5 τορος ἀρχή. βουλήν τε γὰρ ἐκ τῶν ἐπιτυχόν-
των ἀνθρώπων συνέστησε καὶ τὸ τῆς δημαρχίας
κράτος εἰς τοὐλάχιστον[2] συνέστειλε καὶ πόλεις
ὅλας ἐξῴκισε καὶ βασιλείας τὰς μὲν ἀνεῖλε, τὰς
δ' αὐτὸς ἀπέδειξε, καὶ ἄλλα πολλὰ καὶ αὐθάδη
διεπράξατο, περὶ ὧν πολὺ ἂν ἔργον εἴη λέγειν·
πολίτας τε χωρὶς τῶν ἐν ταῖς μάχαις ἀπολομένων
τοὺς παραδόντας αὐτῷ σφᾶς αὐτοὺς οὐκ ἐλάττους
τετρακισμυρίων ἀπέκτεινεν, ὧν τινας καὶ βασάνοις
6 πρῶτον αἰκισάμενος. εἰ μὲν οὖν ἀναγκαίως ἢ
συμφερόντως τῷ κοινῷ πάντα ταῦτ' ἔπραξεν,
οὐχ ὁ παρὼν καιρὸς ἐξετάζειν· ὅτι δὲ διὰ ταῦτ'
ἐμισήθη καὶ δεινὸν ἐφάνη τὸ τοῦ δικτάτορος
ὄνομα, τοῦτό μοι προύκειτο ἐπιδεῖξαι. πέφυκε δ'
οὐ ταῖς δυναστείαις τοῦτο μόναις, ἀλλὰ καὶ τοῖς
ἄλλοις συμβαίνειν τοῖς περιμαχήτοις καὶ θαυμαζο-
μένοις ὑπὸ τοῦ κοινοῦ βίου πράγμασι. καλὰ μὲν
γὰρ ἅπαντα φαίνεται καὶ συμφέροντα τοῖς χρωμέ-
νοις, ὅταν τις αὐτοῖς χρῆται καλῶς, αἰσχρὰ δὲ
234

from reproach, like the first man who received it; so that all men gained the same opinion, that the one remedy for every incurable ill, and the last hope of safety when all others had been snatched away by some crisis, was the dictatorship. But in the time of our fathers, a full four hundred years after the dictatorship of Titus Larcius, the institution became an object of reproach and hatred to all men under L. Cornelius Sulla, the first and only dictator who exercised his power with harshness and cruelty; so that the Romans then perceived for the first time what they had all along been ignorant of, that the dictatorship is a tyranny. For Sulla composed the senate of commonplace men, reduced the power of the tribunes to the minimum, depopulated whole cities, abolished some kingdoms and established others himself, and was guilty of many other arbitrary acts, which it would be a great task to enumerate. As for the citizens, besides those slain in battle, he put no fewer than forty thousand to death after they had surrendered to him, and some of these after he had first tortured them. Whether all these acts of his were necessary or advantageous to the commonwealth the present is not the time to inquire; all I have undertaken to show is that the name of dictator was rendered odious and terrible because of them. This is wont to be the case, not only with positions of power, but also with the other advantages which are eagerly contended for and admired in everyday life. For they all appear noble and profitable to those who hold them when they are used nobly, but base and

---

¹ Cobet: παρέσχοντο O.
² Jacoby: ἐλάχιστον O.

καὶ ἀσύμφορα, ὅταν πονηροὺς λάβῃ προστάτας.
τούτου δ' ἡ φύσις αἰτία προσθεῖσα τοῖς ἀγαθοῖς
ἅπασι καὶ κῆράς τινας συμφύτους. ἀλλ' ὑπὲρ
μὲν τούτων ἕτερος ἂν εἴη τοῖς λόγοις καιρὸς
ἐπιτηδειότερος.[1]

[1] There follow in the MSS. the first five lines of Book VI (οἱ δ' . . . Ἱππάρχου), which are repeated at the beginning of the new book. Kiessling deleted them here.

unprofitable when they find unprincipled champions. For this result Nature is responsible, which to all good things has attached some congenital evils. But another occasion may be more suitable for discussing this subject.[1]

[1] See critical note.

ΔΙΟΝΥΣΙΟΥ

ΑΛΙΚΑΡΝΑΣΕΩΣ

ΡΩΜΑΙΚΗΣ ΑΡΧΑΙΟΛΟΓΙΑΣ

ΛΟΓΟΣ ΕΚΤΟΣ

I. Οἱ δ᾽ ἐν τῷ κατόπιν ἐνιαυτῷ τὴν ὕπατον ἀρχὴν παραλαβόντες, Αὖλος Σεμπρώνιος Ἀτρατῖνος καὶ Μάρκος Μηνύκιος, ἐπὶ τῆς ἑβδομηκοστῆς καὶ πρώτης ὀλυμπιάδος, ἣν ἐνίκα στάδιον Τισικράτης Κροτωνιάτης ἄρχοντος Ἀθήνησιν Ἱππάρχου, ἄλλο μὲν οὐδὲν οὔτε πολεμικὸν οὔτε πολιτικὸν ἱστορίας ἄξιον ἐπὶ τῆς ἑαυτῶν ἀρχῆς ἔπραξαν· αἵ τε γὰρ πρὸς Λατίνους ἀνοχαὶ πολλὴν αὐτοῖς ἀπὸ τῶν ἔξωθεν πολέμων παρέσχον εἰρήνην ἥ τε τῆς ἀναπράξεως τῶν δανείων κώλυσις, ἣν ἐψηφίσατο ἡ βουλή, ἕως [1] ἂν ὁ προσδοκώμενος πόλεμος εἰς ἀσφαλὲς ἔλθῃ τέλος, ἔπαυσε τοὺς ἐντὸς τείχους νεωτερισμούς, οὓς ἐποιοῦντο οἱ πένητες ἀφεῖσθαι τῶν χρεῶν ἀξιοῦντες 2 δημοσίᾳ· δόγμα δὲ βουλῆς ἐκύρωσαν ἐπιεικέστατον,[2] Λατίνοις [3] ἀνδράσιν εἴ τινες ἔτυχον ἐκ τοῦ Ῥωμαίων [4] ἔθνους συνοικοῦσαι γυναῖκες ἢ Ῥωμαίοις Λατῖναι, ἑαυτῶν εἶναι κυρίας, ἐάν τε

---

[1] ἕως O: τέως Jacoby.　　[2] Reiske: ἐπιεικεστάτοις O.
[3] Λατίνοις Pflugk, Sintenis: ῥωμαίων καὶ λογίοις O.

238

THE ROMAN ANTIQUITIES

OF

DIONYSIUS OF HALICARNASSUS

BOOK VI

I. Aulus Sempronius Atratinus[1] and Marcus
Minucius, who assumed the consulship the following
year, in the seventy-first Olympiad[2] (the one in which
Tisicrates of Croton won the foot-race), Hipparchus
being archon at Athens, performed no action either
of a military or administrative nature worthy of the
notice of history during their term of office, since the
truce with the Latins gave them ample respite from
foreign wars, and the injunction decreed by the
senate against the exaction of debts till the war
that was expected should be safely terminated,
quieted the disturbances raised in the city by the
poor, who desired to be discharged of their debts
by a public act; but they caused the senate to
pass a most reasonable decree which provided that
any women of Roman birth who were married to
Latin men and any Latin women married to Romans
should have full power to decide for themselves

---

[1] *Cf.* Livy ii. 21, 1.   [2] 495 B.C.

---

[4] Ῥωμαίων Sintenis: λατίνων O.

DIONYSIUS OF HALICARNASSUS

μένειν θέλωσι παρὰ τοῖς γεγαμηκόσιν ἐάν τε [1]
εἰς τὰς πατρίδας ἀναστρέφειν· τῶν δ' ἐκγόνων
τὰ μὲν ἄρρενα παρὰ τοῖς πατράσι μένειν, τὰς δὲ
θηλείας καὶ ἔτι ἀγάμους ταῖς μητράσιν ἔπεσθαι·
ἐτύγχανον δὲ πολλαὶ πάνυ γυναῖκες εἰς τὰς
ἀλλήλων πόλεις ἐκδεδομέναι καὶ διὰ τὸ συγγενὲς
καὶ διὰ φιλίαν, αἱ τυχοῦσαι τῆς ἐκ τοῦ ψηφίσματος
ἀδείας ἐδήλωσαν ὅσην εἶχον ἐπιθυμίαν τῆς ἐν
3 Ῥώμῃ διαίτης. αἵ τε γὰρ ἐν ταῖς Λατίνων
πόλεσι Ῥωμαῖαι μικροῦ δεῖν πᾶσαι καταλιποῦσαι
τοὺς ἄνδρας ὡς [2] τοὺς πατέρας ἀνέστρεψαν, αἵ τε
Ῥωμαίοις ἐκδεδομέναι Λατίνων, πλὴν δυεῖν, αἱ
λοιπαὶ τῶν πατρίδων ὑπεριδοῦσαι παρὰ τοῖς
γεγαμηκόσιν ἔμειναν οἰωνὸς εὐτυχὴς τῆς μελλούσης
πόλεως ἐπικρατήσειν τῷ πολέμῳ.
4   Ἐπὶ τούτων φασὶ τῶν ὑπάτων τὸν νεὼν
καθιερωθῆναι τῷ Κρόνῳ κατὰ τὴν ἄνοδον τὴν εἰς
τὸ Καπιτώλιον φέρουσαν ἐκ τῆς ἀγορᾶς, καὶ
δημοτελεῖς ἀναδειχθῆναι τῷ θεῷ καθ' ἕκαστον
ἐνιαυτὸν ἑορτάς τε καὶ θυσίας. τὰ δὲ πρὸ τού-
των βωμὸν αὐτόθι καθιδρῦσθαι λέγουσι τὸν [3] ὑφ'
Ἡρακλέους κατεσκευασμένον, ἐφ' [4] τὰς ἐμ-
πύρους ἀπαρχὰς ἔθυον Ἑλληνικοῖς ἔθεσιν οἱ τὰ
ἱερὰ παρ' ἐκείνου παραλαβόντες· τὴν δ' ἐπιγραφὴν [5]
τῆς ἱδρύσεως τοῦ ναοῦ τινες μὲν ἱστοροῦσι
λαβεῖν Τίτον Λάρκιον τὸν ὑπατεύσαντα τῷ
πρόσθεν ἐνιαυτῷ, οἱ δὲ καὶ βασιλέα Ταρκύνιον
τὸν ἐκπεσόντα τῆς ἀρχῆς· τὴν δὲ καθιέρωσιν τοῦ

---

[1] τε Reiske : τε μὴ O.
[2] ὡς Casaubon : εἰς O.
[3] τὸν O : om. Reiske, Jacoby.
[4] ἐφ' R : ὑφ' AB(?)E.

whether they preferred to stay with their husbands
or to return to their own cities, and also provided that
the male children should remain with their fathers and
the female and unmarried should follow their mothers.
For it happened that a great many women, by
reason of the kinship and friendship existing between
the two nations, had been given in marriage each
into the other's state. The women, having this
liberty granted to them by the decree of the senate,
showed how great was their desire to live at Rome;
for almost all the Roman women who lived in the
Latin cities left their husbands and returned to their
fathers, and all the Latin women who were married
to Romans, except two, scorned their native countries
and stayed with their husbands—a happy omen
foretelling which of the two nations was to be
victorious in the war.

Under these consuls, they say, the temple was
dedicated to Saturn upon the ascent leading from
the Forum to the Capitol, and annual festivals and
sacrifices were appointed to be celebrated in honour
of the god at the public expense. Before this, they
say, an altar built by Hercules was established there,
upon which the persons who had received the holy
rites from him offered the first-fruits as burnt-
offerings according to the customs of the Greeks.
Some historians state that the credit for beginning
this temple was given to Titus Larcius, the consul
of the previous year, others, that it was even given
to King Tarquinius—the one who was driven from

---

⁵ Reiske: γραφὴν O, ἀφορμὴν Bücheler, ὁρμὴν Cobet,
ἀρχὴν Jacoby.

ναοῦ λαβεῖν Πόστομον Κομίνιον κατὰ ψήφισμα
βουλῆς. τούτοις μὲν δὴ τοῖς ὑπάτοις εἰρήνης
ὥσπερ ἔφην βαθείας ἐξεγένετο ἀπολαῦσαι.

II. Μετὰ δὲ τούτους παραλαμβάνουσι τὴν
ἀρχὴν Αὖλος Ποστόμιος καὶ Τίτος Οὐεργίνιος,
ἐφ' ὧν αἱ μὲν ἐνιαύσιοι ἀνοχαὶ πρὸς Λατίνους
διελέλυντο, παρασκευαὶ δὲ πρὸς τὸν πόλεμον ὑφ'
ἑκατέρων ἐγίνοντο μεγάλαι. ἦν δὲ τὸ μὲν
Ῥωμαίων πλῆθος ἅπαν ἑκούσιον καὶ σὺν πολλῇ
προθυμίᾳ χωροῦν ἐπὶ τὸν ἀγῶνα· τοῦ δὲ Λατίνων
τὸ πλέον ἀπρόθυμον καὶ ὑπ' ἀνάγκης κατειργόμε-
νον, τῶν μὲν δυναστευόντων ἐν ταῖς πόλεσιν
ὀλίγου δεῖν πάντων δωρεαῖς τε καὶ ὑποσχέσεσιν
ὑπὸ Ταρκυνίου τε καὶ Μαμιλίου διεφθαρμένων,
τῶν δὲ δημοτικῶν, ὅσοις οὐκ ἦν βουλομένοις ὁ
πόλεμος, ἀπελαυνομένων ἀπὸ τῆς περὶ[1] τῶν
κοινῶν φροντίδος· οὐδὲ γὰρ λόγος ἔτι τοῖς
2 βουλομένοις ἀπεδίδοτο. ἠναγκάζοντο δὴ χαλεπαί-
νοντες ἐπὶ τούτῳ συχνοὶ καταλιπεῖν τὰς πόλεις
καὶ πρὸς τοὺς Ῥωμαίους αὐτομολεῖν· κωλύειν
γὰρ οὐκ ἠξίουν οἱ δι' ἑαυτῶν πεποιημένοι τὰς
πόλεις, ἀλλὰ πολλὴν τοῖς διαφόροις τῆς ἑκουσίου
φυγῆς χάριν ᾔδεσαν. ὑποδεχόμενοι δ' αὐτοὺς οἱ
Ῥωμαῖοι τοὺς μὲν ἅμα γυναιξὶ καὶ τέκνοις
ἀφικνουμένους εἰς τὰς ἐντὸς τείχους κατέταττον
στρατιὰς τοῖς πολιτικοῖς ἐγκαταμιγνύντες λόχοις,
τοὺς δὲ λοιποὺς εἰς τὰ περὶ τὴν πόλιν ἀποστέλ-
λοντες φρούρια καὶ ταῖς ἀποικίαις ἀπομερίζοντες,
3 ἵνα μή τι νεωτερίσειαν, εἶχον ἐν φυλακῇ. ἁπάντων
δὲ τὴν αὐτὴν γνώμην λαβόντων, ὅτι μιᾶς δεῖ

[1] περὶ B: om. R.

the throne—and that the dedication fell to Postumus Cominius pursuant to a decree of the senate. These consuls, then, had the opportunity, as I said, of enjoying a profound peace.

II. They [1] were succeeded in the consulship by Aulus Postumius and Titus Verginius, under whom the year's truce with the Latins expired; and great preparations for the war were made by both nations. On the Roman side the whole population entered upon the struggle voluntarily and with great enthusiasm; but the greater part of the Latins were lacking in enthusiasm and acted under compulsion, the powerful men in the cities having been almost all corrupted with bribes and promises by Tarquinius and Mamilius, while those among the common people who were not in favour of the war were excluded from a share in the public counsels; for permission to speak was no longer granted to all who desired it. Indeed, many, resenting this treatment, were constrained to leave their cities and desert to the Romans; for the men who had got the cities in their power did not choose to stop them, but thought themselves much obliged to their adversaries for submitting to a voluntary banishment. These the Romans received, and such of them as came with their wives and children they employed in military services inside the walls, incorporating them in the centuries of citizens, and the rest they sent out to the fortresses near the city or distributed among their colonies, keeping them under guard, so that they should create no disturbance. And since all men had come to the same conclusion, that the situation

---

[1] For chaps. 2 f. *cf.* Livy ii. 21, 2–4.

DIONYSIUS OF HALICARNASSUS

πάλιν τοῖς πράγμασιν ἐφειμένης [1] ἅπαντα διοικεῖν
κατὰ τὸν αὐτῆς λογισμὸν ἀνυπευθύνου ἀρχῆς,
δικτάτωρ ἀποδείκνυται τῶν ὑπάτων ὁ νεώτερος
Αὖλος Ποστόμιος ὑπὸ τοῦ συνάρχοντος Οὐεργι-
νίου· ἱππάρχην δ' αὐτὸς ἑαυτῷ προσείλετο κατὰ
τὸν αὐτὸν τρόπον τῷ προτέρῳ δικτάτορι Τίτον
Αἰβούτιον Ἕλβαν· καὶ καταγράψας ἐν ὀλίγῳ
χρόνῳ τοὺς ἐν ἥβῃ Ῥωμαίους ἅπαντας καὶ
διελὼν εἰς τέτταρα μέρη τὴν δύναμιν, μιᾶς μὲν
αὐτὸς ἡγεῖτο μοίρας, ἑτέρας δὲ τὸν συνύπατον
Οὐεργίνιον ἔταξεν ἄρχειν, τῆς δὲ τρίτης Αἰβούτιον
τὸν ἱππάρχην, ἐπὶ δὲ τῆς τετάρτης κατέλιπεν
ἔπαρχον Αὖλον Σεμπρώνιον, ᾧ τὴν πόλιν φυλάτ-
τειν ἐπέτρεψεν.

III. Παρεσκευασμένῳ δ' αὐτῷ πάντα τἀπι-
τήδεια πρὸς τὸν πόλεμον ἧκον ἀγγέλλοντες οἱ
σκοποὶ πανστρατιᾷ Λατίνους ἐξεληλυθότας· καὶ
αὖθις ἕτεροι δηλοῦντες ἐξ ἐφόδου τι καταληφθῆναι
πρὸς αὐτῶν χωρίον ἐχυρὸν Κορβιῶνα καλούμενον,
ἐν ᾧ φρουρά τις ἦν Ῥωμαίων ἐνοικουροῦσα ὀλίγη·
ἣν ἅπασαν διαφθείραντες καὶ τὸ χωρίον αὐτὸ [2]
κατασχόντες ὁρμητήριον ἐποιοῦντο τοῦ πολέμου·
ἀνδράποδα δὲ καὶ βοσκήματα οὐ [3] κατελάμβανον
ἐν τοῖς ἀγροῖς χωρὶς τῶν ἐν τῷ Κορβιῶνι ἐγκατα-
ληφθέντων, προανεσκευασμένων [4] πρὸ πολλοῦ τῶν
γεωργῶν εἰς τὰ προσεχέστατα τῶν ἐρυμάτων
ὅσα [5] δύναμις ἦν ἑκάστοις φέρειν τε καὶ ἄγειν·
οἰκίας δ' [6] αὐτῶν ἐνεπίμπρασαν ἐρήμους ἀφειμένας
2 καὶ γῆν ἐδῄουν.   ἀφίκετο δ' αὐτοῖς ἐξεστρατευμέ-

---

[1] Kiessling : ἀφειμένης O.
[2] Kiessling : αὐτῶν AB, αὐτοὶ Sintenis.
[3] οὐ Ba : οὐκ ἴσα ABbE.

244

once more called for a single magistrate free to
deal with all matters according to his own judgment
and subject to no accounting for his actions, Aulus
Postumius, the younger of the consuls, was appointed
dictator by his colleague Verginius, and following
the example of the former dictator, chose his own
Master of the Horse, naming Titus Aebutius Elva.
And having in a short time enlisted all the Romans
who were of military age, he divided his army into
four parts, one of which he himself commanded,
while he gave another to his colleague Verginius, the
third to Aebutius, the Master of the Horse, and left
the command of the fourth to Aulus Sempronius,
whom he appointed to guard the city.

III. After the dictator had prepared everything
that was necessary for the war, his scouts brought
him word that the Latins had taken the field with
all their forces; and others in turn informed him
that they had captured by storm a strong place called
Corbio, in which there was stationed a small garrison
of the Romans. The garrison they wiped out
completely, and the place itself, now that they had
gained possession of it, they were making a base
for the war. They were not capturing any slaves
or cattle in the country districts, except those taken
at Corbio, since the husbandmen had long before
removed into the nearest fortresses everything that
they could drive or carry away; but they were setting
fire to the houses that had been abandoned and
laying waste the country. After the Latins had

<hr />

4 Steph.² : προκατεσκευασμένων O.
5 Steph.² : ὅση O.
6 δὲ Sintenis : τε O.

νοις ἤδη ἐξ Ἀντίου πόλεως ἐπιφανεστάτης τοῦ
Οὐολούσκων ἔθνους στρατιά τε ἱκανὴ [1] καὶ ὅπλα
καὶ σῖτος καὶ ὅσων ἄλλων εἰς τὸν πόλεμον
ἐδέοντο. ἐφ' οἷς πάνυ θαρρήσαντες ἐν ἐλπίσι
χρησταῖς ἦσαν, ὡς καὶ τῶν ἄλλων Οὐολούσκων
συναρουμένων σφίσι τοῦ πολέμου τῆς Ἀντιατῶν

3 πόλεως ἀρξαμένης. ταῦτα μαθὼν ὁ Ποστόμιος
ἐξεβοήθει διὰ ταχέων πρὶν ἢ συνελθεῖν τοὺς
πολεμίους ἅπαντας· ἀγαγὼν δ' ἐν νυκτὶ τὴν
σὺν αὐτῷ στρατιὰν πορείᾳ συντόνῳ πλησίον
γίνεται τῶν Λατίνων ἐστρατοπεδευκότων παρὰ
λίμνῃ Ῥηγίλλῃ καλουμένῃ ἐν ἐχυρῷ χωρίῳ, καὶ
τίθεται τὸν χάρακα κατὰ κεφαλῆς τῶν πολεμίων
ἐν ὑψηλῷ λόφῳ καὶ δυσβάτῳ, ἔνθ' ὑπομένων
πολλὰ πλεονεκτήσειν ἔμελλεν.

IV. Οἱ δὲ τῶν Λατίνων ἡγεμόνες, Ὀκταούιός
τε ὁ Τυσκλανὸς ὁ Ταρκυνίου τοῦ βασιλέως γαμβρός,
ὡς δέ τινες γράφουσιν, υἱὸς τοῦ γαμβροῦ, καὶ
Σέξτος Ταρκύνιος (ἐτύγχανον γὰρ δὴ [2] τηνικαῦτα
χωρὶς ἀλλήλων ἐστρατοπεδευκότες) εἰς ἓν συν-
άγουσι τὰς δυνάμεις χωρίον καὶ παραλαβόντες τοὺς
χιλιάρχους τε καὶ λοχαγοὺς ἐσκόπουν ὅστις

2 ἔσται τρόπος τοῦ πολέμου· καὶ πολλαὶ γνῶμαι
ἐλέχθησαν. οἱ μὲν γὰρ ἐξ ἐφόδου χωρεῖν ἠξίουν
ἐπὶ τοὺς ἅμα τῷ δικτάτορι καταλαβομένους τὸ
ὄρος, ἕως ἔτι ἦσαν αὐτοῖς φοβεροί, οὐκ ἀσφαλείας
σημεῖον εἶναι νομίζοντες τὴν τῶν ἐχυρῶν κατά-
ληψιν, ἀλλὰ δειλίας· οἱ δὲ τοὺς μὲν ἀποταφρεύ-
σαντας ὀλίγῃ τινὶ κατείργειν φυλακῇ, τὴν δ'

---

[1] τε ἱκανὴ Sintenis : τε καινὴ O.
[2] γὰρ δὴ Sintenis : γὰρ ἤδη ABb(?), ἤδη Ba.

already taken the field, an army of respectable
size came to them from Antium, the most important
city of the Volscian nation, with arms, grain, and
everything else that was necessary for carrying on
the war. Greatly heartened by this, they were
in excellent hopes that the other Volscians would
join them in the war, now that the city of Antium
had set the example. Postumius, being informed
of all this, set out hastily to the rescue before all
the enemy's forces could assemble; and having
led his army out by a forced march in the night, he
arrived near the Latins, who lay encamped in a
strong position near the lake called Regillus, and
pitched his camp above them on a hill that was high
and difficult of access, where, if he remained, he
was sure to have many advantages over them.

IV. The generals [1] of the Latins, Octavius of
Tusculum, the son-in-law or, as some state, the son
of the son-in-law of King Tarquinius, and Sextus
Tarquinius—for they happened at that time to
be encamped separately—joined their forces, and
assembling the tribunes and centurions, they con-
sidered with them in what manner they should carry
on the war; and many opinions were expressed.
Some thought they ought to charge the troops
under the dictator which had occupied the hill, while
they could still inspire them with fear; for they
regarded their occupation of the strong positions
as a sign, not of assurance, but of cowardice. Others
thought they ought to surround the camp of the
Romans with a ditch, and keeping them hemmed in

---

[1] For chaps. 4–13 (battle of Lake Regillus) see Livy ii.
19, 3–20, 13. Livy places the battle three years earlier than
Dionysius.

DIONYSIUS OF HALICARNASSUS

ἄλλην δύναμιν ἀναλαβόντας ἐπὶ τὴν Ῥώμην
ἄγειν ὡς ῥᾳδίαν ἁλῶναι τῆς κρατίστης νεότητος
ἐξεληλυθυίας· οἱ δὲ τὰς Οὐολούσκων τε καὶ τῶν
ἄλλων συμμάχων βοηθείας ἀναμένειν συνεβούλευον
τὰ ἀσφαλέστερα πρὸ τῶν θρασυτέρων αἱρουμέ-
νους.[1] Ῥωμαίους μὲν γὰρ οὐθὲν ἀπολαύσειν ἐκ
τῆς τριβῆς τοῦ χρόνου, ἑαυτοῖς δὲ βραδυνόμενα
3 κρείττω γενήσεσθαι[2] τὰ πράγματα. ἔτι δ' αὐτῶν
βουλευομένων ἧκεν ἐκ Ῥώμης ὁ ἕτερος τῶν
ὑπάτων Τίτος Οὐεργίνιος ἔχων τὴν σὺν ἑαυτῷ
δύναμιν αἰφνίδιος[3] ἐν τῇ κατόπιν νυκτὶ τὴν ὁδὸν
διανύσας καὶ στρατοπεδεύεται δίχα τοῦ δικτάτορος
ἐφ' ἑτέρας ῥάχεως ὀρεινῆς πάνυ καὶ ἐχυρᾶς·
ὥστε ἀμφοτέρωθεν[4] ἀποκεκλεῖσθαι τοὺς Λατίνους
τῶν ἐπὶ τὴν πολεμίαν ἐξόδων, τοῦ μὲν ὑπάτου
τῶν ἀριστερῶν προκαθημένου μερῶν, τοῦ δὲ
δικτάτορος τῶν δεξιῶν. ἔτι δὲ πλείονος ταραχῆς
κατασχούσης τοὺς οὐδὲν πλεῖον τῶν ἀσφαλῶν
προελομένους ἡγεμόνας καὶ δέους, μὴ τἀπιτήδεια[5]
οὐ[6] πολλὰ ὄντα δαπανᾶν ἀναγκάζωνται βραδύ-
νοντες, μαθὼν ὁ Ποστόμιος ὅσον ἦν ἐν αὐτοῖς τὸ
ἄπειρον στρατηγίας, πέμπει τὸν ἱππάρχην Τίτον
Αἰβούτιον ἄγοντα τοὺς ἀκμαιοτάτους ἱππεῖς τε
καὶ ψιλούς, καταλαβέσθαι κελεύσας ὄρος τι
καλῶς ἐν παρόδῳ κείμενον ταῖς παρακομιζομέναις
Λατίνοις ἀγοραῖς οἴκοθεν· καὶ φθάνει πρὶν
αἰσθέσθαι τοὺς πολεμίους ἡ σὺν τῷ ἱππάρχῃ
πεμφθεῖσα δύναμις νύκτωρ παρενεχθεῖσα καὶ δι'
ὕλης ἀτριβοῦς διελθοῦσα καὶ γενομένη ἐγκρατὴς
τοῦ λόφου.

[1] Steph.: ἀναιρουμένους AB.   [2] Kiessling: γενέσθαι O.
[3] αἰφνίδιος ABa: αἰφνιδίως Bb.   [4] Cobet: ἀμφοτέρων O.

by means of a small guard, march with the rest of the army to Rome, which they believed might easily be captured now that the best of its youth had taken the field. Still others advised them to await the reinforcements from both the Volscians and their other allies, choosing safe measures in preference to bold; for the Romans, they said, would reap no benefit from the delay, whereas their own situation would be improved by it. While they were still debating, the other consul, Titus Verginius, suddenly arrived from Rome with his army, after making the march during the very next night, and encamped apart from the dictator upon another ridge that was exceeding craggy and strongly situated. Thus the Latins were cut off on both sides from the roads leading into the enemy's country, the consul encamping on the left-hand side and the dictator on the right. This still further increased the confusion of their commanders, who had chosen safety in preference to every other consideration, and also their fear that by delaying they should be forced to use up their supplies of food, which were not plentiful. When Postumius observed the inexperience of these commanders, he sent the Master of the Horse, Titus Aebutius, with the flower both of the horse and light-armed troops with orders to occupy a hill which lay close beside the road by which provisions were brought to the Latins from home; and before the enemy was aware of it, the forces sent with the Master of the Horse passed by their camp in the night, and marching through a pathless wood, gained possession of the hill.

---

⁵ τἀπιτήδεια Naber: τὰ οἰκεῖα O, Jacoby.
⁶ οὐ added by Sylburg.

DIONYSIUS OF HALICARNASSUS

V. Μαθόντες δ᾽ οἱ στρατηγοὶ τῶν πολεμίων
καταλαμβανόμενα καὶ τὰ κατὰ νώτου σφῶν
ἐρυμνὰ καὶ οὐδὲ περὶ τῆς οἴκοθεν ἀγορᾶς χρηστὰς
ἔτι ἐλπίδας ἔχοντες ὡς ἀσφαλῶς σφίσι παρα-
κομισθησομένης, ἀπαράξαι[1] τοὺς Ῥωμαίους ἔγνω-
σαν ἀπὸ τοῦ λόφου πρὶν ἢ χάρακι καὶ τάφρῳ[2]
2 κρατύνασθαι. ἀναλαβὼν δὲ τὴν ἵππον ἅτερος
αὐτῶν Σέξτος ἤλαυνεν ἀνὰ κράτος,[3] ὡς οὐ
δεξομένης αὐτὸν τῆς Ῥωμαϊκῆς ἵππου. γενναίως
δὲ τῶν Ῥωμαίων ἱππέων τοὺς ἐπιόντας ὑπο-
μεινάντων μέχρι μέν τινος ἀντεῖχεν ὑποστρέφων
τε καὶ αὖθις ἐπάγων· ἐπεὶ δ᾽ ἥ τε φύσις τοῦ
χωρίου τοῖς μὲν ἤδη κρατοῦσι τῶν ἄκρων μεγάλα
πλεονεκτήματα παρεῖχε, τοῖς δὲ κάτωθεν ἐπιοῦσιν
οὐδὲν ὅ τι μὴ πολλὰς πάνυ πληγὰς καὶ πόνους
ἀνηνύτους ἔφερε, καὶ αὖθις ἑτέρα παρῆν δύναμις
τοῖς Ῥωμαίοις ἐπιλέκτων ἀνδρῶν ἐκ τῆς πεζικῆς
φάλαγγος ἐπίκουρος, ἣν ὁ Ποστόμιος κατὰ
πόδας ἀπέστειλεν, οὐδὲν ἔτι πράττειν δυνάμενος
ἀπῆγε τὴν ἵππον ἐπὶ τὸν χάρακα· καὶ οἱ Ῥωμαῖοι
βεβαίως κρατοῦντες τὸ χωρίον προφανῶς κρατύ-
3 νονται τὴν[4] φυλακήν. μετὰ τοῦτο τὸ ἔργον
τοῖς περὶ Μαμίλιον καὶ Σέξτον ἐδόκει μὴ πολὺν
διὰ μέσου ποιεῖν τὸν[5] χρόνον, ἀλλ᾽ ὀξείᾳ κρῖναι
τὰ πράγματα μάχῃ. τῷ δὲ δικτάτορι τῶν
Ῥωμαίων κατ᾽ ἀρχὰς οὐχ οὕτως[6] ἔχοντι προ-
αιρέσεως, ἀλλ᾽ ἀμαχητὶ καταλύσεσθαι[7] τὸν πόλεμον
καὶ παντὸς μάλιστα διὰ τὴν ἀπειρίαν[8] τῶν
ἀντιστρατήγων τοῦτο ποιήσειν ἐλπίσαντι, τότ᾽

---

[1] Cobet: ἀπορράξαι O.   [2] τάφρῳ Camerarius: λόφῳ O.
[3] αὐτὴν after κράτος deleted by Sintenis.
[4] τὴν added by Bücheler.   [5] τὸν added by Kiessling.

250

V. The generals of the enemy, finding that the strong places which lay in their rear were also being occupied, and no longer feeling any confident hopes that even their provisions from home would get through to them safely, resolved to drive the Romans from the hill before they could fortify it with a palisade and ditch. And Sextus, one of the two generals, taking the horse with him, rode up to them full speed in the expectation that the Roman horse would not await his attack. But when these bravely withstood their charge, he maintained the fight for some time, alternately retiring and renewing the attack; and then, since the nature of the ground offered great advantages to those who were already in possession of the heights, while bringing to those who attacked from below nothing but many blows and ineffectual hardships, and since, moreover, a fresh force of chosen legionaries, sent by Postumius to follow close upon the heels of the first detachment, came to the assistance of the Romans, he found himself unable to accomplish anything further and led the horse back to the camp; and the Romans, now secure in the possession of the place, openly strengthened the garrison there. After this action Mamilius and Sextus determined not to let much time intervene, but to decide the issue by an early battle. The Roman dictator, who at first had not been of this mind, but had hoped to end the war without a battle, founding his hopes of doing so chiefly on the inexperience of the opposing generals,

---

[6] οὐχ οὕτως Bücheler : οὕτως O, Jacoby.
[7] ἀλλ᾽ ἀμαχητὶ καταλύσεσθαί Cobet : ὡς ἀμαχητὶ καταλύσασθαι O, ἀμαχητὶ καταλύσεσθαι Bücheler, Jacoby.
[8] Sylburg : ἀπορίαν O.

ἐφάνη χωρεῖν ἐπὶ τὸν ἀγῶνα. ἑάλωσαν γάρ
τινες ὑπὸ τῶν φρουρούντων τὰς ὁδοὺς ἱππέων
ἄγγελοι γράμματα φέροντες παρὰ Οὐολούσκων
πρὸς τοὺς στρατηγοὺς τῶν Λατίνων, δηλοῦντα[1]
ὅτι πολλαὶ δυνάμεις αὐτοῖς ἐπὶ συμμαχίαν ἥξουσιν
εἰς ἡμέραν τρίτην μάλιστα καὶ αὖθις ἕτεραι παρ᾽
4 Ἑρνίκων. τὰ μὲν δὴ παρασχόντα τοῖς ἡγεμόσιν
αὐτῶν[2] ταχεῖαν παρατάξεως ἀνάγκην τέως οὐ
προαιρουμένοις ταῦτ᾽ ἦν. ἐπειδὴ δὲ τὰ σημεῖα
ἤρθη παρ᾽ ἑκατέρων τῆς μάχης, προήεσαν εἰς τὸ
μεταξὺ χωρίον ἀμφότεροι καὶ ἐξέτασσον τὰς
δυνάμεις κατὰ τάδε· Σέξτος μὲν Ταρκύνιος ἐπὶ
τοῦ λαιοῦ τῶν Λατίνων ἐτάχθη κέρατος, Ὀκτα-
ούιος δὲ Μαμίλιος ἐπὶ τοῦ δεξιοῦ, τὴν δὲ κατὰ
μέσον στάσιν εἶχεν ὁ ἕτερος τῶν Ταρκυνίου
παίδων Τίτος, ἔνθα καὶ Ῥωμαίων οἵ τε αὐτόμολοι
καὶ οἱ φυγάδες ἐτάχθησαν. ἡ δ᾽ ἵππος ἅπασα
τριχῇ διαιρεθεῖσα τοῖς κέρασιν ἀμφοτέροις προσ-
ενεμήθη καὶ τοῖς κατὰ μέσην τεταγμένοις τὴν
5 φάλαγγα. τῆς δὲ Ῥωμαίων στρατιᾶς τὸ μὲν
ἀριστερὸν κέρας εἶχεν ὁ ἱππάρχης Τίτος Αἰβούτιος
ἐναντίος Ὀκταουίῳ Μαμιλίῳ, τὸ δὲ δεξιὸν Τίτος
Οὐεργίνιος ὁ ὕπατος Σέξτῳ Ταρκυνίῳ[3] στάσιν
ἐναντίαν[4] ἐπέχων· τὰ δὲ μέσα τῆς φάλαγγος
αὐτὸς ὁ δικτάτωρ Ποστόμιος ἐξεπλήρου, Τίτῳ
Ταρκυνίῳ καὶ τοῖς περὶ αὐτὸν φυγάσι χωρήσων
ὁμόσε. πλῆθος δὲ τῆς συνελθούσης δυνάμεως
εἰς τὴν παράταξιν ἀφ᾽ ἑκατέρου στρατεύματος
ἦν Ῥωμαίων μὲν ἐπὶ δισμυρίοις τετρακισχίλιοι[5]
πεζοὶ τριακοσίων δέοντες, χίλιοι δ᾽ ἱππεῖς·

---

[1] Kiessling: δηλοῦντες O.
[2] αὐτῶν O: ἀμφοτέρων Hertlein.

now resolved to engage. For some couriers had been captured by the horse that patrolled the roads, bearing letters from the Volscians to the Latin generals to inform them that numerous forces would come to their assistance in about two days, and still other forces from the Hernicans. These were the considerations that reduced their [1] commanders to an immediate necessity of fighting, though until then they had not been of this mind. After the signals for battle had been raised on both sides, the two armies advanced into the space between their camps and drew up in the following manner: Sextus Tarquinius was posted on the left wing of the Latins and Octavius Mamilius on the right; Titus, the other son of Tarquinius, held the centre, where also the Roman deserters and exiles were posted. And, all their horse being divided into three bodies, two of these were placed on the wings and one in the centre of the battle-line. The left of the Roman army was commanded by Titus Aebutius, the Master of the Horse, who stood opposite to Octavius Mamilius; the right by Titus Verginius, the consul, facing Sextus Tarquinius; the centre of the line was commanded by the dictator Postumius in person, who proposed to encounter Titus Tarquinius and the exiles with him. The number of the forces of each army which draw up for battle was: on the side of the Romans 23,700 foot and 1000 horse, and

---

[1] The pronoun αὐτῶν can hardly be correct. Hertlein wished to read " the commanders of both [armies]."

---

[3] Ὀκταουΐῳ Μαμιλίῳ . . . Σέξτῳ Ταρκυνίῳ Sylburg: σέξτῳ ταρκυνίῳ . . . ὀκταουΐῳ μαμιλίῳ Ο.
[4] ἐναντίαν R: ἐναντίος Α.
[5] τετρακισχίλιοι Bücheler: τε καὶ τετρακισχιλίοις Ο, Jacoby.

Λατίνων δὲ σὺν τοῖς συμμάχοις τετρακισμύριοι
μάλιστα πεζοὶ καὶ τρισχίλιοι ἱππεῖς.

VI. Ὡς δ᾽ εἰς χεῖρας ἥξειν ἔμελλον, οἵ τε τῶν
Λατίνων στρατηγοὶ συγκαλέσαντες τοὺς σφετέρους
πολλὰ εἰς τὸ ἀνδρεῖον ἐπαγωγὰ καὶ δεήσεις τῶν
στρατιωτῶν μακρὰς διεξῆλθον, ὅ τε Ῥωμαῖος
ὀρρωδοῦντας ὁρῶν τοὺς σφετέρους, ὅτι πλήθει
συνοίσονται μακρῷ προὔχοντι τοῦ σφετέρου,
ἐξελέσθαι τὸ δέος αὐτῶν ἐκ τῆς διανοίας βουλόμε-
νος συνεκάλεσεν εἰς ἐκκλησίαν· καὶ παραστη-
σάμενος τοὺς πρεσβυτάτους τῶν ἐκ τοῦ βουλευτικοῦ
συνεδρίου καὶ τιμιωτάτους ἔλεξε τοιάδε·

" Θεοὶ μὲν ἡμῖν ὑπισχνοῦνται δι᾽ οἰωνῶν τε
καὶ σφαγίων καὶ τῆς ἄλλης μαντικῆς ἐλευθερίαν
τῇ πόλει παρέξειν καὶ νίκην εὐτυχῆ, ἀμοιβάς τε
ἡμῖν ἀποδιδόντες ἀγαθὰς ἀνθ᾽ ὧν αὐτοὺς σέβοντες
καὶ τὰ δίκαια ἀσκοῦντες ἐν παντὶ τῷ βίῳ [1]
διετελέσαμεν, καὶ τοῖς ἐχθροῖς ἡμῶν νεμεσῶντες
κατὰ τὸ εἰκός, ὅτι πολλὰ καὶ μεγάλα πεπονθότες
ὑφ᾽ ἡμῶν ἀγαθὰ συγγενεῖς τε ὄντες καὶ φίλοι καὶ
τοὺς αὐτοὺς ὀμωμοκότες ἕξειν ἐχθροὺς καὶ φίλους,
ἁπάντων ὑπεριδόντες τούτων πόλεμον ἐπιφέρουσιν
ἡμῖν ἄδικον, οὐχ ὑπὲρ ἀρχῆς καὶ δυναστείας,
ὁποτέρους ἡμῶν μᾶλλον αὐτὴν ἔχειν προσῆκεν [2]
(ἧττον γὰρ ἂν ἦν δεινόν), ἀλλ᾽ ὑπὲρ τῆς Ταρ-
κυνίων τυραννίδος, ἵνα δούλην ἀντ᾽ ἐλευθέρας τὴν
3 πόλιν αὖθις [3] ποιήσωσι. χρὴ δὲ καὶ ὑμᾶς,
ἄνδρες λοχαγοί τε καὶ στρατιῶται, μαθόντας ὅτι
συμμάχους ἔχετε τοὺς θεούς, οἵπερ ἀεὶ τὴν

---

[1] ἡμῶν after βίῳ deleted by Kiessling.
[2] προσῆκει Hertlein.

on that of the Latins and their allies about 40,000 foot and 3000 horse.

VI. When they were on the point of engaging, the Latin generals called their men together and said many things calculated to incite them to valour, and addressed long appeals to the soldiers. And the Roman dictator, seeing his troops alarmed because they were going to encounter an army greatly superior in number to their own, and desiring to dispel that fear from their minds, called them to an assembly, and placing near him the oldest and most honoured members of the senate, addressed them as follows:

"The gods by omens, sacrifices, and other auguries promise to grant to our commonwealth liberty and a happy victory, both by way of rewarding us for the piety we have shown toward them and the justice we have practised during the whole course of our lives, and also from resentment, we may reasonably suppose, against our enemies. For these, after having received many great benefits from us, being both our kinsmen and friends, and after having sworn to look upon all our enemies and friends as their own, have scorned all these obligations and are bringing an unjust war upon us, not for the sake of supremacy and dominion, to determine which of us ought more rightly to possess it,—that, indeed, would not be so terrible,—but in support of the tyranny of the Tarquinii, in order to make our commonwealth enslaved once more instead of free. But it is necessary that you too, both officers and men, knowing that you have for allies the gods,

---

πόλιν σώζουσιν, ἄνδρας ἀγαθοὺς γενέσθαι περὶ
τόνδε τὸν ἀγῶνα· ἐπισταμένους ὅτι τῆς παρὰ
θεῶν βοηθείας ὑπάρχει τυγχάνειν τοῖς γενναίως
ἀγωνιζομένοις καὶ πάντα τὰ καθ' ἑαυτοὺς [1] εἰς
τὸ νικᾶν πρόθυμα [2] παρεχομένοις, οὐ τοῖς φεύ-
γουσιν ἐκ τῶν κινδύνων, ἀλλὰ τοῖς βουλομένοις
ὑπὲρ ἑαυτῶν ταλαιπωρεῖν. ὑπάρχει δ' ἡμῖν [3]
πολλὰ μὲν καὶ ἄλλα πλεονεκτήματα πρὸς τὸ
νικᾶν ὑπὸ τῆς τύχης παρεσκευασμένα, τρία δὲ
πάντων μέγιστα [4] καὶ φανερώτατα.

VII. " Πρῶτον μὲν τὸ παρ' ἀλλήλων πιστόν,
οὗ μάλιστα δεῖ τοῖς μέλλουσι τῶν ἐχθρῶν κρατή-
σειν. οὐ γὰρ ἀρξαμένους ὑμᾶς τήμερον ἀλλήλοις
εἶναι βεβαίους φίλους δεῖ καὶ πιστοὺς συμμάχους,
ἀλλ' ἡ πατρὶς ἐκ πολλοῦ τοῦθ' ἅπασι παρεσκεύακε
τἀγαθόν. καὶ γὰρ ἐτράφητε ὁμοῦ καὶ παιδείας
ἐτύχετε κοινῆς καὶ θεοῖς ἐπὶ τῶν αὐτῶν βωμῶν
ἐθύετε [5] καὶ πολλῶν μὲν ἀγαθῶν ἀπολελαύκατε,
πολλῶν δὲ κακῶν πεπείρασθε κοινῇ, ἐξ ὧν
ἰσχυραὶ καὶ ἀδιάλυτοι πεφύκασι συγκεράννυσθαι
2 πᾶσιν ἀνθρώποις φιλίαι. ἔπειτα ὁ [6] περὶ τῶν
μεγίστων κοινὸς ἅπασιν ὑπάρχων [7] ἀγών. εἰ
γὰρ ὑποχείριοι γενήσεσθε τοῖς ἐχθροῖς, οὐχὶ τοῖς
μὲν ὑμῶν ὑπάρξει μηδενὸς πειραθῆναι δεινοῦ,
τοῖς δὲ τὰ ἔσχατα παθεῖν, ἀλλὰ τὸ μὲν ἀξίωμα
καὶ τὴν ἡγεμονίαν καὶ τὴν ἐλευθερίαν ἅπασιν

---

[1] καθ' ἑαυτοὺς (cf. ix. 9. 5) Cobet: παρ' ἑαυτοὺς ABC, παρ'
ἑαυτοῖς DE, Jacoby, παρ' ἑαυτῶν Reiske.
[2] Steph.[2]: προθυμίαν ABCEa, προθυμίᾳ DEb.
[3] ἡμῖν B: ὑμῖν R.
[4] μέγιστα (cf. ch. 73, 1) Kiessling: μάλιστα O, κάλλιστα
Reiske, Jacoby.

who have always preserved our city, should acquit yourselves as brave men in this battle, remembering that the assistance of the gods is given to those who fight nobly and eagerly contribute everything in their power toward victory, not to those who fly from dangers, but to those who are willing to undergo hardships in their own behalf. We have many other advantages conducive to victory prepared for us by Fortune, but three in particular, which are the greatest and the most obvious of all.

VII. " First, there is the confidence you have in one another, which is the thing most needed by men who are going to conquer their foes; for you do not need to begin to-day to be firm friends and faithful allies to one another, but your country has long since prepared this boon for you all. For you have been brought up together and have received the same education; you were wont to sacrifice to the gods upon the same altars; and you have both enjoyed many advantages and experienced many evils in common, by the sharing of which strong and indissoluble friendships are wont to be formed among all men. Secondly, the struggle, in which your highest interests are at stake, is common to you all alike. For if you fall into the enemy's power, it will not mean that some of you will meet with no severity while others suffer the worst of fates, but all of you alike will have lost your proud position, your sovereignty and your liberty, and will no longer have the enjoyment of

---

⁵ ἐθύετε B : ἐθύσατε R.
⁶ ἔπειτα ὁ Reiske : ἔπειδ' ἄν ὁ O, ἔπειτα δ' ὁ Jacoby.
⁷ Kayser : ὑπάρχει O.

ὁμοίως ἀπολωλεκέναι, καὶ μήτε γυναικῶν μήτε
παίδων μήτε οὐσίας μήτε ἄλλου τινὸς ὧν ἔχετε
ἀπολαῦσαι [1] ἀγαθῶν, τοῖς δ' ἡγουμένοις τῆς
πόλεως καὶ τὰ κοινὰ διοικοῦσι τὸν οἴκτιστον
3 μόρον ἀποθανεῖν σὺν αἰκίαις καὶ βασάνοις. ὅπου
γὰρ οὐδὲν πεπονθότες ὑφ' ὑμῶν [2] κακὸν οὔτε
μεῖζον οὔτ' ἔλαττον πολλὰ καὶ παντοδαπὰ ἐξύβρι-
σαν εἰς ὑμᾶς ἅπαντας, τί χρὴ προσδοκᾶν ποιήσειν
αὐτούς, ἂν νῦν κρατήσωσι τοῖς ὅπλοις, μνησι-
κακοῦντας ὅτι τῆς πόλεως μὲν αὐτοὺς ἀπηλάσατε [3]
καὶ τὰς οὐσίας ἀφείλεσθε καὶ οὐδ' ἐπιβῆναι τῆς
4 πατρῴας γῆς ἐᾶτε; τελευταῖον δὲ τῶν εἰρημένων
οὐδενὸς ἑτέρου φήσαιτ' ἂν εἶναι πλεονεκτημάτων
ἔλασσον, ἐὰν ὀρθῶς σκοπῆτε, τὸ μὴ τοιαῦτα
ἡμῖν ἀπηντῆσθαι παρὰ τῶν πολεμίων οἷα ὑπ-
ελάβομεν, ἀλλὰ πολλῷ τῆς δόξης ἐνδεέστερα. ἔξω
γὰρ τῆς Ἀντιατῶν ἐπικουρίας οὐδένας ἄλλους
ὁρᾶτε κοινωνοὺς παρόντας αὐτοῖς τοῦ πολέμου·
ἡμεῖς δ' ἅπαντας Οὐολούσκους ἥξειν αὐτοῖς
ὑπελαμβάνομεν συμμάχους καὶ Σαβίνων τε καὶ
Ἑρνίκων συχνοὺς καὶ μυρίους ἄλλους διὰ κενῆς
5 ἀνεπλάττομεν ἡμῖν αὐτοῖς φόβους. πάντα δ' ἦν
ἄρα ταῦτα Λατίνων ὀνείρατα, ὑποσχέσεις ἔχοντα
κενὰς καὶ ἐλπίδας ἀτελεῖς. οἱ μὲν γὰρ [4] ἐγκατα-
λελοίπασιν αὐτῶν τὴν ἐπικουρίαν καταφρονήσαντες
τῶν στρατηγῶν τῆς ἀπειρίας, [5] οἱ δὲ μελλήσουσι

[1] Reudler: ἀπολαύσειν O, Jacoby.
[2] Kiessling: ἡμῶν O, Jacoby.
[3] Sylburg: ἀπεσπάσατε O, ἀπεστήσατε Jacoby, ἀπεκλείσατε Naber.

258

your wives, your children, your property, or any other blessing you now have; and those who are at the head of the commonwealth and direct the public affairs will die the most miserable death accompanied by indignities and tortures. For if your enemies,[1] though they have received no injury, great or small, at your hands, have heaped many outrages of every sort upon all of you, what must you expect them to do if they now conquer you by arms, resentful as they are because you drove them from the city, deprived them of their property, and do not permit them even to set foot upon the land of their fathers? And finally, of the advantages I have mentioned you cannot, if you consider the matter aright, call this one inferior to any other— that the forces of the enemy have not proved to be so formidable as we conceived them to be, but are far short of the opinion we entertained of them. For, with the exception of the support furnished by the Antiates, you see no other allies present to take part with them in the war; whereas we were expecting that all the Volscians and many of the Sabines and Hernicans would come to them as allies, and were conjuring up in our minds a thousand other vain fears. But all these things, it appears, were only dreams of the Latins, holding out empty promises and futile hopes. For some of their allies have failed to send the promised aid, out of contempt for the inexperience of their generals; others,

---

[1] The reference here is to the Tarquinii.

⁴ γὰρ A: γε R.
⁵ ἀπειρίας Cobet: στρατηγίας O, ἀστρατηγησίας (or τῆς ἀπείρου στρατηγίας) Sylburg, ἐπὶ τῆς στρατολογίας Jacoby.

259

μᾶλλον ἢ βοηθήσουσι, τρίβοντες ἐν ταῖς[1] ἐλπίσι
τὸν χρόνον, οἱ δὲ νῦν ὄντες ἐν παρασκευαῖς
ὑστερήσαντες τῆς μάχης οὐδὲν ἔτι αὐτοῖς χρήσιμοι
γενήσονται.

VIII. " Εἰ δέ τινες ὑμῶν ταῦτα μὲν ὀρθῶς
εἰρῆσθαι νομίζουσιν, ὀρρωδοῦσι δὲ τὸ τῶν ἀντι-
πολεμίων πλῆθος, βραχείᾳ διδαχῇ μαθέτωσαν τὰ μὴ
δεινὰ δεδιότες, μᾶλλον δ' ἀναμνήσει· πρῶτον μὲν
ἐνθυμηθέντες ὅτι πλεῖόν ἐστιν ἐν αὐτοῖς τὸ
ἠναγκασμένον τὰ ὅπλα καθ' ἡμῶν ἀναλαβεῖν,
ὡς ἐκ πολλῶν ἡμῖν ἔργων τε καὶ λόγων ἐδήλωσε,
τὸ δ' ἑκούσιόν τε καὶ ἐκ προθυμίας ὑπὲρ τῶν
τυράννων ἀγωνιζόμενον πάνυ ὀλίγον, μᾶλλον δὲ
πολλοστὸν μέρος τι[2] τοῦ ἡμετέρου· ἔπειθ' ὅτι
τοὺς πολέμους ἅπαντας οὐχ οἱ πλείους τοῖς
ἀριθμοῖς κατορθοῦσιν, ἀλλ' οἱ κρείττους ἀρετῇ.
2 πολὺ ἂν ἔργον εἴη παραδείγματα φέρειν ὅσα
βαρβάρων τε καὶ Ἑλλήνων στρατεύματα ὑπερ-
βαλόντα πλήθει μικραὶ πάνυ κατηγωνίσαντο δυνά-
μεις, οὕτως ὥστε μηδὲ πιστοὺς εἶναι τοῖς
πολλοῖς τοὺς περὶ αὐτῶν λόγους. ἐῶ τἆλλα·
ἀλλ' ὑμεῖς αὐτοὶ πόσους κατωρθώκατε πολέμους
μετ' ἐλάττονος ἢ ὅσης νῦν ἔχετε δυνάμεως μεί-
ζοσιν ἢ τοσαύταις παρασκευαῖς πολεμίων ἀντι-
ταχθέντες; φέρε, ἀλλὰ τοῖς μὲν ἄλλοις φοβεροὶ
διατελεῖτε[3] ὄντες ὧν ἐκρατεῖτε μαχόμενοι, Λατί-
νοις δ' ἄρα τούτοις καὶ τοῖς συμμάχοις αὐτῶν
Οὐολούσκοις εὐκαταφρόνητοι, διὰ τὸ μὴ πειρα-
θῆναί ποτε αὐτοὺς τῆς ὑμετέρας μάχης; ἀλλὰ

---

[1] ἐν ταῖς O: κεναῖς Kiessling, ματαίαις Grasberger, λεπταῖς
Jacoby (in note).
[2] τι deleted by Cobet.

instead of assisting them, will keep delaying, wearing
away the time by merely fostering their hopes; and
those who are now engaged in making their pre-
parations will arrive too late for the battle and will
be of no further use to them.

VIII. " But if any of you, though convinced of the
reasonableness of what I have said, nevertheless
fear the numbers of the enemy, let them learn by a
few words of instruction, or rather from their own
memory, that what they dread is not formidable.
Let them consider, in the first place, that the greater
part of our enemies have been forced to take up arms
against us, as they have often shown us by both actions
and words, and that the number of those who will-
ingly and eagerly fight for the tyrants is very small,
in fact only an insignificant fraction of ours; and
secondly, that all wars are won, not by the forces
which are larger in numbers, but by those which are
superior in valour. It would be tedious to cite as
examples all the armies of Greeks as well as bar-
barians which, though superior in numbers, were
overcome by forces so very small that the reports
about the numbers engaged are not even credible to
most people. But, to omit other instances, how many
wars have you yourselves won, with a smaller force
than you now have, when arrayed against enemies
more numerous than all these the enemy have now
got together? Well, then, can it be that, though
you indeed continue to be formidable to those whom
you have repeatedly overcome in battle, you are
nevertheless contemptible in the eyes of these Latins
and their allies, the Volscians, because they have
never experienced your prowess in battle? But you

---

[3] διατελεῖτε A: διετελεῖτε B.

πάντες ἴστε ὅτι ταῦτα ἀμφότερα τὰ ἔθνη πολλαῖς
3 ἐνίκων μάχαις οἱ πατέρες ἡμῶν. ἆρ' οὖν λόγον
ἔχει τὰ μὲν τῶν κρατηθέντων πράγματα ἐπὶ
ταῖς τοιαύταις συμφοραῖς κρείττονα εἶναι, τὰ δὲ
τῶν κεκρατηκότων ἐπὶ ταῖς τηλικαύταις εὐπραγίαις
χείρονα; καὶ τίς ἂν τοῦτο φήσειε νοῦν ἔχων;
θαυμάσαιμι δ' ἄν, εἴ τις ὑμῶν τὸ μὲν τῶν πολεμίων
πλῆθος, ἐν ᾧ βραχὺ τὸ γενναῖόν ἐστιν, ὀρρωδεῖ,
τῆς δ' οἰκείας δυνάμεως οὕτω πολλῆς καὶ ἀγαθῆς
οὔσης καταφρονεῖ, ἧς οὔτε ἀρετῇ κρείττων οὔτε
ἀριθμῷ πλείων συνελέχθη[1] ποτὲ ἡμῖν ἐν οὐδενὶ
τῶν πρὸ τούτου πολέμων δύναμις.

IX. " Καὶ τόδε, ὦ πολῖται, τοῦ μήτε ὀρρωδεῖν
μήτε ἐκτρέπεσθαι τὰ δεινὰ μέγιστον παρα-
κέλευσμα, ὅτι πάντες οἱ πρωτεύοντες τοῦ βουλευ-
τικοῦ συνεδρίου πάρεισιν, ὥσπερ ὁρᾶτε, κοινὰς
ὑμῖν ποιησόμενοι τὰς τοῦ πολέμου τύχας, οἷς
ἀφεῖσθαι στρατείας ὅ τε χρόνος ὁ τῆς ἡλικίας
2 ἀποδέδωκε καὶ ὁ νόμος. οὐκοῦν αἰσχρὸν ὑμᾶς
μὲν[2] τοὺς ἐν ἀκμῇ φεύγειν τὰ δεινά, τούτους δὲ
τοὺς ὑπὲρ ἡλικίαν διώκειν, καὶ τὸ μὲν τῶν
γερόντων πρόθυμον, ἐπεὶ οὐκ ἀποκτεῖναί τινα
δύναται τῶν πολεμίων, ἀποθνήσκειν γε ὑπὲρ τῆς
πατρίδος ἐθέλειν, τὸ δ' ὑμέτερον ἀκμάζον, οἷς
ἔξεστι εὐτυχήσασι μὲν ἀμφότερα[3] σῶσαι[4] καὶ
νικᾶν, σφαλεῖσι[5] δὲ καὶ[6] μετὰ τοῦ δρᾶσαί τι
γενναῖον καὶ παθεῖν, μήτε τῆς τύχης πεῖραν
λαβεῖν μήτε τὴν τῆς ἀρετῆς δόξαν καταλιπεῖν;

[1] Kiessling: συνηνέχθη ABE, Jacoby, συνήχθη R.
[2] ὑμᾶς μὲν Reiske: μὲν ὑμᾶς O, Jacoby.
[3] ἀμφότερα placed before εὐτυχήσασι by Sintenis.
[4] σῶσαι O: σεσῶσθαι Reiske, σωθῆναι Bücheler, σῶς τ' εἶναι Cobet.

all know that our fathers conquered both of these nations in many battles. Is it reasonable, then, to suppose that the condition of the conquered has been improved after so many disasters and that of the conquerors impaired after so many successes? What man in his senses would say so? I should indeed be surprised if any of you feared the numbers of the enemy, in which there are few brave men, or scorned your own army, which is so numerous and so brave that none exceeding it either in courage or in numbers was ever assembled in any of our former wars.

IX. " There is also this very great encouragement to you, citizens, neither to dread nor to shirk what is formidable, that the principal members of the senate are all present as you see, ready to share the fortunes of the war in common with you, though they are permitted by both their age and the law to be exempt from military service. Would it not, then, be shameful if you who are in the vigour of life should flee from what is formidable, while these who are past the military age, pursue it, and if the zeal of the old men, since it lacks the strength to slay any of the enemy, should at least be willing to die for the fatherland, while the vigour of you young men, who have it in your power, if successful, to save both yourselves and them and to be victorious, or, in case of failure, to suffer nobly while acting nobly, should neither make trial of Fortune nor leave behind you the renown that valour wins.

---

⁵ σφαλεῖσι Meutzner: ἀσφαλῶς εἰ O, Jacoby.
⁶ καὶ AB: μὴ καὶ Gelenius, δεῖ, καὶ Reiske, μὴ Cobet, καὶ μὴ Jacoby, om. Meutzner.

3 οὐ πρὸς ὑμῶν, ὦ ἄνδρες Ῥωμαῖοι, τὰ μὲν πολλὰ
ὑπάρχειν καὶ θαυμαστὰ ἔργα παρὰ τῶν πατέρων,[1]
οὓς οὐδεὶς ὑμνήσει λόγος ἀξίως,[2] πολλὰς δὲ καὶ
περιβοήτους πράξεις οἰκείας τὸ ἐξ ὑμῶν καρποῦ-
σθαι[3] γένος, ἢν τοῦτον ἔτι κατορθώσητε[4] τὸν
πόλεμον; ἵνα δὲ καὶ τοῖς τὰ κράτιστα ὑμῶν
ἐγνωκόσι τὸ γενναῖον μὴ ἀκερδὲς γένηται καὶ
τοῖς πέρα τοῦ δέοντος τὰ δεινὰ πεφοβημένοις μὴ
ἀζήμιον ᾖ,[5] πρὶν εἰς ταῦτα ἐλθεῖν, οἵων ἑκατέροις
4 συμβήσεται τυχεῖν, ἀκούσατέ μου. ᾧ μὲν ἄν τι
καλὸν ἢ γενναῖον ἐν τῇ μάχῃ διαπραξαμένῳ
μαρτυρήσωσιν οἱ τὰ ἔργα συνειδότες τάς τε
ἄλλας ἀποδώσω παραχρῆμα τιμάς, ἃς ἐκ τῶν
πατρίων ἑκάστοις ἐθισμῶν ὑπάρχει φέρεσθαι, καὶ
γῆς ἔτι προσθήσω κλῆρον, ἧς[6] κέκτηται τὸ
δημόσιον, ἱκανὸν ποιῆσαι ὡς μηδενὸς τῶν ἀναγ-
καίων δεηθῆναι· ᾧ δ᾽ ἂν ἡ κακὴ καὶ θεοβλαβὴς
διάνοια φυγῆς ἀσχήμονος ἐπιθυμίαν ἐμβάλῃ,
τούτῳ τὸν φευγόμενον ἀγχοῦ παραστήσω θάνατον·
κρεῖττον γὰρ ἂν ἑαυτῷ τε καὶ τοῖς ἄλλοις γέ-
νοιτο ὁ[7] τοιοῦτος πολίτης ἀποθανών· καὶ περι-
έσται τοῖς οὕτως ἀποθανοῦσι μήτε ταφῆς μήτε τῶν
ἄλλων νομίμων μεταλαβεῖν, ἀλλ᾽ ἀζήλοις ἀκλαύσ-
τοις ὑπ᾽ οἰωνῶν τε καὶ θηρίων διαφορηθῆναι.[8]

[1] παρὰ τῶν πατέρων Bücheler: παρ᾽ ἑτέροις O, Jacoby, παρ᾽
ἑτέρων Sintenis.
[2] Sintenis assumed a lacuna after ἀξίως.
[3] Cary: καρπεύσεται AB, καρπώσεται Steph., Jacoby,
καρπεύσεται Post.
[4] ἔτι κατορθώσητε Sylburg: ἐπικατορθώσητε O.
[5] ἀζήμιον ᾖ O: ἀζήμιον ᾖ τὸ ἀγεννὲς Kiessling.
[6] ἧς Jacoby: ἐξ ἧς O.
[7] ὁ O: om. Jacoby.
[8] Sintenis: διαφθαρῆναι O.

Is it not an incentive to you, Romans, that just as you have before your eyes the record of the many wonderful deeds performed by your fathers,[1] whom no words can adequately praise, so your posterity will reap the fruits of many illustrious feats of your own, if you achieve success in this war also? To the end, therefore, that neither the bravery of those among you who have chosen the best course may go unrewarded, nor the fears of such as dread what is formidable more than is fitting go unpunished, learn from me, before we enter this engagement, what it will be the fate of each of them to receive. To anyone who performs any great or brave deed in this battle, as proved by the testimony of those acquainted with his actions, I will not only give at once all the usual honours which it is in the power of every man to win in accordance with our ancestral customs, but will also add a portion of the land owned by the state, sufficient to secure him from any lack of the necessaries of life. But if a cowardly and infatuate mind shall suggest to anyone an inclination to shameful flight, to him I will bring home the very death he endeavoured to avoid; for such a citizen were better dead, both for his own sake and for that of the others. And it will be the fate of those put to death in such a manner to be honoured neither with burial nor with any of the other customary rites, but unenvied and unlamented, to be torn in pieces by birds and beasts of prey.

---

[1] The text is uncertain here; " fathers " is Bücheler's emendation for " others " of the MSS. Furthermore, what is here translated as a single sentence has been thought by some scholars to be all that is left of two separate sentences.

5 ταῦτα δὴ προεγνωκότες ἴτε προθύμως ἅπαντες
ἐπὶ τὸν ἀγῶνα, λαβόντες καλὰς ἐλπίδας ἔργων
καλῶν ἡγεμόνας, ὡς ἐν [1] ἑνὶ τῷδε κινδύνῳ τὸ
κράτιστον καὶ κατ' εὐχὴν ἅπασι τέλος λαβόντι τὰ
μέγιστα ἕξοντες ἀγαθά, φόβου τυράννων ὑμᾶς
αὐτοὺς ἐλευθερώσοντες, πόλει τῇ γειναμένῃ τρο-
φεῖων δικαίας ἀπαιτούσῃ χάριτας ἀποδώσοντες,
παῖδας, ὅσοις εἰσὶν ὑμῶν ἔτι νήπιοι, καὶ γαμετὰς
γυναῖκας οὐ περιοψόμενοι παθεῖν πρὸς ἐχθρῶν
ἀνήκεστα, γηραιούς τε πατέρας τὸν ὀλίγον ἔτι
6 χρόνον ἥδιστον βιῶναι παρασκευάσοντες. ὦ μακά-
ριοι μὲν οἷς ἂν ἐκγένηται [2] τὸν ἐκ τοῦδε τοῦ
πολέμου θρίαμβον καταγαγεῖν, ὑποδεχομένων ὑμᾶς
τέκνων καὶ γυναικῶν καὶ πατέρων· εὐκλεεῖς δὲ
καὶ ζηλωτοὶ τῆς ἀρετῆς οἱ τὰ σώματα χαριούμενοι
τῇ πατρίδι. ἀποθανεῖν μὲν γὰρ ἅπασιν ἀνθρώποις
ὀφείλεται, κακοῖς τε καὶ ἀγαθοῖς· καλῶς δὲ καὶ
ἐνδόξως μόνοις τοῖς ἀγαθοῖς.''

X. Ἔτι δ' αὐτοῦ λέγοντος τὰ εἰς τὸ γενναῖον
ἐπαγωγὰ θάρσος τι δαιμόνιον ἐμπίπτει τῇ στρατιᾷ,
καὶ ὥσπερ ἐκ μιᾶς ψυχῆς ἅπαντες ἀνεβόησαν
ἅμα· '' Θάρσει τε καὶ ἄγε.'' καὶ ὁ Ποστόμιος
ἐπαινέσας τὸ πρόθυμον αὐτῶν καὶ τοῖς θεοῖς
εὐξάμενος, ἐὰν εὐτυχὲς καὶ καλὸν τέλος ἀκολουθήσῃ
τῇ μάχῃ, θυσίας τε μεγάλας ἀπὸ πολλῶν ἐπιτελέ-
σειν χρημάτων καὶ ἀγῶνας καταστήσεσθαι [3] πολυ-
τελεῖς, οὓς ἄξει ὁ Ῥωμαίων δῆμος ἀνὰ πᾶν ἔτος,
2 ἀπέλυσεν ἐπὶ τὰς τάξεις. ὡς δὲ τὸ σύνθημα τὸ
παρὰ τῶν ἡγεμόνων παρέλαβον καὶ τὰ παρα-

---

[1] ἐν added by Reiske.
[2] Portus: ἐγγένηται O.
[3] Steph.: καταστήσασθαι O.

Knowing these things beforehand, then, do you all cheerfully enter the engagement, taking fair hopes as your guides to fair deeds, assured that by the hazard of this one battle, if it be attended by the best outcome and the one we all wish for, you will obtain the greatest of all advantages: you will free yourselves from the fear of tyrants, will repay to your country that gave you birth the gratitude she justly requires of you for your rearing, will save your children who are still infants and your wedded wives from suffering irreparable outrages at the hands of the enemy, and will render the short time your aged fathers have yet to live most agreeable to them. Oh, happy those among you to whom it shall be given to celebrate the triumph for this war, while your children, your wives and your parents welcome you back! But glorious and envied for their bravery will those be who shall sacrifice their lives for their country. Death, indeed, is decreed to all men, both the cowardly and the brave; but an honourable and a glorious death comes to the brave alone."

X. While he was still speaking these words to spur them to valour, a kind of confidence inspired by Heaven seized the army and they all, as if with a single soul, cried out together, " Be of good courage and lead us on." Postumius commended their alacrity and made a vow to the gods that if the battle were attended with a happy and glorious outcome, he would offer great and expensive sacrifices and institute costly games to be celebrated annually by the Roman people; after which he dismissed his men to their ranks. And when they had received the watchword from their commanders and the

κλητικὰ τῆς μάχης αἱ σάλπιγγες ἐνεκελεύσαντο,
ἐχώρουν ἀλαλάξαντες ὁμόσε, πρῶτον μὲν οἱ
ψιλοί τε καὶ ἱππεῖς ἀφ᾽ ἑκατέρων, ἔπειτα αἱ
πεζαὶ φάλαγγες ὁπλισμούς τε καὶ τάξεις ὁμοίας
ἔχουσαι· καὶ γίνεται πάντων ἀναμὶξ μαχομένων
3 καρτερὸς ἀγὼν καὶ ἐν χερσὶ πᾶσα ἡ μάχη. ἦν
δὲ πολὺ τὸ παράλογον ἀμφοτέροις τῆς δόξης·[1]
οὐδέτεροι γὰρ ἐλπίσαντες μάχης δεήσειν σφίσιν,
ἀλλὰ τῇ πρώτῃ ἐφόδῳ τοὺς πολεμίους ὑπολαβόντες
φοβήσειν, Λατῖνοι μὲν τῷ πλήθει τῆς σφετέρας
ἵππου πιστεύσαντες, ἧς οὐδὲ τὸ ῥόθιον ᾤοντο
τοὺς Ῥωμαίους ἱππεῖς ἀνέξεσθαι, Ῥωμαῖοι δὲ
τῷ τολμηρῶς καὶ ἀπερισκέπτως[2] ἐπὶ τὰ δεινὰ
χωρεῖν[3] καταπλήξεσθαι τοὺς πολεμίους,—ταῦτα
ὑπὲρ ἀλλήλων καταδοξάσαντες ἐν ἀρχαῖς τἀναντία
ἑώρων γινόμενα. οὐκέτι δὲ τὸ τῶν ἀντιπολεμίων
δέος, ἀλλὰ τὸ ἴδιον θάρσος ἑκάτεροι τοῦ τε
σωθήσεσθαι καὶ τοῦ νικήσειν αἴτιον σφίσι νομί-
σαντες ἀγαθοὶ μαχηταὶ καὶ ὑπὲρ δύναμιν ἐφάνησαν.
ἐγίνοντο δὲ ποικίλαι καὶ ἀγχίστροφοι περὶ αὐτοὺς
αἱ τοῦ ἀγῶνος τύχαι.

XI. Πρῶτον μὲν οὖν οἱ κατὰ μέσην τὴν
φάλαγγα τεταγμένοι Ῥωμαίων, ἔνθα ὁ δικτάτωρ[4]
ἦν λογάδας ἔχων περὶ αὐτὸν ἱππεῖς, καὶ αὐτὸς ἐν
πρώτοις μαχόμενος, τὸ καθ᾽ αὑτοὺς ἐξωθοῦσι
μέρος, τρωθέντος ὑσσῷ τὸν δεξιὸν ὦμον θατέρου
τῶν Ταρκυνίου παίδων Τίτου καὶ μηκέτι δυναμένου

---

[1] ἦν δὲ . . . δόξης Kiessling : ὡς δὲ . . . δόξης O, ὡς δὲ
. . . δόξης ἦν Smit, Jacoby.

trumpets had sounded the charge, they gave a shout
and fell to, first, the light-armed men and the horse
on each side, then the solid ranks of foot, who were
armed and drawn up alike; and all mingling, a
severe battle ensued in which every man fought hand
to hand. However, both sides were extremely
deceived in the opinion they had entertained of
each other, for neither of them thought a battle
would be necessary, but expected to put the enemy
to flight at the first onset. The Latins, trusting in the
superiority of their horse, concluded that the Roman
horse would not be able even to sustain their onset;
and the Romans were confident that by rushing into
the midst of danger in a daring and reckless manner
they should terrify their enemies. Having formed
these opinions of one another in the beginning, they
now saw everything turning out just the opposite.
Each side, therefore, no longer founding their hopes
of safety and of victory on the fear of the enemy,
but on their own courage, showed themselves brave
soldiers even beyond their strength. And various
and suddenly shifting fortunes marked their
struggle.

XI. First, the Romans posted in the centre of the
line, where the dictator stood with a chosen body of
horse about him, he himself fighting among the fore-
most, forced back that part of the enemy that stood
opposite to them, after Titus, one of the sons of
Tarquinius, had been wounded in the right shoulder

---

² τολμηρῶς καὶ ἀπερισκέπτως Cobet: τολμηρῷ καὶ ἀπερι-
σκέπτῳ O.
³ Cary: χωροῦντες O, Jacoby (who intended to omit τῷ,
following Cobet).
⁴ δικτάτωρ Ba: δικτάτωρ ποστούμιος ABb.

2 τῇ χειρὶ χρῆσθαι. Λικίννιος μὲν γὰρ καὶ οἱ περὶ Γέλλιον οὐδὲν ἐξητακότες οὔτε τῶν εἰκότων οὔτε τῶν δυνατῶν αὐτὸν εἰσάγουσι τὸν βασιλέα Ταρκύνιον ἀγωνιζόμενον ἀφ᾽[1] ἵππου καὶ τιτρωσκόμενον, ἄνδρα ἐνενήκοντα ἔτεσι προσάγοντα. πεσόντος δὲ Τίτου μικρὸν ἀγωνισάμενοι χρόνον οἱ περὶ αὐτὸν καὶ τὸ σῶμα ἔμψυχον[2] ἀράμενοι γενναῖον οὐδὲν ἔτι ἔπραξαν, ἀλλ᾽ ἀνεχώρουν[3] ἐπιοῦσι τοῖς Ῥωμαίοις ἐπὶ πόδα· ἔπειτ᾽ αὖθις ἔστησάν τε καὶ εἰς ἀντίπαλα ἐχώρουν, θατέρου τῶν Ταρκυνίου παίδων Σέξτου μετὰ τῶν ἐκ Ῥώμης φυγάδων τε καὶ τῶν ἄλλων ἐπιλέκτων 3 ἱππέων ἐπιβοηθήσαντος αὐτοῖς. οὗτοι μὲν οὖν πάλιν ἀναλαβόντες αὑτοὺς ἐμάχοντο, οἱ δὲ τῆς φάλαγγος ἡγεμόνες ἑκατέρας Τίτος Αἰβούτιος καὶ Μαμίλιος Ὀκταούιος λαμπρότατα πάντων ἀγωνιζόμενοι, καὶ τρέποντες μὲν τοὺς ὑφισταμένους καθ᾽ ὃ χωρήσειαν μέρος, ἀντικαθιστάντες δὲ τῶν σφετέρων τοὺς θορυβηθέντας, χωροῦσιν ἐκ προκλήσεως ὁμόσε, καὶ συρράξαντες πληγὰς κατ᾽ ἀλλήλων φέρουσιν ἰσχυράς, οὐ μὴν καιρίους, ὁ μὲν ἵππαρχης εἰς τὰ στέρνα τοῦ Μαμιλίου διὰ θώρακος ἐλάσας τὴν αἰχμήν, ὁ δὲ Μαμίλιος μέσον περονήσας τὸν δεξιὸν ἐκείνου βραχίονα· καὶ πίπτουσιν ἀπὸ τῶν ἵππων.

XII. Ἀποκομισθέντων δ᾽ ἀμφοτέρων ἐκ τῆς

---

[1] Tegge: ἐφ᾽ Ο.

with a javelin and was no longer able to use his arm.
Licinius and Gellius,[1] indeed, without inquiring into
the probabilities or possibilities of the matter, intro-
duce King Tarquinius himself, a man approaching
ninety years of age, fighting on horseback and
wounded. When Titus had fallen, those about him,
after fighting a little while and taking him up while
he was yet alive, showed no bravery after that, but
retired by degrees as the Romans advanced. After-
wards they again stood their ground and advanced
against the enemy when Sextus, the other son of
Tarquinius, came to their relief with the Roman
exiles and the flower of the horse. These, therefore,
recovering themselves, fought again. In the mean-
time Titus Aebutius and Mamilius Octavius, the
commanders of the foot on either side,[2] fought the
most brilliantly of all, driving their opponents before
them wherever they charged and rallying those of
their own men who had become disordered; and,
then, challenging each other, they came to blows and
in the encounter gave one another grievous wounds,
though not mortal, the Master of the Horse driving
his spear through the corslet of Mamilius into his
breast, and Mamilius running the other through the
middle of his right arm; and both fell from their
horses.

XII. Both of these leaders having been carried off

---

[1] To these two historians we may add Livy (ii. 19, 6).
[2] These leaders commanded opposing wings of the two
armies; see chap. 5, 5.

---

[2] ἔμψυχον O: ἔτι ἔμψυχον Cobet.
[3] ἀνεχώρουν ACmg: ἐχώρουν R.

μάχης ὁ τεταγμένος αὖθις [1] πρεσβευτὴς [2] Μάρκος
Οὐαλέριος τὴν τοῦ ἱππάρχου παρειληφὼς ἡγεμο-
νίαν, ἐπιστὰς σὺν [3] τοῖς ἀμφ᾽ αὐτὸν ἱππεῦσιν ἐπὶ
τοὺς κατὰ πρόσωπον καὶ μικρὸν ἀντισχόντας
χρόνον ἐξωθεῖ [4] ταχέως τῆς τάξεως ἐπὶ πολύ·
ἧκον δὲ καὶ τούτοις ἐκ τῶν φυγάδων τῶν ἐκ
Ῥώμης ἱππέων τε καὶ ψιλῶν βοήθειαι,[5] καὶ ὁ
Μαμίλιος ἀνειληφὼς ἐκ τῆς πληγῆς ἑαυτὸν ἤδη
παρῆν αὖθις ἄγων πλῆθος ἱππέων τε καὶ πεζῶν
καρτερόν· ἐν τούτῳ τῷ ἀγῶνι ὅ τε πρεσβευτὴς
Μάρκος Οὐαλέριος, ὁ τὸν κατὰ Σαβίνων πρῶτος
καταγαγὼν [6] θρίαμβον καὶ τὸ φρόνημα τῆς πό-
λεως τεταπεινωμένον ἐκ τοῦ Τυρρηνικοῦ πταίσμα-
τος [7] ἀναστήσας, δόρατι πληγεὶς πίπτει, καὶ
περὶ αὐτὸν ἄλλοι Ῥωμαίων πολλοὶ καὶ ἀγαθοί.
2 περὶ δὲ τῷ πτώματι αὐτοῦ γίνεται καρτερὸς
ἀγὼν Ποπλίου καὶ Μάρκου τῶν Ποπλικόλα
παίδων τὸν θεῖον ὑπερασπισάντων. ἐκεῖνον μὲν
οὖν ἀσκύλευτόν τε καὶ μικρὸν ἔτι ἐμπνέοντα τοῖς
ὑπασπισταῖς ἀναθέντες ἀπέστειλαν ἐπὶ τὸν χάρακα,
αὐτοὶ [8] δ᾽ εἰς μέσους τοὺς πολεμίους ὑπὸ λήματός
τε καὶ προθυμίας ὠσάμενοι καὶ πολλὰ τραύματα
λαβόντες, ἀθρόων περιχυθέντων σφίσι τῶν φυγά-
3 δων, ἀποθνήσκουσιν ἅμα. ἐξωθεῖται δὲ μετὰ
τοῦτο τὸ πάθος ἡ Ῥωμαίων φάλαγξ ἀπὸ τῶν
ἀριστερῶν ἐπὶ πολὺ καὶ μέχρι τῶν μέσων παρ-

---

[1] αὖθις O: εὐθὺς Kiessling, who assumed that several words
have fallen out of the text here.

[2] Reiske: πρεσβύτης A, ῥωμαίων πρεσβύτης B, καὶ πρεσβύτης
CDE.

[3] σὺν added by Reiske.

[4] ἀντισχόντας . . ἐξωθεῖ Reiske: ἀντισχὼν . . ἐξωθεῖται O,
Jacoby.

the field, Marcus Valerius, who had again been
appointed legate,[1] took over the command of the
Master of the Horse and with his followers attacked
those of the enemy who confronted him; and after
a brief resistance on their part he speedily drove
them far out of the line. But to this body of the
enemy also came reinforcements from the Roman
exiles, both horse and light-armed men; and
Mamilius, having by this time recovered from his
wound, appeared on the field again at the head of a
strong body both of horse and foot. In this action
not only Marcus Valerius, the legate, fell, wounded
with a spear (he was the man who had first triumphed
over the Sabines and raised the spirit of the common-
wealth when dejected by the defeat it had received
at the hands of the Tyrrhenians), but also many other
brave Romans at his side. A sharp conflict took
place over his body, as Publius and Marcus, the sons
of Publicola, protected their uncle with their shields;
but they delivered him to their shield-bearers un-
despoiled and still breathing a little, and sent him
back to the camp. For their own part, such was their
courage and ardour, they thrust themselves into the
midst of the enemy, and receiving many wounds, as
the Roman exiles pressed closely round them, they
perished together. After this misfortune the line
of the Romans was forced to give way on the left for
a long distance and was being broken even to the

[1] In v. 50, 3 he was mentioned as a πρεσβευτὴς (legatus),
but there the word meant an ambassador.

---

[5] ἧκον . . . βοήθειαι Reiske: ἧκον . . . βοήθεια O, ἧκε . . .
βοήθεια Sylburg.
[6] Smit: εἰσαγαγὼν O.   [7] Sylburg: πτώματος O.
[8] αὐτοὶ Cobet: ἑαυτοὺς O.

ἐρρήγνυτο. ἔπειτα μαθὼν ὁ δικτάτωρ τὴν τροπὴν [1] τῶν σφετέρων, ἐβοήθει κατὰ τάχος ἄγων τοὺς περὶ αὐτὸν ἱππεῖς. κελεύσας δὲ τὸν ἕτερον πρεσβευτήν, Τίτον Ἑρμίνιον,[2] ἴλην ἱππέων ἄγοντα κατὰ νώτου χωρεῖν τῆς σφετέρας φάλαγγος καὶ τοὺς φεύγοντας ἐπιστρέφειν, εἰ δὲ μὴ πείθοιντο ἀποκτεῖναι, αὐτὸς [3] ἅμα τοῖς κρατίστοις ἐπὶ τὸ στῖφος ὠθεῖται, κἀπειδὴ πλησίον τῶν πολεμίων ἐγένετο πρῶτος εἰσελαύνει τὸν ἵππον ἀφειμένων 4 τῶν χαλινῶν. ἀθρόας δὲ γενομένης καὶ κατα-πληκτικῆς τῆς ἐλάσεως οὐ δεξάμενοι τὸ μανικὸν αὐτῶν καὶ τεθηριωμένον οἱ πολέμιοι τρέπονται καὶ πίπτουσι συχνοί. ἐν δὲ τούτῳ καὶ ὁ πρεσβευτὴς Ἑρμίνιος [4] ἀνειληφὼς τοὺς φοβηθέντας ἐκ τῆς τροπῆς τῶν σφετέρων ἦγεν ἐπὶ τοὺς περὶ τὸν Μαμίλιον συνεστῶτας· καὶ συμπεσὼν αὐτῷ μεγίστῳ τε ὄντι καὶ ῥώμην [5] ἀρίστῳ τῶν καθ' ἑαυτὸν [6] ἐκεῖνόν τε ἀποκτείνει καὶ αὐτὸς ἐν τῷ σκυλεύειν τὸν νεκρὸν πληγεὶς ὑπό τινος ξίφει 5 διὰ τῆς λαγόνος ἀποθνήσκει. Σέξτος δὲ Ταρκύνιος τοῦ λαιοῦ τῶν Λατίνων κέρατος ἡγούμενος ἀντεῖχεν ἔτι τοῖς δεινοῖς καὶ τοὺς ἐπὶ τοῦ δεξιοῦ τῶν Ῥωμαίων κέρατος ἐξεώθει [7] τῆς στάσεως· ὡς δὲ τὸν Ποστόμιον ἐθεάσατο σὺν τοῖς ἐπιλέκτοις ἱππεῦσιν ἐπιφαινόμενον [8] ἀπογνοὺς ἁπάσης ἐλπίδος εἰς μέσους αὐτοὺς ἵεται· ἔνθα δὴ κυκλωθεὶς ὑπὸ τῶν Ῥωμαίων ἱππέων τε καὶ πεζῶν καὶ

[1] τροπὴν A: φυγὴν B, φυγὴν τῆς ῥοπῆς DE, φυγὴν καὶ τροπὴν C.
[2] ἑρμίνιον A: γερμίνιον B, Ἑρμήνιον Sylburg, Jacoby.
[3] Sylburg: αὐτοὺς O.
[4] Cary: γερμίνιος AB, Ἑρμήνιος Sylburg, Jacoby.
[5] Cobet: ῥώμῃ B, ῥώμης R.

274

centre. When the dictator learned of the rout
of his men, he hastened to their assistance with the
horse he had about him. And ordering the other
legate, Titus Herminius, to take a troop of horse,
and passing behind their own lines, to force the men
who fled to face about, and if they refused obedience
to kill them, he himself with the best of his men
pushed on towards the thick of the conflict; and when
he came near the enemy, he spurred on ahead of the
rest with a loose rein. And as they all charged in a
body in this terrifying manner, the enemy, unable
to sustain their frenzied and savage onset, fled and
many of them fell. In the meantime the legate
Herminius also, having rallied from their rout those
of his men who had been put to flight, brought them
up and attacked the troops arrayed under Mamilius;
and encountering this general, who both for stature
and strength was the best man of his time, he not only
killed him, but was slain himself while he was de-
spoiling the body, someone having pierced his
flank with a sword. Sextus Tarquinius, who com-
manded the left wing of the Latins, still held out
against all the dangers that beset him, and was
forcing the right wing of the Romans to give way.
But when he saw Postumius suddenly appear with
the flower of the horse, he gave over all hope
and rushed into the midst of the enemy's ranks,
where, being surrounded by the Romans, both horse
and foot, and assaulted on all sides with missiles,

---

⁶ τῶν καθ᾽ ἑαυτὸν (or τῶν τότε ἀνθρώπων) Sintenis: τῶν καθ᾽
ἑαυτὸν τότε ἀνθρώπων O.

⁷ Cobet: ἐξώθει O.

⁸ ἐπιφαινόμενον O: ἐπιφερόμενον Kiessling, Jacoby.

βαλλόμενος πανταχόθεν ὥσπερ θηρίον, οὐκ ἄνευ
τοῦ πολλοὺς ἀποκτεῖναι τῶν ὁμόσε χωρησάντων
ἀποθνήσκει. πεσόντων δὲ τῶν ἡγεμόνων, ἀθρόα
γίνεται πάντων αὐτίκα τῶν Λατίνων φυγὴ καὶ
τοῦ χάρακος αὐτῶν ἐρήμου καταλειφθέντος ὑπὸ
τῶν φυλάκων ἅλωσις, ὅθεν οἱ Ῥωμαῖοι πολλὰς
6 καὶ καλὰς ἔλαβον ὠφελείας. συμφορά τε αὕτη
μεγίστη Λατίνοις ἐγένετο, δι᾽ ἣν ἐπὶ πλεῖστον
ἐκακώθησαν, καὶ φθόρος σωμάτων ὅσος οὔπω
πρότερον· ἀπὸ γὰρ τετρακισμυρίων πεζῶν καὶ
τρισχιλίων ἱππέων, ὥσπερ ἔφην, οἱ λειφθέντες
ἐλάττους μυρίων ἐσώθησαν ἐπὶ τὰ σφέτερα.

XIII. Ἐν ταύτῃ λέγονται τῇ μάχῃ Ποστομίῳ
τε τῷ δικτάτορι καὶ τοῖς περὶ αὐτὸν τεταγμένοις
ἱππεῖς δύο φανῆναι, κάλλει τε καὶ μεγέθει μακρῷ
κρείττους ὧν ἡ καθ᾽ ἡμᾶς φύσις ἐκφέρει, ἐν-
αρχόμενοι γενειᾶν, ἡγούμενοί τε τῆς Ῥωμαϊκῆς
ἵππου καὶ τοὺς ὁμόσε χωροῦντας τῶν Λατίνων
παίοντες τοῖς δόρασι καὶ προτροπάδην ἐλαύνοντες.
καὶ μετὰ τὴν τροπὴν τῶν Λατίνων καὶ τὴν
ἅλωσιν τοῦ χάρακος αὐτῶν, περὶ δείλην ὀψίαν
τὸ τέλος λαβούσης τῆς μάχης,[1] ἐν τῇ Ῥωμαίων[2]
ἀγορᾷ τὸν αὐτὸν τρόπον[3] ὀφθῆναι δύο νεανίσκοι
λέγονται, πολεμικὰς ἐνδεδυκότες στολὰς μήκιστοί
τε καὶ κάλλιστοι καὶ τὴν αὐτὴν ἡλικίαν ἔχοντες,
αὐτοί τε φυλάττοντες ἐπὶ τῶν προσώπων ὡς ἐκ
μάχης ἥκοντες[4] τὸ ἐναγώνιον σχῆμα, καὶ τοὺς
2 ἵππους ἱδρῶτι διαβρόχους ἐπαγόμενοι. ἄρσαντες[5]
δὲ τὸν ἵππον[6] ἑκάτεροι[7] καὶ ἀπονίψαντες ἀπὸ
τῆς λιβάδος ἢ παρὰ τὸ ἱερὸν τῆς Ἑστίας ἀνα-

[1] τῆς μάχης om. ABE.
[2] Ῥωμαίων A: om. B.

like a wild beast, he perished, but not before he had killed many of those who came to close quarters with him. Their leaders having fallen, the Latins at once fled *en masse*, and their camp, abandoned by the men who had been left to guard it, was captured; from this camp the Romans took much valuable booty. Not only was this a very great defeat for the Latins, from the disastrous effects of which they suffered a very long time, but their losses were greater than ever before. For out of 40,000 foot and 3000 horse, as I have said, less than 10,000 survivors returned to their homes in safety.

XIII. It is said that in this battle two men on horseback, far excelling in both beauty and stature those our human stock produces, and just growing their first beard, appeared to Postumius, the dictator, and to those arrayed about him, and charged at the head of the Roman horse, striking with their spears all the Latins they encountered and driving them headlong before them. And after the flight of the Latins and the capture of their camp, the battle having come to an end in the late afternoon, two youths are said to have appeared in the same manner in the Roman Forum attired in military garb, very tall and beautiful and of the same age, themselves retaining on their countenances as having come from a battle, the look of combatants, and the horses they led being all in a sweat. And when they had each of them watered their horses and washed them at the fountain which rises near the temple of Vesta and

---

³ τρόπον O : χρόνον Schenkl.
⁴ Reiske : ἡκόντων O, Jacoby.
⁵ ἄρσαντες O : ἄραντες Steph , ψάραντες Reiske.
⁶ τὸν ἵππον Cobet : τῶν ἵππων O, Jacoby.
⁷ ἑκάτεροι B : ἑκάτερον A, Jacoby.

δίδωσι λίμνην ποιοῦσα ἐμβύθιον ὀλίγην, πολλῶν
αὐτοὺς [1] περιστάντων καὶ εἴ τι φέρουσιν καινὸν [2]
ἀπὸ στρατοπέδου μαθεῖν ἀξιούντων, τήν τε
μάχην αὐτοῖς φράζουσιν ὡς ἐγένετο καὶ ὅτι
νικῶσιν· οὓς μεταχωρήσαντας ἐκ τῆς ἀγορᾶς ὑπ'
οὐδενὸς ἔτι λέγουσιν ὀφθῆναι, πολλὴν ζήτησιν
αὐτῶν ποιουμένου τοῦ καταλειφθέντος τῆς πόλεως
3 ἡγεμόνος. ὡς δὲ τῇ κατόπιν ἡμέρᾳ τὰς παρὰ
τοῦ δικτάτορος ἐπιστολὰς ἔλαβον οἱ τῶν κοινῶν
προεστῶτες, καὶ σὺν τοῖς ἄλλοις ἅπασι τοῖς ἐν
τῇ μάχῃ γενομένοις καὶ τὰ περὶ τῆς ἐπιφανείας
τῶν δαιμόνων ἔμαθον, νομίσαντες τῶν αὐτῶν
θεῶν εἶναι ἄμφω τὰ φάσματα, ὥσπερ εἰκός,
Διοσκούρων ἐπείσθησαν εἶναι τὰ εἴδωλα.

4   Ταύτης ἐστὶ τῆς παραδόξου καὶ θαυμαστῆς
τῶν δαιμόνων ἐπιφανείας ἐν Ῥώμῃ πολλὰ σημεῖα,
ὅ τε νεὼς ὁ τῶν Διοσκούρων, ὃν ἐπὶ τῆς ἀγορᾶς
κατεσκεύασεν ἡ πόλις ἔνθα ὤφθη τὰ εἴδωλα,
καὶ ἡ παρ' αὐτῷ κρήνη καλουμένη τε τῶν θεῶν
τούτων καὶ ἱερὰ [3] εἰς τόδε χρόνου νομιζομένη,
θυσίαι τε πολυτελεῖς, ἃς καθ' ἕκαστον ἐνιαυτὸν
ὁ δῆμος ἐπιτελεῖ διὰ τῶν μεγίστων ἱερέων [4] ἐν
μηνὶ Κυιντιλίῳ λεγομένῳ ταῖς καλουμέναις εἰδοῖς,
ἐν ᾗ κατώρθωσαν ἡμέρᾳ τόνδε τὸν πόλεμον·
ὑπὲρ ἅπαντα δὲ ταῦτα ἡ μετὰ τὴν θυσίαν ἐπιτελου-
μένη πομπὴ τῶν ἐχόντων τὸν δημόσιον ἵππον,
οἳ [5] κατὰ φυλάς τε καὶ λόχους κεκοσμημένοι

---

[1] Reiske: αὐτοῖς O.
[2] εἴ τι φέρουσιν καινὸν Kiessling: ἐπιφέρουσιν εἴ τι κοινὸν
ABEa, εἴ τι φέρουσιν ἔτι καινὸν Eb, ὅτι φέρουσιν ἐπὶ τὸ κοινὸν
Meutzner, εἴ τι φέρουσιν ἐπὶ κοινὸν Jacoby.
[3] καὶ ἱερὰ Kiessling: ἱερὰ καὶ O.
[4] ἱερέων Kiessling: ἱππέων O.   [5] οἳ added by Steph.

forms a small but deep pool, and many people stood about them and inquired if they brought any news from the camp, they related how the battle had gone and that the Romans were the victors. And it is said that after they left the Forum they were not seen again by anyone, though great search was made for them by the man who had been left in command of the city.[1] The next day, when those at the head of affairs received the letters from the dictator, and besides the other particulars of the battle, learned also of the appearance of the divinities, they concluded, as we may reasonably infer, that it was the same gods who had appeared in both places, and were convinced that the apparitions had been those of Castor and Pollux.

Of this extraordinary and wonderful appearance of these gods there are many monuments at Rome, not only the temple of Castor and Pollux which the city erected in the Forum at the place where their apparitions had been seen, and the adjacent fountain, which bears the names of these gods[2] and is to this day regarded as holy, but also the costly sacrifices which the people perform each year through their chief priests in the month called Quintilis,[3] on the day known as the Ides, the day on which they gained this victory. But above all these things there is the procession performed after the sacrifice by those who have a public horse and who, being arrayed by tribes and centuries, ride in regular ranks

---

[1] The *praefectus urbi*; see chap. 2, end.

[2] The only fountain known to us in this part of the Forum was regularly called the Fountain of Juturna.

[3] Later called Julius, after Julius Caesar; in this month the Ides fell on the 15th.

στοιχηδὸν ἐπὶ τῶν ἵππων ὀχούμενοι πορεύονται
πάντες, ὡς ἐκ μάχης ἥκοντες ἐστεφανωμένοι
θαλλοῖς ἐλαίας, καὶ πορφυρᾶς φοινικοπαρύφους
ἀμπεχόμενοι τηβέννας τὰς καλουμένας τραβέας,
ἀρξάμενοι μὲν ἀφ᾽ ἱεροῦ τινος Ἄρεος ἔξω τῆς
πόλεως ἱδρυμένου, διεξιόντες δὲ τήν τε ἄλλην
πόλιν καὶ διὰ τῆς ἀγορᾶς [1] παρὰ τὸ τῶν
Διοσκούρων ἱερὸν παρερχόμενοι, ἄνδρες ἔστιν
ὅτε καὶ πεντακισχίλιοι φέροντες ὅσα παρὰ τῶν
ἡγεμόνων ἀριστεῖα ἔλαβον ἐν ταῖς μάχαις, καλὴ
καὶ ἀξία τοῦ μεγέθους τῆς ἡγεμονίας ὄψις.
5 ταῦτα μὲν ὑπὲρ τῆς γενομένης ἐπιφανείας τῶν
Διοσκούρων λεγόμενά τε καὶ πραττόμενα ὑπὸ
Ῥωμαίων ἔμαθον· ἐξ ὧν τεκμήραιτ᾽ ἄν τις
ὡς θεοφιλεῖς ἦσαν οἱ τότε ἄνθρωποι, σὺν ἄλλοις
πολλοῖς καὶ μεγάλοις.

XIV. Ὁ δὲ Ποστόμιος ἐκείνην μὲν τὴν νύκτα
κατεστρατοπέδευσεν ἐν τῷ πεδίῳ, τῇ δ᾽ ἑξῆς
ἡμέρᾳ στεφανώσας τοὺς ἀριστεύσαντας ἐν τῇ
μάχῃ καὶ τοὺς αἰχμαλώτους φυλάττεσθαι διαδοὺς
ἔθυε τὰ νικητήρια τοῖς θεοῖς. ἔτι δ᾽ αὐτῷ τὸν
στέφανον ἐπικειμένῳ καὶ τὰς ὑπερπύρους ἀπαρχὰς
τοῖς βωμοῖς ἐπιτιθέντι σκοποί τινες ἀπὸ τῶν
μετεώρων καταδραμόντες ἀγγέλλουσι πολέμιον
ἐπὶ σφᾶς ἐλαύνειν στρατόν. ἦν δ᾽ ἐκ τοῦ
Οὐολούσκων ἔθνους ἐπίλεκτος ἀκμὴ σύμμαχος
ἀπεσταλμένη Λατίνοις, πρὶν ἢ τὴν μάχην αὐτῶν
2 ἐπιτελεσθῆναι. ὡς δὲ δὴ ταῦτα ἔγνω, χωρεῖν
ἅπαντας ἐκέλευσεν ἐπὶ τὰ ὅπλα καὶ μένειν ἐν τῷ
χάρακι παρὰ ταῖς ἰδίαις ἕκαστον σημαίαις σιγὴν [2]
καὶ κόσμον φυλάττοντας, ἕως ἂν αὐτὸς ἃ χρὴ

---

[1] καὶ διὰ τῆς ἀγορᾶς Portus : διὰ τῆς ἀγορᾶς καὶ O.

on horseback, as if they came from battle, crowned with olive branches and attired in the purple robes with stripes of scarlet which they call *trabeae*. They begin their procession from a certain temple of Mars built outside the walls, and going through several parts of the city and the Forum, they pass by the temple of Castor and Pollux, sometimes to the number even of five thousand, wearing whatever rewards for valour in battle they have received from their commanders, a fine sight and worthy of the greatness of the Roman dominion. These are the things I have found both related and performed by the Romans in commemoration of the appearance of Castor and Pollux; and from these, as well as from many other important instances, one may judge how dear to the gods were the men of those times.

XIV. Postumius encamped that night on the field and the next day he crowned those who had distinguished themselves in the battle; and having appointed guards to take care of the prisoners, he proceeded to offer to the gods the sacrifices in honour of the victory. While he still wore the garland on his head and was laying the first burnt offerings on the altars, some scouts, running down from the heights, brought him word that a hostile army was marching against them. It consisted of chosen youth of the Volscian nation who had been sent out, before the battle was ended, to assist the Latins. Upon learning of this he ordered all his men to arm and to stay in the camp, each under his own standards, maintaining silence and keeping their ranks till he himself should

---

² σιγὴν C: φυλακὴν ABE.

πράττειν παραγγείλη.[1] οἱ δὲ τῶν Οὐολούσκων
ἡγεμόνες ἐξ ἀπόπτου τῶν 'Ρωμαίων παρεμβαλόν-
τες, ὡς εἶδον μεστὸν μὲν τὸ πεδίον νεκρῶν,
ὀρθοὺς δὲ τοὺς χάρακας ἀμφοτέρους, προϊόντα δ'
ἐκ τῶν ἐρυμάτων οὔτε πολέμιον οὔτε φίλον
οὐδένα, τέως μὲν ἐθαύμαζον καὶ τίς ἦν[2] ἡ
κατειληφυῖα τύχη τὰ πράγματα ἀπόρως εἶχον
συμβάλλειν. ἐπεὶ δὲ παρὰ τῶν ἀνασωζομένων
ἐκ τῆς τροπῆς ἅπαντα τὰ περὶ τὸν ἀγῶνα ἔμαθον,
ἐσκόπουν μετὰ τῶν ἄλλων ἡγεμόνων τί χρὴ
3 πράττειν. τοῖς μὲν οὖν θρασυτάτοις αὐτῶν
ἐδόκει κράτιστον εἶναι χωρεῖν ἐπὶ τὸν χάρακα τῶν
'Ρωμαίων ἐξ ἐφόδου, ἕως[3] πολλοὶ μὲν ἔκαμνον[4]
ὑπὸ τραυμάτων, ἀπειρήκεσάν τε ἅπαντες ὑπὸ
κόπου, ὅπλα τε ἄχρηστα τοῖς πλείστοις ἦν, τὰ
μὲν ἀπεστομωμένα τὰς ἀκμάς, τὰ δὲ κατεαγότα,
καὶ βοήθεια παρὰ τῶν οἴκοθεν ἀκραιφνὴς οὔπω
παρῆν οὐδεμία αὐτοῖς, ἡ δὲ σφῶν αὐτῶν δύναμις
πολλή τε οὖσα καὶ ἀγαθὴ καὶ ὡπλισμένη καλῶς
ἐμπειροπόλεμός τε καὶ οὐ προσδεχομένοις ἐξ-
απιναίως παροῦσα, φοβερὰ καὶ τοῖς εὐτολμοτάτοις
φανήσεσθαι ἔμελλε.

XV. Τοῖς δὲ σωφρονεστάτοις οὐκ ἀσφαλὲς τὸ
κινδύνευμα εἶναι ἐφαίνετο, ἀνδράσιν ἀγαθοῖς τὰ
πολέμιά τε καὶ νεωστὶ τὴν Λατίνων τοσαύτην
δύναμιν ἀραμένοις ἄνευ συμμάχων ὁμόσε χωρεῖν
μέλλοντας τὸν ὑπὲρ τῶν μεγίστων κίνδυνον ἐν
ἀλλοτρίᾳ ποιεῖσθαι γῇ, ἔνθα εἴ τι συμβαίη
πταῖσμα οὐδεμίαν ἕξουσι καταφυγὴν ἀσφαλῆ·
τῆς δ' οἴκαδε σωτηρίας προνοεῖσθαι μᾶλλον
ἠξίουν οὗτοι διὰ ταχέων καὶ μέγα κέρδος ὑπο-

---

[1] παραγγείλη C: παραγγέλλη AB.

give the word what to do. On the other side, the generals of the Volscians, encamping out of sight of the Romans, when they saw the field covered with dead bodies and both camps intact, and no one, either enemy or friend, stirring out of the entrenchments, were for some time amazed and at a loss to guess what turn of fortune had produced this state of affairs. But when they had learned all about the battle from those who were making their escape from the rout, they consulted with the other leaders what was to be done. The boldest of them thought it best to attempt to take the camp of the Romans by assault, while many of the foe were still disabled from their wounds and all were exhausted by toil, and the arms of most of them were useless, some having their edges blunted and others being broken, and no fresh forces from home were yet at hand to relieve them, whereas their own army was large and valiant, splendidly armed and experienced in war, and by coming suddenly upon men who were not expecting it was sure to appear formidable even to the boldest.

XV. But to the most prudent among them it did not seem a safe risk to attack without allies men who were valiant warriors and had just destroyed so great an army of the Latins, as they would be putting everything to the hazard in a foreign country where, if any misfortune happened, they would have no place of refuge. These advised, therefore, to provide rather for a safe retreat to their own country as soon

---

2 ἦν added by Bücheler.   3 ἕως O: τέως Jacoby.
4 Post : ἔκαμον O, Jacoby.

λαμβάνειν, εἰ μηδὲν ἀπολαύσουσιν ἐκ τῆς στρατείας
2 κακόν. ἑτέροις δὲ τούτων μὲν οὐδέτερον ἐδόκει
χρῆναι ποιεῖν, νεανικὸν μὲν ἀποφαίνουσι τὸ
πρόχειρον τῆς ἐπὶ τὸν ἀγῶνα ὁρμῆς, αἰσχρὸν δὲ
τὸ παράλογον τῆς ἐπὶ τὰ οἰκεῖα φυγῆς, ὡς κατ᾿
εὐχὴν ληψομένων τῶν πολεμίων ὁπότερον ἂν
αὐτῶν ποιήσωσι. γνώμη δὲ τούτων ἦν ἐν μὲν
τῷ παρόντι κρατύνασθαι τὸν χάρακα καὶ τὰ πρὸς
τὸν ἀγῶνα εὐτρεπίζεσθαι, πέμποντας δὲ πρὸς
τοὺς ἄλλους Οὐολούσκους δυεῖν θάτερον ἀξιοῦν,
ἢ δύναμιν ἑτέραν πέμπειν ἀξιόχρεων ἐπὶ Ῥωμαίους,
3 ἢ καὶ τὴν ἀπεσταλμένην μετακαλεῖν. ἡ δὲ
πιθανωτάτη τοῖς πλείστοις φανεῖσα καὶ ὑπὸ τῶν
ἐν τέλει κυρωθεῖσα γνώμη ταῦτα παρήνει, πέμψαι
τινὰς εἰς τὸν χάρακα τῶν Ῥωμαίων κατασκόπους
ὀνόματι πρεσβευτῶν ἕξοντας τὸ ἀσφαλές, οἳ
δεξιώσονται τὸν ἡγεμόνα καὶ φράσουσιν ὅτι
σύμμαχοι Ῥωμαίων ἥκοντες ἀπὸ τοῦ κοινοῦ τῶν
Οὐολούσκων ἄχθονται μὲν ὑστερήσαντες τῆς
μάχης, ὡς οὐδεμίαν ἢ μικράν τινα τῆς προ-
θυμίας χάριν οἰσόμενοι, τῇ δ᾿ οὖν ἐκείνων [1] τύχῃ
μέγαν ἀγῶνα δίχα συμμάχων κατωρθωκότων
συνήδονται· ἐξαπατήσαντες δ᾿ αὐτοὺς τῇ φιλαν-
θρωπίᾳ τῶν λόγων καὶ πιστεύειν ὡς φίλοις σφίσι
κατασκευάσαντες, ἅπαντα κατασκέψονται καὶ
δηλώσουσιν [2] ἀφικόμενοι πλῆθός τε αὐτῶν καὶ
ὁπλισμοὺς καὶ παρασκευὰς καὶ εἴ τι [3] κατὰ
νοῦν ἔχουσι πράττειν. ὅταν δὲ ταῦτα ἀκριβῶς
σφίσι γένηται φανερά, τότε προθεῖναι βουλὴν εἴτ᾿

---

[1] δ᾿ οὖν ἐκείνων Reiske: δ᾿ ἐξ ἐκείνων O, δ᾿ ἐκείνων Sintenis,
Jacoby.
[2] δηλώσουσιν Cmg: δηλοῦσιν R.

as possible and to look upon it as a great gain if they sustained no loss from this expedition. But still others disapproved of both these courses, declaring that readiness to rush into battle was mere youthful bravado, while unreasoning flight back to their own country was shameful; for, whichever of these courses they took, the enemy would regard it as being just what they desired. The opinion of these, therefore, was that at present they ought to fortify their camp and get everything in readiness for a battle, and that, dispatching messengers to the rest of the Volscians, they should ask them to do one of two things, either to send another army that would be a match for that of the Romans or to recall the army they had already sent out. But the opinion that prevailed with the majority and received the sanction of those in authority was to send spies to the Roman camp, assured of safety under the title of ambassadors, who should greet the general and say that, as allies of the Romans sent by the Volscian nation, they were sorry they had come too late for the battle, since they would now receive little or no thanks for their zeal; but anyway they congratulated the Romans upon their good fortune in having won a great battle without the assistance of allies; then, after the ambassadors had tricked the Romans by the friendliness of their words and had got them to confide in the Volscians as their friends, they were to spy out everything and bring back word concerning the Romans' strength, their arms, their preparations, and anything they were planning to do. And when the Volscians should be thoroughly acquainted with these matters, they should then take counsel whether

---

³ εἴ τι O: τί Cobet.

ἐπιχειρεῖν αὐτοῖς ἄμεινον εἴη προσμεταπεμψα-
μένοις δύναμιν ἑτέραν εἴτε καὶ τὴν παροῦσαν
ἀπάγειν.

XVI. Ὡς δὲ ταύτῃ προσέθεντο τῇ γνώμῃ καὶ οἱ
προχειρισθέντες ὑπ' αὐτῶν πρέσβεις ἀφικόμενοι
πρὸς τὸν δικτάτορα καὶ παραχθέντες ἐπὶ τὴν
ἐκκλησίαν ἐξεῖπον [1] τοὺς ἐξαπατήσοντας λόγους,
ὀλίγον ἐπισχὼν ὁ Ποστόμιος χρόνον πρὸς αὐτοὺς
εἶπε· "Πονηρὰ βουλεύματα, ὦ Οὐολοῦσκοι,
χρηστοῖς λόγοις ἀμφιέσαντες ἥκετε· καὶ πολεμίων
ἔργα πράττοντες φίλων ἐξενέγκασθαι βούλεσθε
2 δόξαν· ὑμεῖς γὰρ ἀπέσταλθε ὑπὸ τοῦ κοινοῦ
Λατίνοις συμμαχήσοντες καθ' ἡμῶν, ἐπεὶ δ'
ὕστεροι τῆς μάχης ἥκετε καὶ κρατουμένους
αὐτοὺς ὁρᾶτε, παρακρούσασθαι βούλεσθε ἡμᾶς
τἀναντία ὧν ἐμέλλετε πράττειν λέγοντες. καὶ
οὐδὲ ἡ φιλανθρωπία τῶν λόγων, ἣν πλάττεσθε
πρὸς τὸν παρόντα καιρόν, οὐδὲ τὸ προσποίημα
ὑμῶν τῆς δεῦρο ἀφίξεως ὑγιές ἐστιν, ἀλλὰ
μεστὸν δόλου καὶ ἀπάτης. οὐ γὰρ συνησθησόμε-
νοι τοῖς ἀγαθοῖς τοῖς ἡμετέροις ἐξαπέσταλθε, ἀλλὰ
κατασκεψόμενοι πῶς ἡμῖν ἀσθενείας ἢ δυνάμεως τὰ
πράγματα ἔχει· καί ἐστε πρεσβευταὶ μὲν λόγῳ,
3 κατάσκοποι δ' ἔργῳ." ἀρνουμένων δὲ πρὸς
ἅπαντα τῶν ἀνδρῶν οὐ διὰ μακροῦ τὴν πίστιν
ἔφησεν αὐτοῖς παρέξεσθαι· καὶ αὐτίκα τὰς
ἐπιστολὰς αὐτῶν, ἃς ἔλαβε πρὸ τῆς μάχης τοῖς
ἡγεμόσι τῶν Λατίνων φερομένας, ἐν αἷς ὑπισχνοῦν-
το αὐτοῖς πέμψειν [2] ἐπικουρίαν, προήνεγκε, καὶ
τοὺς φέροντας αὐτὰς προήγαγεν. ἀναγνωσθέντων
δὲ τῶν γραμμάτων καὶ τῶν αἰχμαλώτων ἃς
ἔλαβον ἐντολὰς διηγησαμένων, τὸ μὲν πλῆθος [3]

it was better to send for another army and attack the Romans or to return home with their present force.

XVI. After they had adopted this proposal, the ambassadors they had chosen came to the dictator, and being brought before the assembly, delivered their messages that were intended to deceive the Romans. And Postumius, after a short pause, said to them: " You have brought with you, Volscians, evil designs clothed in good words, and while you perform hostile acts, you want us to regard you as friends. For you were sent by your nation to assist the Latins against us, but arriving after the battle and seeing them overcome, you wish to deceive us by saying the very opposite of what you intended to do. And neither the friendliness of your words, simulated for the present occasion, nor the pretence under which you are come hither, is sincere, but is full of fraud and deceit. For you were sent, not to congratulate us upon our good fortune, but to spy out the weakness or the strength of our condition; and while you are ambassadors in name, you are spies in reality." When the men denied everything, he said he would soon offer them the proof; and straightway he produced their letters which he had intercepted before the battle as they were being carried to the commanders of the Latins, in which they promised to send them reinforcements, and produced the persons who carried the letters. After these were read out and the prisoners had given an account of the orders they had received, the soldiers were eager to

---

¹ ἐξεῖπον Post: ἐξήγοντο A, ἐξῆγον B, ἐξηγοῦντο Steph., διηγοῦντο Cobet, ἐξήνεγκον Kiessling, διεξῆλθον Jacoby.
² Hertlein: πέμπειν O.
³ πλῆθος O: πλῆθος λίθοις Jacoby.

ὥρμησε βαλεῖν τοὺς Οὐολούσκους ὡς ἑαλωκότας
ἐπ᾿ αὐτοφώρῳ κατασκόπους, ὁ δὲ Ποστόμιος
οὐκ ᾤετο δεῖν ὁμοίους γενέσθαι τοῖς κακοῖς τοὺς
ἀγαθούς, κρεῖττον εἶναι λέγων καὶ μεγαλοψυχό-
τερον εἰς τοὺς ἀποστείλαντας φυλάττειν τὴν
ὀργὴν ἢ εἰς τοὺς ἀποσταλέντας, καὶ διὰ τὸ
φανερὸν ὄνομα τῆς πρεσβείας ἀφεῖναι τοὺς ἄνδρας
μᾶλλον ἢ διὰ τὸ ἀφανὲς τῆς κατασκοπῆς ἔργον
ἀπολέσαι· ἵνα μήτε Οὐολούσκοις ἀφορμὴν παρά-
σχωσιν εὐπρεπῆ τοῦ πολέμου πρεσβευτῶν ἀνῃρῆ-
σθαι σώματα σκηπτομένοις παρὰ τὸν ἁπάντων
νόμον, μήτε τοῖς ἄλλοις ἐχθροῖς [1] πρόφασιν αἰ-
τίας εἰ καὶ [2] ψευδοῦς, ἀλλ᾿ οὐκ ἀλόγου γε οὐδὲ
ἀπίστου.

XVII. Ἐπισχὼν δὲ τὴν ὁρμὴν τοῦ πλήθους
ἀπιέναι [3] τοὺς ἄνδρας ἐκέλευσεν ἀμεταστρεπτὶ
φυλακῇ παραδοὺς ἱππέων, οἳ προὔπεμψαν αὐτοὺς
ἐπὶ τὸν Οὐολούσκων χάρακα. ἐκβαλὼν δὲ τοὺς
κατασκόπους εὐτρεπίζεσθαι τὰ εἰς μάχην παρήγ-
γειλε τοῖς στρατιώταις, ὡς ἐν τῇ κατόπιν ἡμέρᾳ
παραταξόμενος. ἐδέησε δ᾿ οὐδὲν αὐτῷ [4] μάχης·
οἱ γὰρ ἡγεμόνες τῶν Οὐολούσκων πολλῆς ἔτι
νυκτὸς οὔσης ἀναστήσαντες τὴν στρατιὰν ᾤχοντο
2 ἐπὶ τὰ σφέτερα. ἁπάντων δὲ χωρησάντων αὐτῷ
κατ᾿ εὐχὴν θάψας τοὺς οἰκείους νεκροὺς καὶ τὴν
στρατιὰν καθήρας ἀνέστρεψεν εἰς τὴν πόλιν
ἐκπρεπεῖ [5] θριάμβῳ κοσμούμενος ὅπλων τε σωρὸν
ἐφ᾿ ἁμάξαις πολλαῖς κομίζων καὶ χρημάτων
στρατιωτικῶν παρασκευὰς ἀφθόνους εἰσφέρων, καὶ
τοὺς ἁλόντας ἐν τῇ μάχῃ πεντακοσίων ἀποδέοντας

---

[1] ἐχθροῖς O: ἔχθρας Reiske, Jacoby.

stone the Volscians as spies caught in the act; but
Postumius thought that good men ought not to imi-
tate the wicked, saying it would be better and more
magnanimous to reserve their anger against the
senders rather than against the sent, and to let the
men go in consideration of their ostensible title of
ambassadors rather than to put them to death
because of their disguised task of spying, lest they
should give either a specious ground for war to the
Volscians, who would allege that their ambassadors
had been put to death contrary to the law of nations,
or an excuse to their other enemies for bringing a
charge which, though false, would appear neither ill-
grounded nor incredible.

XVII. Having thus checked the rash impulse of the
soldiers, he commanded the men to depart without
looking back, and put them in charge of a guard of
horse, who conducted them to the camp of the
Volscians. After he had expelled the spies, he
commanded the soldiers to get everything ready for
battle, as if he were going to engage the next day.
But he had no need of a battle, for the leaders of the
Volscians broke camp before dawn and returned home.
All things having now gone according to his wish,
he buried his own dead, and having purified his army,
returned to the city with the pomp of a magnificent
triumph, carrying with him heaps of arms on many
wagons, together with huge quantities of military
stores, followed by 5,500 prisoners taken in the battle.

---

² αἰτίας εἰ καὶ Pflugk: ἀδικίας (or παρανομίας) εἰ καὶ Reiske,
εἶναι εἰ καὶ O.
³ ἀπιέναι Reiske: ἀφεῖναι O.
⁴ οὐδὲν αὐτῷ Kayser: οὐδενὸς αὐτῶν O.
⁵ ἐκπρεπεῖ A: εὐπρεπεῖ R.

ἑξακισχιλίους ἐπαγόμενος. ἀπὸ δὲ τῶν λα-
φύρων ἐξελόμενος τὰς δεκάτας ἀγῶνάς τε καὶ
θυσίας τοῖς θεοῖς ἀπὸ τετταράκοντα ταλάντων
ἐποίει καὶ ναῶν κατασκευὰς ἐξεμίσθωσε Δήμητρι
3 καὶ Διονύσῳ καὶ Κόρῃ κατ' εὐχήν. ἐσπάνισαν
γὰρ αἱ τροφαὶ τοῦ πολέμου κατ' ἀρχὰς καὶ
πολὺν αὐτοῖς παρέσχον φόβον ὡς ἐπιλείψουσαι,[1]
τῆς τε γῆς ἀκάρπου γενομένης καὶ τῆς ἔξωθεν
ἀγορᾶς οὐκέτι παρακομιζομένης διὰ τὸν πόλε-
μον. διὰ τοῦτο τὸ δέος ἀνασκέψασθαι τὰ Σιβύλ-
λεια τοὺς φύλακας αὐτῶν κελεύσας, ὡς ἔμαθεν ὅτι
τούτους ἐξιλάσασθαι τοὺς θεοὺς οἱ χρησμοὶ
κελεύουσιν, εὐχὰς αὐτοῖς ἐποιήσατο μέλλων ἐξ-
άγειν τὸν στρατόν, ἐὰν εὐετηρία γένηται κατὰ
τὴν πόλιν ἐπὶ τῆς ἰδίας ἀρχῆς οἷα πρότερον ἦν,
ναούς τε αὐτοῖς καθιδρύσεσθαι καὶ θυσίας κατα-
4 στήσεσθαι καθ' ἕκαστον ἐνιαυτόν. οἱ δὲ ὑπακού-
σαντες τήν τε γῆν παρεσκεύασαν ἀνεῖναι πλου-
σίους καρπούς, οὐ μόνον τὴν σπόριμον, ἀλλὰ καὶ
τὴν δενδροφόρον, καὶ τὰς ἐπεισάκτους ἀγορὰς
ἁπάσας ἐπικλύσαι μᾶλλον ἢ πρότερον· ἅπερ
ὁρῶν αὐτὸς [2] ὁ Ποστόμιος ἐψηφίσατο τὰς τῶν
ναῶν τούτων [3] κατασκευάς. Ῥωμαῖοι μὲν δὴ
τὸν τυραννικὸν ἀπωσάμενοι πόλεμον εὐνοίᾳ θεῶν
ἐν ἑορταῖς τε καὶ θυσίαις ἦσαν.

[1] ἐπιλείψουσαι Steph.: ἐπιλείψαι ABE.
[2] αὐτὸς O: αὐτοῖς Meutzner. Neither form seems correct;
but τότε, the reading of ABb just below in place of τούτων,
would be appropriate here. Possibly the displacement of
τότε is responsible for both the αὐτὸς and the superfluous
τούτων.　　　　　　[3] τούτων Ba: τότε ABb.

And having set apart the tithes of the spoils, he spent forty talents in performing games and sacrifices to the gods, and let contracts for the building of temples to Ceres, Liber and Libera,[1] in fulfilment of a vow he had made. It seems that provisions for the army had been scarce in the beginning, and had caused the Romans great fear that they would fail entirely, as the land had borne no crops and food from outside was no longer being imported because of the war. Because of this fear he had ordered the guardians of the Sibylline books to consult them, and finding that the oracles commanded that these gods should be propitiated, he made vows to them, when he was on the point of leading out his army, that if there should be the same abundance in the city during the time of his magistracy as before, he would build temples to them and also appoint sacrifices to be performed every year. These gods, hearing his prayer, caused the land to produce rich crops, not only of grain but also of fruits, and all imported provisions to be more plentiful than before; and when Postumius saw this, he himself[2] caused a vote to be passed for the building of these temples. The Romans, therefore, having through the favour of the gods repelled the war brought upon them by the tyrant, were engaged in feasts and sacrifices.

---

[1] Liber and Libera were old Roman divinities presiding over the crops and particularly over the vine. They were later identified with the Greek Dionysus and Persephonê (Korê). Though Dionysius speaks of temples, there was but a single building; see the note on iii. 69, 5.

[2] This is the reading of the MSS.; but the word for " himself " is probably a corruption, perhaps for " to them." See critical note.

DIONYSIUS OF HALICARNASSUS

XVIII. Ὀλίγαις δ' ὕστερον ἡμέραις πρέσβεις ἀπὸ τοῦ κοινοῦ τῶν Λατίνων ἧκον ὡς αὐτοὺς ἐξ ἁπασῶν τῶν πόλεων ἐπιλεχθέντες οἱ τὴν ἐναντίαν ἔχοντες περὶ τοῦ πολέμου γνώμην, ἱκετηρίας καὶ στέμματα προεχόμενοι.[1] οὗτοι παραχθέντες ἐπὶ τὴν βουλήν, τῆς μὲν ἀρχῆς[2] τοῦ πολέμου τοὺς δυναστεύοντας ἐν ταῖς πόλεσιν ἀπέφαινον αἰτίους· τὸ δὲ πλῆθος ἓν μόνον τοῦτο ἁμαρτεῖν ἔλεγον, ὅτι πονηροῖς ἐπείσθη δημαγωγοῖς ἴδια κέρδη παρ-
2 εσκευασμένοις. ταύτης δὲ τῆς ἀπάτης, ἐν ᾗ τὸ πλεῖον ἀνάγκης μέρος ἦν, οὐ μεμπτὰς τετικέναι δίκας ἑκάστην πόλιν ἔλεγον τῆς κρατίστης νεότητος ἀναιρεθείσης, ὥστε μὴ ῥάδιον εἶναι πένθους καθαρὰν εὑρεῖν οἰκίαν, ἠξίουν τε αὐτοὺς παραλαβεῖν σφᾶς ἑκόντας[3] οὔτε περὶ τῆς ἀρχῆς ἔτι διαφερομένους οὔτε περὶ τῶν ἴσων φιλονεικοῦντας, συμμάχους δὲ[4] καὶ ὑπηκόους ἅπαντα τὸν λοιπὸν χρόνον ἐσομένους, καὶ πᾶν ὅσον ὁ δαίμων ἀφείλετο τοῦ Λατίνων ἀξιώματος, τοῦτο τῇ Ῥωμαίων
3 προσθήσοντας εὐποτμίᾳ. τελευτῶντες[5] δὲ τοῦ λόγου συγγένειαν ἐπεκαλοῦντο καὶ συμμαχιῶν ἀπροφασίστων ποτὲ γενομένων ἀνεμίμνησκον καὶ συμφορὰς ἀνέκλαιον τὰς καταληψομένας τοὺς μηδὲν ἡμαρτηκότας, οἳ[6] μακρῷ πλείους ἦσαν τῶν ἡμαρτηκότων, ὀδυρόμενοι παρ' ἕκαστα καὶ τῶν γονάτων ἁπτόμενοι πάσης τῆς γερουσίας καὶ τὰς ἱκετηρίας παρὰ τοῖς ποσὶ τοῦ Ποστομίου τιθέντες· ὥστε παθεῖν τι πρὸς τὰ δάκρυα καὶ τὰς δεήσεις αὐτῶν τὸ συνέδριον ἅπαν.

---

[1] προεχόμενοι A: παρεχόμενοι R.
[2] τῆς μὲν ἀρχῆς Reiske: τὴν μὲν ἀρχὴν O, Jacoby.
[3] ἑκόντας O: ἥκοντας Sintenis, Jacoby.

XVIII. A few days later there came to them, as ambassadors from the Latin league, chosen out of all their cities, those who had been opposed to the war, holding out the olive branches and the fillets of suppliants. These men, upon being introduced into the senate, declared that the powerful men in every city had been responsible for beginning the war, and said that the people had been guilty of this one fault only, that they had listened to corrupt demagogues who had schemed for private gain. And for this delusion, in which necessity had had the greatest share, they said every city had already paid a penalty not to be despised, in the loss of the best of its young men, so that it was not easy to find a single household free from mourning. They asked the Romans to receive them now that they willingly submitted and neither disputed any longer about the supremacy nor strove for equality, but were ready to be for all future time subjects as well as allies and to add to the good fortune of the Romans all the prestige which Fortune had taken from the Latins. At the end of their speech they made an appeal to kinship, reminded them of their unhesitating services as allies in the past, and bewailed the misfortunes that would fall on the innocent, who were far more numerous than the guilty, accompanying everything they said with lamentations, embracing the knees of all the senators, and laying the olive branches at the feet of Postumius, so that the whole senate was more or less moved by their tears and entreaties.

---

[4] δὲ Sintenis: τε O, Jacoby.   [5] Reiske: τελευτῶντος O.
[6] οἱ Hudson: αἱ A, ἆ B.

XIX. Ὡς δὲ μετέστησαν ἐκ τοῦ βουλευτηρίου καὶ λόγος ἀπεδόθη τοῖς εἰωθόσιν πρώτοις[1] ἀποφαίνεσθαι γνώμας, Τίτος μὲν Λάρκιος ὁ πρῶτος ἀποδειχθεὶς δικτάτωρ ἐν τῷ παρελθόντι ἐνιαυτῷ[2] ταμιεύεσθαι[3] τὴν τύχην αὐτοῖς συνεβούλευε, μέγιστον εἶναι λέγων ἐγκώμιον ὥσπερ ἑνὸς ἀνδρὸς οὕτω καὶ πόλεως ὅλης, εἰ μὴ διαφθαρήσεται ταῖς εὐπραγίαις, ἀλλ' ἐμμελῶς[4] καὶ μετρίως φέροι

2 τἀγαθά· πάσας μὲν γὰρ τὰς εὐτυχίας φθονεῖσθαι, μάλιστα δ'[5] ὅσαις πρόσεστιν εἰς τοὺς ταπεινωθέντας καὶ ὑπὸ χεῖρα γενομένους ὕβρις καὶ βαρύτης· τῇ τύχῃ δ' οὐκ ἐῶν τι πιστεύειν πολλάκις αὐτῆς πεῖραν εἰληφότας ἐπ' οἰκείοις κακοῖς τε καὶ ἀγαθοῖς, ὡς ἀβέβαιός ἐστι καὶ ἀγχίστροφος, οὐδ' ἀνάγκην προσάγειν τοῖς διαφόροις τὴν περὶ τῶν ἐσχάτων κινδύνων, δι' ἣν καὶ παρὰ γνώμην τολμηταὶ γίνονταί τινες καὶ ὑπὲρ δύναμιν μαχηταί·

3 δέος δὲ σφίσιν εἶναι λέγων, μὴ κοινὸν μῖσος ἐπισπάσωνται παρὰ πάντων ὅσων ἀξιοῦσιν ἄρχειν, ἐὰν πικρὰς καὶ ἀπαραιτήτους παρὰ[6] τῶν ἁμαρτόντων ἀναπράττωνται δίκας, ὡς ἐκβεβηκότες ἐκ τῶν συνήθων ἐπιτηδευμάτων, ἀφ' ὧν εἰς ἐπιφάνειαν προῆλθον ἐπιλαθόμενοι,[7] καὶ πεποιηκότες τυραννίδα τὴν ἀρχήν, ἀλλ' οὐχ ἡγεμονίαν ὡς πρότερον ἦν καὶ προστασίαν· τά τε ἁμαρτήματα μέτρια καὶ οὐ νεμεσητὰ εἶναι λέγων, εἴ τινες ἐλευθερίας περιεχόμεναι πόλεις καὶ ἄρχειν ποτὲ

---

[1] πρώτοις (and τὰς before γνώμας) added by Kiessling.
[2] Kiessling wished to delete ἐν τῷ παρελθόντι ἐνιαυτῷ.
[3] Casaubon: τεταμιεῦσθαι O.
[4] ἐμμελῶς Cobet: εὐμενῶς O, Jacoby, εὐγενῶς Sylburg.
[5] δ' added by Reiske.   [6] παρὰ Cobet: ἀπὸ O, Jacoby.
[7] ἐπιλαθόμενοι deleted by Kiessling.

XIX. When the ambassadors had left the senate and permission to speak was given to the members who were wont to deliver their opinions first,[1] Titus Larcius, who had been appointed the first dictator the year before,[2] advised them to use their good fortune with moderation, saying that the greatest praise that could be given to a whole state as well as to an individual was not to be corrupted by prosperity, but to bear good fortune with decorum and moderation; for all prosperity is envied, particularly that which is attended with arrogance and rigour toward those who have been humbled and subdued. And he advised them not to put any reliance on Fortune, since they had learned from their own experience in both adversity and prosperity how inconstant and quick to change she is. Nor ought they to reduce their adversaries to the necessity of running the supreme hazard, since such necessity renders some men daring beyond all expectation and warlike beyond their strength. He said they had reason to be afraid of drawing upon themselves the common hatred of all those they proposed to rule, if they should exact harsh and relentless penalties from such as had erred; for they would seem to have abandoned their traditional principles, forgetting to what they owed their present splendour, and to have made their dominion a tyranny rather than a leadership and protectorship, as it had been aforetime. He said that the error is a moderate and venial one when states that cling to liberty and have once learned to rule

---

[1] Following Kiessling, who supplied " first." Entitled to speak first were the consuls-elect, if any, then the ex-magistrates, beginning with those who had held the consulship.

[2] It had actually been the second year before; Kiessling proposed to delete " the year before."

μαθοῦσαι τῆς παλαιᾶς ἀξιώσεως οὐ μεθίενται·
εἰ δ' ἀνιάτως οἱ τῶν κρατίστων ὀρεχθέντες, ἐὰν
διαμάρτωσι τῆς ἐλπίδος, ζημιώσονται, οὐδὲν
ἔσεσθαι τὸ κωλῦον ἅπαντας ἀνθρώπους ὑπ'
ἀλλήλων ἀπολωλέναι· πᾶσι γὰρ εἶναι τὸν τῆς
4 ἐλευθερίας πόθον ἔμφυτον. πολλῷ τε κρείττονα
καὶ βεβαιοτέραν ἀποφαίνων ἀρχήν, ἥτις εὐεργε-
σίαις, ἀλλὰ μὴ τιμωρίαις κρατεῖν βούλεται τῶν
ὑπηκόων· τῇ μὲν γὰρ εὔνοιαν ἐκολουθεῖν, τῇ δὲ
φόβον, ἀνάγκην δ' εἶναι φύσεως πάντα [1] μάλιστα
μισεῖσθαι τὰ φοβερά· τελευτῶν δὲ τοῦ λόγου
παραδείγμασιν αὐτοὺς ἠξίου χρῆσθαι τοῖς κρατί-
στοις τῶν προγόνων ἔργοις, ἐφ' οἷς ἐπαίνων
ἐτύγχανον ἐκεῖνοι, ἐπιλεγόμενος ὅσας ἁλούσας [2]
κατὰ κράτος πόλεις οὐ κατασκάπτοντες οὐδὲ
ἡβηδὸν ἀναιροῦντες οὐδ' ἐξανδραποδιζόμενοι, ἀλλ'
ἀποικίας τῆς Ῥώμης ποιοῦντες, καὶ τοῖς βουλομέ-
νους τῶν κρατηθέντων παρὰ σφίσι κατοικεῖν
πολιτείας μεταδιδόντες,[3] μεγάλην ἐκ μικρᾶς
ἐποιοῦντο τὴν πόλιν. κεφάλαιον δ' αὐτοῦ τῆς
γνώμης ἦν ἀνανεώσασθαι [4] τὰς σπονδὰς πρὸς τὸ
κοινὸν τῶν Λατίνων ἃς ἦσαν πεποιημένοι πρότερον,
καὶ μηδενὸς τῶν ἁμαρτημάτων μηδεμιᾷ πόλει
μνησικακεῖν.

XX. Σερούιος [5] δὲ Σολπίκιος περὶ μὲν τῆς
εἰρήνης καὶ τῆς ἀνανεώσεως τῶν σπονδῶν οὐδὲν
ἀντέλεγεν· ἐπειδὴ δὲ πρότεροι τὰς σπονδὰς
ἔλυσαν Λατῖνοι, καὶ οὐχὶ τότε πρῶτον, ὥστε
συγγνώμης τινὸς αὐτοῖς δεῖν ἀνάγκην καὶ ἀπάτην

[1] πάντα after φύσεως in B, after φοβερὰ in R; Kiessling
read παντὸς μάλιστα.
[2] ὅσας ἁλούσας Sylburg: ἁλούσας ὅσας O.

are unwilling to give up their ancient prestige; and if men who aim at the noblest ends are to be punished beyond possibility of recovery when they fail of their hope, there will be nothing to prevent the whole race of mankind from being destroyed by one another, since all men have an innate craving for liberty. He declared that a government is far better and more firmly established which seeks to rule its subjects by benefits rather than by punishments; for the former course leads to goodwill and the latter to terror, and it is a fixed law of Nature that everything that causes terror should be particularly detested. And finally he asked them to take as examples the best actions of their ancestors for which they had won praise, recounting the many instances in which, after capturing cities by storm, they had not razed them nor put all the male population to the sword nor enslaved them, but by making them Roman colonies and by giving citizenship to such of the conquered as desired to live at Rome, they had made their city great from a small beginning. The sum and substance of his opinion was this: to renew the treaty they had previously made with the Latin league and to retain no resentment against any of the cities for the errors they had been guilty of.

XX. Servius Sulpicius opposed nothing the other had said concerning peace and the renewal of the treaty; but, since the Latins had been the first to violate the treaty, and not now for the first time either—in which case they might deserve some for-

---

3 μεταδιδόντες A: μεταδόντες B.
4 ἀνανεώσασθαι A: ἀνανεώσεσθαι B, Jacoby.
5 Sylburg: σερουίλιος O, Jacoby.

προβαλλομένοις, ἀλλὰ πολλάκις ἤδη καὶ πρότερον,
ὥστε καὶ διορθώσεως σφίσι δεῖν, τὴν μὲν ἄδειαν
ἅπασι συγκεχωρῆσθαι καὶ τὴν ἐλευθερίαν διὰ τὸ
συγγενές, τῆς δὲ γῆς τὴν ἡμίσειαν αὐτοὺς ἀφαιρε-
θῆναι καὶ κληρούχους ἀποσταλῆναι Ῥωμαίων εἰς
αὐτήν, οἵτινες ἐκείνην καρπώσονται καὶ τοὺς
2 ἄνδρας μηδὲν ἔτι νεωτερίσαι σπουδάσουσι. Σπό-
ριος δὲ Κάσσιος ἀνελεῖν τὰς πόλεις αὐτῶν συνεβού-
λευε, θαυμάζειν λέγων ἐπὶ ταῖς εὐηθείαις τῶν
παραινούντων ἀφεῖναι τὰς ἁμαρτίας αὐτοῖς ἀζημί-
ους, εἰ μὴ¹ δύνανται καταμαθεῖν ὅτι διὰ τὸν
φθόνον τὸν ἔμφυτόν τε καὶ ἀναφαίρετον, ὃν
ἔχουσι πρὸς τὴν πόλιν αὐτῶν αὐξομένην, ἄλλους
ἐπ' ἄλλοις ἐπιτεχνῶνται πολέμους καὶ οὐδέποτε
παύσονται τῆς ἐπιβούλου προαιρέσεως ἑκόντες,
ἕως αὐτῶν τοῦτ' ἐν ταῖς ψυχαῖς τὸ δύστηνον
ἐνοικεῖ πάθος· οἵ γε τελευτῶντες ὑπὸ τυράννῳ
ποιήσασθαι, θηρίων ἁπάντων ἀγριωτάτῳ, συγ-
γενῆ σφῶν πόλιν ἐπεχείρησαν ἁπάσας ἀνατρέψαν-
τες τὰς ἐπὶ θεῶν ὁμολογίας, οὐκ ἄλλαις τισὶν
ἐλπίσιν ἐπαρθέντες, ἀλλ' ὅτι, ἂν μὴ αὐτοῖς κατὰ
γνώμην χωρήσῃ τὰ τοῦ πολέμου, δίκην οὐδεμίαν
3 ὑφέξουσιν ἤ τινα μικρὰν κομιδῇ. παραδείγμασί
τε καὶ αὐτὸς ἠξίου χρῆσθαι τοῖς τῶν προγόνων
ἔργοις, οἳ τὴν Ἀλβανῶν πόλιν, ἐξ ἧς αὐτοί τ'²
ἀπῳκίσθησαν καὶ Λατίνων ἅπασαι πόλεις, ἐπειδὴ
φθονοῦσαν ἔγνωσαν τοῖς αὐτῶν ἀγαθοῖς καὶ τὴν
ἄδειαν, ἣν ἐπὶ τοῖς πρώτοις ἁμαρτήμασιν εὕρετο,
μείζονος ἐπιβουλῆς ἀφορμὴν ποιησαμένην, ἐν
ἡμέρᾳ καθελεῖν ἔγνωσαν μιᾷ· ἐν ἴσῳ δόξαντες

---

¹ εἰ μὴ R : εἰ δὲ μὴ B, εἰ μηδὲ Kiessling, Jacoby.

giveness when they put forward necessity and their
own deception as excuses—but often in the past too,
so that they needed correction, he proposed that
impunity and their liberty should be granted to all
of them because of their kinship, but that they should
be deprived of one half of their land and that Roman
colonists should be sent thither to enjoy its produce
and see to it that the Latins created no further
disturbances. Spurius Cassius advised them to raze
the Latin cities, saying he wondered at the simple-
mindedness of those who urged letting their offences
go unpunished, why they could not understand that,
because of the inborn and ineradicable envy which the
Latins felt towards the rising power of Rome, they
were constantly fomenting one war after another
against them and would never willingly give over their
treacherous intent so long as this unfortunate passion
dwelt in their hearts; indeed, they had finally
endeavoured to bring a kindred people under the
power of a tyrant more savage than any wild beast,
thereby overturning all the covenants they had
sworn by the gods to observe, induced by no other
hopes than that, if the war did not succeed according
to their expectation, they should incur either no
punishment at all or a very slight one. He too
asked them to take as examples the actions of their
ancestors, who, when they knew that the city of
Alba, of which both they themselves and all the
other Latin cities were colonies, was envious of their
prosperity and had made use of the impunity it
had obtained for its first transgressions as an oppor-
tunity for greater treachery, resolved to destroy
it in a single day, believing that to punish none of

---

² τ' added by Kiessling.

εἶναι τῷ μηδένα οἰκτείρειν τῶν τὰ μέτρια ἁμαρτα-
νόντων τὸ μηδένα τιμωρεῖσθαι τῶν τὰ μέγιστα καὶ
4 ἀδιόρθωτα ἀδικούντων. μωρίας δὲ πολλῆς εἶναι
καὶ ἀναλγησίας ἔργον, οὐ γὰρ δὴ φιλανθρωπίας
οὐδὲ μετριότητος, τὸν τῶν ἀποικισάντων σφᾶς
φθόνον, ἐπεὶ πέρα τοῦ δέοντος ἔδοξεν εἶναι
βαρὺς καὶ ἀφόρητος, οὐκ ἀνασχομένους, τὸν[1]
τῶν ὁμογενῶν ὑπομένειν, καὶ τοὺς[2] ἐν ἐλάττοσι
πείραις ἐλεγχθέντας πολεμίους ἀφαιρέσει πόλεως
ζημιώσαντας, παρὰ τῶν[3] πολλάκις τὸ μῖσος
ἀδιάλλακτον ἀποδειξαμένων μηδεμίαν εἰσπράξα-
5 σθαι δίκην. ταῦτ' εἰπὼν καὶ τὰς ἀποστάσεις τῶν
Λατίνων ἁπάσας ἐξαριθμησάμενος τῶν τε[4] ἀπο-
λομένων ἐν τοῖς πρὸς αὐτοὺς πολέμοις Ῥωμαίων
τὸ[5] πλῆθος ὅσον ἦν ἀναμνήσας, ἠξίου τὸν αὐτὸν
τρόπον αὐτοῖς[6] χρήσασθαι[7] ὃν ἐχρήσαντο Ἀλβα-
νοῖς πρότερον· τὰς μὲν οὖν[8] πόλεις αὐτῶν ἀνελεῖν
καὶ τὴν χώραν αὐτῶν τῇ Ῥωμαίων προσθεῖναι,
τῶν δ' ἀνθρώπων τοὺς μὲν εὔνοιάν τινα πρὸς αὐτοὺς
ἀποδειξαμένους ἔχοντας τὰ σφέτερα πολίτας ποιή-
σασθαι,[9] τοὺς δ' αἰτίους τῆς ἀποστάσεως, ὑφ' ὧν
αἱ σπονδαὶ διελύθησαν, ὡς προδότας ἀποκτεῖναι·
ὅσον δὲ τοῦ δήμου πτωχὸν καὶ ἀργὸν καὶ ἄχρηστον,
ἐν ἀνδραπόδων ποιήσασθαι[9] λόγῳ.
XXI. Ταῦτα μὲν ἦν[10] τὰ λεχθέντα ὑπὸ τῶν
προεστηκότων τῆς βουλῆς· τοῦ δὲ δικτάτορος τὴν

[1] τὸν Cmg : τοῦ ABC, τοῦ δὲ DE.
[2] καὶ τοὺς R : τοὺς AB, τούς τ' Kiessling, Jacoby.
[3] παρὰ τῶν A : πάντων B.
[4] τε B : om. R.
[5] τὸ Sylburg : τότε O.
[6] αὐτοῖς added here by Kiessling, Λατίνοις by Bücheler.
Reiske and Jacoby added καὶ τούτοις after χρήσασθαι.

those who had committed the greatest and the most irremediable crimes was no better than to show compassion to none of those who were guilty of moderate errors. It would be an act of great folly and stupidity, surely not one of humanity and moderation, for those who would not endure the envy of their mother-city, when it appeared beyond measure grievous and intolerable, to submit now to that of their mere kinsmen, and for those who had punished enemies convicted in milder attempts of being such, by depriving them of their city, to exact no punishment now from such as had often shown their hatred of them to be irreconcilable. After he had spoken thus and had enumerated all the rebellions of the Latins and reminded the senators of the vast number of Romans who had lost their lives in the wars against them, he advised them to treat these also in the same manner as they had formerly treated the Albans, namely, to raze their cities and add their territory to that of the Romans; and as for the inhabitants, to make citizens of such as had shown any goodwill towards them, permitting them to retain their possessions, but to put to death as traitors the authors of the revolt by whom the treaty had been broken, and to make slaves of the poor, the lazy and the useless among the populace.

XXI. These were the opinions expressed by the leading men of the senate, but the dictator gave

---

[7] χρήσασθαι R: χρήσεσθαι B, Jacoby.
[8] οὖν Bb: om. R.
[9] ποιήσασθαι R: ποιήσεσθαι BE, Jacoby.
[10] ἦν Sylburg: οὖν ABb, Jacoby, om. Ba.

301

Λαρκίου γνώμην προελομένου καὶ οὐδενὸς ἔτι
λέξαντος τἀναντία παρῆσαν εἰσκληθέντες εἰς τὸ
συνέδριον οἱ πρέσβεις τὰς ἀποκρίσεις ληψόμενοι·
καὶ ὁ Ποστόμιος ὀνειδίσας αὐτοῖς τὴν οὐδέποτε
σωφρονισθῆναι δυναμένην κακίαν· " Δίκαιον μὲν
ἦν," ἔφη, " τὰ ἔσχατα παθεῖν, ἅ γε [1] δὴ καὶ
αὐτοὶ πράττειν ἐμέλλετε, εἰ κατωρθώσατε ἃς
πολλάκις ἤλθετε ἐφ' ἡμᾶς [2] ὁδούς." οὐ μέντοι
Ῥωμαίους τὰ δίκαια πρὸ τῶν ἐπιεικῶν προελέσθαι,
λογιζομένους ὅτι συγγενεῖς εἰσι καὶ ἐπὶ τὸν
ἔλεον τῶν ἀδικουμένων καταπεφεύγασιν, ἀλλὰ καὶ
ταύτας τὰς ἁμαρτίας αὐτοῖς ἀζημίους ἀφιέναι
θεῶν τε ὁμογνίων ἕνεκα καὶ τύχης ἀτεκμάρτου,
2 παρ' ἧς τὸ κράτος ἔσχον. " νῦν μὲν οὖν," ἔφη,
" παντὸς [3] ἠλευθερωμένοι φόβου [4] πορεύεσθε, ἐὰν
δὲ τοὺς αἰχμαλώτους ἀπολύσητε καὶ τοὺς αὐτο-
μόλους παραδῶτε ἡμῖν καὶ τοὺς φυγάδας ἐξελάσητε,
τότε τοὺς περὶ φιλίας τε καὶ συμμαχίας διαλεξο-
μένους πρέσβεις πέμπετε πρὸς ἡμᾶς, ὡς οὐδ-
ενὸς ἀτυχήσοντες [5] τῶν μετρίων." ἀπήεσαν οἱ
πρέσβεις ταύτας τὰς ἀποκρίσεις λαβόντες καὶ μετ'
ὀλίγας ἡμέρας ἧκον τούς τε αἰχμαλώτους ἀφ-
εικότες καὶ τοὺς ἁλόντας τῶν αὐτομόλων δεσμίους
ἄγοντες καὶ τοὺς ἅμα Ταρκυνίῳ φυγάδας ἐξεληλα-
κότες ἐκ τῶν πόλεων.[6] ἀνθ' ὧν εὕροντο παρὰ
τῆς βουλῆς τὴν ἀρχαίαν φιλίαν καὶ συμμαχίαν
καὶ τοὺς ὅρκους τοὺς ὑπὲρ τούτων ποτὲ γενομένους

[1] ἅ γε Cobet: ἅτε O, Jacoby.
[2] ἤλθετε ἐφ' ἡμᾶς Cobet: ἐμάθετε ἐπ' αὐτοὺς O, ἐβαδίσατε ἐπι-
βούλους Sintenis, ἤλθετε ἐπ' αὐτοῖς Kayser, ἤλθετε ἀπίστους
Jacoby (in note).
[3] παντὸς R: πάντως B.

the preference to that of Larcius; and, no fur-
ther opposition being made to it, the ambassadors
were called in to the senate to receive their answer.
Postumius, after reproaching them with an evil
disposition never to be reformed, said: " It would be
right that you should suffer the utmost severity,
which is just the way you yourselves were intending
to treat us, if you had succeeded in the many attempts
you made against us." Nevertheless, he said, the
Romans had not chosen mere rights in preference
to clemency, bearing in mind that the Latins were
their kinsmen and had had recourse to the mercy
of those whom they had injured; but they were
allowing these offences of theirs also to go unpunished,
from a regard both to the gods of their race and to
the uncertainty of Fortune, to whom they owed their
victory. " For the present, therefore, go your way,"
he said, " relieved of all fear; and after you have
released to us the prisoners, delivered up the de-
serters, and expelled the exiles, then send ambassa-
dors to us to treat of friendship and of an alliance,
in the assurance that they shall fail of naught that is
reasonable." The ambassadors, having received this
answer, departed, and a few days later returned,
having released the prisoners and expelled the exiles
with Tarquinius from their cities, and bringing with
them in chains all the deserters they had taken.
In return for this they obtained of the senate their
old treaty of friendship and alliance and renewed
through the *fetiales* the oaths they had previously

---

⁴ φόβου (or δέους) added by Reiske, δέους by Jacoby.
⁵ Sylburg: ἀτυχήσοντας O.
⁶ τῶν πόλεων Sylburg: τῆς πόλεως O.

DIONYSIUS OF HALICARNASSUS

διὰ τῶν εἰρηνοδικῶν ἀνενεώσαντο. ὁ μὲν δὴ πρὸς
τοὺς τυράννους συστὰς[1] πόλεμος τετρακαιδεκα-
έτης ἀπὸ τῆς ἐκπτώσεως αὐτῶν γενόμενος
3 τοιαύτης ἔτυχε τελευτῆς. Ταρκύνιος δ' ὁ βασι-
λεύς, οὗτος γὰρ ἔτι λοιπὸς ἐκ τοῦ γένους ἦν,
ὁμοῦ τι γεγονὼς ἐνενήκοντα ἔτη[2] κατὰ τὸν χρό-
νον τοῦτον, ἀπολωλεκὼς τὰ τέκνα καὶ τὸν τῶν
κηδεστῶν οἶκον καὶ γῆρας ἐλεεινὸν καὶ παρ'
ἐχθροῖς διαντλῶν, οὔτε Λατίνων ὑποδεχομένων αὐ-
τὸν ἔτι ταῖς πόλεσιν, οὔτε Τυρρηνῶν οὔτε Σαβί-
νων οὔτ' ἄλλης πλησιοχώρου πόλεως ἐλευθέρας
οὐδεμιᾶς, εἰς τὴν Καμπανίδα Κύμην ᾤχετο
πρὸς Ἀριστόδημον τὸν ἐπικληθέντα Μαλακὸν
τυραννοῦντα τότε Κυμαίων· παρ' ᾧ βραχύν
τινα ἡμερῶν ἀριθμὸν ἐπιβιοὺς ἀποθνήσκει καὶ θάπ-
τεται ὑπ' αὐτοῦ. τῶν δὲ σὺν ἐκείνῳ φυγάδων
οἱ μὲν ἐν τῇ Κύμῃ κατέμειναν, οἱ δ' εἰς ἄλλας
τινὰς πόλεις σκεδασθέντες ἐπὶ ξένης τὸν βίον
κατέστρεψαν.

XXII. Ῥωμαίοις δὲ καταλυσαμένοις τοὺς ὑπ-
αίθρους πολέμους ἡ πολιτικὴ στάσις αὖθις ἀνίστατο[3]
τῆς μὲν βουλῆς ψηφισαμένης καθίζειν τὰ δικασ-
τήρια καὶ τὰς ἀμφισβητήσεις, ἃς διὰ τὸν πόλεμον
ἀνεβάλλοντο, κρίνεσθαι κατὰ τοὺς νόμους· τῶν δὲ
περὶ τὰς συναλλαγὰς ἀμφισβητημάτων εἰς μεγά-
λους κλύδωνας καὶ δεινὰς προβεβηκότων ἀτοπίας
τε καὶ ἀναισχυντίας, τῶν μὲν δημοτικῶν ἀδυ-
νάτως ἔχειν σκηπτομένων διαλύειν τὰ χρέα,
χώρας τε αὐτοῖς κεκομμένης ἐν τῷ πολυετεῖ
πολέμῳ καὶ βοσκημάτων διεφθαρμένων καὶ ἀν-

[1] Reiske: ἐνστὰς O.
[2] ἐνενήκοντα ἔτη A: ἐνενηκονταέτης B, Jacoby.

304

taken concerning it. Thus ended the war against the tyrants, after it had lasted fourteen years from their expulsion. King Tarquinius—for he still survived of his family—being now about ninety years of age and having lost his children and the household of his relations by marriage,[1] dragged out a miserable old age, and that too among his enemies. For when neither the Latins, the Tyrrhenians, the Sabines, nor any other free people near by would longer permit him to reside in their cities, he retired to Cumae in Campania and was received by Aristodemus, nicknamed the Effeminate,[2] who was at that time tyrant of the Cumaeans; and after living a few days there, he died and was buried by him.[3] Some of the exiles who had been with him remained at Cumae; and the rest, dispersing themselves to various other cities, ended their days on foreign soil.

XXII. After the Romans had put an end to the foreign wars, the civil strife sprang up again. For the senate ordered the courts of justice to sit and that all suits which they had postponed on account of the war should be decided according to the laws. The controversies arising over contracts resulted in great storms and terrible instances of outrageous and shameless behaviour, the plebeians, on the one hand, pretending they were unable to pay their debts, since their land had been laid waste during the long war, their cattle destroyed, the number of their slaves

---

[1] The only relation by marriage of whom we have been informed was Mamilius, his son-in-law; but cf. chap. 4, 1.

[2] Dionysius later (vii. 2, 4) gives two different explanations of this epithet.

[3] Livy (ii. 21, 5) assigns his death to the following year.

---

[3] ἀνίστατο Cobet: ἐπανίστατο O, Jacoby.

DIONYSIUS OF HALICARNASSUS

δραπόδων αὐτομολίαις καὶ καταδρομαῖς σπανισ-
θέντων τῆς τε κατὰ πόλιν κτήσεως ἐξανηλωμένης
ταῖς εἰς τὴν στρατείαν δαπάναις· τῶν δὲ δανειστῶν
ταύτας μὲν τὰς συμφορὰς ὁμοίας ἅπασι γεγονέναι
λεγόντων καὶ οὐ μόνον [1] τοῖς χρεωφειλέταις,
οὐκ ἀνεκτὸν δ' ἡγουμένων σφίσι μὴ μόνον ἃ
διὰ τὸν πόλεμον ἀφῃρέθησαν ὑπὸ τῶν ἐχθρῶν,
ἀλλὰ καὶ ἃ δεομένοις τισὶ τῶν πολιτῶν ἐν εἰρήνῃ
2 συνήλλαξαν, ἀπολωλεκέναι.[2] ἀξιούντων δ' οὔτε [3]
τῶν δανειστῶν οὐδὲν μέτριον ὑπομένειν οὔτε τῶν
χρεωφειλετῶν ποιεῖν οὐδὲν δίκαιον, ἀλλὰ τῶν μὲν
οὐδὲ τοὺς τόκους ἀφιέναι, τῶν δὲ μηδὲ αὐτὰ τὰ συν-
αλλάγματα διαλύειν· ἐξ ὧν σύνοδοι μὲν ἤδη κατὰ
συστροφὰς τῶν ἐν ταῖς ὁμοίαις ὄντων τύχαις
ἐγένοντο καὶ ἀντιπαρατάξεις κατὰ τὴν ἀγοράν,
ἔστι δ' ὅτε καὶ χειρῶν ἀψιμαχίαι, καὶ συνετε-
3 τάρακτο πᾶς ὁ πολιτικὸς κόσμος· ταῦθ' ὁρῶν ὁ
Ποστόμιος, ἕως [4] ἔτι τὸ τιμώμενον εἶχε παρὰ
πάντων ὁμοίως,[5] πολέμῳ βαρεῖ καλὸν τέλος
ἐπιθείς, ὑπεκδῦναι [6] τοὺς πολιτικοὺς χειμῶνας
ἔγνω· καὶ πρὶν ἐκπληρῶσαι τὸν ἔσχατον τῆς
αὐτοκράτορος ἀρχῆς χρόνον, τήν τε δικτατορίαν
ἐξωμόσατο καὶ προθεὶς ἀρχαιρεσιῶν ἡμέραν μετὰ
τοῦ συνυπάτου τὰς πατρίους κατέστησεν ἀρχάς.

XXIII. Παραλαμβάνουσι δὴ ὕπατοι πάλιν τὴν

---

[1] μόνοις Reiske, Jacoby.
[2] ἀπολωλέναι Reiske, Jacoby.
[3] Reiske: οὐδὲ O.
[4] ἕως Sintenis: ὡς O, ἐν ᾧ Casaubon.
[5] Capps: ὅμοιον O, Jacoby.
[6] πολέμῳ βαρεῖ καλὸν ⟨τέλος ἐπιθεὶς⟩ ὑπεκδῦναι Kiessling:
πολέμῳ βαρεῖ καλὸν ἐπεκδῦναι B, καλὸν ἐπεκδῦναι πολέμῳ βαρεῖ
AE; ἐν ᾧ ἔτι τὸ τ. εἶχε παρὰ πάντων, ὁμοίους πολέμῳ βαρεῖ

reduced by desertion and raids, and their fortunes in the city exhausted by their expenditures for the campaign, and the money-lenders, on the other hand, alleging that these misfortunes had been common to all and not confined to the debtors only, and regarding it as intolerable that they should lose, not only what they had been stripped of by the enemy in the war, but also what they had lent in time of peace to some of the citizens who asked for their assistance. And as neither the money-lenders were willing to accept anything that was reasonable nor the debtors to do anything that was just, but the former refused to abate even the interest, and the latter to pay even the principal itself, those who were in the same plight were already gathering in knots and opposing parties faced one another in the Forum and sometimes actually came to blows, and the whole established order of the state was thrown into confusion. Postumius, observing this, while he still retained the respect of all alike for having brought a severe war to an honourable conclusion, resolved to avoid the civil storms, and before he had completed the whole term of his sovereign magistracy he abdicated the dictatorship, and having fixed a day for the election, he, together with his fellow-consul, restored the traditional[1] magistrates.

XXIII. The consuls[2] who next took over the

---

[1] They are called traditional (literally, " ancestral ") magistrates, though they had been functioning but fourteen years.

[2] For chaps. 23–33 cf. Livy ii. 21, 5–27, 13.

καλὸν ὑπεκδῦναι Reiske, εἶχε, παραλλάττων ὅμοιον πολέμῳ βαρεῖ κακόν Bücheler; Meutzner wished to delete πολέμῳ βαρεῖ.

DIONYSIUS OF HALICARNASSUS

ἐνιαύσιόν τε καὶ νόμιμον ἀρχὴν Ἄππιος Κλαύδιος
Σαβῖνος καὶ Πόπλιος Σερουΐλιος Πρίσκος· οἳ τὸ
μὲν ἀνωτάτω συμφέρον εἶδον ὀρθῶς, ὅτι δεῖ
περισπᾶν τὸν ἐντὸς τείχους θόρυβον ἐπὶ τοὺς ἔξω
πολέμους· καὶ παρεσκευάζοντο κατὰ τοῦ Οὐολού-
σκων ἔθνους τὸν ἕτερον σφῶν ἐξάγειν στρατιάν,
τιμωρήσασθαί τε αὐτοὺς προαιρούμενοι τῆς ἀπο-
σταλείσης κατὰ Ῥωμαίων Λατίνοις συμμαχίας καὶ
προκαταλαβεῖν τὰς παρασκευὰς αὐτῶν ἔτι συν-
εσταλμένας. ἠγγέλλοντο γὰρ κἀκεῖνοι δυνάμεις
ἤδη καταγράφειν ἁπάσῃ σπουδῇ καὶ εἰς τὰ
πλησίον ἔθνη πρεσβεύεσθαι παρακαλοῦντες ἐπὶ τὴν
συμμαχίαν, πυνθανόμενοι [1] τοὺς δημοτικοὺς ἀφ-
εστηκέναι τῶν πατρικίων καὶ νομίσαντες οὐ χαλεπὸν
εἶναι πόλιν οἰκείῳ πολέμῳ νοσοῦσαν ἄρασθαι.
2 ἐπὶ τούτους δὴ στρατιὰν ἐξάγειν βουλευσάμενοι
καὶ δόξαντες ἅπασι τοῖς συνέδροις ὀρθῶς βεβου-
λεῦσθαι, προεῖπον ἥκειν ἅπασι τοῖς ἐν ἀκμῇ,
χρόνον ὁρίσαντες ἐν ᾧ τὴν καταγραφὴν τῶν
στρατιωτῶν ἔμελλον ποιεῖσθαι. ὡς δ᾽ οὐχ ὑπ-
ήκουον αὐτοῖς οἱ δημοτικοὶ καλούμενοι πολλάκις
ἐπὶ τὸν στρατιωτικὸν ὅρκον, οὐκέτι τὴν αὐτὴν
ἑκάτερος εἶχε γνώμην, ἀλλ᾽ ἔνθεν ἀρξάμενοι
διεστήκεσάν τε καὶ τἀναντία πράττοντες ἀλλήλοις
παρὰ πάντα τὸν τῆς ἀρχῆς χρόνον διετέλεσαν.
3 Σερουϊλίῳ μὲν γὰρ ἐδόκει τὴν ἐπιεικεστέραν τῶν
ὁδῶν πορεύεσθαι τῇ Μανίου Οὐαλερίου γνώμῃ τοῦ
δημοτικωτάτου προσθεμένῳ, ὃς ἠξίου τὴν ἀρχὴν
ἰάσασθαι [2] τῆς στάσεως, μάλιστα μὲν ἄφεσιν ἢ
μείωσιν τῶν χρεῶν ψηφισαμένους, εἰ δὲ μή γε,

---

[1] πυνθανόμενοι O : πυθόμενοι Reiske, Jacoby.

annual and legal magistracy were Appius Claudius
Sabinus and Publius Servilius Priscus. They saw,
rightly, that to render the highest service to the
state they must divert the uproar in the city to
foreign wars; and they were arranging that one of
them should lead an expedition against the Volscian
nation, with the purpose both of taking revenge on
them for the aid they had sent to the Latins against
the Romans and of forestalling their preparations,
which as yet were not far advanced. For they too were
reported to be enrolling an army with the greatest
diligence and sending ambassadors to the neighbour-
ing nations to invite them to enter into alliance with
them, since they had learned that the plebeians were
standing aloof from the patricians and thought that
it would not be difficult to capture a city suffering
from civil war. The consuls, therefore, having
resolved to lead an expedition against this people,
and their resolution being approved of by the whole
senate, they ordered all the men of military age to
present themselves on the day they had appointed
for making the levies of troops. But when the
plebeians, though repeatedly summoned to take the
military oath, would not obey the consuls, these
were no longer both of the same mind, but beginning
from this point, they were divided and continued to
oppose one another during the whole time of their
magistracy. For Servilius thought they ought to
take the milder course, thereby adhering to the
opinion of Manius Valerius, the most democratic of
the senators, who advised them to cure the cause of
the sedition, preferably by decreeing an abolition or
diminution of the debts, or, failing that, by forbidding

---

² ἰάσασθαι R· ἰάσεσθαι B, Jacoby.

κώλυσιν τῆς ἀπαγωγῆς τῶν ὑπερημέρων κατὰ τὸ
παρόν, παρακλήσει τε μᾶλλον ἢ ἀνάγκῃ τοὺς
πένητας ἐπὶ τὸν στρατιωτικὸν ὅρκον ἄγειν καὶ
τὰς τιμωρίας κατὰ τῶν ἀπειθούντων μὴ χαλεπὰς
ποιεῖσθαι καὶ ἀπαραιτήτους, ὡς ἐν ὁμονοούσῃ
πόλει, μετρίας δέ τινας καὶ ἐπιεικεῖς· κίνδυνον
γὰρ ἂν εἶναι μὴ πρὸς ἀπόνοιαν τράπωνται συν-
ελθόντες εἰς ταὐτὸν ἄνθρωποι τῶν καθ' ἡμέραν
ἐνδεεῖς ἀναγκαζόμενοι στρατεύεσθαι τέλεσιν οἰκείοις.

XXIV. Ἀππίου δ' ἦν γνώμη τοῦ κορυφαιο-
τάτου τῶν προεστηκότων τῆς ἀριστοκρατίας
αὐστηρὰ καὶ αὐθάδης, μηδὲν ἐνδιδόναι τῷ δήμῳ
μαλακόν, ἀλλὰ καὶ τῶν συναλλαγμάτων τὰς
ἀναπράξεις ἐπιτρέπειν τοῖς δεδανεικόσιν ἐφ' οἷς
συνέβαλον[1] δικαίοις ποιεῖσθαι, καὶ τὰ δικαστήρια
καθίζειν, καὶ τὸν ἐν τῇ πόλει μένοντα τῶν ὑπάτων
κατὰ τοὺς πατρίους ἐθισμοὺς καὶ . . .[2] τὰς τιμω-
ρίας, ἃς κατὰ τῶν ἐκλιπόντων οἱ[3] περὶ αὐτῶν
νόμοι δεδώκασιν, ἀναπράττεσθαι, εἴκειν δὲ τοῖς
δημοτικοῖς μηδὲν ὅ τι μὴ δίκαιον μηδὲ δύναμιν
2 αὐτοῖς συγκατασκευάζειν πονηράν. "Καὶ γὰρ
νῦν," ἔφη, "πέρα τοῦ μετρίου τρυφῶσι τελῶν
ἀφειμένοι ὧν ἐτέλουν τοῖς βασιλεῦσι πρότερον,
καὶ τῶν εἰς τὸ σῶμα τιμωριῶν, αἷς ἐκολάζοντο
ὑπ' αὐτῶν ὁπότε μὴ ταχέως ὑπηρετήσειάν τι
τῶν ἐπιταττομένων, ἐλεύθεροι γεγονότες. ἐὰν δέ
τι παρακινεῖν ἢ νεωτερίζειν[4] προενεχθέντες ἐπιβά-
λωνται, κατείργωμεν αὐτοὺς τῷ σωφρονοῦντι

---

[1] Kiessling: ἔβαλον A, ἔβαλλον B, ἔμελλον Steph.
[2] Jacoby assumed the loss of a word after καί. Kiessling deleted καί.
[3] οἱ added by Casaubon.
[4] νεωτερίζειν ACmgEb: μετεωρίζειν BCDEa.

for the time being the haling to prison of the debtors whose obligations were overdue, and advised them to encourage rather than compel the poor to take the military oath, and not to make the penalties against the disobedient severe and inexorable, as in a city that was harmonious, but moderate and mild. For there was danger, he said, that men in want of the daily necessaries of life, if compelled to serve at their own expense, might get together and adopt some desperate course.

XXIV. But the opinion of Appius, the chief man among the leaders of the aristocracy, was harsh and arrogant. He advised that they should show no leniency toward the people in anything, but should even allow the money-lenders to enforce payment of the obligations upon the terms agreed upon, and should cause the courts of justice to sit, and that the consul who remained in the city should, in accordance with ancestral custom and usage,[1] exact the punishments ordained by law against those who declined military service, and that they ought to yield to the people in nothing that was not just nor aid them in establishing a pernicious power. " Why, even now," he said, " they are pampered beyond all measure in consequence of having been relieved of the taxes they formerly paid to the kings and freed from the corporal punishments they received from them when they did not yield prompt obedience to any of their commands. But if they go further and attempt any disturbance or uprising, let us restrain them with the aid of the sober and sound element

---

[1] Some such word as " usage " seems to have been lost from the text after " and." See critical note.

μέρει τῆς πόλεως καὶ ὑγιαίνοντι πλείονι τοῦ
3 νοσοῦντος φανησομένῳ. ὑπάρχει μέν γε ἡμῖν οὐ
μικρὰ ἰσχὺς πρὸς τὰ πράγματα ἡ [1] τῶν πατρικίων
νεότης ἑτοίμη τὰ κελευόμενα ποιεῖν· μέγιστον δὲ
πάντων ὅπλον καὶ δυσκαταγώνιστον, ᾧ χρώμενοι
ῥᾳδίως ἐπικρατήσομεν τῶν δημοτικῶν, τὸ τῆς
βουλῆς κράτος, ᾧ δεδιττώμεθα [2] αὐτοὺς μετὰ
τῶν νόμων ἱστάμενοι. ἐὰν δ' ὑποκατακλινώμεθα
αὐτοῖς [3] τῆς ἀξιώσεως, πρῶτον αἰσχύνην ὀφλήσο-
μεν, εἰ παρὸν ἐν ἀριστοκρατίᾳ πολιτεύεσθαι
δήμῳ τὰ κοινὰ ἐπιτρέψομεν· ἔπειτ' [4] εἰς κίν-
δυνον οὐ τὸν ἐλάχιστον ἥξομεν, εἴ τις ἐκθερα-
πεύσας αὐτὸν ἐξουσίαν κρείττονα τῶν νόμων
κατασκευάσαιτο τυραννικὸς ἀνήρ, τὴν ἐλευθερίαν
αὖθις ἀφαιρεθῆναι." Τοιαῦτα διαφερομένων τῶν
ὑπάτων κατὰ σφᾶς αὐτοὺς καὶ ὁπότε συναχθείη
συνέδριον καὶ συλλαμβανόντων πολλῶν ἑκατέρῳ,
ἡ μὲν βουλὴ φιλονεικίας καὶ θορύβους καὶ λόγους
ἀκόσμους, οἷς ἀλλήλους προὐπηλάκιζον, ἀκού-
σασα, σωτήριον δὲ βούλευμα οὐδὲν καθισταμένη,
διελύετο.

XXV. Διατριβομένου δ' εἰς ταῦτα πολλοῦ
χρόνου ὁ ἕτερος τῶν ὑπάτων Σερουΐλιος, ἦν
γὰρ ἡ στρατεία κατὰ κλῆρον ἐκείνῳ προσήκουσα,
πολλῇ δεήσει καὶ θεραπείᾳ παρασκευασάμενος τὸ
δημοτικὸν συνάρασθαι τοῦ πολέμου, δύναμιν ἔχων
οὐκ ἐκ καταλόγου προσηναγκασμένην, ἀλλ' ἑκού-
σιον, ὡς οἱ καιροὶ παρεκάλουν, ἐξῆλθεν ἐπὶ τὸν
πόλεμον ἔτι τῶν Οὐολούσκων παρασκευαζομένων

---

[1] ἡ Kiessling: καὶ ἡ O, Jacoby.
[2] δεδιττώμεθα A: δεδιττόμεθα R, Jacoby, δεδιξόμεθα Naber.

among the citizens, who will be found more numerous than the disaffected. We have on hand for the task no slight strength in the patrician youth who are ready to obey our commands; but the greatest weapon of all, and one difficult to be resisted, with which we shall subdue the plebeians, is the power of the senate; with this let us overawe them, taking our stand on the side of the laws. But if we yield to their demand, in the first place, we shall incur disgrace by entrusting the government to the people when we have it in our power to live under an aristocracy; and secondly, we shall run no little danger of being deprived of our liberty again, in case some man inclined toward tyranny should win them over and acquire a power superior to the laws." The consuls disputing in this manner, both by themselves alone and whenever the senate was assembled, and many siding with each, that body, after listening to their altercations and clamour and the unseemly speeches with which they abused one another, would adjourn without coming to any salutary decision.

XXV. Much time being consumed in this wrangling, one of the consuls, Servilius (for it had fallen to his lot to conduct the campaign), having, by much entreating and courting of the populace, prevailed upon them to assist in the war, took the field with an army not raised by a compulsory levy but consisting of volunteers, as the times required. Meanwhile the Volscians were still employed in their preparations

---

³ Reiske: αὐτῶν O.
⁴ ἔπειτ' εἰς Baumann: ἔπειτ' ἂν εἰς O, ἔπειτα δ' εἰς Kiessling, Jacoby.

καὶ Ῥωμαίους μὲν οὔτε προσδεχομένων μετὰ
δυνάμεως ἥξειν ἐπὶ σφᾶς, οὕτω στασιαστικῶς [1]
πολιτευομένους καὶ ἐχθρῶς ἔχοντας πρὸς ἀλ-
λήλους, οὔτ᾽ εἰς χεῖρας ἥξειν τοῖς ἐπιοῦσιν
οἰομένων, σφίσι δὲ πολλὴν ἐξουσίαν ὑπάρχειν
2 ὁπότε βούλοιτο τοῦ πολέμου ἄρχειν. ἐπειδὴ δ᾽
ᾔσθοντο [2] πολεμεῖν δέον αὐτοὶ πολεμούμενοι, τότε
δὴ καταπεπληγότες τὸ τῶν Ῥωμαίων τάχος,
ἱκετηρίας ἀναλαβόντες ἐκ τῶν πόλεων οἱ γεραί-
τατοι προῄεσαν ἐπιτρέποντες τῷ Σερουϊλίῳ χρῆ-
σθαι σφίσιν ὡς ἡμαρτηκόσιν ὅ τι βούλοιτο. ὁ δὲ
τροφὰς τῷ στρατεύματι παρ᾽ αὐτῶν λαβὼν
ἐσθῆτάς τε καὶ ἄνδρας τριακοσίους [3] εἰς ὁμηρείαν
ἐκ τῶν ἐπιφανεστάτων οἴκων ἐπιλεξάμενος ᾤχετο,
3 λελύσθαι τὸν πόλεμον ὑπολαβών. ἦν δ᾽ ἄρα
τοῦτο οὐ λύσις, ἀναβολὴ δέ τις καὶ παρασκευῆς
ἀφορμὴ τοῖς φθασθεῖσι τῷ παρ᾽ ἐλπίδα τῆς
ἐφόδου, ἀπελθόντος τε τοῦ τῶν Ῥωμαίων
στρατεύματος ἐξήπτοντο πάλιν οἱ Οὐολοῦσκοι
τοῦ πολέμου, τάς τε πόλεις φραξάμενοι, καὶ εἴ τι
ἄλλο χωρίον ἐπιτήδειον ἦν ἀσφάλειαν σφίσι
παρασχεῖν διὰ φυλακῆς κρείττονος ἔχοντες· συν-
ῆπτοντο δ᾽ αὐτοῖς τοῦ κινδύνου φανερῶς μὲν
Ἕρνικες καὶ Σαβῖνοι, κρύφα δὲ καὶ ἄλλων συχνοί.
Λατῖνοι δὲ πρεσβείας πρὸς αὐτοὺς ἐπὶ συμμαχίας
αἴτησιν ἀφικομένης δήσαντες τοὺς ἄνδρας εἰς
4 Ῥώμην ἤγαγον. οἷς ἡ βουλὴ τῆς βεβαίου
πίστεως χάριν ἀποδιδοῦσα καὶ ἔτι μᾶλλον τῆς εἰς
τὸν ἀγῶνα προθυμίας (ἕτοιμοι γὰρ ἦσαν ἑκούσιοι

---

[1] στασιαστικῶς B : στρατιωτικῶς ADE.
[2] ᾔσθοντο Reiske : ἤρχοντο O.

and neither expected that the Romans, divided into factions as they were and engaged in mutual animosities, would march against them with an army, nor thought they would come to close quarters with any who attacked them, but imagined that they themselves were at full liberty to begin the war whenever they thought fit. But when they found themselves attacked and perceived that they must attack in turn, then at last the oldest among them, alarmed by the speed of the Romans, came out of their cities with olive branches and surrendered themselves to Servilius, to be treated as he should think fit for their offences. And he, taking from them provisions and clothing for his army and choosing out of the most prominent families three hundred men to serve as hostages, departed, assuming that the war was ended. In reality, however, this was not an end of the war, but rather a postponement, as it were, and an opportunity for those who had been surprised by the unexpected invasion to make their preparations ; and the Roman army was no sooner gone than the Volscians again turned their attention to war by fortifying their towns and reinforcing the garrisons of any other places that were suitable to afford them security. The Hernicans and the Sabines assisted them openly in their hazardous venture, and many others secretly ; but the Latins, when ambassadors were sent to them to ask for their assistance, bound the men and carried them to Rome. The senate, in return for the Latins' steadfast adherence to their alliance and still more for the eagerness they showed to take part in the war (for they were ready to assist

---

³ ἄνδρας τριακοσίους Kiessling, τριακοσίους υἱοὺς Jacoby : τριακοσίους Ο.

συμπολεμεῖν), ὃ μάλιστα μὲν βούλεσθαι [1] αὐτοὺς
ᾤετο, δι᾽ αἰσχύνης δ᾽ ἔχειν αἰτήσασθαι, τοῦτ᾽
αὐτοῖς [2] ἐχαρίσατο, τοὺς ἐν τοῖς πολέμοις ἁλόντας
αὐτῶν ἑξακισχιλίων ὀλίγον ἀποδέοντας προῖκα
δωρησαμένη καί, ὡς ἂν μάλιστα κόσμον ἡ
δωρεὰ προσήκοντα τῇ συγγενείᾳ λάβοι, πάντας
αὐτοὺς ἐσθῆσιν [3] ἀμφιέσασα ἐλευθέροις σώμασι
πρεπούσαις. τῆς δὲ συμμαχίας οὐδὲν αὐτῇ ἔφη
δεῖν τῆς Λατίνων, ἱκανὰς λέγουσα εἶναι τὰς
οἰκείας τῇ Ῥώμῃ δυνάμεις ἀμύνασθαι τοὺς
ἀφισταμένους. ταῦτ᾽ ἐκείνοις ἀποκριναμένη ψηφί-
ζεται τὸν κατὰ Οὐολούσκων πόλεμον.

XXVI. Ἔτι δ᾽ αὐτῆς ἐν τῷ βουλευτηρίῳ
καθεζομένης καὶ τίνες εἶεν [4] δυνάμεις τὰς ἐξελευ-
σομένας σκοπούσης, εἰς τὴν ἀγορὰν ἀνὴρ πρεσβύ-
τερος ἐφάνη ῥάκος ἠμφιεσμένος, πώγωνα βαθὺν
καθεικὼς καὶ κόμην βοῶν καὶ ἐπικαλούμενος τὴν
ἐξ ἀνθρώπων ἐπικουρίαν. συνδραμόντος δὲ τοῦ
πλησίον ὄχλου, στὰς ὅθεν ἔμελλε πολλοῖς κατα-
φανὴς ἔσεσθαι, ἔφη· “ Γεννηθεὶς ἐλεύθερος, ἐστρα-
τευμένος τὰς ἐν ἡλικίᾳ στρατείας ἁπάσας,[5] καὶ
δυεῖν δεούσας τριάκοντα μάχας ἀγωνισάμενος,[6]
καὶ ἀριστεῖα πολλάκις εἰληφὼς ἐκ τῶν πολέμων,
ἐπειδὴ κατέσχον οἱ τὴν πόλιν εἰς τὰς ἐσχάτας
ἄγοντες στενοχωρίας καιροί, χρέος ἀναγκασθεὶς [7]
λαβεῖν ἕνεκα τοῦ διαλῦσαι τὰς εἰσπραττομένας
εἰσφοράς, ὡς τὸ μὲν χωρίον οἱ πολέμιοι κατ-

[1] Sylburg: βουλεύεσθαι O.
[2] τοῦτ᾽ αὐτοῖς Reiske: τούτοις O (except BC, which omit
ᾤετο . . . αὐτοῖς).
[3] ἐσθῆσιν R: ἐσθήσεσιν BC.
[4] τίνες εἶεν Portus: τίνας εἶναι O.
[5] Kiessling: πάσας B, om. R, Jacoby.

316

them of their own accord), granted to them a favour they thought they desired above all things but were ashamed to ask for, which was to release without ransom the prisoners they had taken from them during the wars, the number of whom amounted to almost six thousand, and that the gift might, so far as possible, take on a lustre becoming to their kinship, they clothed them all with the apparel proper to free men. As to the Latins' offer of assistance, the senate told them they had no need of it, since the national forces of Rome were sufficient to punish those who revolted. After they had given this answer to the Latins they voted for the war against the Volscians.

XXVI. While [1] the senate was still sitting and considering what forces were to be taken into the field, an elderly man appeared in the Forum, dressed in rags, with his beard and hair grown long, and crying out, he called upon the citizens for assistance. And when all who were near flocked to him, he placed himself where he could be clearly seen by many and said: " Having been born free, and having served in all the campaigns while I was of military age, and fought in twenty-eight battles and often been awarded prizes for valour in the wars; then, when the oppressive times came that were reducing the commonwealth to the last straits, having been forced to contract a debt to pay the contributions levied upon me; and finally, when my farm was raided by the

---

[1] For chaps. 26, 1–29, 1 cf. Livy ii. 23 f.

---

[6] ἠγωνισμένος Reudler.
[7] ἀναγκασθεὶς O: ἠναγκάσθην Reiske, Jacoby.

ἔδραμον, τὰ δὲ κατὰ πόλιν αἱ σιτοδεῖαι κατανά-
λωσαν, ὅθεν διαλύσαιμι[1] μου τὸ χρέος οὐκ ἔχων,
ἀπήχθην δοῦλος ὑπὸ τοῦ δανειστοῦ σὺν τοῖς υἱοῖς
δυσίν· ἐπιτάττοντος δὲ τοῦ δεσπότου τῶν οὐ
ῥᾳδίων ἔργον τι[2] ἀντειπὼν αὐτῷ πληγὰς ἔλαβον[3]
2 μάστιξι πάνυ πολλάς." ταῦτ' εἰπὼν ἐρρίπτει τὸ
ῥάκιον καὶ ἐδείκνυε τὸ στῆθος μεστὸν τραυμάτων,
τὰ δὲ νῶτα αἵματος ἐκ τῶν πληγῶν ἀνάπλεω.
κραυγῆς δὲ καὶ οἰμωγῆς ἐκ τῶν παρόντων
γινομένης ἥ τε βουλὴ διελύθη καὶ κατὰ τὴν
πόλιν ὅλην δρόμος ἦν τῶν ἀπόρων τὴν[4] ἰδίαν
τύχην ἀνακλαιομένων καὶ βοηθεῖν τοὺς πέλας
ἀξιούντων· ἔκ τε τῶν οἰκιῶν οἱ πρὸς τὰ χρέα
δουλωθέντες ἐξώρμων[5] κομῶντες, ἁλύσεις ἔχοντες
οἱ πλεῖστοι καὶ πέδας, οὐδενὸς ἀντιλαμβάνεσθαι
τολμῶντος αὐτῶν, εἰ δ' ἅψαιτο μόνον, ἐν χειρῶν
3 νόμῳ[6] διασπαραττομένου.[7] τοσαύτη λύττα τὸν
δῆμον ἐν τῷ τότε καιρῷ κατεῖχε, καὶ μετ' οὐ[8]
πολὺ μεστὴ τῶν ἐκφυγόντων τὰς ἀνάγκας ἦν ἡ
ἀγορά. ὁ μὲν οὖν Ἄππιος δείσας τὴν ἐφ' ἑαυ-
τὸν ὁρμὴν τοῦ πλήθους, ἐπειδὴ τῶν κακῶν ἦν
αἴτιος, καὶ δι' ἐκεῖνον ἐδόκει ταῦτα γεγονέναι,
φεύγων ἐκ τῆς ἀγορᾶς ᾤχετο. ὁ δὲ Σερουίλιος
ῥίψας τὴν περιπόρφυρον ἐσθῆτα καὶ προκυλιόμενος
τῶν δημοτικῶν ἑκάστου μετὰ δακρύων μόλις
αὐτοὺς ἔπεισεν ἐκείνην μὲν τὴν ἡμέραν ἐπισχεῖν,

---

[1] Jacoby: διαλύσαι A, διαλῦσαί B.
[2] ἔργον τι Cobet: ἔργων τι R, ἔργων ABD.
[3] ἔλαβον Reiske: λαβεῖν ABC, λαβὼν DE.
[4] τὴν Cmg: om. R.
[5] ἐξώρμων added by Jacoby: Portus and Sylburg proposed
ἐξῆλθον, ἐξώρμησαν or ἐξέδραμον after πέδας, Reiske ἐξεπήδων
after οἰκιῶν, Kiessling ἐξέφυγον after οἰκιῶν.

enemy and my property in the city exhausted owing
to the scarcity of provisions, having no means with
which to discharge my debt, I was carried away as a
slave by the money-lender, together with my two
sons; and when my master ordered me to perform
some difficult task and I protested against it, I was
given a great many lashes with the whip." With
these words he threw off his rags and showed his
breast covered with wounds and his back still bleed-
ing from the stripes. This raising a general clamour
and lamentation on the part of all present, the
senate adjourned and throughout the entire city the
poor were running about, each bewailing his own
misfortunes and imploring the assistance of the
neighbours. At the same time all who had been
enslaved for their debts rushed out of the houses of
the money-lenders with their hair grown long and
most of them in chains and fetters; and none dared
to lay hold on them, and if anyone so much as
touched them, he was forcibly torn in pieces, such
was the madness possessing the people at that time,
and presently the Forum was full of debtors who had
broken loose from their chains. Appius, therefore,
fearing to be attacked by the populace, since he had
been the cause of the evils and all this trouble was
believed to be due to him, fled from the Forum.
But Servilius, throwing off his purple-bordered robe
and casting himself in tears at the feet of each of the
plebeians, with difficulty prevailed upon them to
remain quiet that day, and to come back the next

---

⁶ ἐν χειρῶν νόμῳ Cobet, ἐν χειρὸς νόμῳ Göttling : ἐκ χειρὸς
νόμῳ O.
⁷ Steph.: διασπαραττομένους ADE, διαπραττομένους BC.
⁸ μετ᾽ οὐ Jacoby: οὐ μετά O.

εἰς δὲ τὴν ἐπιοῦσαν ἥκειν, ὡς τῆς βουλῆς ἐπι-
μέλειάν τινα περὶ αὐτῶν ποιησομένης. ταῦτ᾽
εἰπὼν καὶ τὸν κήρυκα ἀνειπεῖν κελεύσας μηδένα
τῶν δανειστῶν ἐξεῖναι σῶμα πολιτικὸν πρὸς
ἴδιον χρέος ἄγειν, ἕως[1] ἡ βουλὴ περὶ αὐτῶν
διαγνοίη, τοὺς δὲ παρόντας ὅποι βούλοιντο ἀδεῶς
ἀπιέναι,[2] διέλυσε τὸν θόρυβον.

XXVII. Τότε μὲν οὖν ᾤχοντο ἐκ τῆς ἀγορᾶς, τῇ
δ᾽ ἑξῆς ἡμέρᾳ παρῆν οὐ μόνον ὁ κατὰ πόλιν ὄχλος,
ἀλλὰ καὶ ἐκ τῶν σύνεγγυς ἀγρῶν τὸ δημοτικὸν πλῆ-
θος, καὶ ἦν ἐξ ἑωθινοῦ πλήρης ἡ ἀγορά. τῆς δὲ
βουλῆς συναχθείσης, ἵνα περὶ τούτων βουλεύσειεν ὅ
τι χρὴ πράττειν, ὁ μὲν Ἄππιος δημοκόπον ἐκάλει
τὸν συνάρχοντα καὶ τῆς ἀπονοίας τῶν ἀπόρων
ἡγεμόνα, ὁ δὲ Σερουΐλιος ἐκεῖνον αὐστηρὸν καὶ
αὐθάδη καὶ τῶν παρόντων τῇ πόλει κακῶν αἴτιον·
2 τέλος δ᾽ οὐδὲν ἐγίνετο τῶν λόγων. ἐν δὲ τούτῳ
Λατίνων ἱππεῖς κατὰ σπουδὴν ἐλαύνοντες τοὺς
ἵππους παρῆσαν εἰς τὴν ἀγορὰν ἐξεληλυθότας
ἀγγέλλοντες τοὺς πολεμίους μεγάλῃ στρατιᾷ καὶ
ὄντας ἐπὶ τοῖς ἑαυτῶν ὁρίοις ἤδη. καὶ οἱ μὲν
ταῦτα· οἱ δὲ πατρίκιοι καὶ τὸ τῶν ἱππέων πλῆ-
θος τῶν τε ἄλλων ὅσοι πλούτους ἢ δόξας προγονι-
κὰς εἶχον, οἷα δὴ περὶ μεγάλων κινδυνεύοντες,
3 ὡπλίζοντο διὰ τάχους· ὅσοι δ᾽ ἦσαν αὐτῶν[3]
ἄποροι, μάλιστα δ᾽ οἱ τοῖς δανείοις πιεζόμενοι,
οὔθ᾽ ὅπλων ἥπτοντο οὔτ᾽ ἄλλως παρείχοντο τοῖς
κοινοῖς πράγμασιν ἐπικουρίαν οὐδεμίαν, ἡδόμενοι
δὲ καὶ κατ᾽ εὐχὴν δεχόμενοι τὸν ἔξωθεν πόλεμον,

---

[1] ἂν after ἕως deleted by Hertlein.
[2] Sylburg: ἀπεῖναι O(?)

day, assuring them that the senate would take some
care of their interests. Having said this, he ordered
the herald to make proclamation that no money-
lender should be permitted to hale any citizen to
prison for a private debt till the senate should come
to a decision concerning them, and that all present
might go with impunity whithersoever they pleased.
Thus he allayed the tumult.

XXVII. Accordingly, they left the Forum for that
time. But the next day there appeared, not only the
inhabitants of the city, but also the plebeians from
the neighbouring country districts and the Forum
was crowded by break of day. The senate having
been assembled to consider what was to be done
about the situation, Appius proceeded to call his
colleague a flatterer of the people and the leader of
the poor in their madness, while Servilius called
Appius harsh and arrogant and the cause of the present
evils in the state; and there was no end to their
wrangling. In the meantime some horsemen of the
Latins came riding full speed into the Forum an-
nouncing that the enemy had taken the field with a
great army and were already upon their own borders.
Such were the tidings they brought. Thereupon the
patricians and the whole body of the knights, to-
gether with all who were wealthy or of distinguished
ancestry, since they had a great deal at stake, armed
themselves in all haste. But the poor among them,
and particularly such as were hard pressed by debt,
neither took up arms nor offered any other assistance
to the common cause, but were pleased and received
the news of the foreign war as an answer to their

---

³ αὐτῶν placed after μάλιστα δ' by Bücheler ; deleted by
Sylburg.

ὡς τῶν παρόντων σφᾶς κακῶν ἐλευθερώσοντα,
τοῖς δὲ δεομένοις ἀμύνειν ἐπιδεικνύντες τὰς ἀλύ-
σεις καὶ τὰς πέδας, ἐπικερτομοῦντες ἠρώτων
εἰ τούτων φυλακῆς ἕνεκα τῶν ἀγαθῶν ἄξιον εἴη
σφίσι πολεμεῖν· πολλοὶ δὲ καὶ λέγειν ἐτόλμων
ὡς ἄμεινον εἴη Οὐολούσκοις δουλεύειν μᾶλλον ἢ
τὰς ὕβρεις τῶν πατρικίων ὑπομένειν· ἥ τε πόλις
οἰμωγῆς καὶ θορύβου καὶ παντοίων γυναικείων
ὀδυρμῶν ἐνεπίμπλατο.[1]

XXVIII. Ταῦτα ὁρῶντες οἱ βουλευταὶ τὸν
ἕτερον τῶν ὑπάτων Σερουΐλιον, ὃς ἐν τῷ παρόντι
πιθανώτερος εἶναι τοῖς πολλοῖς ἐδόκει, βοηθεῖν
ἐδέοντο τῇ πατρίδι. ὁ δὲ συγκαλέσας τὸν
δῆμον[2] εἰς τὴν ἀγοράν, τοῦ παρόντος καιροῦ τὴν
ἀνάγκην ἐπεδείκνυεν οὐκέτι προσδεχομένην πολι-
τικὰς φιλονεικίας, καὶ ἠξίου νῦν μὲν ὁμόσε τοῖς
πολεμίοις χωρεῖν κοινῇ γνώμῃ χρησαμένους καὶ
μὴ περιιδεῖν ἀνάστατον τὴν πατρίδα γινομένην,[3]
ἐν ᾗ θεοὶ πατρῷοι καὶ θῆκαι[4] προγόνων ἑκάστοις
ἦσαν, ἃ τιμιώτατά ἐστι πᾶσιν ἀνθρώποις· γονέων
τε αἰδῶ λαβεῖν οὐχ ἱκανῶν ἐσομένων ἑαυτοῖς διὰ
γῆρας ἀμύνειν, καὶ γυναικῶν ἔλεον αὐτίκα[5] μάλα
δεινὰς καὶ ἀφορήτους[6] ὕβρεις ἀναγκασθησομένων[7]
ὑπομένειν,[8] μάλιστα δὲ παίδων ἔτι νηπίων οὐκ ἐπὶ
τοιαύταις ἐλπίσιν ἀνατραφέντων οἰκτεῖραι λώβας
2 καὶ προπηλακισμοὺς ἀνηλεεῖς· ὅταν δὲ τὸν
παρόντα κίνδυνον ἅπαντες ὁμοίαις προθυμίαις

[1] Cobet: ἐπίμπλατο O.
[2] τὸν δῆμον added by Portus.
[3] Hertlein: γενομένην O.
[4] καὶ θῆκαι DE; καὶ ἔθη καὶ AB.
[5] αὐτίκα (or ὡς αὐτίκα) Kiessling: ἆς αὐτίκα O, Jacoby.
[6] Kiessling: ἀπορρήτους O.

prayers, believing that it would free them from their present evils. To those who besought them to lend their aid they showed their chains and fetters and asked them in derision whether it was worth their while to make war in order to preserve those blessings; and many even ventured to say that it was better for them to be slaves to the Volscians than to bear the abuses of the patricians. And the city was filled with wailing, tumult, and all sorts of womanish lamentations.

XXVIII. The senators, seeing these things, begged of the other consul, Servilius, who seemed in the present juncture to have greater credit with the multitude, to come to the aid of the country. And he, calling the people together in the Forum, showed them that the urgency of the moment no longer admitted of quarrels among the citizens, and he asked them for the time being to march against the enemy with united purpose and not to view with indifference the overthrow of their country, in which were the gods of their fathers and the sepulchres of each man's ancestors, both of which are most precious in the eyes of all men; he begged them to show respect for their parents, who would be unable because of age to defend themselves, to have pity on their wives, who would soon be forced to submit to dreadful and intolerable outrages, and especially to show compassion for their infant children, who, after being reared for very different expectations, would be exposed to pitiless insults and abuses. And when by a common effort they had averted the present danger,

---

[7] Steph.: ἀναγκασθησομένας O, Jacoby.

[8] ὑπομένειν O: ὑπομενεῖν Meutzner, Jacoby.

χρησάμενοι παραλύσωνται, τότε δὴ σκοπεῖν τίνα
τρόπον ἴσην καὶ κοινὴν καὶ σωτήριον ἅπασι τὴν
πολιτείαν καταστήσονται, μήτε τῶν πενήτων
ἐπιβουλευόντων ταῖς τῶν πλουσίων οὐσίαις μήτ'
ἐκείνων προπηλακιζόντων τοὺς ταῖς τύχαις ταπει-
νοτέρους (ἥκιστα γὰρ εἶναι ταῦτα πολιτικά),
ἀλλὰ καὶ τοῖς ἀπόροις ἐπικουρία τις ἔσται
πολιτική, καὶ τοῖς συμβάλλουσι[1] τὰ χρέα βοήθεια
μετρία, τοῖς γοῦν ἀδικουμένοις, καὶ τὸ κράτιστον
τῶν ἐν ἀνθρώποις ἀγαθῶν καὶ πάσας φυλάττον
ἐν ὁμονοίᾳ τὰς πόλεις, πίστις ἐπὶ συναλλαγαῖς,
οὐχ ἅπασα καὶ διὰ παντὸς ἐκ μόνης ἀναιρεθήσεται
3 τῆς Ῥωμαίων πόλεως. ταῦτα καὶ ὅσα ἄλλα ἐν
τοιούτῳ καιρῷ λεχθῆναι προσῆκε διεξελθών,
τελευτῶν ὑπὲρ τῆς ἰδίας εὐνοίας, ἣν ἔχων διετέλει
πρὸς τὸν δῆμον, ἀπελογεῖτο, καὶ ἠξίου συνάρασθαι
τῆς στρατείας αὐτῷ ταύτης ἀνθ' ὧν πρόθυμος εἰς
αὐτοὺς ἦν, τῆς μὲν κατὰ πόλιν ἐπιμελείας τῷ
συνάρχοντι προσηκούσης, ἑαυτῷ δὲ τῆς ἡγεμονίας
τῶν πολέμων ἀποδεδομένης· ταύτας γὰρ τὰς
τύχας αὐτοῖς βραβεῦσαι τὸν κλῆρον. ὑπεσχῆσθαι
δ' αὐτῷ[2] ἔφη τὴν βουλὴν ἐμπεδώσειν ὅ τι ἂν
διομολογήσηται τῷ πλήθει, αὐτὸν[3] δ' ἐκείνοις[4]
πείσειν τοὺς δημότας μὴ προδώσειν τοῖς πολεμίοις
τὴν πατρίδα.

XXIX. Ταῦτ' εἰπὼν ἐκέλευσε τὸν κήρυκα ἀν-
ειπεῖν, ὅσοι ἂν Ῥωμαίων ἐπὶ τὸν κατ' αὐτῶν
πόλεμον[5] ἐκστρατεύσωσι, τὰς τούτων οἰκίας
μηδέν ἐξεῖναι μήτε κατέχειν μήτε[6] πωλεῖν μήτ'

[1] συμβάλλουσι B: συμβαλοῦσι R.   [2] Meutzner: αὐτῷ O.
[3] Meutzner: αὐτὸν O, αὐτὸς Cobet, Hertlein.
[4] Sylburg: ἐκείνους O.

then would be the time, he said, to consider in what manner they should make their government fair, impartial and salutary to all, one in which neither the poor would plot against the possessions of the rich nor the latter insult those in humbler circumstances—for such behaviour was anything but becoming to citizens—but in which not only the needy should receive some assistance from the state, but the money-lenders too, at least those who were suffering injustice, should receive moderate relief, and thus the greatest of human blessings and the preserver of harmony in all states, good faith in the observance of contracts, would not be destroyed totally and forever in Rome alone. After saying this and everything else that the occasion required, he spoke finally in his own behalf, about the goodwill which he had ever shown toward the people, and asked them to serve with him in this expedition in return for his zeal in their behalf; for the oversight of the city had been entrusted to his colleague and the command in war conferred upon himself, these duties having been determined for them by lot. He said also that the senate had promised him to confirm whatever agreements he should make with the people, and that he had promised the senate to persuade the people not to betray their country to the enemy.

XXIX. Having said this, he ordered the herald to make proclamation that no person should be permitted to seize, sell, or retain as pledges the houses of those Romans who should march out with him against

---

⁵ ἐπὶ τὸν κατ' αὐτῶν πόλεμον Kayser: ἐπὶ τὸν κατὰ οὐλούσκων πόλεμον κατ' αὐτῶν Ο.

⁶ κατέχειν μήτε omitted by Jacoby, inadvertently.

ἐνεχυράζειν μήτε γένος αὐτῶν ἀπάγειν πρὸς
μηδὲν συμβόλαιον μήτε κωλύειν τὸν βουλόμενον
τῆς στρατείας κοινωνεῖν· ὅσοι δ' ἂν ἀπολειφθῶσι
τῆς στρατείας, τὰς κατὰ τούτων πράξεις ὑπάρχειν
τοῖς δανεισταῖς, ἐφ' οἷς ἑκάστοις [1] συνέβαλον.
ὡς δὲ ταῦτα ἤκουσαν οἱ πένητες, αὐτίκα συνέγνω-
σάν τε καὶ πολλῇ προθυμίᾳ πάντες εἰς τὸν
πόλεμον ὥρμηντο, οἱ μὲν ἐλπίσιν ὠφελειῶν
ὑπαχθέντες, οἱ δὲ τοῦ στρατηλάτου χάριτι, οἱ δὲ
πλεῖστοι τὸν Ἄππιον καὶ τοὺς ἐν τῇ πόλει κατὰ
τῶν ὑπομεινάντων προπηλακισμοὺς φεύγοντες.

2   Παραλαβὼν δ' ὁ Σερουίλιος τὸ στράτευμα
σὺν πολλῇ σπουδῇ ἐλαύνει διαλιπὼν οὐδένα
χρόνον, ἵνα συμμίξῃ τοῖς πολεμίοις πρὶν εἰς
Ῥωμαίων χώραν αὐτοὺς εἰσβαλεῖν· καὶ καταλαβὼν
περὶ τὸ Πωμεντῖνον χωρίον ἐστρατοπεδευκότας
καὶ τὴν Λατίνων χώραν προνομεύοντας, ὅτι
παρακαλοῦσιν αὐτοῖς οὐ συνήραντο τοῦ πολέμου,
περὶ δείλην ὀψίαν παρὰ [2] λόφον τινὰ ὡς εἴκοσι
στάδια τῆς στρατοπεδείας αὐτῶν ἀφεστῶτα τί-
θεται τὸν χάρακα· καὶ αὐτοῖς νυκτὸς ἐπιτίθενται
Οὐολοῦσκοι ὀλίγους τε δόξαντες εἶναι καὶ ὡς ἐξ
ὁδοῦ μακρᾶς κατακόπους προθυμίας τε ἐνδεῶς
ἔχοντας διὰ τοὺς ἐκ τῶν πενήτων περὶ τὰ χρέα
νεωτερισμοὺς ἐν ἀκμῇ μάλιστα δοκοῦντας εἶναι.

3   ὁ δὲ Σερουίλιος ἔτι νυκτὸς ἀπὸ τοῦ χάρακος
ἀγωνισάμενος, ἐπεὶ δὲ [3] φῶς τε ἤδη ἐγένετο καὶ
τοὺς πολεμίους ἔμαθεν ἀτάκτως προνομεύοντας,
ἀνοῖξαι κελεύσας πυλίδας ἐκ τοῦ χάρακος ἀδήλως
συχνάς, ἀφ' ἑνὸς παραγγέλματος ἐφῆκεν ἐπ'

----

[1] ἑκάστοις C : ἔκαστοι R.   [2] Reiske : περὶ O.
[3] ἐπεὶ δὲ Sintenis : ἐπειδὴ O.

the enemy, or hale their family to prison for any
debt, and that none should hinder any one who
desired from taking part in the campaign; but as for
those who should fail to serve, the money-lenders
should have the right to compel them to pay their
debts according to the terms upon which they had
each advanced their money. When the poor heard
this, they straightway consented, and all showed
great ardour for the war, some induced by hopes
of booty and others out of gratitude to the general,
but the greater part to escape from Appius and the
abusive treatment to which those who stayed in the
city would be exposed.

Servilius,[1] having taken command of the army,
lost no time, but marched with great expedition,
that he might engage the enemy before they could
invade the Romans' territory. And finding them
encamped in the Pomptine district, pillaging the
country of the Latins because these had refused
their request to assist them in the war, he encamped
in the late afternoon near a hill distant about twenty
stades from the enemy's camp. And in the night
his army was attacked by the Volscians, who thought
they were few in number, tired out, as was to be
expected after a long march, and lacking in zeal
by reason of the disturbances raised by the poor
over their debts, which seemed then to be at
their height. Servilius defended himself in his camp
as long as the night lasted, but as soon as it was day,
and he learned that the enemy were employed in
pillaging the country without observing any order,
he ordered several small gates of the camp to
be opened secretly, and at a single signal hurled

[1] For chap. 29, 2–5 *cf.* Livy ii. 24, 8–25, 6.

αὐτοὺς τὸ στράτευμα. ἐξαπιναίου δὲ τοῦ δεινοῦ
καὶ παρὰ δόξαν τοῖς Οὐολούσκοις προσπεσόντος
ὀλίγοι μέν τινες ὑποστάντες πρὸς τῷ χάρακι
μαχόμενοι κατεκόπησαν· οἱ δ' ἄλλοι φεύγοντες
προτροπάδην καὶ πολλοὺς τῶν σφετέρων ἀπο-
λέσαντες τραυματίαι τε οἱ πλεῖστοι καὶ τὰ ὅπλα
4 ἀπολωλεκότες εἰς τὸν χάρακα διεσώζοντο. ἑπομέ-
νων δ' αὐτοῖς τῶν Ῥωμαίων ἐκ ποδὸς καὶ
περισχόντων τὸ στρατόπεδον, βραχύν τινα χρόνον
ἀμυνάμενοι[1] παρέδοσαν τὸν χάρακα πολλῶν ἀν-
δραπόδων τε καὶ βοσκημάτων καὶ ὅπλων καὶ τῆς
εἰς τὸν πόλεμον παρασκευῆς γέμοντα. ἑάλω δὲ
καὶ[2] σώματα ἐλεύθερα συχνά, τὰ μὲν αὐτῶν
Οὐολούσκων, τὰ δὲ τῶν αὐτοῖς συναγωνισαμένων
ἐθνῶν, χρήματά τε ὅσα[3] χρυσὸς καὶ ἄργυρος
καὶ ἐσθής, ὡσπερὰν πόλεως τῆς κρατίστης
ἁλούσης, πάνυ πολλά· τοῖς στρατιώταις ταῦτ'
ἐφεὶς[4] ὁ Σερουίλιος ὡς ἕκαστος ὠφεληθείη[5]
διανείμασθαι[6] καὶ μηδὲν εἰς τὸ δημόσιον ἀνα-
φέρειν[7] κελεύσας καὶ τὸν χάρακα πυρὶ δούς,
ἀναλαβὼν τὰς δυνάμεις ἦγεν ἐπὶ τὴν ἀγχοτάτω
Σύεσσαν[8] Πωμεντιανήν. μεγέθει τε γὰρ περι-
βόλου καὶ πλήθεσιν οἰκητόρων, ἔτι δὲ δόξῃ καὶ
πλούτῳ πολὺ τῶν ταύτῃ[9] ὑπερέχειν ἐδόκει, καὶ
5 ἦν ὥσπερ ἡγεμὼν τοῦ ἔθνους. περιστρατο-
πεδεύσας δ' αὐτὴν καὶ οὔθ' ἡμέρας οὔτε νυκτὸς
ἀνακαλῶν τὸν στρατόν, ἵνα μηδένα χρόνον οἱ

---

[1] Reiske: ἀμυνόμενοι O.
[2] καὶ R: om. B, Jacoby.
[3] τε ὅσα B: τε καὶ ὅσα R, τε οἷα Schenkl.
[4] Kiessling: ἐφιεὶς O, Jacoby.
[5] ὠφεληθῇ Kayser.

his army against the foe. When this blow fell sud-
denly and unexpectedly upon the Volscians, some
few of them stood their ground, and fighting close to
their camp, were cut down; but the rest, fleeing
precipitately and losing many of their companions,
got back safely inside the camp, the greater part of
them being wounded and having lost their arms.
When the Romans, following close upon their heels,
surrounded their camp, they made only a short
defence and then delivered up the camp, which was
full of slaves, cattle, arms and all sorts of military
stores. There were also many free men taken in
it, some of them being Volscians themselves and
others belonging to the nations which had assisted
them; and along with these a great quantity of
valuables, such as gold and silver, and apparel, as if
the richest city had been taken. All of this Servilius
permitted the soldiers to divide among themselves,
that every man might share in the booty, and he
ordered them to bring no part of it into the treasury.
Then, having set fire to the camp, he marched with
his army to Suessa Pometia, which lay close by.
For not only because of its size and the number of its
inhabitants, but also because of its fame and riches,
it far surpassed any city in that region and was the
leader, so to speak, of the nation. Investing this
place and calling off his army neither by day nor by
night, in order that the enemy might not have a

---

⁶ διανείμασθαι placed here by Kiessling, before κελεύσας by
O, Jacoby. Kayser wished to delete διανείμασθαι κελεύσας.
⁷ Kiessling: ἀναφέρωσι, AE, ἀναφέρουσι B, Jacoby.
⁸ Cary: Σούεσσαν O, Jacoby.
⁹ τῶν ταύτῃ Sintenis: ταύτης O.

πολέμιοι διαναπαύσαιντο μήθ' ὕπνον αἱρούμενοι
μήτε πολέμου παῦλαν δεχόμενοι, λιμῷ καὶ
ἀμηχανίᾳ καὶ σπάνει συμμάχων παρατείνας εἷλεν
αὐτοὺς ἐν οὐ πολλῷ χρόνῳ καὶ τοὺς ἐν ἥβῃ
πάντας κατέσφαξεν. ἐπιτρέψας δὲ καὶ ὅσα ἦν
ἐνταῦθα χρήματα τοῖς στρατιώταις φέρειν τε καὶ
ἄγειν, ἐπὶ τὰς ἄλλας πόλεις ἀπῆγε τὴν δύναμιν
οὐθενὸς ἔτι[1] τῶν Οὐολούσκων ἀμύνειν τι δυνα-
μένου.

XXX. Ὡς δὲ τοῖς Ῥωμαίοις τεταπεινωμένα ἦν
τὰ τῶν Οὐολούσκων πράγματα, προαγαγὼν[2] τοὺς
ὁμήρους αὐτῶν εἰς τὴν ἀγορὰν ὁ[3] ἕτερος τῶν
ὑπάτων Ἄππιος Κλαύδιος ἄνδρας τριακοσίους,
ἵνα δι' εὐλαβείας ἔχοιεν οἱ προσθέμενοι σφίσι
πίστεις ὁμηρειῶν μὴ παρασπονδεῖν, μάστιξί τε
ᾐκίσατο πάντων ὁρώντων καὶ τοὺς αὐχένας
αὐτῶν ἐκέλευσεν ἀποκόψαι. ἀφικομένου τε ἀπὸ
τῆς στρατείας οὐ πολλαῖς ὕστερον ἡμέραις τοῦ
συνυπάτου καὶ τὸν εἰωθότα δίδοσθαι θρίαμβον
ὑπὸ[4] τῆς βουλῆς τοῖς ἀγῶνα λαμπρὸν ἀγωνισαμέ-
νοις στρατηγοῖς ἀξιοῦντος λαβεῖν, ἐμποδὼν ἐγένετο
στασιαστὴν ἀποκαλῶν καὶ πολιτείας πονηρᾶς
ἐραστήν, μάλιστα δ' αὐτοῦ κατηγορῶν ὅτι ἐκ
τῶν τοῦ πολέμου λαφύρων οὐδεμίαν μοῖραν εἰς
τὸ δημόσιον ἀνήνεγκεν,[5] ἀλλ' οἷς αὐτὸς ἐβούλετο
κατεχαρίσατο· καὶ ἔπεισε τὴν βουλὴν μὴ δοῦναι
τῷ ἀνδρὶ τὸν θρίαμβον. ὁ δὲ Σερουΐλιος ὑβρίσθαι
δοκῶν ὑπὸ τοῦ συνεδρίου εἰς αὐθάδειαν οὐκ
εἰωθυῖαν Ῥωμαίοις ἐτράπετο· καλέσας γὰρ εἰς

---

[1] οὐθενὸς ἔτι Cary: οὐθενὸς οὐκέτι O, Jacoby, οὐκέτι οὐθενὸς
Pflugk.
[2] Reiske: προάγων O.

330

moment's rest either in taking sleep or in gaining a
respite from fighting, he wore them down by famine,
helplessness and lack of reinforcements, and captured
them in a short time, putting to death all the in-
habitants who had reached manhood. And having
given permission to the soldiers to pillage the effects
that were found there also, he marched against the
rest of the enemy's cities, none of the Volscians being
able any longer to oppose him.

XXX. When the Volscians had been thus humbled
by the Romans, the other consul, Appius Claudius,
caused their hostages, three hundred men in all, to be
brought into the Forum, and to the end that those
who had once given the Romans hostages for their
fidelity might beware of violating their treaties, he
ordered them to be scourged in the sight of all and
then beheaded. And when his colleague returned a
few days afterwards from his expedition and de-
manded the triumph usually granted by the senate
to generals who had fought a brilliant battle, he
opposed it, calling him a stirrer up of sedition and a
partisan of a vicious form of government, and he
charged him particularly with having brought no
part of the spoils of war back to the public treasury,
but with having instead made a present of it all to
whom he thought fit; and he prevailed upon the
senate not to grant him the triumph. Servilius,
however, looking upon himself as insulted by the
senate, behaved with an arrogance unusual to the
Romans. For having assembled the people in the

---

³ ὁ DE: om. R.
⁴ Naber: ἀπὸ O, Jacoby.
⁵ Tegge: ἀνήγαγεν O.

ἐκκλησίαν τὸν δῆμον ἐν τῷ πρὸ τῆς πόλεως
πεδίῳ καὶ διεξελθὼν τὰ πραχθέντα κατὰ τὸν
πόλεμον καὶ τοῦ συνάρχοντος τὸν φθόνον καὶ τῆς
βουλῆς τὸν προπηλακισμὸν διηγησάμενος, ἔφη
παρὰ τῶν ἑαυτοῦ πράξεων καὶ τοῦ συναγωνισαμέ-
νου στρατεύματος ἔχειν τὴν τοῦ πομπεύειν ἐπὶ
3 καλοῖς τε καὶ εὐτυχέσιν ἔργοις ἐξουσίαν. ταῦτ᾽
εἰπὼν στεφανῶσαι τὰς ῥάβδους [1] ἐκέλευσε καὶ
αὐτὸς στεφανωσάμενος ἔχων τὴν θριαμβικὴν
ἐσθῆτα προῆγεν εἰς τὴν πόλιν ὑπὸ τοῦ δήμου
παντὸς προπεμπόμενος, ἕως εἰς τὸ Καπιτώλιον
ἀνέβη καὶ τὰς εὐχὰς ἀπέδωκε καὶ τὰ σκῦλα
ἀνέθηκε. ἐκ δὲ τούτου φθόνον μὲν ἔτι μείζονα
παρὰ τῶν πατρικίων ἐπεσπάσατο, οἰκεῖον δ᾽
ἑαυτῷ παρεσκευάσατο τὸ δημοτικόν.

XXXI. Ἐν τοιαύταις δ᾽ ἀκαταστασίαις τῆς
πόλεως οὔσης ἐκεχειρία τις ἐν τῷ διὰ μέσου
γενομένη θυσιῶν πατρίων ἕνεκα καὶ πανηγύρεις
ἐπιλαβοῦσαι λαμπραὶ ταῖς δαπάναις ἐπέσχον τὴν
ἐν τῷ παρόντι τοῦ πλήθους διχοστασίαν. ἑορτά-
ζουσι δ᾽ αὐτοῖς ἐπιτίθενται πολλῇ δυνάμει Σαβῖνοι
τοῦτον ἐκ πολλοῦ φυλάξαντες τὸν χρόνον, ἀρχο-
μένης ἔτι νυκτὸς ποιησάμενοι τὴν ἐπίθεσιν, ἵνα
πρὶν αἰσθέσθαι τοὺς ἔνδον ἐπὶ τῇ πόλει γένωνται·
καὶ ῥᾷστα ἂν ἐκράτησαν αὐτῶν, εἰ μὴ τῶν ψιλῶν
τινες ἀποσχισθέντες τῆς φάλαγγος, αὐλαῖς ἐπι-
βάλλοντες ἁρπαγῆς ἕνεκα θόρυβον εἰργάσαντο.
2 βοή τε γὰρ εὐθὺς ἐγένετο καὶ δρόμος τῶν γεωργῶν
εἰς τὸ τεῖχος, πρὶν ἢ ταῖς πύλαις τοὺς πολεμίους

---

[1] τὰς ῥάβδους R: τοὺς ἄνδρας B, στεφανώσασθαι τοὺς
ἄνδρας Reiske.

field [1] before the city, he enumerated his achievements in the war, told them of the envy of his colleague and the contumelious treatment he had received from the senate, and declared that from his own deeds and from the army which had shared in the struggle he derived the authority to celebrate a triumph in honour of glorious and fortunate achievements. Having spoken thus, he ordered the rods to be crowned, and then, having crowned himself and wearing the triumphal garb, he led the procession into the city attended by all the people; and ascending the Capitol, he performed his vows and consecrated the spoils. By this action he incurred the hatred of the patricians still further, but won the plebeians to himself.

XXXI. While [2] the commonwealth was in such an unsettled condition a kind of truce that intervened on account of the traditional sacrifices, and the ensuing festivals, which were celebrated at lavish expense, restrained the sedition of the populace for the moment. While they were engaged in these celebrations the Sabines invaded them with a large force, having long waited for this opportunity. They began their march as soon as night came on, in order that they might get close to the city before those inside should be aware of their coming; and they might easily have conquered them if some of their light-armed men had not straggled from their places in the line and by attacking farm-houses given the alarm. For an outcry arose at once and the husbandmen rushed inside the walls before the

---

[1] The Campus Martius.

[2] *Cf.* Livy ii. 26, 1–3.

προσελθεῖν. ὡς δ' ἔγνωσαν αὐτῶν τὴν ἔφοδον [1] οἱ
κατὰ πόλιν θεωροῦντες μεταξὺ καὶ τοὺς στεφάνους
ἐπικείμενοι, καταλιπόντες τοὺς ἀγῶνας ἐπὶ τὰ ὅπλα
ὥρμησαν· καὶ φθάνει τῷ Σερουϊλίῳ συναχθεῖσα
δύναμις αὐτοκέλευστος ἱκανή, ἣν ἐκεῖνος ἔχων
συντεταγμένην προσπίπτει τοῖς πολεμίοις ὑπό τε
ἀγρυπνίας καὶ κόπου τεταλαιπωρηκόσι καὶ οὐ
3 προσδεχομένοις τὴν τῶν Ῥωμαίων ἔφοδον. ὡς
δὲ συνέμιξαν [2] εἰς χεῖρας, ἐγένετο μάχη τὸ μὲν
ἐν τάξει καὶ κόσμῳ διὰ τὴν σπουδὴν ἑκατέρων
ἀφῃρημένη, οἱ [3] δ' ὡς ἀπὸ τύχης τινὸς ἢ φάλαγξ
φάλαγγι ἢ λόχος λόχῳ ἢ ἀνὴρ ἀνδρὶ συνέπεσον, [4]
ἱππεῖς τε καὶ πεζοὶ ἅμα πεφυρμένοι [5] ἐμάχοντο.
ἀρωγοὶ δ' αὐτοῖς ἑκατέρωθεν ἐπῄεσαν, οὐ διὰ
μακροῦ τῶν πόλεων οὐσῶν, οἳ τὸ κάμνον ἀνα-
θαρρύνοντες ἐπὶ πολὺν χρόνον ἀντέχειν ταῖς ταλαιπω-
ρίαις ἐποίουν. ἔπειτα οἱ Ῥωμαῖοι προσγενομένης
σφίσι τῆς ἵππου πάλιν νικῶσι τοὺς Σαβίνους, καὶ
πολλοὺς ἀποκτείναντες ἀνέστρεψαν εἰς τὴν πόλιν
ἄγοντες αἰχμαλώτους πάνυ συχνούς. τούς τε κατὰ
τὴν πόλιν ὄντας Σαβίνων, οἳ κατὰ θέας πρόφασιν
ἀφιγμένοι προκαταλήψεσθαι τοῖς ἐπιοῦσι τὰ ἐρύ-
ματα τῆς πόλεως ἔμελλον, ὥσπερ αὐτοῖς συν-
ετέτακτο, ἀναζητοῦντες εἰς τὰ δεσμωτήρια κατ-
ετίθεντο. τὰς δὲ θυσίας, αἷς ὁ πόλεμος ἐμποδὼν
ἐγένετο, διπλασίας τῶν προτέρων ψηφισάμενοι
αὖθις ἐν εὐπαθείαις ἦσαν.

XXXII. Ἔτι δὲ πανηγυρίζουσιν αὐτοῖς πρεσβευ-

---

[1] αὐτῶν τὴν ἔφοδον R: om. BC.
[2] συνέμιξαν B: συνέτειναν A.
[3] οἱ O: οἱ Jacoby, ἀμφότεροι Sintenis.
[4] συνέπεσον B: συνεπλέκοντο A.
[5] ἅμα πεφυρμένοι O: ἀναπεφυρμένοι Kiessling.

enemy approached the gates. Those in the city, learning of the invasion while they were witnessing the public entertainments and wearing the customary garlands, left the games and ran to arms. And, a sufficient army of volunteers rallying in good season about Servilius, he drew them up and with them fell upon the enemy, who were exhausted both by want of sleep and by weariness and were not expecting the attack of the Romans. When the armies closed, a battle ensued which lacked order and discipline because of the eagerness of both sides, but, as if guided by some chance, they clashed line against line, company against company, or man against man, and the horse and foot fought promiscuously. And reinforcements came to both sides, as their cities were not far apart; these, by encouraging such of their comrades as were hard pressed, caused them to sustain the hardships of the struggle for a long time. After that the Romans, when the horse came to their assistance, once more prevailed over the Sabines, and having killed many of them, returned to the city with a great number of prisoners. Then, seeking out the Sabines who had come to Rome under the pretence of seeing the entertainments, while actually intending to seize in advance the strong places of the city in order to help their countrymen in their attack, as had been concerted between them, they threw them into prison. And having voted that the sacrifices, which had been interrupted by the war, should be performed with double magnificence, they were again passing the time in merriment.

XXXII. While[1] they were celebrating these fes-

---

[1] For chaps. 32 f. *cf.* Livy ii. 26, 4–6.

ταὶ παρῆσαν ἐξ ἔθνους Ἀρούγκων, οἳ τῆς
Καμπανῶν χώρας τὰ κάλλιστα πεδία κατεῖχον.
οὗτοι καταστάντες ἐπὶ τὴν βουλὴν ἠξίουν τὴν
Οὐολούσκων τῶν καλουμένων Ἐχετρανῶν χώραν,
ἣν ἀφελόμενοι τοὺς Ἐχετρανοὺς Ῥωμαῖοι κλη-
ρούχοις εἰς φυλακὴν τοῦ ἔθνους ἐκπεμφθεῖσι
διένειμαν, ἀποδιδόναι σφίσι καὶ τὴν φρουρὰν
ἀπαγαγεῖν ἐξ αὐτῆς· ἐὰν δὲ μὴ ποιήσωσιν,
Ἀρούγκους ἥξοντας ἐπὶ τὴν Ῥωμαίων ὀλίγου
χρόνου δίκας [1] ληψομένους ὅσων διέθεντο τοὺς
2 ὁμόρους κακῶν ἐκδέχεσθαι. Ῥωμαῖοι δ' αὐτοῖς
τάδε ἀπεκρίναντο· " Ἀπαγγέλλετε, ὦ πρέσβεις,
Ἀρούγκοις, ὅτι ἡμεῖς οἱ Ῥωμαῖοι δικαιοῦ-
μεν ὅσα κτᾶταί τις ἀρετῇ πολεμίους ἀφελόμενος,
ταῦτα τοῖς ἐγγόνοις ὡς οἰκεῖα παραδιδόναι.
πόλεμον δ' οὐ δέδιμεν τὸν [2] Ἀρούγκων οὔτε
πρῶτον οὔτε δεινότατον ἐσόμενον· ἀλλ' ἐν ἔθει
ἡμῖν ὑπάρχει πᾶσι μάχεσθαι περὶ τῆς ἡγεμονίας,
καὶ ἀρετῆς ἀγώνισμά τι [3] ἐσόμενον ὁρῶντες αὐτὸν
3 ἀκαταπλήκτως δεξόμεθα." μετὰ ταῦτα Ἀρούγκοί
τε πολλῇ στρατιᾷ ὁρμηθέντες ἐκ τῆς ἑαυτῶν, καὶ
Ῥωμαῖοι τὰς οἰκείας δυνάμεις ἔχοντες ἡγουμένου
Σερουϊλίου, συντυγχάνουσιν ἀλλήλοις ἀγχοῦ πόλεως
Ἀρικείας,[4] ἣ διέχει σταδίους ἑκατὸν εἴκοσι τῆς
Ῥώμης· καὶ στρατοπεδεύονται ἑκάτεροι ἐν ὄρεσιν
ὀχυροῖς ὀλίγον ἀλλήλων διεστῶτες. ἐπεὶ δὲ τοὺς
χάρακας ἐκρατύναντο, προῆλθον εἰς τὸ πεδίον
ἀγωνιούμενοι, καὶ συμπεσόντες ἐξ ἑωθινῆς μέχρις

---

[1] δίκας Cobet : καὶ δίκας O, Jacoby.   [2] τὸν B : τῶν R.
[3] ἀγώνισμά τι Cary : ἐν ἀγωνισμῷ τε O, ἐναγώνισμα τελείας
Reiske, ἀγωνισμόν τιν' Meutzner, συναγώνισμά τι Jacoby.
[4] Glareanus : ἐρικείας O.

tivals, ambassadors came to them from the Auruncans, who inhabited the fairest plains of Campania. These, being introduced into the senate, demanded that the Romans should restore to them the country of the Volscians called Ecetrans,[1] which they had taken from them and divided in allotments among the colonists they had sent thither to guard that people, and that they should withdraw their garrison from there; if they refused to do so, they might expect the Auruncans to invade the territory of the Romans promptly to take revenge for the injuries they had done to their neighbours. To these the Romans gave this answer: " Ambassadors, carry back word to the Auruncans that we Romans think it right that whatever anyone possesses by having won it from the enemy through valour, he should leave to his posterity as being his own. And we are not afraid of war from the Auruncans, which will be neither the first nor the most formidable war we have been engaged in; indeed, it has always been our custom to fight with all men for the supremacy, and as we see that this will be a contest, as it were, of valour, we shall await it without trepidation." After this the Auruncans, who had set out from their own territory with a large army, and the Romans, with their own forces under the command of Servilius, met near the city of Aricia, which is distant one hundred and twenty stades from Rome; and each of them encamped on hills strongly situated, not far from one another. After they had fortified their camps they advanced to the plain for battle; and engaging early in the morning, they maintained

---

[1] The inhabitants of the city of Ecetra.

ἡμέρας μεσούσης ἀντεῖχον, ὥστε πολὺν ἐξ ἀμφο-
τέρων γενέσθαι φόνον. φιλοπόλεμον γὰρ δὴ τὸ
τῶν Ἀρούγκων ἔθνος ἦν, καὶ τῷ μεγέθει τε καὶ
ῥώμῃ καὶ ὄψεως δεινότητι πολὺ τὸ θηριῶδες
ἐχούσῃ φοβερώτατον.

XXXIII. Ἐν τούτῳ λέγεται τῷ πολέμῳ τοὺς
ἱππεῖς τῶν Ῥωμαίων κρατίστους γενέσθαι καὶ
τὸν ἡγεμόνα[1] αὐτῶν Αὖλον Ποστόμιον Ἄλβον,[2]
ὃς ἔσχε τὴν δικτάτορα ἀρχὴν ἐν τῷ πρόσθεν
ἐνιαυτῷ. τὸ μὲν γὰρ χωρίον ἐν ᾧ ἡ μάχη
ἐγένετο ἥκισθ' ἱππάσιμον ἦν κολωνούς τε πετρώ-
δεις καὶ φάραγγας βαθείας ἔχον,[3] ὥστε μηδὲν
ἑκατέροις τὴν ἵππον οἵαν τ' εἶναι προσωφελεῖν.
2 ὁ δὲ Ποστόμιος παρακελευσάμενος τοῖς ἀμφ'
αὑτὸν ἀπὸ τῶν ἵππων καταβῆναι καὶ ποιήσας
στῖφος ἀνδρῶν ἑξακοσίων, ἐν οἷς μάλιστα ἔκαμνε
τοῖς Ῥωμαίοις κατὰ πρανοῦς ὠθουμένοις χωρίου
ἡ φάλαγξ, ἐν τούτοις[4] συνάπτει τοῖς πολεμίοις,
καὶ αὐτίκα συνίστησιν αὐτῶν τὰς τάξεις. ὡς δ'
ἅπαξ ἀνεκόπησαν οἱ βάρβαροι, θάρσος ἐνέπεσε
τοῖς Ῥωμαίοις, καὶ φιλονεικία τοῖς πεζοῖς πρὸς
τοὺς ἱππεῖς· καὶ καθ' ἓν ἀμφότεροι πυργηδὸν[5]
ἐξωθοῦσι τὸ δεξιὸν κέρας τῶν πολεμίων ἕως τοῦ
λόφου· καὶ οἱ μὲν τοῖς πρὸς[6] τὸν χάρακα φεύγου-
σιν ἑπόμενοι πολλοὺς ἀπέκτειναν, οἱ δὲ τοῖς ἔτι
3 μαχομένοις κατὰ νώτου ἐπῆγον. τρεψάμενοι δὲ
κἀκείνους εἰς φυγὴν ἐπίπονόν τε καὶ βραδεῖαν
τὴν ἀποχώρησιν ποιουμένους πρὸς ὀχθώδη χωρία
ἐδίωκον, τένοντάς τε ὑποκόπτοντες ποδῶν καὶ τὰς
ἰγνῦς πλαγίοις τοῖς ξίφεσι διαιροῦντες, ἕως ἐπὶ

[1] τὸν ἡγεμόνα Steph: τοὺς ἡγεμόνας O.
[2] Sylburg: ἄλβαν O.

the fight till noon, so that many were killed on both sides. For the Auruncans were a warlike nation and by their stature, their strength, and the fierceness of their looks, in which there was much of brute savagery, they were exceeding formidable.

XXXIII. In this battle the Roman horse and their commander Aulus Postumius Albus, who had held the office of dictator the year before, are said to have proved the bravest. It seems that the place where the battle was fought was most unsuitable for the use of cavalry, having both rocky hills and deep ravines, so that the horse could be of no advantage to either side. Postumius, ordering his followers to dismount, formed a compact body of six hundred men, and observing where the Roman battle-line suffered most, being forced down hill, he engaged the enemy at those points and promptly crowded their ranks together. The barbarians being once checked, courage came to the Romans and the foot emulated the horse; and both forming one compact column, they drove the right wing of the enemy back to the hill. Some pursued that part of them which fled towards their camp and killed many, while others attacked in the rear those who still maintained the fight. And when they had put these also to flight, they followed them in their difficult and slow retreat to the hilly ground, cutting asunder the sinews of both their feet and knees with side blows of their swords, till they came to their

---

³ ἔχον Reiske: εἶχεν O, Jacoby (who adds καὶ before κολωνούς).

⁴ Reiske: τούτῳ O.

⁵ πυργηδὸν O: φύρδην (or πεφυρμένοι) Kiessling.

⁶ πρὸς Reiske: περὶ O, Jacoby, ἐπὶ Sylburg.

τὸν χάρακα αὐτῶν ἀφίκοντο. βιασάμενοι δὲ καὶ
τούτου τοὺς φύλακας οὐ πολλοὺς ὄντας ἐκράτησαν
τοῦ στρατοπέδου καὶ διήρπασαν· ὠφελείας μέντοι
οὐ πολλὰς εὗρον, ὅτι μὴ ὅπλα καὶ ἵππους, καὶ εἴ
τι ἄλλο πολεμιστήριον χρῆμα ἦν. ταῦτα οἱ περὶ
Σερουίλιον καὶ Ἄππιον ὕπατοι ἔπραξαν.

XXXIV. Μετὰ ταῦτα παραλαμβάνουσι τὴν
ὑπατικὴν ἀρχὴν Αὖλος Οὐεργίνιος Καιλιμοντανὸς[1]
καὶ Τίτος Οὐετούριος Γέμινος,[2] ἄρχοντος Ἀθήνησι
Θεμιστοκλέους, ἑξηκοστῷ καὶ διακοσιοστῷ μετὰ
τὴν κτίσιν ἔτει, μελλούσης εἰς τοὐπιὸν τῆς
ἑβδομηκοστῆς καὶ δευτέρας ὀλυμπιάδος, ἣν ἐνίκα
δεύτερον Τισικράτης Κροτωνιάτης. ἐπὶ τούτων
Σαβῖνοι πάλιν ἐπὶ Ῥωμαίους στρατιὰν ἐξάγειν
μείζονα παρεσκευάζοντο, καὶ Μεδυλλῖνοι Ῥωμαίων
ἀποστάντες πρὸς τὸ Σαβίνων ἔθνος ὅρκους
2 ἐποιήσαντο περὶ συμμαχίας. πυνθανόμενοι δὲ τὴν
διάνοιαν αὐτῶν οἱ πατρίκιοι παρεσκευάζοντο διὰ
ταχέων ἐξιέναι πανστρατιᾷ· τὸ δὲ δημοτικὸν οὐχ
ὑπήκουεν αὐτοῖς, ἀλλ' ἐμνησικάκουν τῆς ψευσθεί-
σης αὐτοῖς πολλάκις ὑποσχέσεως περὶ τῶν ἐπι-
κουρίας δεομένων ἀπόρων, ἀντιδιεπαγόντων[3] τῶν
ὑπὲρ ἐκείνων[4] ψηφιζομένων. κατ' ὀλίγους δὲ

---

[1] Sigonius: μοντανὸς O.
[2] Sylburg: οὐέμιος γεμίνιος O.
[3] ἀντιδιεπαγόντων O: τἀναντία ἐπαγόντων Jacoby, οὐδὲν δ'
ἐπὶ τέλος ἀγόντων Sylburg.
[4] ὑπ' ἐκείνοις AB: ὑπὲρ ἐκείνοις DE, ὑπὲρ ἐκείνης Sylburg,
ἐπ' ἐκείνοις Jacoby. For the whole clause Kayser pro-
posed καὶ ἀντέπραττον τοῖς ὑπ' ἐκείνων ψηφιζομένοις,
Meutzner ἀντία (or ἐναντία) δὲ πασχόντων τῶν ὑπὸ δεινοῖς
ψηφιζομένων.

---

[1] For chaps. 34–48 cf. Livy ii. 28, 1–33, 3.   [2] 492 B.C.

camp. And having overpowered the guards there also, who were not numerous, they made themselves masters of the camp and plundered it. However, they found no great booty in it, but only arms, horses and other equipment for war. These were the achievements of Servilius and Appius during their consulship.

XXXIV. After this [1] Aulus Verginius Caelimontanus and Titus Veturius Geminus assumed the office of consul, when Themistocles was archon at Athens, in the two hundred and sixtieth year after the foundation of Rome and the year before the seventy-second Olympiad [2] (the one in which Tisicrates of Croton won the prize [3] for the second time). In their consulship the Sabines prepared to lead out against the Romans a larger army than before, and the Medullini, revolting from the Romans, swore to a treaty of alliance with the Sabines. The patricians, learning of their intention, were preparing to take the field immediately with all their forces; but the plebeians refused to obey their orders, remembering with resentment their repeated breaking of the promises they had made to them respecting the poor who required relief, ... the votes that were being passed . . . . . [4] And as-

---

[3] In the short distance foot-race.

[4] The text is corrupt here, and no satisfactory emendation has been proposed. There is nothing to show definitely what votes Dionysius has in mind, but we naturally assume that they were votes of the senate, especially as he does not often use the verb ψηφίζεσθαι of the voting in the comitia. It is possible that the promises of the senate, mentioned in a few other chapters (28, 3; 43, 2; 44, 1; 56, 3) as well as this, are thought of as having been embodied in formal votes rather than as having been merely the individual statements

συλλεγόμενοι ὅρκοις ἀλλήλους κατελάμβανον ὑπὲρ
τοῦ μηκέτι συναρεῖσθαι[1] τοῖς πατρικίοις πολέμου
μηδενός, καθ᾽ ἕνα τε[2] τῶν ἀπόρων τοῖς κατ-
ισχυομένοις[3] κοινῇ[4] πρὸς τοὺς ἐντυγχάνοντας βοη-
θήσειν.[5] καὶ ἐγίνετο πολλαχῇ μὲν καὶ ἄλλῃ
τὸ συνώμοτον ἐν ἀψιμαχίαις λόγων τε καὶ ἔργων
ἐμφανές, μάλιστα δ᾽ ἐδήλωσε τοῖς ὑπάτοις ἐπειδὴ
οὐ προσῄεσαν οἱ καλούμενοι πρὸς τὴν στρατο-
3 λογίαν.[6] συναρπάσαι γάρ[7] τινα τῶν ἐκ τοῦ
δήμου κελευσάντων, οἱ πένητες ἀθρόοι συστραφέν-
τες τόν τε φερόμενον ἀφῃροῦντο καὶ τοὺς ὑπηρέτας
τῶν ὑπάτων οὐ μεθιεμένους αὐτοὶ παίοντες
ἀπήλαυνον, καὶ οὔτε ἱππέων οὔτε πατρικίων, ὅσοι
παρόντες τὰ γινόμενα κωλύειν ἠξίουν, ἀπείχοντο
μὴ οὐ[8] παίειν· καὶ δι᾽ ὀλίγου πᾶσα ἡ πόλις ἦν
ἀκοσμίας πλήρης καὶ θορύβου. ἅμα δὲ τῇ στάσει
τῇ κατὰ τὴν πόλιν αὐξομένῃ καὶ τὰ τῶν πολε-
μίων πρὸς καταδρομὴν[9] παρασκευαζόμενα μείζω
τὴν ἐπίδοσιν ἐλάμβανεν. Οὐολούσκων δὲ πάλιν
ἀπόστασιν βουλευσαμένων καὶ τῶν καλουμένων
Αἰκανῶν . . .[10] πρεσβεία[11] ἀπὸ πάντων τῶν

---

[1] Cobet: συνάρασθαι O, Jacoby.   [2] τε O: om. Jacoby.
[3] τῶν ἀπόρων τοῖς κατισχυομένοις Cary, τοῖς τῶν ἀπόρων
κατασχομένοις (or τῶν ἀπόρων οἱ κατισχυόμενοι) Portus, τῶν
ἀπόρων κατισχυόμενοι Jacoby: τῶν ἀπόρων κατισχόμενοι O;
καὶ ἑκάστῳ τῶν ἀπόρων κατισχυομένῳ Kiessling.
[4] κοινῇ DE: κοινῇ καὶ R, Jacoby.
[5] Cobet: βοηθήσαντες AC, Jacoby, βοηθήσαντος B, βοη-
θήσοντες DE, βοηθῆσαι Kiessling.
[6] στρατολογίαν Camerarius: ἀπολογίαν O.
[7] γὰρ added by Sylburg.   [8] μὴ οὐ R(?): τοῦ μὴ B.
[9] καταδρομὴν Jacoby: κατασκευὴν O, ἀπόστασιν (or ἐπίθεσιν)
Sylburg, κατάπληξιν Reiske. Kiessling proposed προκατα-
σκευαζόμενα in place of πρὸς κατασκευὴν παρασκευαζόμενα.
[10] Lacuna recognized after Αἰκανῶν by Kiessling.

sembling together a few at a time, they bound one another by oaths that they would no longer assist the patricians in any war, and that to every one of the poor who was oppressed they would render aid jointly against all whom they met. The conspiracy was evident on many other occasions, both in verbal skirmishes and physical encounters, but it became especially clear to the consuls when those summoned to military service failed to present themselves. For whenever they [1] ordered anyone of the people to be seized, the poor assembled in a body and endeavoured to rescue the one who was being carried away, and when the consuls' lictors refused to release him, they beat them and drove them off; and if any either of the knights or patricians who were present attempted to put a stop to these proceedings, they did not refrain from beating them too. Thus, in a short time the city was full of disorder and tumult. And as the sedition increased in the city, the preparations of the enemy for overrunning their territory increased also. When the Volscians again formed a plan to revolt, and the Aequians, as they were called,[2] . . . ambassadors came from all the peoples who were

of the leading senators. The reading proposed by Sylburg means : " since they (the senators) gave effect to none of the votes passed in the interest of such relief"; that of Kayser : " and they (the plebeians) opposed the votes passed by the others (the senators)"; that of Meutzner : the poor who required relief, " but met with treatment the very reverse of what was voted [for them] under stress of a crisis."

[1] The subject is missing, but the consuls are evidently meant.
[2] Kiessling recognized a lacuna at this point, since mention ought to be made also of the Sabines (*cf.* chap. 42, 1).

---

[11] τε after πρεσβεία deleted by Jacoby.

DIONYSIUS OF HALICARNASSUS

Ῥωμαίοις ὑπηκόων παρῆν ἀξιούντων σφίσι συμ-
4 μαχεῖν ἐν τρίβῳ τοῦ πολέμου κειμένοις· Λατῖνοι
μὲν γὰρ ἔφασκον Αἰκανοὺς ἐμβαλόντας εἰς τὴν
χώραν αὐτῶν λεηλατεῖν τοὺς ἀγροὺς [1] καὶ πόλεις
τινὰς ἤδη διηρπακέναι· οἱ δ᾽ ἐν Κρουστομερίᾳ
φρουροὶ πλησίον εἶναι Σαβίνους ἀποφαίνοντες καὶ
πολλῇ χρωμένους προθυμίᾳ τὸ φρούριον πολεμεῖν·
ἄλλοι δέ τι ἄλλο κακὸν ἀπαγγέλλοντες γεγονὸς ἢ
γενησόμενον καὶ βοήθειαν διὰ ταχέων αἰτησόμενοι.
παρεγένοντο δ᾽ ἐπὶ τὸ συνέδριον καὶ παρὰ Οὐολού-
σκων πρέσβεις, ἀξιοῦντες ἀπολαβεῖν ἣν ἀφῃρέθησαν
ὑπ᾽ αὐτῶν χώραν, πρὶν ἄρξασθαι πολέμου.

XXXV. Συναχθείσης δὲ περὶ τούτου βουλῆς,
κληθεὶς [2] πρῶτος ὑπὸ τῶν ὑπάτων Τίτος Λάρκιος,
ἀξιώσει τε προὔχειν δοκῶν καὶ φρονῆσαι τὰ
δέοντα ἱκανώτατος, προελθὼν [3] ἔλεξεν·

" Ἐμοί, ὦ βουλή, ἃ μὲν οἱ ἄλλοι δοκοῦσιν
εἶναι φοβερὰ καὶ ταχείας δεόμενα βοηθείας οὔτε
φοβερὰ εἶναι δοκεῖ οὔτε πάνυ κατεπείγοντα, πῶς [4]
χρὴ τοῖς συμμάχοις ἐπικουρῆσαι ἢ καθ᾽ ὅντινα
τρόπον τοὺς πολεμίους ἀμύνασθαι· ἃ δ᾽ οὔτε
μέγιστα τῶν κακῶν νομίζουσιν οὔτε ἀναγκαῖα ἐν [5]
τῷ παρόντι, ἀμελείᾳ τε αὐτὰ ὡς οὐδὲν ἡμᾶς
βλάψοντα παραδόντες ἔχουσι, ταῦτα φοβερώτατά
μοι φαίνεται, καὶ εἰ μὴ ταχέως αὐτὰ ἐπιστήσομεν,
ἐσχάτης ἀνατροπῆς καὶ συγχύσεως τῶν κοινῶν
αἴτια, ἥ τε τῶν δημοτῶν [6] ἀπείθεια τῶν οὐκ
ἀξιούντων τὰ ἐπιταττόμενα ὑπὸ τῶν ὑπάτων
πράττειν, καὶ ἡμῶν αὐτῶν ἡ πρὸς τὸ ἀνήκοον

[1] αὐτῶν after ἀγροὺς deleted by Reiske.
[2] κληθεὶς Sylburg: καὶ κληθεὶς O.
[3] προελθὼν R: προσελθὼν B, παρελθὼν Hertlein.

344

subject to the Romans asking them to send aid, since their territories lay in the path of the war. For example, the Latins said that the Aequians had made an incursion into their country and were laying waste their lands and had already plundered some of their cities; the garrison in Crustumerium declared that the Sabines were near that fortress and full of eagerness to besiege it; and others came with word of still other mischief which either had happened or was going to happen, and to ask for prompt assistance. Ambassadors from the Volscians also appeared before the senate, demanding, before they began war, that the lands taken from them by the Romans should be restored to them.

XXXV. The senate having been assembled to consider this business, Titus Larcius, esteemed a man of superior dignity and consummate prudence, was first called upon by the consuls to deliver his opinion. And coming forward, he said:

" To me, senators, the things which others regard as terrible and as requiring speedy relief appear neither terrible nor very urgent, I mean, how we are to assist our allies or in what manner repulse our enemies. Whereas the things which they look upon neither as the greatest of evils nor pressing at present, but continue to ignore as not likely to do us any injury, are the very things that appear most terrible to me ; and if we do not soon put a stop to them, they will prove to be the causes of the utter overthrow and ruin of the commonwealth. I refer to the disobedience of the plebeians, who refuse to carry out the orders of the consuls, as well as to our own severity

---

⁴ πῶς Kiessling : ὡς O.   ⁵ ἐν Cobet : ἐπὶ O.
⁶ δημοτῶν B : δημοτικῶν A.

2 αὐτῶν καὶ τὸ ἐλευθεριάζον χαλεπότης. οἶμαι δὲ
μηδὲν ἡμᾶς δεῖν ἐν τῷ παρόντι σκοπεῖν, εἰ μὴ
ὅπως ἐξαιρεθήσεται ταῦτα ἐκ τῆς πόλεως καὶ
μιᾷ πάντες γνώμῃ τὰ κοινὰ πρὸ τῶν ἰδίων
αἱρούμενοι [1] πολιτευσόμεθα.[2] ὁμονοοῦσα μὲν γὰρ
ἡ τῆς πόλεως δύναμις ἱκανὴ ἔσται καὶ φίλοις
ἀσφάλειαν παρασχεῖν καὶ ἐχθροῖς δέος, στασιάζουσα
δ' ὥσπερ νῦν τούτων οὐδέτερον ἂν δύναιτο δια-
πράξασθαι. θαυμάσαιμι δ' ἂν εἰ μὴ καὶ ἑαυτὴν
διεργάσαιτο [3] καὶ παράσχοι τοῖς ἐχθροῖς δίχα
πόνου τὸ κράτος· ὅ, μὰ τὸν Δία καὶ τοὺς ἄλλους
θεούς, οὐκ εἰς μακρὰν οἴομαι τοιαῦτα πολιτευομέ-
νων ὑμῶν γενήσεσθαι.

XXXVI. "Διῳκίσμεθα γὰρ ὡς ὁρᾶτε καὶ δύο
πόλεις ἔχομεν, τὴν μὲν μίαν [4] ὑπὸ πενίας τε καὶ
ἀνάγκης ἀρχομένην, τὴν δ' ὑπὸ κόρου καὶ ὕβρεως.
αἰδὼς δὲ καὶ κόσμος καὶ δίκη, ὑφ' ὧν ἅπασα [5]
πολιτικὴ κοινωνία σῴζεται, παρ' οὐδετέρᾳ μένει
τῶν πόλεων. τοιγάρτοι χειρὶ τὸ δίκαιον ἤδη παρ'
ἀλλήλων λαμβάνομεν κἂν τῷ βιαιοτέρῳ τίθεμεν
τὸ δικαιότατον,[6] ὥσπερ τὰ θηρία, τὸ ἀντίπαλον
ἐξολέσαι μετὰ τοῦ σφετέρου κακοῦ βουληθέντες,
ἢ τὸ ἑαυτοῖς [7] ἀσφαλὲς φυλάττοντες μετὰ τοῦ
2 διαφόρου κοινῇ σεσῶσθαι. ὧν ἐγὼ ὑμᾶς ἀξιῶ
πολλὴν πρόνοιαν ποιήσασθαι, βουλὴν ὑπὲρ αὐ-
τῶν τούτων καθίσαντες, ἐπειδὰν ἀπολύσητε τὰς
πρεσβείας. ἃ δὲ ταῖς πρεσβείαις ἀποκρίνασθαι ἐν
τῷ παρόντι παραινεῖν ἔχω, ταῦτ' ἐστίν· ἐπειδὴ

[1] αἱρούμενοι R: αἱρούμεθα B.
[2] Sylburg: πολιτευόμεθα ABa, πολιτεύματα Bb; ἐλούμεθα πολιτεύματα Sintenis.
[3] Reiske: διεξεργάσαιτο AB.   [4] μίαν deleted by Jacoby.

against this disobedient and independent spirit of theirs. It is my opinion, therefore, that we ought to consider nóthing else at present than by what means these evils are to be removed from the state and how all of us Romans with one mind are to prefer public to private considerations in the measures we pursue. For the power of the commonwealth when harmonious will be sufficient both to give security to our allies and to inspire fear in our enemies, but when discordant, as at present, it can effect neither. And I should be surprised if it did not even destroy itself and yield the victory to the enemy without any trouble. Yes, by Jupiter and all the other gods, I believe this will soon happen if you continue to pursue such measures.

XXXVI. " For we are living apart from one another, as you see, and inhabit two cities, one of which is ruled by poverty and necessity, and the other by satiety and insolence; but modesty, order and justice, by which alone any civil community is preserved, remain in neither of these cities. For this reason we already exact justice from one another by force and make superior strength the measure of that justice, like wild beasts choosing rather to destroy our enemy though we perish with him, than, by consulting our own safety, to be preserved together with our adversary. I ask you to give much thought to this matter and to hold a session for this very purpose as soon as you have dismissed the embassies. As to the answers to be now given to them, this is the advice I have to offer. Since the

---

⁵ ἅπασα Kiessling : ἡ πᾶσα O.
⁶ δικαιότατον O : δικαιότερον Kiessling, δίκαιον Cobet.
⁷ ἑαυτοῖς Reiske : ἐν αὐτοῖς AB.

DIONYSIUS OF HALICARNASSUS

Οὐολοῦσκοι μὲν ἀπαιτοῦσιν ἡμᾶς ἃ ὅπλοις
κρατήσαντες ἔχομεν καὶ πόλεμον ἀπειλοῦσι μὴ
πειθομένοις, τάδε λέγωμεν, ὅτι Ῥωμαῖοι καλλίστας
ὑπολαμβάνομεν κτήσεις εἶναι καὶ δικαιοτάτας ἃς
ἂν [1] κατάσχωμεν πολέμου λαβόντες κατὰ νόμον, [2]
καὶ οὐκ ἂν ὑπομείναιμεν μωρίᾳ τὴν ἀρετὴν
ἀφανίσαι· παραδόντες δὲ [3] αὐτὰ [4] τοῖς ἀπολωλε-
κόσιν, ὧν [5] κοινωνητέον τε παισὶ [6] καὶ τοῖς ἐκ
τούτων γενομένοις καταλιπεῖν [7] ἀγωνιούμεθα, τῶν
νῦν γε [8] ὑπαρχόντων ἤδη στερησόμεθα καὶ
3 ἑαυτοὺς ὅσα πολεμίους βλάψομεν. Λατίνων δὲ τὸ
εὔνουν ἐπαινέσαντες ἀναθαρσύνωμεν τὸ δεδιὸς
ὡς οὐκ ἐγκαταλείψομεν αὐτούς, ἕως ἂν τὸ πιστὸν
φυλάσσωσιν, ἐν οὐδενὶ δεινῷ γενομένους δι' ἡμᾶς,
ἀλλὰ δύναμιν ἱκανὴν ἀμύνειν αὐτοῖς πέμψομεν
οὐ διὰ μακροῦ. ταύτας ἡγοῦμαι κρατίστας τε
καὶ δικαιοτάτας ἔσεσθαι τὰς ἀποκρίσεις. ἀπ-
αλλαγεισῶν δὲ τῶν πρεσβειῶν πρώτην φημὶ χρῆναι
βουλὴν τοῖς κατὰ τὴν πόλιν θορύβοις ἡμᾶς
ἀποδοῦναι καὶ ταύτην οὐκ εἰς μακράν, ἀλλὰ τῇ
ἐπιούσῃ ἡμέρᾳ."

XXXVII. Ταύτην ἀποφηναμένου τὴν γνώμην
Λαρκίου [9] καὶ πάντων ἐπαινεσάντων, τότε μὲν αἱ
πρεσβεῖαι λαβοῦσαι τὰς εἰρημένας ἀποκρίσεις
ἀπηλλάγησαν· τῇ δ' ἑξῆς ἡμέρᾳ συναγαγόντες τὴν
βουλὴν οἱ ὕπατοι περὶ τῆς ἐπανορθώσεως τῶν
πολιτικῶν θορύβων προὔθεσαν σκοπεῖν. πρῶτος
οὖν ἐρωτηθεὶς γνώμην Πόπλιος Οὐεργίνιος, ἀνὴρ

---

[1] ἃς ἂν AC: ἃ ἂν B, ἃς DE.
[2] πολέμου λαβόντες κατὰ νόμον Jacoby: πολέμῳ λαβόντες
καὶ νόμῳ O, πολέμου λαβόντες νόμῳ Cobet.
[3] δὲ added by Jacoby.
[4] αὐτὰ O: αὐτὰς Reiske, ταῦτα Jacoby.

Volscians demand restitution of what we are in possession of by right of arms, and threaten us with war if we refuse to restore it, let our answer be, that we Romans look upon those acquisitions to be the most honest and the most just which we have acquired in accordance with the law of war, and that we will not consent to destroy the fruits of our valour by an act of folly. Whereas, by restoring to those who lost them these possessions, which we ought to share with our children and which we shall strive to leave to their posterity, we shall be depriving ourselves of what is already ours and be treating ourselves as harshly as we would our enemies. As to the Latins, let us commend their goodwill and dispel their fears by assuring them that we will not abandon them in any danger they may incur on our account, so long as they keep faith with us, but will shortly send a force sufficient to defend them. These answers, I believe, will be the best and the most just. After the embassies have departed, I say we ought to devote the first meeting of the senate to the consideration of the tumults in the city and that this meeting ought not to be long deferred, but appointed for the very next day."

XXXVII. When Larcius had delivered this opinion and it had received the approval of all, the embassies then received the answers that I have reported, and departed. The next day the consuls assembled the senate and proposed that it consider how the civil disorders might be corrected. Thereupon Publius Verginius, a man devoted to the people, being asked

---

⁵ ἀπολωλεκόσιν ὧν Jacoby: ἀπολωλεκόσι O.
⁶ παισὶ Reiske: πᾶσι O.
⁷ ἀεὶ added by Jacoby after καταλιπεῖν.
⁸ γε Meutzner: δὲ O.　　　⁹ Steph.: μαρκίου O.

δημοτικός, τὴν διὰ μέσου πορευόμενος ὁδὸν
ἔλεξεν· "Ἐπειδὴ τὸ δημοτικὸν πλῆθος ἐν τῷ
παρελθόντι ἐνιαυτῷ προθυμίαν πλείστην εἰς τοὺς
ὑπὲρ τῆς πόλεως ἀγῶνας ἐπεδείξατο, Οὐολού-
σκοις καὶ Ἀρούγκοις πολλῇ στρατιᾷ ἐπιοῦσιν
ἀντιταξάμενον μεθ' ἡμῶν,[1] οἶμαι δεῖν τοὺς
συναραμένους ἡμῖν τότε καὶ τῶνδε τῶν πολέμων
μετασχόντας ἀφεῖσθαι καὶ μηδενὸς αὐτῶν μήτε τὸ
σῶμα μήτε τὴν οὐσίαν ὑπὸ τῶν δανειστῶν
κρατεῖσθαι· τὸ δ' αὐτὸ δίκαιον εἶναι καὶ γονεῦσι
τοῖς τούτων ἄχρι καὶ πάππων, καὶ παισὶν ἕως
ἐγγόνων·[2] τοὺς δ' ἄλλους ἀγωγίμους εἶναι τοῖς
2 δεδανεικόσιν, ὡς ἑκάστοις συνέβαλον." μετὰ δὲ
ταῦτα Τίτος Λάρκιος εἶπεν· "Ἐμοὶ δ', ὦ βουλή,
δοκεῖ κράτιστον μὴ μόνον τοὺς ἐν τοῖς πολέμοις
ἀγαθοὺς γενομένους, ἀλλὰ καὶ τὸν ἄλλον ἅπαντα
δῆμον ἐλεύθερον τῶν συμβολαίων ἀφεῖσθαι. μόνως
γὰρ ἂν οὕτως ὅλην τὴν πόλιν ὁμονοοῦσαν ἐργα-
σαίμεθα." τρίτος δὲ παρελθὼν Ἄππιος Κλαύδιος
ὁ[3] τὴν ὕπατον ἀρχὴν τῷ παρελθόντι ἔτει σχὼν
ἔλεξεν·

XXXVIII. "Ἀεὶ μέν, ὦ βουλή, ὁσάκις ὑπὲρ
τούτων προὐτέθη λόγος, ἐπὶ τῆς αὐτῆς εἰμι
γνώμης, μὴ ἐπιτρέπειν τῷ δήμῳ μηδὲν τῶν
ἀξιουμένων, ὅ τι μὴ νόμιμον μηδὲ καλόν, μήτε τὸ
φρόνημα τῆς πόλεως ἐλαττοῦν, καὶ οὐδὲ νῦν
μεταγινώσκω τῶν ἐξ ἀρχῆς μοι φανέντων οὐδέν·
ἢ πάντων ἂν εἴην ἀνθρώπων ἀφρονέστατος, εἰ
πέρυσι μὲν ὕπατος ὢν ἀντιπράττοντός μοι τοῦ
συνυπάτου καὶ τὸν δῆμον ἐπισείοντος ἀντέσχον

---

[1] μεθ' ἡμῶν Sylburg: ἐφ' ὑμῶν O.
[2] ἐγγόνων Bb: ἐκγόνων A, ἡμῶν Ba, ἐγγόνων ἡμῶν C.

his opinion first, took the middle course and said:
" Since the plebeians last year showed the greatest
zeal for the struggles in behalf of the commonwealth,
arraying themselves with us against the Volscians
and Auruncans when they attacked us with a large
army, I think that all who then assisted us and took
their share in those wars ought to be let off, and
that neither their persons nor their property ought
to be in the power of the money-lenders; and that
the same principle of justice ought to extend to their
parents as far as their grandfathers, and to their
posterity as far as their grandchildren; but that all
the rest ought to be liable to imprisonment at the
suit of the money-lenders upon the terms of their
respective obligations." After this Titus Larcius
said: " My opinion, senators, is that not only those
who proved themselves good men in the wars, but
all the rest of the people as well, should be released
from their obligations; for only thus can we make the
whole state harmonious." The third speaker was
Appius Claudius, the consul of the preceding year,
who came forward and said:

XXXVIII. " Every time these matters have been up
for debate, senators, I have always been of the same
opinion, never to yield to the people any one of their
demands that is not lawful and honourable, nor to
lower the dignity of the commonwealth; nor do I
even now change the opinion which I entertained
from the beginning. For I should be the most
foolish of all men, if last year, when I was consul
and my colleague opposed me and stirred up the
people against me, I resisted and adhered to my

καὶ διέμεινα ἐπὶ τῶν ἐγνωσμένων οὔτε φόβῳ
ἀποτραπεὶς οὔτε δεήσει οὔτε χάρισιν εἴξας, νῦν δ᾽
ἰδιώτης ὢν ῥίψαιμι ἐμαυτὸν καὶ τὴν παρρησίαν
2 καταπροδοίην· εἴτε μου τὸ ἐλεύθερον τῆς ψυχῆς
ὑμῶν ἕκαστος βούλεται ἀποκαλεῖν εὐγενὲς εἴτε
αὔθαδες, ὅσον ἂν ζῶ χρόνον[1] οὐδέποτε εἰσάξω
χαριζόμενος τοῖς κακοῖς χρεῶν ἀποκοπάς, ἀλλὰ
καὶ πρὸς τοὺς εἰσάγοντας αὐτὰς ἁπάσῃ προθυμίᾳ
χρώμενος ὁμόσε χωρήσω, λογιζόμενος ὅτι πᾶσα
κακία καὶ διαφθορὰ καὶ συλλήβδην ἀνατροπὴ
3 πόλεως ἀπὸ χρεοκοπίας ἄρχεται. καὶ εἴτε τις
ἀπὸ τοῦ φρονίμου εἴτε διὰ μανίας τινός,[2] ἐπειδὴ
οὐ τὸ ἴδιον ἀσφαλές, ἀλλὰ τὸ τῆς πόλεως ἀξιῶ
σκοπεῖν, εἴτε ὁπωσδήποτε οἰήσεται τάδε λέγεσθαι,
συγχωρῶ αὐτῷ νομίζειν ὅπως βούλεται, μέχρι δὲ
παντὸς ἐναντιώσομαι τοῖς τὰ μὴ[3] πάτρια πολι-
τεύματα εἰσηγησομένοις. ἐπειδὴ δ᾽ οὐ τὰ χρέα
ἀπαιτοῦσιν οἱ καιροί, μεγάλην δὲ βοήθειαν, ὃ
μόνον ἔσται διχοστασίας φάρμακον ἐν τῷ παρόντι
φράσω· δικτάτορα ἕλεσθε[4] κατὰ τάχος, ὃς
ἀνευθύνῳ χρώμενος ἐξουσίᾳ καὶ βουλὴν καὶ
δῆμον ἀναγκάσει τὰ κράτιστα τῷ κοινῷ φρο-
νεῖν· ἄλλη γὰρ οὐκ ἔσται τηλικούτου κακοῦ
λύσις.᾽᾽

XXXIX. Ταῦτ᾽ εἰπόντος Ἀππίου καὶ τῶν νέων
ἐπιθορυβησάντων ὡς τὰ δέοντα εἰσηγουμένου,

---

[1] After χρόνον Cmg DE add οὐκ ἀποστήσομαι τοῦ ἤδη καλῶς
δεδογμένου, καὶ where ABC have only καί. The words seem
to have been adapted from chap. 68, 2 below to fill a supposed
lacuna here. Kiessling deleted καί.

[2] τινός placed here by Reiske, after φρονίμου in O.

[3] τὰ μὴ Cobet: μὴ τὰ O, Jacoby.

resolutions, undeterred by fear and yielding neither to
entreaties nor to favour, only to demean myself now,
when I am a private citizen, and to prove utterly
false to the principle of free speech. You may call
this independence of mind on my part nobility or
arrogance, as each of you prefers; but, as long as I
live, I will never propose an abolition of debts as a
favour to wicked men, but will go so far as to resist
with all the earnestness of which I am capable those
who do propose it, reasoning as I do that every evil
and corruption and, in a word, the overthrow of the
state, begins with the abolition of debts. And
whether anyone shall think that what I say proceeds
from prudence, or from a kind of madness (since I
see fit to consider, not my own security, but that
of the commonwealth), or from any other motive, I
give him leave to think as he pleases; but to the very
last I will oppose those who shall introduce measures
that are not in accord with our ancestral traditions.
And since the times require, not an abolition of debts,
but relief on a large scale, I will state the only
remedy for the sedition at the present time: choose
speedily a dictator, who, subject to no accounting for
the use he shall make of his authority, will force both
the senate and the people to entertain such senti-
ments as are most advantageous to the common-
wealth. For there will be no other deliverance from
so great an evil."

XXXIX. This speech [1] of Appius was received by
the young senators with tumultuous applause, as
proposing just the measures that were needed; but

---

[1] For chap. 39, 1 *cf.* Livy ii. 30, 2–7.

---

4 Sintenis: ἐλέσθαι O.

DIONYSIUS OF HALICARNASSUS

Σερουίλιός τε ἀντιλέξων ἀνέστη καὶ ἄλλοι τινὲς
τῶν πρεσβυτέρων· ἡττῶντο δ' ὑπὸ τῶν νεωτέρων
ἐκ παρασκευῆς τε ἀφικνουμένων καὶ βίᾳ πολλῇ
χρωμένων, καὶ πέρας ἐνίκησεν ἡ Ἀππίου γνώμη.
2 καὶ μετὰ ταῦτα οἱ ὕπατοι κοινῇ γνώμῃ χρησάμε-
νοι, τῶν πλείστων οἰομένων τὸν Ἄππιον ἀπο-
δειχθήσεσθαι δικτάτορα, ὡς μόνον ἐπικρατῆσαι
τῆς διχοστασίας¹ δυνησόμενον, ἐκεῖνον μὲν ἀπ-
ήλασαν, Μάνιον δὲ Οὐαλέριον ἀδελφὸν Ποπλίου
Οὐαλερίου τοῦ πρώτου ὑπατεύσαντος καὶ δημο-
τικώτατον δοκοῦντα ἔσεσθαι καὶ ἄνδρα γηραιὸν
ἀπέδειξαν, αὐτὸ τὸ φοβερὸν οἰόμενοι τῆς ἐξουσίας
ἀποχρῆναι, ἀνδρὸς δὲ τὰ πάντα ἐπιεικοῦς τοῖς
πράγμασι δεῖν, ἵνα μηδὲν ἐξεργάσηται νεώτερον.

XL. Παραλαβὼν δὲ τὴν ἀρχὴν Οὐαλέριος καὶ
προσελόμενος² ἱππάρχην Κόιντον Σερουίλιον
ἀδελφὸν τοῦ συνυπατεύσαντος Ἀππίῳ Σερουιλίου,³
παρήγγειλε τὸν δῆμον εἰς ἐκκλησίαν παρεῖναι.
συνελθόντος δ' ὄχλου συχνοῦ τότε πρῶτον ἐξ
οὗ τὴν ἀρχὴν ὁ Σερουίλιος ἀπέθετο καὶ ὁ δῆμος
ἀγόμενος ἐπὶ τὰς στρατείας εἰς φανερὰν ἀπόνοιαν
ἐτράπετο, προελθὼν⁴ ἐπὶ τὸ βῆμα ἔλεξεν·

"Ὦ πολῖται, εὖ ἴσμεν ὅτι βουλομένοις ὑμῖν
ἐστιν ἀεί τινας ἐκ τοῦ Οὐαλερίων γένους ἄρχειν
ὑμῶν, ὑφ' ὧν ἐλεύθεροι τυραννίδος χαλεπῆς
γεγόνατε, καὶ οὐδενὸς τῶν μετρίων ἀτυχήσειν
τάχ' ἂν ἐπιμείναιτε⁵ ὑμᾶς αὐτοὺς ἐπιτρέψαντες

---

¹ διχοστασίας Sylburg: προστασίας O, Jacoby.
² Sylburg: προελόμενος O.   ³ Sylburg: σερουιλίω O.
⁴ Kiessling: ἐλθὼν O.
⁵ τάχ' ἂν ἐπιμείναιτε Jacoby: ἢ τάχα μίαν ἅτε AB, ἢ τάχα
τε μιάνατε C, om. DE.

Servilius and some others of the older senators rose up to oppose it. They were defeated, however, by the younger men, who arrived for that very purpose and used much violence; and at last the motion of Appius carried. After this, when most people expected that Appius would be appointed dictator as the only person who would be capable of quelling the sedition, the consuls, acting with one mind, excluded him and appointed Manius Valerius, a brother of Publius Valerius, the first man to be made consul, who, it was thought, would be most favourable to the people and moreover was an old man. For they thought the terror alone of the dictator's power was sufficient, and that the present situation required a person equitable in all respects, that he might occasion no fresh disturbances.

XL. After[1] Valerius had assumed office and had appointed Quintus Servilius, a brother of the Servilius who had been the colleague of Appius in the consulship, to be his Master of the Horse, he summoned the people to an assembly. And a great crowd coming together then for the first time since Servilius had resigned his magistracy and the people who were being forced into the service had been driven to open despair, he came forward to the tribunal and said:

"Citizens, we are well aware that you are always pleased at being governed by any of the Valerian family, by whom you were freed from a harsh tyranny, and perhaps you would never expect[2] to fail of obtaining anything that was reasonable when once you had entrusted yourselves to those who

---

[1] *Cf.* Livy ii. 30.
[2] The words "you would never expect" are a conjecture of Jacoby. The MSS. are a hopeless jumble at this point.

DIONYSIUS OF HALICARNASSUS

τοῖς ἁπάντων δημοτικωτάτοις δοκοῦσι καὶ οὖσιν.
2 ὥστ' οὐ διδαχῆς ὑμῖν [1] δεομένοις ὅτι βεβαιώσομεν
τῷ δήμῳ τὸ ἐλεύθερον, οἵπερ καὶ ἐξ ἀρχῆς αὐτὸ
ἐδώκαμεν, οἱ λόγοι ἔσονται, ἀλλὰ παρακλήσεως
μετρίας, ἵνα πιστεύητε ἡμῖν ὅ τι ἂν ὑποσχώμεθα [2]
ἐμπεδώσειν. ἡλικίας γάρ, ᾗ τὸ φενακίζειν ἥκιστα
ἐπιδέχεται, ἐπὶ τὸ τέλειον ἥκομεν, καὶ ἀξιώ-
σεως, ᾗ τοῦ ῥᾳδιουργεῖν ἐλάχιστον φέρεται μέρος,
ἀρκούντως ἔχομεν, χρόνον τε οὐχ ἑτέρωθί που τὸν
λειπόμενον βιοτεύειν μέλλομεν, ἀλλ' ἐν ὑμῖν
δίκας ὧν ἂν ἐξαπατῆσαι δοκῶμεν ὑφέξοντες.
3 ταῦτα μὲν οὖν, ὥσπερ ἔφην, ὡς οὐ μακρῶν
δεόμενος λόγων πρὸς εἰδότας, ἐάσω. ὃ δέ μοι
δοκεῖτε παθόντες ὑφ' ἑτέρων εἰκότως ἐπὶ πάντων
ὑποπτεύειν, ὁρῶντες αἰεί τινα τῶν παρακαλούντων
ὑμᾶς ἐπὶ τοὺς πολέμους [3] ὑπάτων ὑπισχνούμενον
ὧν ἂν δέησθε παρὰ τῆς βουλῆς διαπράξεσθαι,
μηδὲν δ' ἐπὶ τέλος ἄγοντα τῶν ὁμολογηθέντων,
τοῦτο ὡς οὐ δικαίως ἂν ὑποπτεύοιτε [4] καὶ περὶ
ἐμοῦ, δυσὶν ἂν τοῖσδε μάλιστα πιστωσαίμην, τῷ τε
μὴ ἂν ἐμοὶ τὴν βουλὴν εἰς τοῦτο τὸ λειτούργημα,
ἑτέρων ὄντων [5] ἐπιτηδειοτέρων, τῷ φιλοδημοτάτῳ
δοκοῦντι εἶναι καταχρήσασθαι· καὶ τῷ μὴ ἂν
αὐτοκράτορι κοσμῆσαι ἀρχῇ, δι' ἣν τὰ δόξαντά μοι
κράτιστα εἶναι καὶ δίχα ἐκείνης ἐπικυροῦν [6]
δυνήσομαι.
XLI. " Οὐ γὰρ δήπου συνεξαπατᾶν ὑμᾶς ἐπι-

---

[1] Sylburg: ἡμῖν AB.   [2] Steph.: ὑπεσχόμεθα AB.
[3] Sylburg: πολεμίους O.
[4] Reiske: ὑποπτεύητε O.
[5] τῶν after ὄντων deleted by Pflugk.
[6] Portus: ἐπικουρεῖν O.

356

are regarded as being, and are, the most democratic
of all men. So that you to whom my words will be
addressed do not need to be informed that we shall
confirm to the people the liberty which we bestowed
upon them in the beginning, but you need only
moderate encouragement to have confidence in us
that we shall perform whatever we promise you.
For I have attained to that maturity of age which is
the least capable of trickiness, and have been
sufficiently honoured with public office, which carries
with it a minimum of shiftiness; and I am not intend-
ing to pass the remainder of my life anywhere else
but among you, where I shall be ready to stand trial
for any deception you may think I have practised
against you. Of this, then, I shall speak no further,
since, as I have said, no lengthy arguments are
needed for those who are acquainted with the facts.
But there is one thing which, having suffered from
others, you seem with reason to suspect of all: you
have ever observed that one or another of the
consuls, when they want to engage you to march
against the enemy, promises to obtain for you what
you desire of the senate, but never carries out any of
his promises. That you can have no just grounds
for entertaining the same suspicions of me also, I can
convince you chiefly by these two considerations:
first, that the senate would never have made the
mistake of employing me, who am regarded as the
greatest friend of the people, for this service, when
there are others better suited to it, and, second, that
they would not have honoured me with an absolute
magistracy by which I shall be able to enact whatever
I think best, even without their participation.

XLI. " For surely you do not imagine that I am

στάμενον τὴν ἀπάτην καὶ βουλευσάμενόν με[1]
μετὰ ταύτης συγκακουργεῖν ὑπολαμβάνετε. εἰ
γὰρ ταῦτα ὑμῖν εἰσέρχεται περὶ ἐμοῦ, ὡς ἁπάντων
ἀνθρώπων κακουργοτάτῳ[2] . . .[3] ὅ τι βούλεσθε
χρώμενοί μοι. ταύτης μὲν[4] τῆς ὑποψίας ἐμοὶ
πειθόμενοι τὰς ψυχὰς ἐλευθερώσατε, ἐπὶ δὲ τοὺς
πολεμίους τὴν ὀργὴν μετάθετε ἀπὸ τῶν φίλων, οἳ
πόλιν τε ὑμᾶς ἀφελούμενοι ἥκουσι καὶ ἀντ'
ἐλευθέρων δούλους ποιήσοντες καὶ τἆλλα ὅσα
δεινὰ ἐν ἀνθρώποις νενόμισται διαθεῖναι σπεύ-
δοντες οὐ πόρρω τῆς χώρας εἶναι ἀγγέλλονται.
2 προθύμως οὖν ἀποδέξασθε[5] καὶ δείξατε αὐτοῖς ὅτι
καὶ στασιάζουσα ἡ Ῥωμαίων δύναμις κρείτ-
των ἑτέρας ἐστὶν ὁμονοούσης· ἢ γὰρ οὐχ ὑπομενοῦ-
σιν ὑμᾶς ἐπιόντας ὁμοθυμαδὸν ἢ δίκας ὑφέξουσι
τῆς τόλμης ἀξίας. ἐνθυμήθητε γὰρ ὅτι Οὐολοῦσκοι
καὶ Σαβῖνοί εἰσιν, ὧν πολλάκις ἐκρατήσατε
μαχόμενοι,[6] οἱ τὸν πόλεμον ἐπάγοντες ὑμῖν,
οὔτε σώματα νῦν μείζονα λαβόντες οὔτε ψυχὰς
τῶν προτέρων ἀλκιμωτέρας κτησάμενοι, ἀλλ' ὡς
ἐχθρῶς[7] πρὸς ἀλλήλους ἐχόντων καταφρονήσαντες
ὑμῶν. ὅταν δὲ τοὺς πολεμίους τιμωρήσησθε,
ἐγγυῶμαι ὑμῖν τὴν βουλὴν ἐγὼ τάς τε ὑπὲρ τῶν
χρεῶν φιλονεικίας καὶ ὅ τι ἂν ἄλλο παρ' αὐτῆς
αἰτῆσθε μέτριον, ἀξίως τῆς ἀρετῆς, ἣν ἂν παρά-

---

[1] με added here by Jacoby, ἐμὲ after ὑμᾶς by Cobet.
[2] Reiske: κακουργοτέρου O.
[3] Lacuna recognized before ὅ τι by Kiessling.
[4] οὖν added after μὲν by Reiske; Smit wished to supply εἰ
δὲ μὴ before ταύτης.
[5] ἀποδέξασθε B : ἀποδύσασθε R, ἀγωνίσασθε Cobet, ἐνδύσασθε
Smit, ὑποδύσασθε Schenkl, ἀπολύσασθε Meutzner, ἀπολύσασθε
⟨τὰς διαβολὰς⟩ Jacoby.

joining in their deception knowingly and that I have concerted with them to do you some injury. For if it occurs to you to entertain these thoughts of me, do [1] to me what you will, treating me as the most depraved of all men. Believe, then, what I say and banish this suspicion from your minds. Turn your anger from your friends to your enemies, who have come with the purpose of taking your city and making you slaves instead of free men, and are striving to inflict on you every other severity which mankind holds in the greatest fear, and are now said to be not far from your confines. Withstand them, therefore, with alacrity and show them that the power of the Romans, though weakened by sedition, is superior to any other when harmonious; for either they will not sustain your united attack or they will suffer condign punishment for their boldness. Bear in mind that those who are making war against you are Volscians and Sabines, whom you have often overcome in battle, and that they have neither larger bodies nor braver hearts now than their ancestors had, but have conceived a contempt for you because they thought you were at odds with one another. When you have taken revenge on your enemies, I myself pledge that the senate will reward you, both by composing these controversies concerning the debts and by granting everything else you can reasonably ask of them, in a

---

[1] The verb is missing from the text.

---

[6] Cobet: μαχομένων O, Jacoby.

[7] ἐχθρῶς added by Sylburg, ἀλλοίως by Reiske, ἀλλοτρίως by Kiessling.

359

DIONYSIUS OF HALICARNASSUS

3 σχησθε ἐν τῷ πολέμῳ, βραβεύσειν. τέως δ᾽
ἀφείσθω πᾶσα μὲν οὐσία, πᾶν δὲ σῶμα, πᾶσα δ᾽
ἐπιτιμία πολίτου Ῥωμαίου ἀρρυσίαστος ἀπό τε
δανείου καὶ ἄλλου παντὸς συμβολαίου. τοῖς δὲ
προθύμως ἀγωνισαμένοις κάλλιστος μὲν στέφανος
πόλις ἥδε ἡ γειναμένη στᾶσα [1] ὀρθή, καλὸς δὲ
καὶ ὁ παρὰ τῶν συνόντων ἔπαινος ὑπάρξει· καὶ ὁ
παρ᾽ ἡμῶν κόσμος ἱκανὸς οἶκόν τ᾽ ἐπανορθῶσαι
χρήμασι καὶ γένος ἐπιλαμπρῦναι τιμαῖς. παρά-
δειγμά τε ὑμῖν ἀξιῶ γενέσθαι τὸ ἐμὸν εἰς τοὺς
κινδύνους πρόθυμον· ὑπεραγωνιοῦμαι γὰρ ὡς ὁ κρά-
τιστα ἐρρωμένος ὑμῶν."

XLII. Ταῦτ᾽ εἰπόντος αὐτοῦ πᾶς ὁ δῆμος
ἄσμενος ἀκούσας, ὡς οὐδὲν ἔτι φενακισθησόμενος,
ὑπέσχετο συναρεῖσθαι [2] τοῦ πολέμου, καὶ γίνεται
δέκα στρατιωτικὰ τάγματα, ἐξ ἀνδρῶν τετρακισ-
χιλίων ἕκαστον. τούτων τρία μὲν ἑκάτερος [3]
τῶν ὑπάτων ἔλαβε καὶ τῶν ἱππέων ὅσον ἑκάστῳ
προσεμερίσθη· τὰ δὲ τέτταρα καὶ τοὺς λοιποὺς
ἱππεῖς ὁ δικτάτωρ. καὶ αὐτίκα παρασκευα-
σάμενοι ᾤχοντο διὰ τάχους ἐπὶ μὲν Αἰκανοὺς
Τίτος Οὐετούριος, ἐπὶ δὲ Οὐολούσκους Αὖλος
Οὐεργίνιος, αὐτὸς δ᾽ ὁ δικτάτωρ Οὐαλέριος [4] ἐπὶ
Σαβίνους, τὴν δὲ πόλιν ἅμα τοῖς γεραιτέροις καὶ
ὀλίγῳ τινὶ στρατεύματι ἀκμαίῳ Τίτος Λάρκιος
2 ἐφύλαττεν. ὁ μὲν οὖν Οὐολούσκων πόλεμος
ταχεῖαν τὴν κρίσιν ἔλαβε· πλήθει γὰρ ὑπεραίρειν
πολὺ νομίσαντες καὶ [5] τῶν προτέρων κακῶν

---

[1] στᾶσα B: πᾶσα R.
[2] Cobet: συνάρασθαι O, Jacoby.
[3] Cobet: ἕκαστος O.
[4] Οὐαλέριος deleted by Kiessling.

360

manner adequate to the valour you shall show in the war. In the mean time let every possession, every person, and every right of a Roman citizen be left secure from seizure for either debt or any other obligation. To those who shall fight zealously their most glorious crown will be that this city, which gave them birth, still stands intact, and glorious praise also from their fellow-soldiers will be theirs; and the rewards bestowed by us will be sufficient both to restore their fortunes by their value and to render their families illustrious by the honours bestowed. I desire also that my zeal in exposing myself to danger may be your example; for I will fight for my country as stoutly as the most robust among you."

XLII. While[1] he was speaking, all the people listened with great pleasure, and believing that they were no longer to be imposed upon, promised their assistance in the war; and ten legions were raised, each consisting of four thousand men. Of these each of the consuls took three, and as many of the horse as belonged to the several legions; the other four, together with the rest of the horse, were commanded by the dictator. And having straightway got everything ready, they set out in haste, Titus Veturius against the Aequians, Aulus Verginius against the Volscians, and the dictator Valerius himself against the Sabines, while the city was guarded by Titus Larcius together with the older men and a small body of troops of military age. The Volscian war was speedily decided. For these foes, looking upon themselves as much superior in number and

---

[1] For chaps. 42, 1–43, 1 cf. Livy ii. 30, 7–31, 6.

DIONYSIUS OF HALICARNASSUS

ἀναμνησθέντες,[1] ἀγωνισταὶ ταχίους ἢ φρονιμώτεροι
ἀναγκασθέντες γενέσθαι,[2] θᾶττον πρῶτοι ὥρμησαν
ἐπὶ τοὺς Ῥωμαίους, ἡνίκα ὤφθησαν ἐν συνόψει
στρατοπεδεύσαντες. γενομένης δὲ μάχης καρτε-
ρᾶς πολλὰ μὲν δράσαντες γενναῖα, πλείω δὲ τὸ
δεινὰ ὑπομείναντες εἰς φυγὴν τρέπονται, καὶ ὅ τε
χάραξ αὐτῶν ἑάλω καὶ πόλις ἐπιφανὴς ἐκ πολιορ-
3 κίας παρέστη· Οὐέλιτραι δ' ὄνομα αὐτῇ. ὁμοίως
δὲ καὶ τὸ Σαβίνων φρόνημα ἐν ὀλίγῳ πάνυ
ἐταπεινώθη χρόνῳ μιᾷ παρατάξει[3] ἀμφοτέρων
βουληθέντων[4] ἐπικρατεῖν. ἔπειτα ἥ τε χώρα
προὐνομεύθη, καὶ πολίχναι τινὲς ἑάλωσαν, ἐξ ὧν
πολλὰ καὶ σώματα καὶ χρήματα οἱ στρατιῶται
ἔλαβον. Αἰκανοὶ δὲ τὰ τῆς ἀσθενείας ἑαυτῶν
ὑφορῶντες, ἐπεὶ τὰ τῶν συμμάχων τέλος ἔχοντα
ἐπύθοντο, χωρίοις τε ἐχυροῖς ἐπεκάθηντο καὶ
εἰς μάχας οὐ προῄεσαν, τάς τε ἀποχωρήσεις,
ὅπη ἐδύναντο, δι' ὀρῶν ἢ δρυμῶν κρυφαίας[5]
ἐποιοῦντο, καὶ διέτριψαν μὲν ἄχρι τινὸς δια-
φέροντες τὸν πόλεμον· οὐ μέντοιγε διασώσασθαι
ἀθῷον τὴν στρατιὰν ἐδυνήθησαν ἐπιθεμένων αὐτοῖς
τῶν Ῥωμαίων ἐν χωρίοις κρημνώδεσι τολμηρῶς
καὶ λαβόντων τὸ στρατόπεδον κατὰ κράτος. ἔπειτα
φυγή τε αὐτῶν ἐκ τῆς Λατίνων γῆς ἐγένετο καὶ
παραδόσεις τῶν πόλεων ἃς ἔτυχον αὐτῶν τῇ πρώτῃ
ἐφόδῳ καταλαβόμενοι, εἰσὶ δὲ ὧν καὶ ἐκ φιλονεικίας
οὐκ ἐκλιπόντων τὰς ἄκρας ἁλώσεις.[6]

---

[1] οὐκ ἀναμνησθέντες Gelenius.
[2] γενόμενοι Sintenis, who rejected ἀναγκασθέντες.
[3] ἐξ after παρατάξει deleted by Sintenis.
[4] βουληθέντων ἐπικρατεῖν Jacoby: βουληθέντων O, νουθε-
τηθέντων Sintenis.

recalling [1] the wrongs they had suffered, were driven to fight with greater haste than prudence, and were the first to attack the Romans, which they did too impetuously, as soon as the latter had encamped within sight of them. There ensued a sharp battle, in which, though they performed many brave deeds, they nevertheless suffered greater losses and were put to flight; and their camp was taken, and a city of note, Velitrae by name, reduced by siege. In like manner the pride of the Sabines was also humbled in a very short time, both nations having wished to win the war by a single pitched battle. After this their country was plundered and some small towns were captured, from which the soldiers took many persons and great store of goods. The Aequians, distrusting their own weakness and learning that the war waged by their allies was at an end, not only encamped in strong positions and would not come out to give battle, but also effected their retreat secretly, wherever they could, through mountains and woods, and thus dragged out and prolonged the war for some time; but they were not able to preserve their army unscathed to the last, since the Romans boldly fell upon them in their rugged fastnesses and took their camp by storm. Then followed the flight of the Aequians from the territory of the Latins and the surrender of the cities they had seized in their first invasion, as well as the capture of some of the men who in a spirit of rivalry had refused to abandon the citadels.

[1] Gelenius supplied a negative, to give the meaning " unmindful of their former disasters."

⁵ κρυφαίας (or κρύφα) Sintenis, κρυφαίους Reiske: κούφας A, κορυφαῖς B, κορυφῶν Steph.   ⁶ Reiske: ἅλωσις O.

DIONYSIUS OF HALICARNASSUS

XLIII. Οὐαλέριος δὲ κατὰ νοῦν χωρήσαντος
αὐτῷ τοῦ πολέμου τὸν εἰωθότα θρίαμβον ἀπὸ τῆς
νίκης καταγαγὼν ἀπέλυσε τὸν δῆμον ἀπὸ τῆς
στρατείας, οὔπω τῆς βουλῆς καιρὸν εἶναι νομιζού-
σης, ἵνα μὴ τὰς ὑποσχέσεις ἀπαιτοῖεν οἱ ἄποροι·
εἰς δὲ τὴν δορίκτητον, ἣν Οὐολούσκους ἀφείλοντο,
κληρούχους ἀπέστειλεν ἐπιλέξας ἄνδρας ἐκ τῶν
ἀπόρων, οἳ τήν τε πολεμίαν φρουρήσειν ἔμελλον
καὶ τὸ ἐν τῇ πόλει στασιάζον ἔλαττον ἀπολείψειν.[1]
2 ταῦτα διοικησάμενος ἠξίου τὴν βουλὴν τὰς ὑπο-
σχέσεις αὐτῷ βεβαιῶσαι κεκομισμένην τὸ παρὰ
τοῦ πλήθους πρόθυμον ἐν τοῖς ἀγῶσιν. ὡς δ' οὐ
προσεῖχεν αὐτῷ τὸν νοῦν, ἀλλ', ὅπερ πρότερον
ἠναντιοῦντο[2] τῇ γνώμῃ συστρέψαντες ἑαυτοὺς
νέοι καὶ βίαιοι καὶ πλήθει τῶν ἑτέρων ἐπι-
κρατοῦντες, καὶ τότε ἀντέπραττον καὶ πολλῇ
καταβοῇ ἐχρῶντο, τὴν οἰκίαν αὐτοῦ[3] δημοκόλακα
ἀποφαίνοντες καὶ νόμων πονηρῶν ἀρχηγόν, ᾧ[4]
δὲ μάλιστα ἠγάλλοντο οἱ ἄνδρες ἐπὶ τῆς ἐκκλη-
σίας[5] τῶν δικαστηρίων πολιτεύματι, τούτῳ πᾶσαν

[1] ἀποδείξειν Kiessling.
[2] οἷπερ . . . ἠναντιοῦντο Sylburg: ὅπερ . . . ἠναντιοῦτο
AB, Jacoby.
[3] Bücheler: αὐτῶν O.
[4] ᾧ Reiske: ὡς O.
[5] The reading of the MSS. here (or at least with only the
change of ἐπὶ to περὶ) may perhaps be justified by the
parallel phrase in vii. 52, 1, ὁ νόμος ὁ περὶ τῶν δικαστηρίων
τῶν δημοτικῶν, where the adjective δημοτικῶν is the
equivalent of τῆς ἐκκλησίας of the present passage. Reiske
proposed ἐπὶ ταῖς προκλήσεσι, Kiessling περὶ τῆς προκλήσεως,
both of them retaining τῶν δικαστηρίων. But πρόκλησις
would seem to call for ἐπὶ τὰ δικαστήρια, if not rather ἐπὶ τὸν
δῆμον or ἐπὶ τὴν τοῦ δήμου κρίσιν, the phrases normally used by
Dionysius in speaking of this law.

XLIII. Valerius, having succeeded in this war
according to his desire and celebrated the customary
triumph in honour of his victory, discharged the
people from the service, though the senate did not
regard it as the proper time yet, fearing the poor
might demand the fulfilment of their promises.
After this he sent out colonists to occupy the land
they had taken from the Volscians, choosing them
from among the poor; these would not only guard
the conquered country but would also leave the
seditious element in the city diminished in number.
Having made these arrangements,[1] he asked the
senate to fulfil for him the promises they had made,
now that they had received the hearty co-operation
of the plebeians in the late engagements. However,
the senate paid no regard to him, but, just as before
the young and violent men, who were superior to the
other party in number, had joined together to oppose
his motion, so on this occasion also they opposed
it and raised a great outcry against him, calling
his family flatterers of the people and the authors
of vicious laws, and charging that by the very
measure on which the Valerii prided themselves
most, the one concerning the function of the assembly
as a court of justice,[2] they had totally destroyed the

---

[1] For chap. 43, 2–48, 3 *cf.* Livy ii. 31, 7–32, 8.
[2] This seems the best meaning to be obtained from the
text offered by the MSS. (see critical note). The reference
is obviously to the law granting the right of appeal (*provocatio*)
from the sentence of a magistrate to the judgment of the
people. But as Dionysius refers to this law in several places
as permitting " an appeal to the people " or " to the judg-
ment of the people," it is quite possible that we do not have
his own words in the present passage.

DIONYSIUS OF HALICARNASSUS

ἠφανικέναι τὴν τῶν πατρικίων δυναστείαν αἰτιώ-
μενοι, σχετλιάσας ὁ Οὐαλέριος πολλὰ καὶ ὡς οὐ
δίκαια πάσχοι διαβεβλημένος ὑπ' αὐτῶν πρὸς τὸν
δῆμον ὀνειδίσας, τήν τε μέλλουσαν καταλήψεσθαι
σφᾶς τύχην τοιαῦτα βουλευσαμένους ἀνακλαυσάμε-
νος, καί, οἷα εἰκὸς ἐν τοιούτῳ κακῷ, τὰ μὲν ἐκ
πάθους, τὰ δὲ ὑπὸ τοῦ πλεῖόν τι τῶν πολλῶν νοεῖν,
ἀποθεσπίσας, ᾤχετο ἀπιὼν ἐκ τοῦ βουλευτηρίου·
καὶ συγκαλέσας τὸν δῆμον εἰς ἐκκλησίαν, ἔλεξε·

3   " Πολλὴν χάριν ὑμῖν εἰδώς, ὦ πολῖται, τῆς τε
προθυμίας ἣν παρέσχεσθέ μοι ἑκούσιοι συναράμενοι
τοῦ πολέμου, καὶ ἔτι μᾶλλον τῆς ἀρετῆς ἣν ἐν
τοῖς ἀγῶσιν ἐπεδείξασθε, μεγάλην μὲν ἐποιούμην
σπουδὴν ἀμείψασθαι ὑμᾶς τοῖς τε ἄλλοις καὶ τῷ μὴ
ψεύσασθαι τὰς ὑποσχέσεις ἃς ὑπὲρ τῆς βουλῆς
ἐποιούμην πρὸς ὑμᾶς, καὶ εἰς ὁμόνοιαν ἤδη
ποτὲ καταστῆσαι τὴν στάσιν ὑμῶν σύμβουλος καὶ
διαιτητὴς ἀμφοῖν γενόμενος· κωλύομαι δὲ πράτ-
τειν αὐτὰ διὰ τοὺς οὐ τὰ βέλτιστα τῷ κοινῷ, τὰ
δὲ σφίσιν αὐτοῖς ἐν τῷ παρόντι κεχαρισμένα
προαιρουμένους, οἳ πλήθει τ' ἐπικρατοῦντες τῶν
ἑτέρων καὶ δυνάμει, ἣν τὸ νέον αὐτοῖς παρέχεται
4   μᾶλλον ἢ τὰ πράγματα, ἔρρωνται. ἐγὼ δὲ γέρων
τε δή, ὡς ὁρᾶτε, καὶ ἑτέρους τοιούτους ἔχω
συμμάχους, ὧν ἡ ἐν τῇ γνώμῃ οὖσα ἰσχὺς ἀδύ-
νατός ἐστιν ἔργῳ ἐπεξελθεῖν, καὶ περιέστηκεν ἡ δο-
κοῦσα ἡμῶν τοῦ κοινοῦ πρόνοια ἰδίᾳ πρὸς ἑκάτερον
μέρος ἀπέχθεια φαινομένη.[1]   τῇ τε γὰρ βουλῇ δι'
αἰτίας εἰμὶ ὡς τὸ ὑμέτερον πλῆθος θεραπεύων, καὶ
πρὸς ὑμᾶς διαβέβλημαι ὡς ἐκείνῃ μᾶλλον τὴν
εὔνοιαν ἀποδεικνύμενος.

---

[1] φαινομένη Steph. : φερομένη O.

power of the patricians. Valerius became very indignant at this, and after reproaching them with having exposed him to the unjust resentment of the people, he lamented the fate which would come upon them for taking such a course, and, as might be expected in such an unhappy situation, uttered some dire prophecies, inspired in part by the emotion he was then under and in part by his superior sagacity. Then he flung himself out of the senate chamber; and assembling the people, he said:

" Citizens, feeling myself under great obligations to you both for the zeal you showed in giving me your voluntary assistance in the war, and still more for the bravery you displayed in the various engagements, I was very desirous of making a return to you, not only in other ways, but particularly by not breaking the promises I kept giving you in the name of the senate, and, as an adviser and umpire between the senate and you, by changing at last the discord that now exists between you into harmony. But I am prevented from accomplishing these things by those who prefer, not what is most advantageous to the commonwealth, but what is pleasing to themselves at the present moment, and who, being superior to all the rest both in number and in the power they derive from their youth rather than from the present situation, have prevailed. Whereas I, as you see, am an old man, and so are all my associates, whose strength consists in counsel which they are incapable of carrying out in action; and what was regarded as our concern for the commonwealth has turned out to have the appearance of a private grudge against both sides. For I am censured by the senate for courting your faction and misrepresented to you as showing greater goodwill to them.

DIONYSIUS OF HALICARNASSUS

XLIV. "Εἰ μὲν οὖν ὁ δῆμος εὖ προπαθὼν ἐξέλιπε τὰς δι' ἐμοῦ τῇ βουλῇ γενομένας ὑποσχέσεις, ἐκείνῃ[1] μοι ἀπολογητέον ἂν[2] ἦν ὅτι ἐψεύσασθε ὑμεῖς, ἐν ἐμοὶ δ' οὐδὲν κακούργημα ἦν· ἐπεὶ δὲ τὰ παρὰ τῆς βουλῆς ὁμολογηθέντα οὐ γέγονεν ὑμῖν ἐπιτελῆ, πρὸς τὸν δῆμον ὁ λόγος ἤδη ἀναγκαῖος γίγνεταί μοι, ὅτι οὐκ ἐμοὶ συνδοκοῦντα πεπόνθατε, ἀλλ' ὁμοίως πεφενακίσμεθα καὶ παραλελογίσμεθα ἀμφότεροι, καὶ μᾶλλον ὑμῶν ἐγώ, ὅς γε οὐχ ἃ κοινῇ ἠπάτημαι μετὰ πάντων μόνον ἀδικοῦμαι, ἀλλὰ καὶ ὅσα ἰδίᾳ κακῶς ἀκήκοα, ὡς δὴ τά τε παρὰ τῶν πολεμίων ἁλόντα οὐ μετὰ κοινῆς γνώμης τοῦ συνεδρίου τοῖς ἀπόροις ὑμῶν βουλόμενος ἰδίαν ὠφέλειαν περιποιήσασθαι[3] παρασχών, καὶ τὰς τῶν πολιτῶν οὐσίας δημεύειν ἀξιῶν ἐκείνης[4] γε κωλυούσης μὴ[5] παρανομεῖν, στρατιάς τε ἐναντιουμένων τῶν βουλευτῶν ἀφεικώς, δέον ὑπὸ ταῖς ἀγραυλίαις καὶ πλάναις ἐν τῇ
2 πολεμίᾳ κατέχειν ὑμᾶς. ὠνείδισται δέ μοι καὶ ἡ τῶν κληρούχων εἰς Οὐολούσκους ἐκπομπή, ὅτι γῆν πολλὴν καὶ ἀγαθὴν οὐ τοῖς πατρικίοις οὐδὲ τοῖς ἱππεῦσιν ἐχαρισάμην, ἀλλὰ τοῖς ἀπόροις ὑμῶν διένειμα· καί, ὃ μάλιστά μοι τὴν πλείστην ἀγανάκτησιν παρέσχεν, ὅτι πλείους ἢ τετρακόσιοι ἄνδρες ἐκ τοῦ δήμου τοῖς ἱππεῦσι προσκατελέγησαν
3 ἐπὶ τῆς στρατολογίας βίων εὐπορήσαντες. εἰ μὲν οὖν ἀκμάζοντί μοι τὸ σῶμα ταῦτα προσέπεσε, δῆλον ἂν ἔργῳ ἐποίησα τοῖς ἐχθροῖς οἷον ὄντα

---

[1] Sintenis: ἐκεῖνά O, Jacoby, ἐκεῖ Meutzner.
[2] ἀπολογητέον ἂν Meutzner, ἀπολογητέα O, Jacoby.
[3] Reiske: ποιήσασθαι O.
[4] ἐκείνης Sylburg: ἧς O, αὐτῆς Schaller, τῆς βουλῆς Kiessling.
[5] μὴ Schmitz: ἢ μὴ O, καὶ μὴ Jacoby.

XLIV. " If, now, the people, after being treated well, had failed to keep the promises made by me to the senate in their name, my defence to that body must have been that you had violated your word, but that there was no deceit on my part. But since it is the promises made to you by the senate that have not been fulfilled, I am now under the necessity of stating to the people that the treatment you have met with does not have my approval, but that both of us alike have been cheated and misled, and I more than you, inasmuch as I am wronged, not alone in being deceived in common with you all, but am also hurt in my own reputation. For I am accused of having turned over to the poor among you, without the consent of the senate, the spoils taken from the enemy, in the desire to gain a private advantage for myself, and of demanding that the property of the citizens be confiscated, though the senate forbade me to act in violation of the laws, and of having disbanded the armies in spite of the opposition of the senators, when I ought to have kept you in the enemy's country occupied in sleeping in the open and in endless marching. I am also reproached in the matter of sending the colonists into the territory of the Volscians, on the ground that I did not bestow a large and fertile country upon the patricians or even upon the knights, but allotted it to the poor among you. But the thing in particular which has occasioned the greatest indignation against me is that, in raising the army, more than four hundred well-to-do plebeians were added to the knights. If, now, I had been thus treated when I was in the vigour of my youth, I should have made it clear to my enemies by my deeds what kind of man they had

με ἄνδρα προὐπηλάκισαν· ἐπειδὴ δ' ὑπὲρ ἑβδομή-
κοντα ἔτη γέγονα καὶ οὐ δυνατὸς ἔτι ἀμύνειν
ἐαυτῷ εἰμι ὁρῶ τε ὅτι οὐκ ἂν ἔτι ὑπ' ἐμοῦ
παύσαιτο ἡ στάσις ὑμῶν, ἀποτίθεμαι τὴν ἀρχὴν
καὶ ἐπὶ τοῖς βουλομένοις τὸ σῶμα ἐμαυτοῦ ποιῶ,
εἴ τι οἴονται ὑπ' ἐμοῦ ἐξηπατῆσθαι, χρήσασθαί
μοι ὅτι ἂν δικαιῶσι."

XLV. Ταῦτ' εἰπὼν τὸ μὲν δημοτικὸν ἅπαν
εἰς συμπάθειαν ὑπηγάγετο, καὶ προὔπεμψαν αὐτὸν
ἐκ τῆς ἀγορᾶς ἀπιόντα· τὴν δὲ βουλὴν ἔτι
χαλεπωτέραν αὐτῷ γενέσθαι παρεσκεύασεν. εὐθὺς
δὲ μετὰ τοῦτο τάδε ἐγίνετο· οἱ μὲν πένητες
οὐκέτι κρύφα οὐδὲ νύκτωρ, ὡς πρότερον, ἀλλ'
ἀναφανδὸν ἤδη συνιόντες ἐβούλευον ἀπόστασιν
ἀπὸ[1] τῶν πατρικίων· ἡ δὲ βουλὴ κωλύειν
διανοουμένη τοῖς ὑπάτοις ἐπέταξε μήπω λύειν τὰ
στρατεύματα. τῶν γὰρ τριῶν[2] ταγμάτων ἑκάτε-
ρος[3] ἔτι κύριος ἦν τοῖς στρατιωτικοῖς ὅρκοις
κατειργομένων καὶ οὐδεὶς ἀπολείπεσθαι τῶν
σημείων ἠξίου· τοσοῦτον ἴσχυσεν ὁ τῶν ὅρκων
ἐν ἑκάστῳ φόβος. πρόφασις δὲ κατεσκευάσθη τῆς
στρατείας ὡς Αἰκανῶν καὶ Σαβίνων συνεληλυθό-
των εἰς ἓν ἐπὶ τῷ κατὰ Ῥωμαίων πολέμῳ.
2 ὡς δὲ προῆλθον ἔξω τῆς πόλεως οἱ ὕπατοι τὰς
δυνάμεις ἔχοντες καὶ τὰς παρεμβολὰς οὐ πρόσω
ἀπ' ἀλλήλων ἔθεντο, συνελθόντες οἱ στρατιῶται
εἰς ἓν ἅπαντες, ὅπλων τε καὶ σημείων ὄντες
κύριοι, Σικιννίου τινὸς Βελλούτου[4] παροξύναντος
αὐτοὺς ἀφίστανται τῶν ὑπάτων ἁρπάσαντες τὰ
σημεῖα· τιμιώτατα γὰρ Ῥωμαίοις ταῦτα ἐπὶ

---

[1] ἀπὸ Cobet: ἐκ O, Jacoby; ἐκ τῆς πατρίδος Bücheler.
[2] τριῶν Niebuhr: ἱερῶν O.

abused; but as I am now above seventy years old and no longer capable of defending myself, and since I perceive that your discord can no longer be allayed by me, I am laying down my office and putting myself in the hands of any who may desire it in the belief that they have been deceived by me in any respect, to be treated in such manner as they shall think fit."

XLV. With these words Valerius aroused the sympathy of all the plebeians, who accompanied him when he left the Forum; but he increased the resentment of the senate against him. And immediately afterwards the following events happened: The poor, no longer meeting secretly and by night, as before, but openly now, were planning a secession from the patricians; and the senate, with the purpose of preventing this, ordered the consuls not to disband the armies as yet. For each consul still had command of his three legions, which were restrained by their military oaths, and none of the soldiers cared to desert their standards, so far did the fear of violating their oaths prevail with all of them. The pretext contrived for leading out the forces was that the Aequians and Sabines had joined together to make war upon the Romans. After the consuls had marched out of the city with their forces and pitched their camps near one another, the soldiers all assembled together, having in their possession both the arms and the standards, and at the instigation of one Sicinius Bellutus they seized the standards and revolted from the consuls (these standards are held in the greatest honour by the Romans on a campaign

---

³ ἑκάτερος added by Kiessling.
⁴ Sylburg: βέλλου O.

στρατείας καὶ ὥσπερ ἱδρύματα θεῶν ἱερὰ νομί-
ζεται·[1] λοχαγούς τε ἑτέρους καὶ περὶ πάντων
ἄρχοντα τὸν Σικίννιον ἀποδείξαντες, ὄρος τι
καταλαμβάνονται πλησίον Ἀνίητος ποταμοῦ κείμε-
νον, οὐ πρόσω τῆς Ῥώμης, ὃ νῦν ἐξ ἐκείνου Ἱερὸν
3 ὄρος καλεῖται. τῶν δ᾽ ὑπάτων καὶ λοχαγῶν
μετακαλούντων αὐτοὺς ἅμα δεήσει καὶ οἰμωγῇ
καὶ πολλὰ ὑπισχνουμένων ἀπεκρίνατο ὁ Σικίννιος·
" Τίνα γνώμην ἔχοντες, ὦ πατρίκιοι, οὓς ἀπηλά-
σατε ἐκ τῆς πατρίδος καὶ ἀντ᾽ ἐλευθέρων δούλους
ἐποιήσατε, νῦν μετακαλεῖτε; ποίᾳ δὲ πίστει τὰς
ὑποσχέσεις ἡμῖν ἐμπεδώσετε, ἃς πολλάκις ἤδη
ψευσάμενοι ἐλέγχεσθε; ἀλλ᾽ ἐπειδὴ μόνοι τὴν
πόλιν ἀξιοῦτε κατέχειν, ἄπιτε μηδὲν ὑπὸ τῶν
πενήτων καὶ ταπεινῶν ἐνοχλούμενοι· ἡμῖν δ᾽
ἀρκέσει πᾶσα γῆ ἐν ᾗ ἂν τὸ ἐλεύθερον ἔχωμεν,
ὁποία[2] ποτ᾽ ἂν ᾖ, νομίζεσθαι πατρίς."

XLVI. Ὡς δ᾽ ἠγγέλθη ταῦτα τοῖς ἐν τῇ
πόλει, πολὺς θόρυβος καὶ οἰμωγὴ ἦν καὶ διὰ τῶν
στενωπῶν δρόμος, τοῦ μὲν δήμου καταλιπεῖν τὴν
πόλιν παρασκευαζομένου, τῶν δὲ πατρικίων ἀπο-
τρέπειν ἀξιούντων καὶ βίαν τοῖς μὴ βουλομένοις
προσφέρειν· βοή τε περὶ τὰς πύλας καὶ πολὺς
ἀνακλαυθμὸς[3] ἦν λόγοι τε κατ᾽ ἀλλήλων ἐχθροὶ
καὶ ἔργα πολεμίων ἐγίνοντο, οὐκέτι διακρίνοντος
οὐδενὸς οὔτε ἡλικίαν οὔτε ἑταιρίαν οὔτε ἀξίωσιν
2 ἀρετῆς. ἐπειδὴ δ᾽ οἱ ταχθέντες ὑπὸ τῆς βουλῆς
φρουρεῖν τὰς ἐξόδους (ἦσαν γὰρ δὴ ὀλίγοι καὶ
οὐχ ἱκανοὶ ἔτι ἀντέχειν) ἐκβιασθέντες ὑπὸ τοῦ
δήμου κατέλιπον τὴν φυλακήν, τότε ἤδη τὸ

---

[1] Kiessling: νομίζονται Ο, Jacoby.

and like statues of the gods are accounted holy);
and having appointed different centurions and made
Sicinius their leader in all matters, they occupied
a certain mount situated near the river Anio, not
far from Rome, which from that circumstance is still
called the Sacred Mount. And when the consuls
and the centurions called upon them to return,
mingling entreaties and lamentations, and making
many promises, Sicinius replied: "With what
purpose, patricians, do you now recall those whom
you have driven from their country and transformed
from free men into slaves? What assurances will you
give us for the performance of those promises which
you are convicted of having often broken already?
But since you desire to have sole possession of the
city, return thither undisturbed by the poor and
humble. As for us, we shall be content to regard
as our country any land, whatever it be, in which we
may enjoy our liberty."

XLVI. When these things were reported to those in
the city, there was great tumult and lamentation and
running through the streets, as the populace pre-
pared to leave the city and the patricians endeavoured
to dissuade them and offered violence to those who
refused to obey. And there was great clamour and
wailing at the gates, and hostile words were ex-
changed and hostile acts committed, as no one paid
heed any longer to either age, comradeship, or the
respect due to virtue. When those appointed by the
senate to guard the exits, being few in number and
unable any longer to resist them, were forced by
the people to desert their post, then at last the

---

² Reiske: ὅποι O.   ³ Cobet: ἀνακλαυσμὸς O.

δημοτικὸν πολὺ ἐξεχεῖτο, καὶ τὸ πάθος ἦν ἁλώσει
πόλεως ἐμφερές, οἰμωγή τε τῶν ὑπομενόντων
καὶ κατάμεμψις ἀλλήλων ἐγίνετο ἐρημουμένην τὴν
πόλιν ὁρώντων. μετὰ τοῦτο βουλαί τε συχναὶ καὶ
κατηγορίαι τῶν αἰτίων τῆς ἀποστάσεως ἐγίνοντο. ἐν
δὲ τῷ αὐτῷ καιρῷ καὶ τὰ πολέμια ἔθνη [1] ἐπετίθετο [2]
αὐτοῖς προνομεύοντα τὴν γῆν ἄχρι τῆς πόλεως.
οἱ μέντοι ἀποστάται τὸν ἀναγκαῖον ἐπισιτισμὸν
ἐκ τῶν πλησίον ἀγρῶν [3] λαμβάνοντες, ἄλλο δ᾽
οὐδὲν τὴν χώραν κακουργοῦντες, ἔμενον ὑπαίθριοι
καὶ τοὺς προσιόντας ἐκ τῆς πόλεως καὶ τῶν
πέριξ φρουρίων ὑπελάμβανον συχνοὺς ἤδη γινομέ-
3 νους. οὐ γὰρ μόνον οἱ τὰ χρέα καὶ τὰς καταδίκας
καὶ τὰς προσδοκωμένας ἀνάγκας διαφυγεῖν προ-
αιρούμενοι συνέρρεον ὡς αὐτούς, ἀλλὰ καὶ τῶν
ἄλλων, ὅσοις ὁ βίος ἦν ἀργὸς ἢ ῥάθυμος ἢ ταῖς
ἐπιθυμίαις χορηγεῖν οὐχ ἱκανὸς ἢ πονηρῶν
ἐπιτηδευμάτων ζηλωτὴς ἢ φθονερὸς ταῖς ἑτέρων
εὐτυχίαις ἢ δι᾽ ἄλλην τινὰ συμφορὰν ἢ αἰτίαν
ἀλλοτρίως διακείμενος τῇ καθεστώσῃ πολιτείᾳ.

XLVII. Τοῖς δὲ πατρικίοις ἐν μὲν τῷ παρ-
αυτίκα ταραχὴ ἐνέπεσε πολλὴ καὶ ἔκπληξις, καὶ
ὡς αὐτίκα δὴ μάλα τῶν ἀποστατῶν ἅμα τοῖς ἀλλο-
εθνέσι πολεμίοις ἐπὶ τὴν πόλιν ἡξόντων δέος.
ἔπειθ᾽ ὡς ἐξ ἑνὸς παρακελεύσματος ἁρπάσαντες τὰ
ὅπλα σὺν τοῖς οἰκείοις ἕκαστοι πελάταις, οἱ μὲν
ἐπὶ τὰς ὁδοὺς ἃς ἥξειν ἐνόμιζον τοὺς πολεμίους
παρεβοήθουν, οἱ δ᾽ ἐπὶ τὰ φρούρια φυλακῆς
ἕνεκα τῶν ἐρυμάτων ἐξήεσαν, οἱ δ᾽ ἐν τοῖς
προκειμένοις τῆς πόλεως πεδίοις ἐστρατοπεδεύ-

---

[1] ἔθνη Β: om R.   [2] Kiessling: ἐπετίθεντο O, Jacoby.

populace rushed out in great multitudes and the com-
motion resembled the capture of a city; there were
the lamentations of those who remained behind and
their mutual recriminations as they saw the city
being deserted. After this there were frequent
meetings of the senate and accusations against those
who were responsible for the secession. At the same
time the enemy nations also attacked them, plunder-
ing their territory up to the very city. However,
the seceders, taking the necessary provisions from
the fields that lay near them, without doing any
other mischief to the country, remained in the open
and received such as resorted to them from the city
and the fortresses round about, who were already
coming to them in great numbers. For not only
those who were desirous of escaping their debts and
the sentences and punishments they expected, flocked
to them, but many others also who led lazy or dis-
solute lives, or whose fortunes were not sufficient to
gratify their desires, or who were devoted to vicious
practices, or were envious of the prosperity of others,
or because of some other misfortune or reason were
hostile to the established government.

XLVII. At first great confusion and consternation
fell upon the patricians, who feared that the seceders
would at once come against the city together with
the foreign enemies. Then, as if at a single signal,
snatching up arms and attended each by his own
clients, some went to defend the roads by which they
expected the enemy would approach, others marched
out to the fortresses in order to secure them, while
still others encamped on the plains before the city;

---

³ ἀγρῶν Bb: ἀγορῶν ABa.

οντο· ὅσοι δὲ διὰ γῆρας ἀδύνατοι τούτων τι
2 δρᾶν ἦσαν ἐπὶ τοῖς τείχεσιν ἐτάξαντο. ἐπεὶ δὲ
τοὺς ἀποστάτας κατέμαθον οὔτε τοῖς πολεμίοις
προστιθεμένους οὔτε τὴν χώραν δῃοῦντας οὔτε
ἄλλο βλάπτοντας οὐδὲν ὅ τι καὶ λόγου ἄξιον, τοῦ
δέους ἐπαύσαντο· καὶ μεταθέμενοι τὰς γνώμας,
ἐφ᾽ οἷστισι[1] διαλλαγήσονται πρὸς αὐτοὺς ἐσκό-
πουν· καὶ ἐλέχθησαν ὑπὸ τῶν ἡγουμένων τοῦ
συνεδρίου λόγοι παντοδαποὶ καὶ πλεῖστον ἀλ-
λήλων διάφοροι, μετριώτατοι δὲ[2] καὶ πρεπωδέστα-
τοι ταῖς παρούσαις τύχαις, οὓς οἱ πρεσβύτατοι
αὐτῶν ἔλεξαν, διδάσκοντες ὡς οὐδεμιᾷ κακίᾳ
πεποίηται τὴν ἀπόστασιν ἀπ᾽ αὐτῶν ὁ δῆμος,
ἀλλὰ τὰ μὲν ὑπὸ τῶν ἀναγκαίων συμφορῶν
βιασθείς, τὰ δ᾽ ὑπὸ τῶν συμβούλων ἐξηπατημένος,
ὀργῇ δὲ μᾶλλον ἢ λογισμῷ τὰ συμφέροντα
κρίνων, οἷα ἐν ἀμαθεῖ πλήθει[3] γίγνεσθαι φιλεῖ·
ἔπειθ᾽ ὅτι συνοίδασιν αὐτοῖς[4] κακῶς βεβουλευμέ-
νοις οἱ πλείους καὶ ζητοῦσιν ἀναλύσασθαι τὰς
ἁμαρτίας εὐσχήμονας ἀφορμὰς λαμβάνοντες· τὰ
γοῦν ἔργα δρῶσιν ἤδη μετεγνωκότων, καὶ εἰ
λάβοιεν ἐλπίδα χρηστὴν περὶ τοῦ μέλλοντος
χρόνου, ψηφισαμένης αὐτοῖς ἄδειαν τῆς βουλῆς καὶ
διαλλαγὰς ποιησαμένης εὐπρεπεῖς, ἀγαπητῶς τὰ
3 σφέτερα δέξονται. ἠξίουν τε ταῦτα παραινοῦν-
τες μὴ χείρους ὀργὴν εἶναι τῶν κακιόνων τοὺς
κρείττονας, μηδ᾽ εἰς ἐκεῖνον ἀναβάλλεσθαι τὸν
χρόνον τὰς διαλλαγὰς ὅτε ἢ νοῦν ἔχειν ἀναγκα-

---

[1] Cobet: οἶστε O, Jacoby.
[2] δὲ added by Sylburg.
[3] πλήθει added by Kiessling, ὄχλῳ by Reiske.

and those who by reason of age were unable to do anything of this kind took their places upon the walls. But when they heard that the seceders were neither joining the enemy, laying waste the country, nor doing any other mischief worth speaking of, they gave up their fear, and changing their minds, proceeded to consider upon what terms they might come to an agreement with them. And speeches of every kind, directly opposed to one another, were made by the leading men of the senate; but the most moderate speeches and those most suitable to the existing situation were delivered by the oldest senators, who showed that the people had not made this secession from them with any malicious intent, but partly compelled by irresistible calamities and partly deluded by their advisers, and judging of their interest by passion rather than by reason, as is wont to happen with an ignorant populace; and furthermore, that the greater part of them were conscious of having been ill advised and were seeking an opportunity of redeeming their offences if they could find plausible excuses for doing so. At any rate their actions were those of men who had already repented, and if they should be given good hope for the future by a vote of the senate granting them impunity and offering an honourable accommodation, they would cheerfully take back what was their own. In urging this course they demanded that men of superior worth should not be more implacable than their inferiors, nor defer an accommodation till the senseless crowd should be either brought to their

---

⁴ Kiessling: αὑτοῖς O.

DIONYSIUS OF HALICARNASSUS

σθήσεται τὸ ἀνόητον, ἢ τῷ μείζονι κακῷ τοὐλαττον
ἰᾶσθαι ὅπλων παραδόσει καὶ σωμάτων ἐπιτροπῇ
τὴν ἐλευθερίαν ἀφαιρεθὲν αὐτὸ ὑφ᾽ ἑαυτοῦ·
ταῦτα γὰρ ἐγγὺς εἶναι τοῦ ἀδυνάτου· μετρίως δὲ
χρησαμένους ἀρχηγοὺς τῶν συμφερόντων βου-
λευμάτων γενέσθαι καὶ προτέρους ἐκείνων ἐπὶ τὰς
διαλλαγὰς χωρεῖν, ἐνθυμουμένους ὅτι τὸ μὲν
ἄρχειν καὶ ἐπιτροπεύειν τοῖς πατρικίοις ὑπάρχει,
φιλότητος δὲ καὶ εἰρήνης φροντίζειν [1] τοῖς
4 ἀγαθοῖς. τὸ δ᾽ ἀξίωμα τῆς βουλῆς οὐκ ἐν τῷδε
μάλιστα ἐλαττώσεσθαι ἀπέφαινον, ἐν ᾧ [2] τὰς
ἀναγκαίας συμφορὰς γενναίως φέροντες ἀσφαλῶς
πολιτεύσουσιν, ἀλλ᾽ ἐν ᾧ δυσοργήτως ταῖς
τύχαις ὁμιλοῦντες ἀνατρέψουσι τὸ κοινόν. ἀνοίας
δ᾽ ἔργον εἶναι τῆς εὐπρεπείας ὀρεγομένους τῆς
ἀσφαλείας ὑπερορᾶν· ἀγαπητὸν μὲν γὰρ ἀμφοῖν
τυγχάνειν, εἰ δ᾽ ἐξείργοιτό τις θατέρου, τὰ
σωτήρια τῶν εὐπρεπεστέρων νομιστέα ἀναγκαιό-
τερα. τέλος δ᾽ ἦν τῶν ταῦτα παραινούντων,
πρέσβεις ἀποστέλλειν τοὺς διαλεξομένους τοῖς
ἀφεστηκόσι περὶ φιλίας, ὡς οὐδὲν αὐτοῖς ἡμάρτηται
ἀνήκεστον.

XLVIII. Ἐδόκει ταῦτα τῇ βουλῇ· καὶ μετὰ
ταῦτα προχειρισαμένη τοὺς ἐπιτηδειοτάτους δι-
επέμψατο πρὸς τοὺς ἐπὶ τοῦ χάρακος, ἐντειλαμένη
πυνθάνεσθαι παρ᾽ αὐτῶν τίνος δέονται καὶ ἐπὶ τίσι
δικαίοις ἀξιοῦσιν εἰς τὴν πόλιν ἀναστρέφειν·
εἰ γὰρ εἴη τι μέτριον καὶ δυνατὸν τῶν αἰτημάτων,
οὐκ ἐναντιώσεσθαι σφίσι τὴν βουλήν. νῦν μὲν
οὖν αὐτοῖς ἀποθεμένοις τὰ ὅπλα καὶ κατιοῦσιν εἰς

---

[1] φροντίζειν added by Capps; Reiske proposed to repeat
ἄρχειν here.

378

senses by necessity or induced by it to cure a smaller
evil by a greater, in depriving themselves of liberty
as the result of delivering up their arms and sur-
rendering their persons at discretion; for these
things were next to impossible. But by treating the
people with moderation they ought to set the example
of salutary counsels, and to anticipate the others in
proposing an accommodation, bearing in mind that
while governing and administering the state was the
duty of the patricians, the promoting of friendship
and peace was the part of good men. They declared
that the prestige of the senate would be most
diminished, not by a policy of administering the
government safely while bearing nobly the calami-
ties that were unavoidable, but by a policy whereby,
in showing resentment toward the vicissitudes of
fortune, they would overthrow the commonwealth.
It was the part of folly, while aiming at appearances,
to neglect security; it was desirable of course, to
obtain both, but if one must do without either,
safety ought to be regarded as more necessary
than appearances. The final proposal of those who
gave this advice was that ambassadors should be sent
to the seceders to treat of peace, since they had been
guilty of no irreparable mischief.

XLVIII. This met with the approval of the senate.
Thereupon they chose the most suitable persons and
sent them to the people in the camp with orders to
inquire of them what they desired and upon what
terms they would consent to return to the city; for
if any of their demands were moderate and possible
to be complied with, the senate would not oppose
them. If, therefore, they would now lay down their

---

² μάλιστα after ἐν ᾧ deleted by Reiske.

τὴν πόλιν ἄδειαν ὑπάρξειν τῶν ἡμαρτημένων, καὶ
εἰς τὸν ἀπὸ τοῦδε χρόνον ἀμνηστίαν· ἐὰν δὲ τὰ [1]
κράτιστα βουλεύωσι τῷ κοινῷ καὶ προθύμως
κινδυνεύωσι περὶ τῆς πατρίδος, ἀμοιβὰς καλὰς
2 καὶ λυσιτελεῖς. ταύτας οἱ πρέσβεις τὰς ἐντολὰς
κομισάμενοι ἀπέδοσαν τοῖς ἐπὶ στρατοπέδου καὶ
τὰ ἀκόλουθα διελέχθησαν. οὐ δεξαμένων δὲ τῶν
ἀποστατῶν τὰς προκλήσεις, ἀλλ᾽ ὑπεροψίαν καὶ
βαρύτητα καὶ πολλὴν εἰρωνείαν τοῖς πατρικίοις
ὀνειδισάντων, εἰ προσποιοῦνται μὲν ἀγνοεῖν ὧν ὁ
δῆμος δεῖται καὶ δι᾽ ἃς ἀνάγκας ἀπ᾽ αὐτῶν
ἀπέστη, χαρίζονται δ᾽ αὐτῷ τὴν ἄδειαν τοῦ
μηδεμίαν ὑποσχεῖν τῆς ἀποστάσεως δίκην, ὥσπερ
ἔτι κύριοι, τῆς βοηθείας γε [2] αὐτοὶ δεόμενοι τῆς
πολιτικῆς ἐπὶ [3] τοὺς ὀθνείους πολεμίους [4] οὐκ εἰς
μακρὰν ἐλευσομένους [5] πανστρατιᾷ, πρὸς οὓς
οὐδ᾽ ἀνταραι δυνήσονται, οἳ οὐ σφέτερον ἡγοῦνται
τὸ σωθῆναι ἀγαθόν, ἀλλὰ τῶν συναγωνιουμένων
εὐτύχημα· τέλος δὲ τοῦτον προσθέντων τὸν
λόγον, ὡς ἄμεινον ἤδη αὐτοὶ μαθόντες τὰς κατ-
εχούσας τὴν πόλιν ἀπορίας, γνώσονται πρὸς
οἵους ἀντιπάλους αὐτοῖς ἔσται ὁ ἀγών, καὶ πολ-
3 λὰς καὶ χαλεπὰς ἀπειλὰς ἐπανατειναμένων· οἱ μὲν
πρέσβεις οὐδὲν ἔτι πρὸς ταῦτα ἀντειπόντες
ἀπηλλάττοντο καὶ τὰ παρὰ τῶν ἀποστατῶν τοῖς
πατρικίοις ἐδήλωσαν, ἡ δὲ πόλις, ἐπειδὴ τὰς
ἀποκρίσεις ταύτας ἔλαβεν, ἐν ταραχαῖς καὶ
δείμασι πολλῷ χαλεπωτέροις ἢ πρόσθεν ἐγένετο,

---

[1] τὰ C: om. R.
[2] γε Sylburg: τε O.
[3] ἐπὶ R: οἱ ἐπὶ B.
[4] Steph.: πολέμους AB, Jacoby.

arms and return to the city they would be granted
impunity for their past offences and amnesty for the
future; and if they showed the best will for the
commonwealth and cheerfully exposed themselves
to danger in the service of their country, they would
receive honourable and advantageous returns. The
ambassadors, having received these instructions,
communicated them to the people in the camp and
spoke in conformity to them. But the seceders,
rejecting these invitations, reproached the patricians
with haughtiness, severity, and great dissimulation
in pretending, on the one hand, to be ignorant of the
demands of the people and of the reasons which had
compelled them to secede from them, and, again, in
granting them impunity from all prosecution for
their secession, just as if they were still masters of
the situation, though themselves standing in need of
the assistance of their fellow-citizens against their
foreign enemies, who would soon come with all their
forces—enemies who could not be withstood by men
who looked upon their preservation as not so much
their own advantage as the good fortune of those
who should assist them. They ended with the state-
ment that when the patricians themselves understood
better the difficulties that beset the commonwealth,
they would know what kind of adversaries they had
to deal with; and they added many violent threats.
To all of which the ambassadors made no further
answer, but departed and informed the patricians of
the representations made by the seceders. When
those in the city received this answer, they were in
much more serious confusion and fear than before;

---

⁵ Kiessling: ἐλευσομένοις A, ἐλευσόμενοι B.

DIONYSIUS OF HALICARNASSUS

καὶ οὔτε ἡ βουλὴ πόρον εὑρεῖν οἷά τε ἦν οὔτ᾽
ἀναβολάς, δυσφημιῶν δὲ καὶ κατηγοριῶν, ἃς οἱ
προεστηκότες αὐτῆς ἐποιοῦντο κατ᾽ ἀλλήλων,
ἐπὶ πολλὰς ἀκούουσα ἡμέρας διελύετο· οὔτε τὸ
δημοτικὸν πλῆθος, ὅσον ἔτι παρέμενεν, εὐνοίᾳ τῶν
πατρικίων ἢ πόθῳ τῆς πατρίδος ἠναγκασμένον,
ὅμοιον ἦν, ἀλλὰ καὶ τούτου φανερῶς τε καὶ
κρύφα πολὺ μέρος διέρρει, βέβαιον δ᾽ οὐδὲν τῶν
καταλειπομένων ἐδόκει εἶναι. τούτων δὲ γενομέ-
νων οἱ μὲν ὕπατοι, καὶ γὰρ ἦν βραχὺς ὁ λειπόμενος
αὐτοῖς ἔτι τῆς ἀρχῆς χρόνος, ἡμέραν ἔστησαν
ἀρχαιρεσιῶν.

and neither the senate was able to find a solution of the difficulties or any means of postponing them, but, after listening to the taunts and accusations which the leading men directed at one another, adjourned day after day; nor were the plebeians who still remained in the city, constrained by their good-will toward the patricians or their affection for their country, of the same mind as before, but a large part even of these were trickling away both openly and secretly, and it seemed that no reliance could be placed upon those who were left. In this state of affairs the consuls—for the period that still remained of their magistracy was short—appointed a day for the election of magistrates.

INDEX

385

INDEX

INDEX

Sicinius Bellutus, 371
Signia, 61 n., 175 f.
Signurium, 61 and n.
Silvanus, 51 n.
Smyrus, archon, 147.
Solon, 193 f.
Suessa Pometia, 329 f.
Sulla. See under Cornelius.
Sulpicius Camerinus, Ser., 153, 161–73, 297 f.

Tanaquil, 9 n.
Tarquinienses, 9, 47, 163.
Tarquinii, Etruscan city, 9, 45.
Tarquinii (Tarquinius Superbus and family), 5, 13–19, 63, 77, 89–93, 99, 131, 153–57, 189, 255; cf. 41, 45, 259 n., 305.
Tarquinius, Arruns, 47 f.
—— L. (Priscus), 91.
—— L. (Superbus), 5–17, 21, 31, 43–61, 79, 89, 95–99, 151, 157 f., 183, 193, 241 f., 271, 303 f.
—— Collatinus, L., 3, 15 f., 29–39, 59; cf. 19, 21.
—— M., 161 f., 171.
—— P., 161 f., 171.
—— Sex., 47 f., 67 f., 77, 115, 119–23, 175, 185, 231, 247, 251 f., 271, 275 f.
—— T., 47 f., 67 f., 77, 253, 269 f.
Tarracina, 183 n.
Tellenae, 185.
Themistocles, archon, 341.
Theophrastus, 223.
Theseus, 55.
Thessalians, 225.
Tiber, 65, 77, 101, 109; cf. 43.
Tibur, 109, 185.
Tisicrates, Olympic victor, 239, 341.

Tolerium, 185.
Trebia, 183 n. 1.
Tullius Longus, Manius, 153 f., 171 f.
—— Servius, 7, 61, 229.
Tusculum, 65, 103, 183, 231 f.
Tyrrhenia (Etruria), 45, 63.
Tyrrhenians, 9, 13, 17, 21, 45–51, 67, 81, 89–93, 97–101, 107, 113, 141, 151, 163, 185, 189, 195, 273, 305.

Valerii, Romans gens, 355 f., 365.
Valerius, a Sabine, 41.
—— Manius, 309 f., 355–71.
—— M., brother of Publicola, 67 f., 107–15, 149 f., 273.
—— M., son of Publicola, 191–97, 273.
—— Publicola, P., 23, 41–53, 57–69, 91–97, 103, 115, 119 f., 125 f., 139–43, 191, 211 f., 229, 355.
—— P., son of preceding, 273.
Veientes, 47 f.
Veii, 45.
Velia, 59, 143.
Velitrae, 185, 363.
Verginius Caelimontanus, A., 341, 361; cf. 355, 371.
—— Tricostus, Opiter, 145 f.
—— P., 349 f.
—— T., 243 f., 249, 253.
Vesta, 277.
Veturius Geminus, P., 173 f.
—— T., 341, 361; cf. 355, 371.
Vicus Tuscus, 105.
Vindicius, a slave, 21 f.; cf. 33, 41.
Vitellii, Marcus and Manius, 19; cf. 41.
Volscians, 187, 247 f., 253, 259 f., 281–89, 309, 313–17, 323, 327–31, 337, 343 f., 349 f., 359–65, 369.

Printed in Great Britain by
Richard Clay (The Chaucer Press), Ltd.,
Bungay, Suffolk

THE LOEB CLASSICAL LIBRARY

VOLUMES ALREADY PUBLISHED

Latin Authors

2

OVID: FASTI. Sir James G. Frazer.

OVID: HEROIDES and AMORES. Grant Showerman.

OVID: METAMORPHOSES. F. J. Miller. 2 Vols.

OVID: TRISTIA and EX PONTO. A. L. Wheeler.

PERSIUS. Cf. JUVENAL.

PETRONIUS. M. Heseltine; SENECA; APOCOLOCYNTOSIS.
W. H. D. Rouse.

PHAEDRUS AND BABRIUS (Greek). B. E. Perry.

PLAUTUS. Paul Nixon. 5 Vols.

PLINY: LETTERS, PANEGYRICUS. Betty Radice. 2 Vols.

PLINY: NATURAL HISTORY.
10 Vols. Vols. I.–V. and IX. H. Rackham. Vols. VI.–
VIII. W. H. S. Jones. Vol. X. D. E. Eichholz.

PROPERTIUS. H. E. Butler.

PRUDENTIUS. H. J. Thomson. 2 Vols.

QUINTILIAN. H. E. Butler. 4 Vols.

REMAINS OF OLD LATIN. E. H. Warmington. 4 Vols. Vol. I.
(ENNIUS AND CAECILIUS.) Vol. II. (LIVIUS, NAEVIUS,
PACUVIUS, ACCIUS.) Vol. III. (LUCILIUS and LAWS OF XII
TABLES.) Vol. IV. (ARCHAIC INSCRIPTIONS.)

SALLUST. J. C. Rolfe.

SCRIPTORES HISTORIAE AUGUSTAE. D. Magie. 3 Vols.

SENECA: APOCOLOCYNTOSIS. Cf. PETRONIUS.

SENECA: EPISTULAE MORALES. R. M. Gummere. 3 Vols.

SENECA: MORAL ESSAYS. J. W. Basore. 3 Vols.

SENECA: TRAGEDIES. F. J. Miller. 2 Vols.

SIDONIUS: POEMS and LETTERS. W. B. ANDERSON. 2 Vols.

SILIUS ITALICUS. J. D. Duff. 2 Vols.

STATIUS. J. H. Mozley. 2 Vols.

SUETONIUS. J. C. Rolfe. 2 Vols.

TACITUS: DIALOGUS. Sir Wm. Peterson. AGRICOLA and
GERMANIA. Maurice Hutton.

TACITUS: HISTORIES AND ANNALS. C. H. Moore and J. Jackson.
4 Vols.

TERENCE. John Sargeaunt. 2 Vols.

TERTULLIAN: APOLOGIA and DE SPECTACULIS. T. R. Glover.
MINUCIUS FELIX. G. H. Rendall.

VALERIUS FLACCUS. J. H. Mozley.

VARRO: DE LINGUA LATINA. R. G. Kent. 2 Vols.

VELLEIUS PATERCULUS and RES GESTAE DIVI AUGUSTI. F. W.
Shipley.

VIRGIL. H. R. Fairclough. 2 Vols.

VITRUVIUS: DE ARCHITECTURA. F. Granger. 2 Vols.

3

Greek Authors

ACHILLES TATIUS. S. Gaselee.

AELIAN: ON THE NATURE OF ANIMALS. A. F. Scholfield. 3 Vols.

AENEAS TACTICUS, ASCLEPIODOTUS and ONASANDER. The Illinois Greek Club.

AESCHINES. C. D. Adams.

AESCHYLUS. H. Weir Smyth. 2 Vols.

ALCIPHRON, AELIAN, PHILOSTRATUS: LETTERS. A. R. Benner and F. H. Fobes.

ANDOCIDES, ANTIPHON, Cf. MINOR ATTIC ORATORS.

APOLLODORUS. Sir James G. Frazer. 2 Vols.

APOLLONIUS RHODIUS. R. C. Seaton.

THE APOSTOLIC FATHERS. Kirsopp Lake. 2 Vols.

APPIAN: ROMAN HISTORY. Horace White. 4 Vols.

ARATUS. Cf. CALLIMACHUS.

ARISTOPHANES. Benjamin Bickley Rogers. 3 Vols. Verse trans.

ARISTOTLE: ART OF RHETORIC. J. H. Freese.

ARISTOTLE: ATHENIAN CONSTITUTION, EUDEMIAN ETHICS, VICES AND VIRTUES. H. Rackham.

ARISTOTLE: GENERATION OF ANIMALS. A. L. Peck.

ARISTOTLE: HISTORIA ANIMALIUM. A. L. Peck. Vols. I.–II.

ARISTOTLE: METAPHYSICS. H. Tredennick. 2 Vols.

ARISTOTLE: METEOROLOGICA. H. D. P. Lee.

ARISTOTLE: MINOR WORKS. W. S. Hett. On Colours, On Things Heard, On Physiognomies, On Plants, On Marvellous Things Heard, Mechanical Problems, On Indivisible Lines, On Situations and Names of Winds, On Melissus, Xenophanes, and Gorgias.

ARISTOTLE: NICOMACHEAN ETHICS. H. Rackham.

ARISTOTLE: OECONOMICA and MAGNA MORALIA. G. C. Armstrong; (with Metaphysics, Vol. II.).

ARISTOTLE: ON THE HEAVENS. W. K. C. Guthrie.

ARISTOTLE: ON THE SOUL. PARVA NATURALIA. ON BREATH. W. S. Hett.

ARISTOTLE: CATEGORIES, ON INTERPRETATION, PRIOR ANALYTICS. H. P. Cooke and H. Tredennick.

ARISTOTLE: POSTERIOR ANALYTICS, TOPICS. H. Tredennick and E. S. Forster.

ARISTOTLE: ON SOPHISTICAL REFUTATIONS.
On Coming to be and Passing Away, On the Cosmos. E. S. Forster and D. J. Furley.

ARISTOTLE: PARTS OF ANIMALS. A. L. Peck; MOTION AND PROGRESSION OF ANIMALS. E. S. Forster.

ARISTOTLE: PHYSICS. Rev. P. Wicksteed and F. M. Cornford. 2 Vols.
ARISTOTLE: POETICS and LONGINUS. W. Hamilton Fyfe; DEMETRIUS ON STYLE. W. Rhys Roberts.
ARISTOTLE: POLITICS. H. Rackham.
ARISTOTLE: PROBLEMS. W. S. Hett. 2 Vols.
ARISTOTLE: RHETORICA AD ALEXANDRUM (with PROBLEMS. Vol. II). H. Rackham.
ARRIAN: HISTORY OF ALEXANDER and INDICA. Rev. E. Iliffe Robson. 2 Vols.
ATHENAEUS: DEIPNOSOPHISTAE. C. B. GULICK. 7 Vols.
BABRIUS AND PHAEDRUS (Latin). B. E. Perry.
ST. BASIL: LETTERS. R. J. Deferrari. 4 Vols.
CALLIMACHUS: FRAGMENTS. C. A. Trypanis.
CALLIMACHUS, Hymns and Epigrams, and LYCOPHRON. A. W. Mair; ARATUS. G. R. MAIR.
CLEMENT of ALEXANDRIA. Rev. G. W. Butterworth.
COLLUTHUS. Cf. OPPIAN.
DAPHNIS AND CHLOE. Thornley's Translation revised by J. M. Edmonds; and PARTHENIUS. S. Gaselee.
DEMOSTHENES I.: OLYNTHIACS, PHILIPPICS and MINOR ORATIONS. I.–XVII. AND XX. J. H. Vince.
DEMOSTHENES II.: DE CORONA and DE FALSA LEGATIONE. C. A. Vince and J. H. Vince.
DEMOSTHENES III.: MEIDIAS, ANDROTION, ARISTOCRATES, TIMOCRATES and ARISTOGEITON, I. AND II. J. H. Vince.
DEMOSTHENES IV.–VI.: PRIVATE ORATIONS and IN NEAERAM. A. T. Murray.
DEMOSTHENES VII.: FUNERAL SPEECH, EROTIC ESSAY, EXORDIA and LETTERS. N. W. and N. J. DeWitt.
DIO CASSIUS: ROMAN HISTORY. E. Cary. 9 Vols.
DIO CHRYSOSTOM. J. W. Cohoon and H. Lamar Crosby. 5 Vols.
DIODORUS SICULUS. 12 Vols. Vols. I.–VI. C. H. Oldfather. Vol. VII. C. L. Sherman. Vol. VIII. C. B. Welles. Vols. IX. and X. R. M. Geer. Vol. XI. F. Walton. Vol. XII. F. Walton. General Index. R. M. Geer.
DIOGENES LAERTIUS. R. D. Hicks. 2 Vols.
DIONYSIUS OF HALICARNASSUS: ROMAN ANTIQUITIES. Spelman's translation revised by E. Cary. 7 Vols.
EPICTETUS. W. A. Oldfather. 2 Vols.
EURIPIDES. A. S. Way. 4 Vols. Verse trans.
EUSEBIUS: ECCLESIASTICAL HISTORY. Kirsopp Lake and J. E. L. Oulton. 2 Vols.
GALEN: ON THE NATURAL FACULTIES. A. J. Brock.
THE GREEK ANTHOLOGY. W. R. Paton. 5 Vols.

GREEK ELEGY AND IAMBUS with the ANACREONTEA. J. M. Edmonds. 2 Vols.

THE GREEK BUCOLIC POETS (THEOCRITUS, BION, MOSCHUS). J. M. Edmonds.

GREEK MATHEMATICAL WORKS. Ivor Thomas. 2 Vols.

HERODES. Cf. THEOPHRASTUS: CHARACTERS.

HERODIAN. C. R. Whittaker. 2 Vols.

HERODOTUS. A. D. Godley. 4 Vols.

HESIOD AND THE HOMERIC HYMNS. H. G. Evelyn White.

HIPPOCRATES and the FRAGMENTS OF HERACLEITUS. W. H. S. Jones and E. T. Withington. 4 Vols.

HOMER: ILIAD. A. T. Murray. 2 Vols.

HOMER: ODYSSEY. A. T. Murray. 2 Vols.

ISAEUS. E. W. Forster.

ISOCRATES. George Norlin and LaRue Van Hook. 3 Vols.

[ST. JOHN DAMASCENE]: BARLAAM AND IOASAPH. Rev. G. R. Woodward, Harold Mattingly and D. M. Lang.

JOSEPHUS. 9 Vols. Vols. I.–IV.; H. Thackeray. Vol. V.; H. Thackeray and R. Marcus. Vols. VI.–VII.; R. Marcus. Vol. VIII.; R. Marcus and Allen Wikgren. Vol. IX. L. H. Feldman.

JULIAN. Wilmer Cave Wright. 3 Vols.

LIBANIUS. A. F. Norman. Vol. I.

LUCIAN. 8 Vols. Vols. I.–V. A. M. Harmon. Vol. VI. K. Kilburn. Vols. VII.–VIII. M. D. Macleod.

LYCOPHRON. Cf. CALLIMACHUS.

LYRA GRAECA. J. M. Edmonds. 3 Vols.

LYSIAS. W. R. M. Lamb.

MANETHO. W. G. Waddell: PTOLEMY: TETRABIBLOS. F. E. Robbins.

MARCUS AURELIUS. C. R. Haines.

MENANDER. F. G. Allinson.

MINOR ATTIC ORATORS (ANTIPHON, ANDOCIDES, LYCURGUS, DEMADES, DINARCHUS, HYPERIDES). K. J. Maidment and J. O. Burtt. 2 Vols.

NONNOS: DIONYSIACA. W. H. D. Rouse. 3 Vols.

OPPIAN, COLLUTHUS, TRYPHIODORUS. A. W. Mair.

PAPYRI. NON-LITERARY SELECTIONS. A. S. Hunt and C. C. Edgar. 2 Vols. LITERARY SELECTIONS (Poetry). D. L. Page.

PARTHENIUS. Cf. DAPHNIS and CHLOE.

PAUSANIAS: DESCRIPTION OF GREECE. W. H. S. Jones. 4 Vols. and Companion Vol. arranged by R. E. Wycherley.

PHILO. 10 Vols. Vols. I.–V.; F. H. Colson and Rev. G. H. Whitaker. Vols. VI.–IX.; F. H. Colson. Vol. X. F. H. Colson and the Rev. J. W. Earp.

6

PHILO: two supplementary Vols. (*Translation only.*) Ralph Marcus.

PHILOSTRATUS: THE LIFE OF APOLLONIUS OF TYANA. F. C. Conybeare. 2 Vols.

PHILOSTRATUS: IMAGINES; CALLISTRATUS: DESCRIPTIONS. A. Fairbanks.

PHILOSTRATUS and EUNAPIUS: LIVES OF THE SOPHISTS. Wilmer Cave Wright.

PINDAR. Sir J. E. Sandys.

PLATO: CHARMIDES, ALCIBIADES, HIPPARCHUS, THE LOVERS, THEAGES, MINOS and EPINOMIS. W. R. M. Lamb.

PLATO: CRATYLUS, PARMENIDES, GREATER HIPPIAS, LESSER HIPPIAS. H. N. Fowler.

PLATO: EUTHYPHRO, APOLOGY, CRITO, PHAEDO, PHAEDRUS. H. N. Fowler.

PLATO: LACHES, PROTAGORAS, MENO, EUTHYDEMUS. W. R. M. Lamb.

PLATO: LAWS. Rev. R. G. Bury. 2 Vols.

PLATO: LYSIS, SYMPOSIUM, GORGIAS. W. R. M. Lamb.

PLATO: REPUBLIC. Paul Shorey. 2 Vols.

PLATO: STATESMAN, PHILEBUS. H. N. Fowler; ION. W. R. M. Lamb.

PLATO: THEAETETUS and SOPHIST. H. N. Fowler.

PLATO: TIMAEUS, CRITIAS, CLITOPHO, MENEXENUS, EPISTULAE. Rev. R. G. Bury.

PLOTINUS: A. H. Armstrong. Vols. I.–III.

PLUTARCH: MORALIA. 16 Vols. Vols. I.–V. F. C. Babbitt. Vol. VI. W. C. Helmbold. Vols. VII. and XIV. P. H. De Lacy and B. Einarson. Vol. VIII. P. A. Clement and H. B. Hoffleit. Vol. IX. E. L. Minar, Jr., F. H. Sandbach, W. C. Helmbold. Vol. X. H. N. Fowler. Vol. XI. L. Pearson and F. H. Sandbach. Vol. XII. H. Cherniss and W. C. Helmbold. Vol. XV. F. H. Sandbach.

PLUTARCH: THE PARALLEL LIVES. B. Perrin. 11 Vols.

POLYBIUS. W. R. Paton. 6 Vols.

PROCOPIUS: HISTORY OF THE WARS. H. B. Dewing. 7 Vols.

PTOLEMY: TETRABIBLOS. Cf. MANETHO.

QUINTUS SMYRNAEUS. A. S. Way. Verse trans.

SEXTUS EMPIRICUS. Rev. R. G. Bury. 4 Vols.

SOPHOCLES. F. Storr. 2 Vols. Verse trans.

STRABO: GEOGRAPHY. Horace L. Jones. 8 Vols.

THEOPHRASTUS: CHARACTERS. J. M. Edmonds. HERODES, etc. A. D. Knox.

THEOPHRASTUS: ENQUIRY INTO PLANTS. Sir Arthur Hort, Bart. 2 Vols.

THUCYDIDES. C. F. Smith. 4 Vols.

7

TRYPHIODORUS. Cf. OPPIAN.
XENOPHON: CYROPAEDIA. Walter Miller. 2 Vols.
XENOPHON: HELLENICA. C. L. Brownson. 2 Vols.
XENOPHON: ANABASIS. C. L. Brownson.
XENOPHON: MEMORABILIA AND OECONOMICUS. E. C. Marchant.
SYMPOSIUM AND APOLOGY. O. J. Todd.
XENOPHON: SCRIPTA MINORA. E. C. Marchant and G. W.
Bowersock.

IN PREPARATION

Greek Authors

ARISTIDES: ORATIONS. C. A. Behr.
MUSAEUS: HERO AND LEANDER. T. Gelzer and C. H.
WHITMAN.
THEOPHRASTUS: DE CAUSIS PLANTARUM. G. K. K. Link and
B. Einarson.

Latin Authors

ASCONIUS: COMMENTARIES ON CICERO'S ORATIONS.
G. W. Bowersock.
BENEDICT: THE RULE. P. Meyvaert.
JUSTIN-TROGUS. R. Moss.
MANILIUS. G. P. Goold.

DESCRIPTIVE PROSPECTUS ON APPLICATION

London   WILLIAM HEINEMANN LTD
Cambridge, Mass.   HARVARD UNIVERSITY PRESS

8

DATE DUE

3-22-20			